U0499941

教育部人文社会科学重点研究基地重大项目（16JJD790063）
重庆工商大学科研平台开放课题（KFJJ2022039）
重庆工商大学国民经济增长与可持续发展研究团队（950617001）

长江上游地区
产业转型升级研究

杨文举 著

中国财经出版传媒集团
经济科学出版社
Economic Science Press
·北 京·

图书在版编目（CIP）数据

长江上游地区产业转型升级研究/杨文举著 . -- 北京：经济科学出版社，2024.6
ISBN 978 - 7 - 5218 - 5648 - 4

Ⅰ. ①长… Ⅱ. ①杨… Ⅲ. ①长江流域 - 上游 - 产业结构升级 - 研究 Ⅳ. ①F269. 24

中国国家版本馆 CIP 数据核字（2024）第 049980 号

责任编辑：周国强
责任校对：王苗苗
责任印制：张佳裕

长江上游地区产业转型升级研究
CHANGJIANG SHANGYOU DIQU CHANYE ZHUANXING SHENGJI YANJIU
杨文举　著

经济科学出版社出版、发行　新华书店经销
社址：北京市海淀区阜成路甲 28 号　邮编：100142
总编部电话：010 - 88191217　发行部电话：010 - 88191522
网址：www. esp. com. cn
电子邮箱：esp@ esp. com. cn
天猫网店：经济科学出版社旗舰店
网址：http：//jjkxcbs. tmall. com
固安华明印业有限公司印装
710 × 1000　16 开　22.5 印张　380000 字
2024 年 6 月第 1 版　2024 年 6 月第 1 次印刷
ISBN 978 - 7 - 5218 - 5648 - 4　定价：118.00 元
（图书出现印装问题，本社负责调换。电话：010 - 88191545）
（版权所有　侵权必究　打击盗版　举报热线：010 - 88191661
QQ：2242791300　营销中心电话：010 - 88191537
电子邮箱：dbts@ esp. com. cn）

前　言

产业是社会分工的产物，它随着社会分工的产生而产生，又随着社会分工的发展而发展。作为经济发展的载体，产业在国民经济发展中具有举足轻重的地位和作用，它决定着经济发展的"质"和"量"。20 世纪以来，随着科技不断进步和生活质量日益提升，经济发展不再局限于"唯 GDP"的单一经济增长目标，而是将其延展至伴随经济增长的结构优化领域，例如，要素禀赋结构、产业结构、收入分配结构、所有制结构、城乡区域结构、"人口、资源、环境、经济、社会"复合生态系统结构等领域。由此，探寻促进经济发展的结构优化路径，逐渐成为经济学研究的焦点之一，产业转型升级研究也应运而生。

产业转型升级的学术思想可追溯至 17 世纪末威廉·配第（William Petty）对经济体的产业结构分析，"卡尔多事实"（Kaldor facts）和"库兹涅茨事实"（Kuznets facts）则推动了 20 世纪的产业转型升级研究，相关研究主要涉及产业结构的高级化和合理化领域。21 世纪以来，随着资源约束、环境恶化等问题日趋突出，产业转型升级还被赋予了发展方式转变的内涵。也就是说，经济发展方式转变和产业结构升级都是产业转型升级的题中应有之义。其中，经济发展方式转变主要指的是推动产业的发展方式由粗放型向集约型、污染型向绿色型、低附加值型向高附加值型、要素密集型向数智化转变；产业结构升级（包括产业结构的高级化和合理化）则主要是指产业结构由低级形态向高级形态的转变，主要包括产业链、创新链、价值链和供应链等"链网"升级或产业层次提升，以及产业（行业）协同、区域协调和供需均衡等。当然，发展方式转变和产业结构升级并不能够完全区分开，两者相互影响而不可分割。例如，在产业发展由要素密集型向数智化转变中就伴随着产业链、创新链、价值链和供应链升级；而产业链、创新链和供应链的优化升级则可能推动产业发展由低附加值型向高附加值型转变，由污染型向绿色型转变，或由劳动密集型向资本、技术密集型转变，等等。

党的十九大报告指出，我国经济已由高速增长阶段转向高质量发展阶段，必须坚持质量第一、效益优先，以供给侧结构性改革为主线，推动经济发展质量变革、效率变革、动力变革，提高全要素生产率（total factor productivity，TFP）。习近平总书记在《求是》2021 年第 9 期撰文指出，要准确把握新发展阶段，深入贯彻新发展理念，加快构建新发展格局，推动"十四五"时期高质量发展，确保全面建设社会主义现代化国家开好局、起好步。① 长江上游地区是长江经济带的重要生态屏障区，也是全国经济发展相对落后地区，其高质量发展在我国区域协调发展和社会主义现代化建设中具有重要意义。然而，长江上游地区各省（自治区、直辖市）的工业化都未结束，部分地区甚至还没有进入工业化中期阶段，它们都面临着产业发展层次不高、发展方式粗放、供需错位突出、生态环境压力大等突出问题，亟须以供给侧结构性改革为主线，深入实施创新驱动发展战略，加快推进产业转型升级和现代化产业体系建设，为我国经济高质量发展和社会主义现代化建设奠定基础。②

---

① 习近平：《把握新发展阶段，贯彻新发展理念，构建新发展格局》，载《求是》2021 年第 9 期，第 4～18 页。这是习近平总书记 2021 年 1 月 11 日在省部级主要领导干部学习贯彻党的十九届五中全会精神专题研讨班上的讲话。

② 根据 2016 年 9 月印发的《长江经济带发展规划纲要》，长江经济带覆盖上海、江苏、浙江、安徽、江西、湖北、湖南、重庆、四川、贵州、云南 11 个省份（省、直辖市），总面积约 205.23 万平方千米，占全国的 21.4%。其中，下游地区包括上海、江苏、浙江、安徽 4 个省份，面积约 35.03 万平方千米，占长江经济带的 17.1%；中游地区包括江西、湖北、湖南 3 个省份，面积约 56.46 万平方千米，占长江经济带的 27.5%；上游地区包括重庆、四川、贵州、云南 4 个省份，面积约 113.74 万平方千米，占长江经济带的 55.4%。

　　纵览相关文献，针对长江上游地区产业转型升级的研究成果鲜见，其中基于供给侧结构性改革视角的相关研究成果更为少见。为此，本书拟从供给侧结构性改革视角出发，对长江上游地区产业转型升级进行理论和实证研究，以期抛砖引玉。

　　本书总体上遵循"理论探讨→经验分析→对策建议"的思路逐层递进展开，除前言外共包括四大部分六章内容。其中，第一部分主要是从理论上剖析供给侧结构性改革与产业转型升级的内在关联，包括第一章和第二章内容；第二部分主要是从经验分析视角，厘清长江上游地区产业转型升级的水平及其动力机制转换情况，包括第三章和第四章内容；第三部分主要是在供给侧结构性改革视角下，探讨长江上游地区产业转型升级的总体思路和路径选择，为第五章内容；第四部分主要是从供给侧结构性改革视角，探讨长江上游地区产业转型升级的支撑体系建设，为第六章内容。其中，各章的主要内容如下：

　　第一章为"产业转型升级的一般理论及国际经验"。该部分内容主要包括：一是从文献综述视角，较系统地梳理产业转型升级的内涵、一般规律和影响因素，以及支撑产业转型升级的相关理论；二是简要回顾欧美等发达国家和地区产业转型升级的成功经验，并探讨它们对长江上游地区产业转型升级的启示。

　　第二章为"供给侧结构性改革影响产业转型升级的理论分析"。该部分内容主要包括：一是系统梳理供给侧结构性改革的理论基础；二是结合"三去一降一补"，厘清我国供给侧结构性改革的基本框架；三是从要素升级、结构优化、制度创新及其相互关系入手，剖析供给侧结构性改革影响产业转型升级的作用机制；四是分析供给侧结构性改革助推产业转型升级的主要障碍及实现条件。

　　第三章为"长江上游地区产业转型升级的综合评价"。该部分内容主要包括：一是从三次产业结构演进视角出发，对长江上游地区产业转型升级的方向和速度进行测评；二是遵循新发展理念，分别构建农业、工业和服务业转型升级的评价指标体系及方法；三是分别从农业、工业和服务业出发，结合它们的发展现状及其演进情况（产业规模、行业结构、空间布局、生态环境压力等），分别对长江上游地区农业、工业和服务业转型升级水平进行综合评价，并结合纵横向对比研究，探讨它们产业转型升级的空间分布动态演进情况。

第四章为"长江上游地区产业转型升级的动力转换"。该部分内容主要包括：一是结合经济发展的阶段性和动力演变规律，对新发展阶段产业转型升级的动力转换方向进行规范分析；二是借助绿色经济增长核算模型，从供给侧视角构建产业转型升级的动力转换分析模型；三是分别从农业、工业和服务业出发，深入分析资本深化、绿色技术进步和绿色技术效率变化及其构成因子（包括绿色纯技术效率变化和绿色规模效率变化）的演进情况和影响因素，据此剖析农业、工业和服务业转型升级的动力转换方向、提升潜力和影响因素。

第五章为"长江上游地区产业转型升级的路径选择"。该部分内容主要包括：一是结合"双碳"目标约束和市场需求导向，剖析长江上游地区产业转型升级的总体思路、基本原则、发展模式和主要任务；二是分别从农业、工业和服务业出发，探讨长江上游地区各省份的相关产业选择，并立足供给侧结构性改革，系统分析各省份三大产业向绿色低碳、创新驱动、供需均衡、行业协同、三产融合、"链网"升级等方向转型升级的具体路径。

第六章为"长江上游地区产业转型升级的支撑体系"。该部分主要从健全制度设计、夯实基础设施、强化要素保障、筑牢创新根基和协调区域发展等方面出发，剖析促进长江上游地区产业转型升级的配套体系建设思路和举措。

本书结合规范分析和实证研究，从供给侧结构性改革视角出发，较系统地探讨了长江上游地区产业转型升级的一般理论、现状与潜力、影响因素、动力转换、路径选择和支撑体系等，主要边际贡献如下：

第一，尝试性地从要素升级、结构优化和制度创新出发，探讨了供给侧结构性改革促进产业转型升级的作用机制、主要障碍和实现条件。

第二，在遵循新发展理念前提下，分别构建了一套评估农业、工业和服务业转型升级水平的综合指标体系，并以我国各省（自治区、直辖市）为样本进行了实证分析。

第三，借助绿色经济增长核算模型，分别从农业、工业和服务业出发，深入分析了长江上游地区产业发展中投入要素积累（资本深化）、绿色技术进步和绿色技术效率变化及其构成因子的演进情况和影响因素，据此探讨了三大产业转型升级的动力转换及其影响因素。

第四，立足供给侧结构性改革，较系统地分析了长江上游地区各省份的产业发展方式转型（向绿色低碳、创新驱动转型）、产业结构合理化（供需均衡、行业协同、区域协调）和产业结构高级化（"链网"升级）的未来方向和具体路径。

第五，立足供给侧结构性改革，就长江上游地区产业转型升级的支撑体系建设提出了一系列对策建议，这对于该领域的相关研究也具有抛砖引玉作用。

作为一项尝试性研究成果，尤其是经验分析数据的获取限制，导致本书研究还存在一些不足之处，它们都值得后续研究的补充、完善。这主要体现在下述两个方面：第一，经验分析中没有探讨"三去一降一补"对产业转型升级的影响，也没有从要素升级、结构优化和制度创新出发，实证分析供给侧结构性改革对产业转型升级的影响机制，而它们对于深入剖析供给侧结构性改革对产业转型升级的影响都具有重要的决策参考价值；第二，没有从经验分析角度，探讨相关影响因素对产业转型升级的影响机制，这对于进一步廓清促进产业转型升级的供给侧结构性改革举措也具有重要的决策参考价值。

本书的出版获得了教育部人文社会科学重点研究基地重大项目（16JJD790063）、重庆工商大学科研平台开放课题（KFJJ2022039）和重庆工商大学国民经济增长与可持续发展研究团队（950617001）的全额资助，在此深表感谢！在本书的撰写过程中，重庆工商大学的龙睿赟副教授和张充博士，博士生文欢、杨明委、陈洁、黄依洁、项肖、王冬梅，硕士生陈志祥、周心秀、吕银银，以及河南大学李文华博士生、西南大学李丹丹博士生、四川农业大学王其博士生曾参与了部分内容的研究工作，在此一并表示感谢！

当然，这只是一项不够成熟的学术研究成果，不当之处在所难免。欢迎大家指正，不胜感激！

目　　录

第一章

产业转型升级的一般理论及国际经验

理论指导实践，经验启示未来。长江上游地区属于我国经济发展水平相对落后地区，同时又是长江经济带的上游生态屏障，其产业转型升级迫在眉睫而又困难重重。产业转型升级的理论研究和实践探索源远流长，其中不乏一些具有普适性的"先验"知识，它们为长江上游地区产业转型升级提供了理论指引和经验借鉴。基于此，此部分主要对产业转型升级的相关理论研究成果，以及美国、日本和德国等发达经济体的发展经验进行梳理，并据此探讨它们对长江上游地区产业转型升级的启示。

第一节　产业转型升级的一般理论

一、产业转型升级的概念界定

迄今为止，已有大量文献对产业转型升级进行了研究，但是其概念界定仍未形成一致意见。本书认为，产业转型升级涉及产业转型和产业升级，两者各有侧重又相互关联。下面结合文献回顾，在分别界定产业转型和产业升级的概念基础上，确定本书中产业转型升级的概念。

（一）产业转型的概念

产业转型是产业结构、产业规模、产业组织、产业技术装备等发生改变的一种状态或过程，其中包括产业结构、组织和技术等多方面的转型（刘勇，2018）。产业转型主要是指随着比较优势和要素禀赋结构的动态转换，一国或地区的产业从一种类型转变为另一种类型，主要包括行业结构转型、要素结构转型、贸易结构转型和发展方式转型四种类型（田学斌等，2019）。产业转型的实质就是发展方式的转型，由原来的高投入、高污染、低效益的粗放发展方式转变为低投入、低排放、高效益的绿色高效发展方式（袁航，2019；韩英和马立平，2020）。还有研究认为，产业转型不仅仅是发展方式的转变，即经济增长方式由粗放型转变为集约型，还包括发展动力的转变，由物质要素驱动转变为创新要素驱动（戴丹，2014）。

（二）产业升级的概念

对于产业升级的概念，学者们从不同的视角进行了界定，主要体现在下述三个方面。一是从产业结构演进的研究视角进行界定，认为产业升级体现在产业结构的变动（高燕，2006；刘志彪，2000），具体表现为第一、第二、第三产业之间以及各产业内部依次转移、结构从低水平状态向高水平状态发展的产业结构演进过程（靖学青，2008）。二是从产业要素密集度变化的角度进行界定，认为产业升级是指产业由低技术水平、低附加值状态向高新技术水平、高附加值状态不断演进的趋势（张少军和刘志彪，2009；朱卫平和陈林，2011；张耀辉，2002）；在市场竞争的指引下，资本、知识技术密集型产业逐渐代替劳动密集型产业，不仅表现为技术升级、市场升级，同时还呈现出资源向优势、优质企业集聚的趋势（刘建江等，2021）。三是从价值链的角度进行界定，认为产业升级表现为工艺升级、产品升级、功能升级和跨产业升级等多种形态的升级（Humphrey and Schmitz，2002；盛斌和陈帅，2015）；随着互联网的发展，产业升级还体现在融合升级，即信息化与产业深度融合发展，形成新的产业竞争优势（田学斌等，2019）。

（三）产业转型升级的概念

根据以上相关文献发现，不同学者所探讨的产业转型与产业升级的研究侧重点有所不同，学术界对于产业转型升级的概念缺乏统一明确的内涵界定。本书立足中国在新发展阶段的一系列重大发展战略指向，结合相关文献对产业转型和产业升级的内涵界定，认为产业转型升级包括产业转型和产业升级这两个既有区别又相互联系的方面。其中，产业转型侧重于经济发展方式转变，它主要指的是推动产业发展方式由粗放型向集约型、污染型向绿色型、低附加值型向高附加值型、要素密集型向数智化转变；产业升级侧重于产业结构升级（包括产业结构的高级化和合理化），它主要是指产业结构由低级形态向高级形态的转变，主要包括产业链、创新链、价值链和供应链等"链网"升级或产业层次提升，以及产业（行业）之间的协调发展和供需均衡等。

在经济发展实践中，发展方式转变和产业结构升级并不能够完全区分开，两者相互影响、不可分割。产业转型升级是依托技术进步来实现发展方式转变和产业结构升级的动态变迁，它在宏观层面表现为主导产业更替、增长动力转换、从低附加值产业向高附加值产业转换等结构性改变，在产业层面表现为产业的技术水平、生产效率、管理能力、产品附加值等全面提升和跃进，在要素层面表现为要素禀赋升级（要素质量提升、新旧要素更替和要素结构优化）、要素流动与配置优化和要素生产率尤其是全要素生产率提升。

二、产业转型升级的测度思路

只有准确评价产业转型升级的状况，才能为精准制定产业政策提供理论支撑和决策依据（黄天能等，2021）。对已有文献梳理发现，产业转型升级的测度主要是从转型升级的方向、速度和水平三个方面进行评价。①

（一）产业转型升级方向的测度

对于产业转型升级方向的测度，主要采用产业结构超前系数来测定（谭

---

① 各指数的测度模型详见第三章。

晶荣等，2012；陈强强等，2016）。根据库兹涅茨法则，产业结构转型升级是指产业结构从较低层次、较低附加值产业向高层次、高附加值产业转变的过程（张少军和刘志彪，2009）。用产业结构超前系数测度产业结构的演变方向，其测度结果反映了某一产业增长相对于经济系统增长的超前程度，产业的超前系数可直观地看出产业结构转型升级的方向（高燕，2006）。

（二）产业转型升级速度的测度

1. Moore 指数模型

Moore 指数模型主要采用空间向量分析的思想，根据向量空间的不同夹角，将 M 个产业构建成 m 维向量，将不同时期两组向量之间夹角的余弦值作为衡量产业结构变动速度的指标（靖学青，2008），两个时期内的两组向量之间的夹角越大，说明产业变动速度越快（何刚等，2020）。但 Moore 值仅能用来表示某一产业的转型速度，整个产业结构变动的 Moore 值没有办法衡量（黄天能等，2021）。

2. Lilien 指数模型

Lilien 指数模型是以劳动力转移为基础来测定产业转型的速度，库兹涅茨（Kuznets，1973）和卡尔多（Kaldor，1961）认为在生产率的驱使下，劳动力将从第一产业转移到第二产业再转移到第三产业，可以用这种劳动力在产业之间的转移来测定产业转型升级的速度。

3. 产业结构年均变动值

产业结构年均变动值反映了在一定时期内产业结构年均变化的绝对值，该值越大代表产业结构变动越快，该值越小则代表产业结构变动越慢（徐芳萍等，2019；何刚等，2020）。

（三）产业转型升级水平的测度

1. 产值比重

有的学者基于产值比重衡量产业转型升级的水平，使用第二、第三产业的占比或者第三产业产值与第二产业产值的比值来体现产业结构转型升级的水平（周忠民，2016；沈琼和王少朋，2019），但是该方法在反映三大产业之间的转换过程方面存在局限性。不过，根据三次产业比例向量与对应坐标轴的夹角会随着产业比例的变化而增大或缩小的原理，构造产业结构高级化指数，可弥补以上测度方法的缺点（黄天能等，2021）。

2. 要素生产率

有的学者用单一要素生产率作为衡量指标，例如，用劳动生产率来表征工业行业转型升级水平（宋林等，2021）。也有学者用全要素生产率作为评判标准，认为全要素生产率是产业转型升级的内在表现，它反映了产业发展的质量（陆小莉等，2021），也体现了产业发展中的生产要素组合优化、技术水平和管理水平的提高（孙早和席建成，2015）。也有学者考虑到资源与环境因素，用绿色全要素生产率（green total factor productivity）作为产业转型升级的综合评价标准（王昀和孙晓华，2017）。

3. 指标体系法

部分学者通过构建指标体系的方法来对产业转型升级水平进行测度。其中的代表性研究包括：从旅游软环境支持、旅游硬环境支持、旅游需求因素、旅游供给因素和旅游结构优化五个维度，测度珠三角城市群旅游产业转型升级水平（魏敏和徐杰，2020）；从结构优化、动力转换、发展绩效构建指标体系，测算长三角城市群城市层面的产业转型升级指数（彭山桂等，2021）；从基础产业发展、高技术水平、高附加值、高水平开放以及绿色发展五大层面，设计长三角城市群产业转型升级的综合指标评价体系（袁冬梅等，2022）；从产业结构调整、绿色生态、质量提升、协同集聚这四个维度来构建京津冀城市群产业转型升级效果指标体系（冯亮和陆小莉，2021）；从产业结构合理化、产业结构高级化和产业结构低碳化三个维度来衡量中国省份产业转型升级水平（李跃等，2022）。

三、产业转型升级的影响因素

我国经济由高速增长阶段转向高质量发展阶段，推动经济高质量发展的关键是要促进产业转型升级（甘行琼等，2020）。为促进产业转型升级，厘清其影响要素至关重要。近年来，国内外已有颇多文献对产业转型升级（相关研究亦称之为产业转型、产业升级、产业结构升级或产业转型升级等）的影响因素进行了经验分析，下面将它们归为经济因素、社会因素和制度因素三个类别，并对它们进行简要回顾。

（一）经济因素

1. 贸易开放

国内学者就贸易开放与产业转型升级之间的关系展开了研究，但是研究结论差异很大。

第一种观点认为，贸易开放有助于产业转型升级。对外贸易主要从要素的供给弹性和产品的需求弹性两个方面影响产业结构优化升级，即减缓产业结构升级中的"结构供需矛盾"，从而助力产业转型升级（朱燕，2010）。贸易开放还可以通过增加物质资本积累、刺激消费需求、提升技术进步、促进制度变革等，间接地推动产业结构整体升级和高级化发展（蔡海亚和徐盈之，2017）。

第二种观点则认为，贸易开放会约束产业转型升级。贸易开放对产业升级具有一定的制约作用，它是经济转型的外驱力量（傅耀，2008）。在我国贸易急剧增长的背后，隐藏着全球价值链（global value chains，GVC）这种组织和治理力量，它对内资企业的产业升级产生抑制作用（张少军和刘志彪，2013）。

2. 人力资本

人力资本表现为个人拥有的能够创造个人、社会和经济福祉的知识、技能、能力和素质，它是促进产业结构升级的重要因素（冉茂盛和毛战宾，2008）。有关人力资本与产业转型升级的关系研究，主要从人力资本的存量和结构两个维度进行了相应分析，都认为人力资本有助于产业转型升级。

一是从人力资本存量角度的相关研究。一些研究发现，人力资本存量有利于产业结构合理化发展，而且存在长期空间溢出效应（林春艳等，2017）。人力资本存量和人力资本利用率的提高有助于产业转型升级并提高产业升级的速率（代毓芳和张向前，2020）。就作用机制而言，人力资本积累通过提高劳动生产率和创新能力间接地促进产业高级化发展，而且产业高级化程度越高，发展速度越快，人力资本对产业结构转型的推动作用越大（白婧和冯晓阳，2020）。

二是从人力资本结构角度的相关研究。人力资本结构的合理化可以推动产业结构升级，其中人力资本结构在不同地区之间的分布差异是区域间产业结构升级差异的重要原因（张国强等，2011）。人力资本结构的高级化能够显著促进产业结构高级化发展，并且存在明显的空间溢出效应（林春艳等，2017）。一些研究还分析了人力资本结构推动产业转型升级的研发投入效应、城镇化效应和消费升级效应，其中城镇化效应在助推产业转型升级中贡献最大，而且随着地区产业转型升级水平提升，人力资本结构高级化对产业转型升级的促进作用呈现边际递减的特征，但是人力资本结构高级化对产业转型升级的促进作用不存在区域差异（袁冬梅等，2022）。

3. 技术进步

一些研究经验分析了技术进步对产业转型升级的影响，但是研究结论并不一致。技术创新不利于产业结构合理化，但技术创新对产业结构高级化有促进作用（李虹含等，2020）。技术进步和技术效率对本地和周边地区的产业结构升级具有显著的促进作用、空间溢出效应和区域异质性（段瑞君，2018）。"硬性"技术进步对我国产业结构高级化和合理化有显著的驱动作用，而"软性"技术进步更偏向于推动省域内的产业结构高级化和邻近省域的产业结构合理化（何宜庆等，2020）。在自主创新能力满足不了产业结构升级需求的情况下，技术进步对产业结构升级均呈现负向影响（汤长安，2018）。技术创新在促进产业升级过程中存在着空间溢出效应以及门槛效应，技术创新水平较高的地区对产业升级的作用弹性较低，技术创新水平较低的地区对产业升级的作用弹性相对较高（辛娜，2014）。

4. 金融发展

学术界主要从金融发展水平、金融规模与结构、金融效率以及金融集聚方面探讨了金融发展对产业转型升级的影响。金融深化水平显著促进了产业结构升级，但是贷存比显著抑制了产业结构升级（李中翘等，2022）。从功能演化视角来看，金融规模与产业结构升级的关系表现为明显的先递增后递减，金融效率的提高对产业结构升级存在正向促进影响，并且金融规模、金融效率对产业结构升级的影响存在显著的区域差异（王兰平等，2020）。从内生技术变迁视角来看，金融发展与产业结构升级具有长期均衡而且显著为正的关系，同时产业结构升级对金融发展的扰动响应具有滞后性（邓晶和管月，2019）。金融结构优化主要通过资金支撑、资源的结构性调整、合理分散风险等渠道助力产业转型升级（魏文江和钟春平，2021）。基于成渝城市群的经验分析表明，金融深化与金融集聚相互作用更为有效地促进产业结构升级，而且在不同空间权重下，它们都会对周边产业结构升级产生影响，但是存在明显差异（龙云安，2019）。

5. 居民消费结构

根据居民消费理论，改变居民消费结构可以引导产业结构转型，而且经验分析发现我国中部地区居民消费结构可以显著推动我国产业结构转型的结论（赵诗源和王林，2020）。从市场价格理论视角来看，居民消费结构通过改变不同层次商品的相对价格，引导资源向商品价格相对上升、获利能力相对提高的产业配置，从而实现产业结构转型（张广柱，2019）。由于城镇居民消费结构层次高于农村居民消费结构层次，城镇居民消费升级主要带动第三产业升级，农村居民消费升级主要带动第二产业升级（王青和张广柱，2017）。在新消费背景下，消费结构、消费需求偏好以及消费方式的转变，有力推动了产业结构的转型升级（廖红伟和张莉，2019）。

6. 城镇化

多数研究结论表明推进城镇化进程会促进产业转型升级。新型城镇化可为产业结构向高级演变提供要素支持和需求导向，这为改变三次产业结构和解决产业结构偏差等问题提供了全新的研究视角（朱烨和卫玲，2009）。改革开放以来，我国城镇化与产业转型升级存在着长期稳定均衡关系（李春生，2018）。城镇化水平越高对产业结构升级的促进作用越大，它既可以直接促进产业结构升级，也可以通过房价间接促进产业结构升级（楚尔鸣和曹策，2018）。其中，土地城镇化对产业结构升级有抑制作用，而人口城镇化则有利于产业结构升级（宋丽敏，2017）。人口城镇化速度过快不利于地区产业转型升级，而人口城镇化质量提升对推动产业转型升级具有积极作用（多淑杰，2013）。

7. 互联网发展水平

部分学者对互联网与产业转型升级之间的关系进行了研究，研究结论表明互联网发展会推动产业转型升级。"互联网＋"改变了原有的思维方式、生产方式、生活方式，为产业转型升级提供了强大的技术手段（宋伟，2016）。互联网发展对产业结构高度化的促进作用受地方市场化水平的影响，地方市场化水平越高，互联网发展对产业结构高度化的促进作用越强（柳志娣和张骁，2021）。互联网发展不仅对本地区产业结构高级化和合理化具有显著的正向推动作用，而且能够强化产业结构转型升级的空间溢出效应（周柯和周雪莹，2021），但是这种溢出效应表现出地区差异（惠宁和周晓唯，

2016）。不过，也有研究认为互联网技术进步能够驱动产业结构趋于高度化，但不利于产业结构合理化（徐伟呈和范爱军，2018）。

（二）社会因素

1. 知识产权保护

国内外学者针对知识产权与产业结构转型升级的关系做了大量研究，研究的结果有促进论、抑制论和非线性论三种观点。

一是促进论。加强知识产权的保护力度可以降低企业被侵权的风险，鼓励创新型企业主动进行研发创新的信息披露，促使其主动调整资本结构和加快企业调整资本结构速度，从而促进产业结构升级（赵慧等，2020）。加强知识产权保护不仅可以直接促进产业结构升级，还可借助技术创新间接地作用于产业结构升级（顾晓燕等，2020），但是存在区域异质性（郭爱君和雷中豪，2021）。基于双重差分法的经验分析结论表明，知识产权示范城市建设通过技术创新效应与宏观经济环境改善效应显著促进了产业结构优化升级（覃波和高安刚，2020）。

二是抑制论。知识产权的过度保护会阻碍知识传播，也会增加创新后继者的创新成本，从而抑制区域创新力度，不利于地区产业结构升级（Gangopadhyay and Mondal，2012；李士梅和尹希文，2018）。知识产权保护还会造成市场垄断、扭曲资源要素配置、抬高其他企业创新成本等后果，从而对产业结构造成不利影响，还会减少社会福利（Moschini and Yerokhin，2008）。

三是非线性论。持这种观点的研究以"最优知识产权假说"为依据，认为创新型发达国家可以凭借先进技术产生的"替代效应"，降低其他国家的自主创新动力，进而阻碍产业结构升级（王华，2011）。

2. 基础设施建设

从供给侧和需求侧来看，新型基础设施投资都会促进产业转型升级（郭凯明等，2020）。例如，高铁开通就显著促进了城市产业结构指数提升，不过这存在显著的异质性（孙伟增等，2022）。新型数字基础设施也能够显著促进产业结构升级，并且具有城市异质性（何玉梅和赵欣灏，2021）。从作用机制来看，基础设施投资主要是通过扩大消费需求、改善资源配置状况、增强技术创新能力等途径推动地区产业结构升级（徐晓光等，2021），也有研究认为新型基础设施通过基础建设投资驱动、传统工业赋能、新兴产业孕育三种路径驱动产业升级（沈坤荣和孙占，2021）。

3. 人口老龄化

人口老龄化对本地区产业结构转型升级有着显著的促进作用（侯茂章和廖婷婷，2021）。它会引起消费需求的规模效应、结构效应和挤出效应，从而会"倒逼"企业用资本或技术替代劳动，促进制造业结构升级（楚永生等，2017）。虽然人口老龄化不利于产业结构协调型转型，但是它有助于产业技术创新型转型，而且有助于三次产业比例调整，从而在总体上推动产业转型升级（王欣亮等，2020）。一些研究还发现，人口老龄化在长期会显著地推动产业结构升级，但是在短期内却会制约产业结构升级，而且这种影响存在显著的区域异质性（刘成坤和赵昕东，2018）。

（三）制度因素

1. 环境规制

关于环境规制与产业转型升级关系的研究，国内学者主要有以下两种研究结论：

一是环境规制会促进产业转型升级。环境规制有助于产业结构优化升级，但是这种促进作用具有时滞性（周荣蓉，2017）、区域异质性（殷宇飞和杨雪锋，2020），还会受到城市经济发展阶段的限制（程中华等，2017）。从环境规制的不同类别来看，市场型、自主型环境规制对产业结构优化都具有正向影响，它们通过提升工业企业绿色技术创新效率进而有效倒逼产业结构优化（高红贵和肖甜，2022）。

二是环境规制会阻碍产业转型升级。当行政化环境规制较弱，并且不能与市场化等环境规制工具进行高效组合的时候，正式环境规制就会明显抑制产业结构升级（胡建辉，2016）。命令型环境规制对产业结构优化的直接效应显著为负，其中工业绿色技术创新效率具有部分中介效应（高红贵和肖甜，2022）。环境规制对产业结构转型升级的影响还受到区域创新能力的影响，当区域创新能力较弱时，环境规制反而会抑制制造业产业结构升级（卫平和余奕杉，2017）。

2. 财政政策

产业结构发展在一定程度上可以反映出经济发展的水平，产业结构优化升级少不了国家财政支持。已有实证研究表明，财政投入有助于产业结构优化升级（刘在洲和汪发元，2021）。不过，不同类别的财政支出对产业转型升级的影响也不同，其中，投资性支出与民生性支出均有利于产业结构升级，而消费性支出对产业结构升级具有抑制作用（杨志安和李梦涵，2019）。另外，提高财政预算支出在 GDP 中的占比、科技支出在总财政预算支出中的占比对产业结构高级化发展有正向促进作用，但是不利于产业结构合理化发展，而提高教育支出占总财政预算支出的比重有利于产业结构优化升级（仲颖佳等，2020）。

还有一些学者研究了财政分权对产业转型升级的影响。财政分权能够显著促进产业结构升级，并且存在区域异质性（黄琼和李光龙，2019）。财政收入分权和财政支出分权对地方政府的投资偏好、市场保护、科技投入、环境保护等行为产生作用，进而对产业结构合理化和高度化产生差异性影响，即促进产业结构合理化而抑制产业结构高度化（甘行琼等，2020）。

四、产业转型升级的驱动力

（一）要素成本约束

改革开放以来，外向型产业的高速增长使得我国经济得到了快速发展，这种增长模式实际上就是国际市场需求和国内低成本的劳动力、资源、环境等发展要素之间的一种低端对接。21 世纪以来，我国人口红利的逐渐消失，高污染、高能耗的传统产业带来了严重的环境污染，导致资源环境压力日益增大，这些现象迫使传统产业粗放型的增长模式发生转变，凭借在市场、技术、产品、工艺、管理等多维度上的创新探索，实现以质量和效益为基础的转型发展（刘勇，2018）。

（二）产能过剩倒逼

改革开放四十多年来，我国经济实现了高速增长。与此同时，大规模的产能扩张也引发了日益突出的经济结构性矛盾，尤其是经济发展中的产能过剩与有效供给不足共存的结构性问题比较突出，这已成为制约我国经济健康发展的主要原因之一。针对始于 20 世纪 90 年代的钢铁、煤炭等传统工业行业的产能过剩问题，21 世纪初我国政府就针对性地实施了减产治理，但是这些行业产能过剩问题并没有得到根本性治理（杨文举，2022）。当前我国产能过剩的情况不仅出现在钢铁、水泥等传统行业，多晶硅、风电设备等新兴产业也存在产业过剩的现象。对于企业处于过度竞争的状况，产能过剩既能将企业逼入绝境，也能倒逼企业激发发展潜力，努力降低成本，提高管理水平，加快技术创新和产品升级，以提高自身竞争能力。

（三）内部需求拉动

随着生活水平的提高，消费者的消费观念有了很大的转变，他们不仅注重消费品本身的使用价值，更多地追求产品的品位价值、文化价值，这必然导致传统产业的转型升级。另外，我国居民的消费结构也在不断升级，对中低端产品的需求在逐步降低，对高端产品的需求逐步增大，并且消费也变成了多样性与个性化的消费。在消费结构转变的背景下，传统产业为了能够更好地适应时代发展的需要，将不断满足消费者的新需求，这必定会引致其内部结构转型升级（朴敍希，2017）。

（四）科技创新驱动

技术创新是影响产业转型升级的最重要也是最根本的因素。技术创新推动传统产业原有的生产工艺得到改变，提高了生产效率，进而引发人员、产品、营销等一系列结构性变动。技术创新会引致生产要素在产业部门间进行转移，这会引起不同产业部门扩张或收缩，进而推动产业结构有序发展（赵玉林和裴承晨，2019）。新兴产业的发展也依赖于技术创新，其成长是产业高级化的重要推动力量，同时，先进技术能够改变世界竞争格局，实现地区产业在全球价值链中的地位攀升（张梦琳，2017）。

（五）梯度效应推动

随着中国、印度、俄罗斯等新兴经济体的崛起，国际竞争也日渐激烈，与此同时，在全球经济一体化、自由化背景下，梯度发展效应也慢慢地显现。当前，我国以加工制造为主的制造业仍然位于全球价值链的末端，而且不同地区由于资源禀赋、产业基础和区位条件不同，它们之间的经济发展水平、产业结构水平都存在明显差异。经济发展理论和实践表明，当新行业、新产品、新技术出现时，它们都会随着时间推移由高梯度地区向低梯度地区传递。

这种产业梯度转移推动了落后地区参与国际分工和全球竞争进程，同时也推动了不同地区产业结构演进和产业基础整体提升。我国正处于产业结构升级的关键时期，应把握全球经济梯度发展效应与"一带一路"倡议，促进我国产业向全球价值链中高端跃升（杨俊峰，2016）。

（六）政策调控引导

政府制定的产业政策、竞争政策、价格管制、财税政策等都对产业转型升级构成影响。政府政策在推动我国产业结构变动和升级过程中发挥着巨大的作用，采取多种措施促进产业结构调整，是改革开放以来我国产业结构演进的主要途径（简新华和叶林，2011）。根据过去经济发展的情况来看，我国政府制定的相关政策使不合理的畸形产业结构得到了改变，并且慢慢地克服经济发展中的薄弱环节，令产业结构日益趋向合理化和高度化（郭浩淼和王鑫，2019）。

五、产业转型升级的相关理论

（一）配第 - 克拉克定理

英国经济学家配第（Petty）在 1690 年出版了《政治算术》，他在该著作中将经济发展的进程与产业转型升级两者联系在一起，探讨了两者之间存在的关系。克拉克（Clark）在配第研究的基础上进一步深入研究发现，随着人均国民收入的不断提升，劳动力会从第一产业向第二产业转移，再由第二产业向第三产业转移，这就是配第 - 克拉克定理。

（二）主导产业扩散效应理论

主导产业及其扩散理论最初由美国经济学家罗斯托（Rostow）提出，他认为，不管处于什么时期，即使是在成熟并且不断成长的经济体系中，经济能够保持继续增长是由于少数主导部门快速扩大而产生的结果，并且主导部门的扩大又对产业部门产生扩散效应，包括回顾效应、旁侧效应和前向效应，这被称为罗斯托主导产业扩散效应理论。根据该理论，经济增长是国民经济中各个部门彼此之间比例变化的过程，实际表现为各部门不同程度的增长率。

根据各部门在推动经济增长中所起作用的不同，将经济部门分成主导部门、补充经济增长部门以及派生的经济增长部门。经济增长最初是由主导部门带动，进而由主导部门的回顾效应、旁侧效应以及前向效应推动整个经济增长。

（三）霍夫曼定律

德国经济学家霍夫曼（Hoffman）在 1931 年发表了《工业化的阶段和类型》，他在该书中研究并总结了工业化进程的演变规律，通过分析消费资料工业与资本资料工业之间的比例关系，得到了"霍夫曼比例"，也称为"霍夫曼系数"，而且在工业化进程中霍夫曼系数呈现出不断下降的趋势，这就是著名的"霍夫曼定律"。该定律展现了工业结构向重工业化演变的过程，同时还揭示了重工业化过程中的高加工度化演进规律。霍夫曼指出，工业的高加工度化一方面说明了工业化进程中，工业增长对原材料的依赖程度会慢慢降低，并且中间产品的利用价值持续提升，最终产品的附加价值越来越高，另一方面体现出了工业的发展模式从原来的粗放型增长转变为集约型增长。

（四）雁阵模式理论

雁阵模式理论基于技术差距论，认为早期模仿国家与后进模仿国家之间有可能会发展贸易往来，从而形成与创新国相对应的理论格局。日本学者赤松要（Kaname Akamatsu）最先提出了"雁阵模式"的概念，他发现日本产业在发展过程中往往都要经历进口新的产品、进口替代、出口以及重新出口这几个阶段，将其在图上展现时则呈现出如飞行中的大雁一般的形态，"雁阵产业发展形态"的命名由此而来。"雁阵产业发展形态"是针对发展中国家提出的，发展中国家通过从先进国家引进技术，然后凭借引进的先进技术生产商品，进而借助贸易往来将其转移到不发达的国家。日本学者山泽逸平（Ippei Yamazawa）扩展了"雁阵产业发展形态"理论，他认为一国的产业发展除了会经历赤松要说的四个阶段以外，还会有逆进口的发展阶段，这更加完整地展现了后进国家是如何通过后发优势占据"领头雁"的位置并且实现经济起飞的目标。也就是说，产业转型升级是有阶段性的，而且在不同的发展阶段，产业转型升级的方向和路径都存在一定差异。

（五）价值链理论

波特（Porter）在 1985 年首次出版了《国家竞争优势》一书。他在该书中以制造企业为例最先提出了价值链理论，认为价值链从价值形成的过程角度来看就是一个企业从创立到进行投入生产经营整个过程中所经历的各个环节与活动，这不仅有各种投入，还显示出价值的增加，使得一系列的环节连接成为一条活动成本链。价值链理论表明，企业发展不单是使价值得到增加，而且要重新创造价值。在价值链整个系统中需要互不相同的生产活动单元共同合作以实现价值创造，价值的含义也从产品之间的物质转换拓展为动态的产品与服务之间的转换。价值链理论被波特提出来以后，得到了大力的推崇与发展，并被进一步拓展为虚拟价值链理论、价值网理论和全球价值链理论。因此，产业转型升级的过程应该伴随着价值链升级。

（六）可持续发展理论

可持续发展的概念起源于生态学，指的是对资源进行管理的一种战略，随后它被应用于经济学、社会学等多个学科领域。可持续发展的主旨是要协调好经济发展与生态环境的关系。在早期的发展历程中，高能耗、高污染、高排放的生产方式虽然促进了经济增长，但是同时也导致了严重的环境污染，影响经济社会的可持续发展。为此，在经济发展的同时应兼顾生态环境效益提升，走可持续发展道路，其核心在于不断推进科技创新并转变经济发展方式。产业是国民经济发展的载体，其发展方式决定了国民经济发展中的经济效益、生态效益和环境效益。在可持续发展背景下，产业转型升级必须坚持转变发展方式，推动高投入、高污染的传统发展模式向低投入、低污染的绿色低碳发展模式转变。

（七）产业集群理论

产业集群理论出现于 20 世纪 80 年代，由美国哈佛商学院的竞争战略和国际竞争领域研究权威学者波特创立。该理论认为，在一个特定区域的一个特别领域，集聚着一组相互关联的公司、供应商、关联产业和专门化的制度和协会，通过这种区域集聚形成有效的市场竞争，构建出专业化生产要素优化集聚洼地，使企业共享区域公共设施、市场环境和外部经济，降低信息交流和物流成本，形成区域集聚效应、规模效应、外部效应和区域竞争力。由此可见，产业集群发展是深化产业分工合作的重要方式，它通过推动要素、产品、产业的合理流动而促进产业结构优化升级。

第二节　产业转型升级的国际经验及启示

一、国际经验

（一）美国

1. 重视顶层设计，健全制度环境

在不同的历史发展时期，美国政府为了实现产业转型的目标制定了不同的产业发展战略，推动了传统产业升级和战略性新兴产业发展。例如，美国政府先后制定了《关于加快块状经济向现代产业集群转型升级的指导意见》《美国复苏与再投资法案》《关于实施创新驱动战略推进科技创新工程加快建设创新型省份的意见》等政策和规定（赵丽芬，2015）。美国还采取了一系列支持措施来促进产业转型升级，例如，对转型升级中的制造业实行货币补贴和特殊的定价方式、降低高科技制造业的税收、优化调整联邦投资、加大对中小企业和研发的投资力度等。

2. 重视研发投入，激发创新活力

美国政府认为技术创新在促进产业转型升级中的作用是巨大的，而且企业是技术创新的主体。长期以来，美国政府将基础性研究与科技创新方面的研发投入放在了重要的位置，坚持加大对它们的支持力度，充分调动企业创新的积极性，助力产业转型升级。同时，美国政府还倡导并鼓励以大学为主体建立产学研合作，促进研发成果转化应用。

3. 重视人才引育，夯实人才支撑

美国政府充分意识到人才在产业创新中的支撑作用，通过加大对教育的整体投入，提升了国内人力资本水平，为推动产业转型升级提供了人才支撑。美国通过大力发展高等教育，在注重本土人才培养的同时，还设立了很多类型的奖学金，吸引了众多国外留学生。另外，美国借助产学研互动技术支撑平台、工业实验室和不断完善的人才管理机制等举措引进海外人才，并以多种形式邀请其他国家的专家学者到美国从事研究工作（张贤和张志伟，2008）。

4. 重视金融发展，保障资金供给

美国格外重视金融发展对产业转型升级的支撑作用，在金融发展方面采取了多项措施支持产业转型升级。一是建立了多层次的资本市场体系，将资本市场作为中心，把灵活的银行信贷体系作为辅助，形成政府组织与非政府组织相结合的资金供给体系。二是充分发挥风险投资的作用。风险投资可为高科技产业提供产业发展所需要的资金并分担部分风险，它还有助于产业集群的形成。高新技术产业对生产要素的专业化要求不断增强，当技术以网络形式扩散后，先进技术在产业间不断传播，这有利于传统产业改造升级（赵婉妤和王立国，2016）。三是采取多种方式给中小企业提供融资。为解决部分中小企业面临的信用等级较低难题，美国依靠政府信用，通过小企业管理局建立起良好的贷款担保机制、通过搭建互联网金融平台等，为中小企业提供贷款新途径。

5. 注重生态环保，力推绿色转型

美国在 1990 年颁布了《污染预防法》，目的是促进清洁生产和从污染的源头进行环境治理。除此之外，美国大力发展再制造，凭借新技术和产业化手段，修复和改造加工旧的设备产品和零部件，使得再制造产品的功能达到或超过新产品。再制造产品相比原型新品而言成本更低、更加节能、更加节约材料以及排放更少的污染物，大大降低了环境污染。美国是世界上再制造产业规模最大的国家，2012 年的出口产值达 430 亿美元，给 18 万人提供了就业，美国成功实现了传统产业向先进绿色制造业转型（杜朝晖，2017）。

（一）日本

1. 立足国际国内两个市场，差异化实施产业政策

日本根据经济所处的不同发展阶段，综合考虑国内国外两个市场，并结合世界经济发展情况，制定符合本国实际的产业发展政策。日本政府在二战经济恢复时期，以快速恢复经济为目标，重点发展煤炭、钢铁、电力和海上运输业；在经济快速增长时期，以实现贸易立国、赶超欧美的战略目标，制定并实施了重化工业化的产业结构高级化政策；在经济中速增长时期，为缓

解能源危机约束，大力实行产业转型升级政策；在稳定的低速增长时期，日本迅速抓住了信息技术产业带来的发展机遇，大力发展知识密集产业，加速实现了产业升级目标。

2. 政府与市场有机结合，激发企业创新活力

为实现产业转型升级，日本中央政府制定了一系列相关政策。为了激发企业创新，日本政府将大量的优惠政策向企业倾斜，例如，特别折旧制度、税收减免制度、政府补贴、政策性金融等。不仅如此，日本政府也在法律上给予企业创新提供税收优惠待遇保障。一方面，为中小企业专利提供保护，并且给予中小企业减免专利税，激发企业创新的活力；另一方面，大力培育龙头骨干企业，鼓励并扶持创新型中小企业和配套小微企业发展（赵丽芬，2015）。日本还十分看重产业政策在技术创新中的引导作用。随着市场化条件逐渐成熟，日本慢慢解除了对原有部分产业的直接保护政策，产业政策向提供发展信息、以科学咨询为宗旨的指导性产业政策转变，并高度重视各种专业协会、研究学会和新闻媒体的作用；同时坚持官民协调，依靠市场竞争机制与企业自身活力来推动产业结构优化和转型升级（安同信等，2014）。

3. 发展互联产业，实现数字驱动变革

企业内部的研发设计、工艺流程、生产流程、组织管理、市场营销、物流配送等环节，通过信息技术的运用得以改造升级，是传统产业生产经营效率提高的有效途径。将信息技术运用于传统产业改造升级是传统产业转型升级的重要方式（李晓阳等，2022）。信息网络将企业联结起来，形成虚拟企业和动态联盟，是实现组织再造和组织创新，推动传统产业转型升级的重要途径（杜朝晖，2017）。长期以来，日本电子信息数字化的发展不断加深，然而企业、部门、机构等彼此之间的数据被分隔管理，互不相连，以至于数据没有充分发挥作用。日本在 2017 年提出了"互联产业"的这一概念，其宗旨有三个方面，即建立人类与机械系统相互协调的新型数字化社会、通过国际合作与联合行动解决人类面临的共同难题和培养数字技术人才。通过产业互连，一是可实现被分隔在各企业、部门的数据相互连接起来，提高生产效率；二是可打破产品和服务数据与生产者和服务者不相通的局面，提高服务水平；三是可借助人工智能验证和分析各种数据，进而促进技术进步。

4. 践行"官产学研"一体化，培养创新型人才

人才是推动产业转型升级的核心要素。日本政府大力培养本土人才的同

时还十分重视人才引进，丰富的人力资本促进了产业结构变迁和经济快速发展。日本充分认识到教育的重要性，在国民教育体系中将高层次人才培养放在了重要位置，并且在研究生教育中将能够在职业领域发挥引领作用的人才作为重点培养对象。除此之外，日本也很重视在职人员的培养和培训，并采取了多种方式来吸引更多的国外优秀人才。

5. 多措并举，推动绿色发展

日本政府十分重视通过产业政策引导绿色发展。在 2008 年就开始实行"环境与能源革新技术开发计划"，在绿色发展前提下实现了制造业再发展。在 2012 年颁布的《绿色增长战略》中，指明了环保产业的内容和发展方向。日本还注重从立法上推动绿色发展，21 世纪初就颁布了《循环型社会形成基本法》《再生资源利用促进法》《建筑材料循环利用法》《绿色采购法》等政策法规，它们推动了日本节能立法体系形成。同时，日本倡导绿色低碳城市建设，将绿色低碳的发展理念融入"智慧城市"建设体系，既提高了城市能源和资源的使用效率，也提升了管理的智能化、数字化水平。另外，日本还不断推进智能交通和智能电网建设，提升居民出行效率，统筹能源资源的平衡，降低了能源消耗强度（李思琪，2017）。

（三）德国

1. 科技创新驱动产业转型升级

在 21 世纪之初，德国就开始准备对重大技术变革的战略进行部署，在 2006 年，德国政府就颁布了《国家高技术战略》，该战略对于德国后期产业政策的制定具有重大的指导意义，主要是以推动创新驱动发展为主，将战略性新兴产业作为重点培育和发展的对象。德国在 2010 年颁布了《国家高技术战略 2020》，主要是为了给工业领域新一代革命性技术研发与创新提供支持，以保持德国的国际竞争力。该战略的内容主要有三个方面：一是对战略性新兴技术突破给予资助，主要聚焦于生物技术、纳米技术、微电子和纳米电子、光学技术、材料技术、生产技术、服务研究、空间技术、信息与通信技术等领域；二是产业政策的重点是改善创新环境，将社会资源引导到创新活动上面，希望借助技术创新和技术革命及其成果推广，使其生产方式和商业模式创新位于世界前列；三是加速创新成果的产业化，采取的措施主要包括支持科研机构和中小企业申请和应用专利，促进学术成果商业化，升级校园资助项目，实施"领先集群竞争"和创新联盟等行之有效的政策（韩美琳，2021）。

2. 推动制造业数智化转型

在互联网、大数据等数字技术迅速发展的背景下，德国实施了高科技与制造业融合发展战略，利用互联网、大数据等技术推动制造业向智能化、数字化、数据化、个性化、智慧化等方向发展，其中的智能化主要体现在智能工厂、智能生产、智能产品、智能物流、智能管理与服务等方面。根据"工业4.0平台"的设计，智能工厂和智能产品构成嵌入式制造系统，企业间和企业内的业务流程分别形成横向价值链和纵向价值网络，通过横向价值链和纵向价值网络的再整合，可实现产业价值链全面升级。

3. 引导中小企业转型升级

德国拥有一批具有发展活力的中小企业，它们不仅仅是生产单一的专业化产品，还努力横向扩展产品市场，拥有精良的技术和超强的市场应变能力，是德国制造业的强大支柱（王思雨和曹瑾，2017）。这些中小型企业的公众知名度低，通常被称为"隐形冠军"。据2016年德国联邦外贸与投资署公布的数据，德国企业的中小型企业所占比重为99.6%，它们提供了社会上60%的就业岗位，创造了高于55.5%的经济附加值。德国制定了国家立法、战略规划、机构调整、财税政策、信贷融资、培训制度等相关政策法规支持中小企业发展，德国经济和技术部还实施了"云计算行动计划"，通过挖掘云计算的巨大经济潜力，进一步鼓励支持中小企业的发展。

4. 金融支持产业转型升级

德国高度重视金融支持产业转型升级，主要是给企业提供债券融资、股权融资支持，以缓解企业面临的资金压力。德国最大的政策性银行是复兴信贷银行，该银行的重点是支持产业开发、教育和科研机构振兴、发展战略性新兴产业等领域。其中，复兴信贷银行有专门的子公司为初创的中小型企业提供资金支持和金融服务。

5. 发展可再生能源产业

为了降低对化石能源的依赖程度以降低环境污染，德国通过开发可再生能源、推动电动汽车和节能跑车产业发展等方式促进经济绿色发展。德国政府为了扶持可再生能源行业，先后出台了《电力供应法》《可再生能源法》和税收优惠减免方案。在20世纪90年代，德国是全球最大的风能市场，其光伏发电市场也得到了快速发展，可再生能源已成为德国新的经济增长点。同时，德国汽车行业借助科研带来的巨大优势，鼓励电动汽车和节能跑车等新能源汽车产业发展，带动了德国产业发展方式转变。

二、对长江上游地区的启示

（一）因地制宜调整产业结构

日本产业转型升级的经验表明，在经济发展的不同阶段，应根据当地产业发展的实际情况，确定适宜的重点发展领域，并制定与之匹配的产业政策。美国在不同的历史时期，也通过制定不同的产业发展战略来推动产业转型升级，在传统产业结构得到优化的同时实现了战略性新兴产业发展。长江上游地区的不同区域在产业发展水平和产业类别等方面都具有比较明显的差异，它们在推动产业转型升级过程中也应充分借鉴日本和美国的这些经验，根据自身产业发展的实际状况，制定合适的产业政策，明确产业发展的方向和重点，推动产业结构优化升级。

（二）推动产业数智化转型

无论是日本的产业互联战略，还是德国的高科技与制造业融合发展战略，都充分利用了互联网、大数据等新一代信息技术，推动了制造业向智能化、数字化、数据化、个性化、智慧化等方向发展，大幅提升了产业发展水平。当前，数字产业化和产业数字化都已成为推动我国经济高质量发展的经济形态，长江上游地区在数字经济领域也已具备一定基础。但是，与沿海发达地区相比，长江上游地区无论是数字技术还是其应用水平都存在比较明显的差距。因此，长江上游地区应充分发挥数智化的后发优势，积极推进产业发展向智能化、数字化方向转型升级。

（三）激发企业创新活力

美国、日本和德国等发达经济体的发展经验表明，创新是推动产业转型升级的重要因素。这些国家或地区不仅从制度上设计了一系列促进科技创新的法规、政策，还在经济发展实践中采用风险投资、债券融资、股权融资等市场手段缓解企业创新中的融资约束，它们激发了企业创新活力，对创新驱动产业转型升级起到了明显效果。长江上游地区科技创新水平相对不高，支持科技创新的体制机制也不够健全，通过创新驱动产业转型升级研究具有较大的发展空间。为此，长江上游地区产业转型升级中，可充分借鉴发达经济体促进科技创新的成功经验，充分发挥政府调控和市场机制作用，激发企业创新活力，为产业转型升级提供强大的动力支持。

（四）重视人力资本建设

人才是推动产业转型升级不可或缺的要素之一。发达经济体的经验表明，通过设计提升人力资本的制度体系，综合采用内部人才培养和外部人才引进等手段，有助于提升了本国产业转型升级所需的人才数量和人才质量。因此，长江上游地区可根据产业发展的实际情况，因时因地制定相关的人才培育、人才引进、人才流动政策，充分发挥人力资本对产业转型升级的支撑作用。

（五）升级产业链价值链

价值增值是推动产业转型升级的主要目的之一。在国际分工中，同一条产业链的上游和下游不同环节的产品附加值有很大的差异，其中价值增值主要集中在上游的研发、设计创新和标准化，以及下游的销售、物流和品牌塑造等环节，较小部分价值增值在中游制造环节。发达国家的产业转型升级基本上都伴随着产业链价值链升级，它们为此也制定了促进产业链、价值链升级的相关配套政策。长江上游地区三次产业的层次都不高，基本上都处于产业链的中间制造环节和价值链的中低端环节。为此，要推动长江上游地区产业转型升级，必须多渠道提升它们在全球产业链和价值链中的地位，增强产业的国际竞争力。

（六）走绿色发展道路

在资源环境约束趋紧的大背景下，绿色发展已成为产业转型升级的内在要求和主要手段。发达国家产业转型升级中也大力推行了绿色发展战略，例如，美国采取了清洁生产和再制造促进绿色转型发展，日本通过发展环保产业、建设绿色低碳城市促进绿色发展转型，德国通过发展可再生能源产业来推动绿色发展转型，等等。长江上游地区是长江经济带的上游生态屏障，其产业转型升级必须走绿色低碳发展之路，在促进经济增长的同时兼顾生态环境效益提升。

第三节　本章小结

本章对产业转型升级的相关理论和国际经验进行了系统的回顾，主要研究结论如下：

第一，产业转型升级是产业转型和产业升级的共同作用结果，即表现为产业发展方式转变和产业结构升级（包括产业结构的高级化和合理化）两个方面，它们各有侧重又相互关联。与此相关联的是，产业转型升级的测度主要包括产业转型升级的方向、速度和水平测度三大思路，它们各有优劣而且相互补充，共同度量了产业转型升级的不同侧面。

第二，产业转型升级的影响因素和驱动力是多方面的。其中，影响因素主要涉及经济、社会和制度等领域，例如，人力资本、财政政策、人口老龄化、环境规制、技术水平、金融发展、互联网发展水平等因素都会对产业转型升级产生影响；驱动力则包括要素成本硬约束、产能过剩倒逼、科技创新驱动、内部需求拉动、梯度发展效应推动、政策调控引导等。

第三，产业转型升级具有理论基础和科学依据。产业转型升级研究开始于西方国家，已经形成相对成熟的理论，例如，配第－克拉克定理、主导产业演变理论、霍夫曼定律、雁阵模式理论、价值链理论、产业集群理论及可持续发展理论等，它们为产业转型升级研究提供了丰富的理论依据。

第四，产业转型升级是与经济发展同步的，既是经济发展的动因，也是经济发展的结果。美国、日本和德国等发达经济体的产业转型升级经历，对长江上游地区的产业转型升级具有丰富的启示性作用，例如，因地制宜地调整产业结构、着力推动产业数智化转型、充分激发企业创新活力、高度重视人力资本建设、大力推动全球价值链和产业链升级、坚持走绿色发展道路等。

| 第二章 |

供给侧结构性改革影响产业
转型升级的理论分析

结构不优是落后经济体存在的共性问题之一，而供给侧结构性问题是制约我国当前经济发展最为突出的问题。第一章的研究结论表明，产业转型升级需要同步推进产业的发展方式转变和结构优化升级，而且它们的影响因素及驱动力基本上都与供给侧紧密相关，其中部分因素还属于结构性问题。《中华人民共和国国民经济和社会发展第十四个五年规划和 2035 年远景目标纲要》指出，深化供给侧结构性改革是当前及今后一段时期内国民经济高质量发展必须遵循的主线。因此，为推动长江上游地区产业转型升级，加快实现高质量发展，深化供给侧结构性改革是不可或缺的重要手段。为此，此部分在简单梳理供给侧结构性改革的理论基础和基本是实施框架之后，就供给侧结构性改革影响产业转型升级的作用机制及其中的主要障碍和实现条件进行尝试性的理论探索。

第一节　供给侧结构性改革的理论基础

一、理论溯源

"供给侧结构性改革"一词正式进入公众视野，至少可以追溯至 2015 年 11 月召开的中央财经领导小组第 11 次会议。习近平在这次会议上指出，"在适度扩大总需求的同时，着力加强供给侧结构性改革，着力提高供给体系质量和效率，增强经济持续增长动力，推动我国社会生产力水平实现整体跃升"。[①] 这标志着我国经济改革从更加重视需求侧转向了更加重视供给侧，同时也掀起了学术界对供给侧结构性改革的理论源头的广泛探讨，但是研究结论却并非一致。

学术界关于"供给侧结构性改革"的理论源泉或者说理论依据的讨论颇多。其中一些学者以西方经济学的思想为基础，认为我国供给侧结构性改革的理论基石是供给学派（贾康和苏京春，2016；冯志峰，2016）。基于美国的供给学派，部分学者认为我国供给侧结构性改革的理论来源是萨伊定律（许小年，2015；盛洪，2016；李翀，2016）。但是部分学者认为，我国的供给侧结构性改革并不能从里根经济学中找寻根源（龚刚，2016；余斌和吴振宇，2017）。然而，另一些学者则坚持马克思主义的政治经济学分析方法，认为我国的社会性质决定了我国供给侧结构性改革的指导思想必须是马克思主义。学者们基于这种认识，分别从马克思的劳动价值论（洪银兴，2016）、供求论（金碚，2017）、结构均衡论（杨继国和朱东波，2018）出发，从不同角度探讨了我国供给侧结构性改革的理论基础。但从实际来看，这些研究的论证与经济学发展史的事实不相吻合，而且对萨伊定律进行了错误解读，尤其是在误导读者们将供给侧结构性改革理解成对萨伊定律的延续。

供给理论是研究一个经济的总供给能力及其增长决定因素的理论，而供

[①] 中共中央文献研究室：《习近平关于社会主义经济建设论述摘编》，中央文献出版社 2017 年版，第 87 页。

给侧结构性改革理论是在供给理论的基础上，探讨如何通过要素投入结构、产业结构和制度结构的调整及升级优化来促进经济社会的供给质量提升，达到市场均衡；供给侧结构性改革理论与供给理论有相互交叉联系的地方，但是它们又不能画等号，因为理论源泉并不等于理论本身（方福前，2017）。因此，本书认为供给侧结构性改革的理论源泉可追溯到供给理论的源头。

二、理论基础

（一）古典经济学

马克思界定的古典经济学的主要代表人物有威廉·配第（William Petty）、亚当·斯密（Adam Smith）、大卫·李嘉图（David Ricardo）等。萨伊定律则属于马克思界定的庸俗经济学派范畴，而且萨伊定律将古典经济学"供给决定需求"扭曲为"供给和需求必须相等"，也根本没有谈及结构性矛盾（方福前，2017），因而不在本书讨论之列。对西方经济发展史进行回顾可知，古典经济学家一直强调供给的重要性，认为供给分析比需求分析更重要。在工厂手工业向机器大工业过渡的这一时代变革背景下，资本主义社会的财富和商品都来自工厂的生产阶段，这催生了古典经济学家从供给侧寻找资本主义制度的经济基础，古典经济学也应运而生。

"劳动是财富之父，土地是财富之母。"英国古典经济学之父配第指出，商品的价值是由劳动创造的，劳动和土地是决定供给的两大生产要素，而且生产成本降低的原因在于劳动分工促进了劳动生产率提高。配第还指出，一个人拥有的技术或技艺会促进供给增加，一个领土小和人口少的国家占据的地理位置和采取的优越政策等都会促进经济增长。经济发展中应着力推动技术进步或技术创新、提高劳动者技能素养并选择恰当的政府政策等，这些观点已成为现代经济学家的共识，它们也是我国推进供给侧结构性改革所涉及的重要内容。

农业是17世纪末法国经济发展的支柱产业，法国的古典经济学者也十分推崇重农主义政策。法国的重农学派认为，农产品是社会财富的来源，同时也片面地将农业看成是经济社会财富的增长源泉。虽然这些观点是片面的而且有局限性，但是不可否认的是，法国的古典政治经济学家也是从供给侧来探讨经济社会财富增长的源泉，而并非需求侧。

斯密的经典著作《国民财富的性质和原因的研究》，被公认为古典经济学体系的奠基之作。该书的分析体系是从劳动分工开始的，认为分工是劳动生产率提高的直接原因。他通过分析制针行业工人的劳作后指出，分工不仅会在微观层面提高单个工人的劳动生产率，进而提高单个工厂的产出量，而且会在宏观层面上促进一国的产业发展和效率提高，最终出现社会的普遍富裕。据此他进一步认为，提高国民财富的方法有两种：一是通过劳动分工、使用机器等提高劳动生产率；二是通过资本积累增加有用劳动者的人数。由此可见，斯密是从供给侧更加系统和深刻地丰富了供给理论。李嘉图则进一步将国民财富增长的原因概括为三个方面，即机器发明、进一步分工和市场发展。

当前，我国供给侧结构性改革仍然与劳动分工、劳动生产率、产业发展、制度变革等因素密切相关。而古典经济学对影响一国经济社会供给的因素和供给本身进行了较为全面和深入的探索。由此我们认为，古典经济学就是初始的供给经济学，是我国供给侧结构性改革的理论基础之一。

（二）马克思供给结构理论

一方面，马克思揭示了资本积累和资本使用效率的提高是决定经济增长的主要原因，并且对分工与协作、科学技术进步、教育、劳动生产率及资本积累等供给要素进行了较为系统的结构性分析。他对总供给与总需求的内在关系也进行了分析，认为供给在其中具有决定性作用，供给和需求是互相依存的，而且需求也会制约供给并反作用于供给。不仅如此，马克思还从制度层面分析了供给和供给结构的作用，认为生产关系（制度）的性质决定了资源配置的结构，进而决定了供给（生产）结构。另一方面，马克思对供需结构必须相适应和相匹配的条件也进行了论述。他指出，经济社会的总供给量要和总需求量相适应，而且在总社会必要劳动时间分配的结构上也必须和总需求的结构相匹配，否则将会导致产品过剩并将无法实现这些产品的价值。也就是说，资源的合理配置必须与社会需求的结构相一致，这样生产出来的产品才能成为有效供给，最终也才能够实现它们的价值。马克思进一步指出，资本主义社会的商品生产由于会受到剩余价值规律的调节而会经常性地破坏市场竞争机制，最终会导致生产过剩。因此，他主张通过市场竞争机制来调节资源配置，并且只有在生产资料公有制下，生产（资源）才可能自觉地按比例进行配置。

总之，马克思不仅系统地阐述了决定供给和经济增长的主要因素及其内在联系，而且从制度（生产关系）层面指出了决定供需规模、供需均衡的经济结构和其他条件，以及市场经济中资源配置机制的内在矛盾。由此可见，马克思对供给侧结构性理论的分析，对我国深化供给侧结构性改革具有重要的理论指导意义。

（三）其他相关学科（学派）的理论借鉴

在经济发展思想史和经济发展史中存在着丰富的增长与发展经济学、新制度经济学等学科理论（或思想），它们在我国推进供给侧结构性改革中也具有一定的借鉴意义。

（1）供给学派理论（供给经济学）引发了人们对经济发展中供给侧的重新重视。20世纪70年代，在长期遵循凯恩斯主义的需求管理下，美国等西方资本主义国家发生了严重的"滞涨"现象，这催生了人们再次将经济发展的关注点回到供给侧领域。其中，以蒙代尔（Mundell）、拉弗（Laff）、吉尔德（Gilder）等为代表的供给学派（或供给经济学）在重新肯定萨伊定律的基础上，认为经济增长决定于生产要素的供给和有效利用，尤其是资本至关重要，并据此提出了降低税率、取消国家对经济的过多干预、削减福利支出、实行货币管理等供给侧管理观点。虽然这些观点最终以"里根经济学"在实践中的失败而告终，但是供给学派将经济学研究和实践的重点由需求侧拉回到供给侧，尤其是通过放松管制以促进市场竞争的市场化改革等观点，它们在供给侧结构性改革中都具有一定的借鉴意义。

（2）经济增长与发展理论对发展要素、结构转换、制度变迁和可持续发展等方面的研究，为供给侧结构性改革的方向提供了丰富的理论支撑。例如，"哈罗德－多马模型"对发展中国家资本积累至关重要的论证；舒尔茨（Schultz）、卢卡斯（Lucas）、贝克尔（Becker）等对经济发展中人力资本重要性的强调；丹尼森（Denison）、乔根森（Jorgenson）等借助于索洛增长核算分析，对"余值增长"源于全要素生产率提升的分析；克拉克（Clark）将技术知识的增进和规模报酬递增看作是决定经济进步的主要源泉的观点；罗默（Romer）、阿格西姆（Aghion）、豪威特（Howitt）等对专业化知识的重要性及内生技术进步的理论分析；环境库兹涅茨曲线假说为保护生态环境所做出的理论支撑；工业化、城镇化理论对不同部门之间、不同区域之间的结构转换分析；阿西莫格鲁（Acemoglu）、克拉格（Clague）、森（Sen）等在吸收新制度经济学的基础上，对经济发展中制度变迁重要性的论述等。

（3）新制度经济学对经济发展中制度至关重要的论证，为供给侧结构性改革中实施制度创新提供了理论借鉴。诺斯（North）指出，"制度是一个社会的游戏规则，更规范地说，它们是为决定人们的相互关系而人为设定的一些制约。制度构造了人们在政治、社会或经济方面发生交换的激励结构，制度变迁则决定了社会演进的方式，因此，它是理解历史的关键"①。他和托马斯（Thomas）等新制度经济学家还认为，与其说要素积累或全要素生产率增长是经济增长的原因，倒不如说它们是经济增长本身，制度才是经济增长的根本性原因。以科斯（Coase）、威廉姆森（Williamson）、舒尔茨为代表的一批学者则进一步指出，制度之所以能够推动经济发展，是因为它具有降低交易成本和提供激励的经济功能。显然，通过交易费用理论的运用，可以洞悉企业交易成本的来源和解决办法，从而实现企业减负，提高企业生产经营效率。解决企业交易成本过高问题是供给侧结构性改革的主要任务，交易费用理论在其中发挥着关键作用。

第二节　供给侧结构性改革的基本框架

一、历史背景

2015 年 11 月，中央财经领导小组第 11 次会议上，习近平总书记提出"在适度扩大总需求的同时，着力加强供给侧结构性改革，着力提高供给体系质量和效率，增强经济持续增长动力，推动我国社会生产力水平实现整体

---

① 转引自郭熙保：《发展经济学》，高等教育出版社 2011 年版，第 393 页。

跃升"①，这是第一次提出我国宏观政策需要从需求侧转向供给侧。在 2015 年 12 月召开的中央经济工作会议上，习近平总书记再次强调了要进行供给侧结构性改革。2016 年"两会"之后，国务院颁布的"十三五"规划纲要中明确提出，"以供给侧结构性改革为主线，扩大有效供给，满足有效需求"。② 当前，我国供给侧结构性改革已成为宏观政策的主基调，它是在国际经济环境发生重大变化和我国经济发展进入新常态的前提下，为了解决实际问题而提出来的，有着十分深刻的历史背景。

首先，供给侧结构性改革是我国经济社会发展进入新常态的必然选择。改革开放以来，我国经济持续快速发展，居民消费结构不断升级，人民对生活的追求已不再是简单地看重"数量"，而是更加注重"质量"。然而，由于我国的生产要素结构、产品结构、产业结构等与高质量的需求变化不相适应，这要求我国的改革重点要向供给端进行倾斜，即通过供给侧结构性改革，提供优质的产品或服务来满足人民群众日益增长的物质文化需要。

其次，供给侧结构性改革是经济新常态下我国宏观经济管理必须确立的战略思路。当前，我国经济下行的压力较大，而且主要体现为结构性问题，主要矛盾在供给侧。如果继续采用扩大需求的管理政策，则难以贴切目前的新形势，因此必须把供给侧结构性改革作为宏观经济管理的重要内容。

最后，供给侧结构性改革是贯彻落实新发展理念的必然要求。创新、协调、绿色、开放、共享的新发展理念是我国高质量发展的根本遵循，这要求我们在"十四五"及未来一段时期内，要加快实现从要素驱动向创新驱动的转变，促进供需均衡发展、城乡协调发展和绿色低碳发展。深化供给侧结构性改革的主要目的就是要从供给侧出发，解决我国经济发展要素层面、产品层面和宏观经济层面的结构性失衡问题，这恰好也是贯彻落实新发展理念的内在要求。

---

① 田延华. 习近平谈供给侧结构性改革［EB/OL］. https：//news. 12371. cn/2017/12/19/ARTI1513642515489574. shtml，2017 - 12 - 19.

② 中华人民共和国国民经济和社会发展第十三个五年规划纲要［EB/OL］. http：//www. gov. cn/xinwen/2016 - 03/17/content _5054992. htm?url _type = 39&object _type = webpage&pos = 1，2016 - 03 - 17.

二、核心要义

供给侧结构性改革可通过改善要素流通渠道及开放要素市场，优化资源配置，从而促进全要素生产率增长（刘世锦，2016）。供给侧结构性改革的重中之重是进行体制机制改革（贾康，2016），推动经济发展方式从投资驱动向效率驱动转变（吴敬琏，2016），其本质在于正确处理好市场与政府的关系（高长武，2016）。也有学者将供给侧结构性改革拆解为"供给侧 + 结构性 + 改革"进行综合视角的解读，认为这种拆解正好对应了"问题 – 原因 – 对策"，即供给侧是问题的集中体现，结构性矛盾是本质，而改革是最终对策（黄群慧，2016）。基于综合视角的供给侧结构性改革的内涵解读已为社会各界所公认，并已收入《习近平新时代中国特色社会主义思想基本问题》一书，其核心要义主要体现在三个方面。

第一，供给侧结构性改革的最终目的是满足社会需要。根据前述古典经济学和马克思主义政治经济学可知，供给和需求是经济社会发展的两个基本方面，它们互相影响，相互制约。其中，供给决定着需求，需求反过来也会影响供给，两者在不断的相互作用下走向均衡，以此推动经济发展。马克思对社会再生产的四大环节论述中，明确指出生产决定消费，而经济活动的最终目的是消费。因此，供给侧结构性改革的核心要义之一就是要通过扩大经济社会的有效供给，更好地满足人民日益增长的美好生活需要。

第二，供给侧结构性改革的主打方向是提高供给体系的质量和运行效率。供给体系的构成要素包括生产要素、产业、产品及企业等，这些要素互相影响，共同发展形成了供给系统。其中，劳动力、资金、技术等是生产要素投入，企业是生产要素的组织者，产业和产品是供给体系的最终体现。而影响一个国家或地区的产出水平的因素很多，例如，要素、企业和产品的配置比例，劳动者素质、技术水平、企业及产业结构等。因此，若从供给方进行结构性的改革，则需要从上述因素出发对供给体系进行优化，以此来提升供给体系的质量和运行效率。

第三，供给侧结构性改革的根本途径是深化改革。马克思主义政治经济学认为，生产力决定生产关系，生产关系又反作用于生产力；适合生产力发展状况的生产关系能够推动生产力不断进步，反之则会阻碍生产力进步。

马克思也强调，社会再生产是生产关系的再生产，是制度体制的再生产，需要破除旧的生产关系（王昌林等，2017）。我国自改革开放以来，经历了持续性的高速经济增长。不过，这种高速增长是以资源过度消耗和环境污染为代价的，这种粗放型经济增长模式是不可持续的。由此可见，我国原有的生产关系已不适应生产力的发展需求，必须从根本上破除各种体制机制约束，以解放和发展社会生产力。显然，要推进供给侧结构性改革，就必须要从制度层面入手深化改革，健全与生产力发展需要相适应的生产关系。

三、三个层面

与有效供给相对应的总量生产函数，涉及投入要素和最终产出的数量方面，以及它们的结构方面，它不仅揭示了经济中投入与产出之间的数量关系，而且也刻画了经济中最终产品和服务的供给能力（包括供给总量和供给结构等供给质量方面的能力），因此，供给侧结构性改革涉及投入要素层面的结构性改革、产品（或产业）层面的结构性改革，以及影响投入和产出的各种制度的结构性改革（杨文举，2022）。

（一）要素层面

投入要素是产生总供给的基础来源，因此投入要素层面的结构性改革必然属于供给侧结构性改革的内容，这主要包括投入要素的配置优化和质量升级两个方面。

一是从资源配置优化角度来看，经济中劳动力、资本、土地等不同要素的数量比例通常有一个最优比例，只要偏离这个最优比例就有改进空间，从而总供给能力就有提升空间。因此，改进投入要素的比例结构（含生产要素中具有不同或相同质量的要素比例结构）都是供给侧结构性改革的重要内容。例如，根据禀赋结构、市场需求等优化投入要素比例结构就有助于增加总供给；不断提高技能劳动者的占比还有助于增加高质量的产品供给；采用清洁能源就会降低"三废"排放量，进而会促进绿色发展；等等。

二是从要素升级来看，主要是包括生产技术革新、劳动力素质提升和突破瓶颈（或新兴）要素约束等。其中，改进生产技术或生产工艺是推动技术进步的重要手段，进而会促进全要素生产率增长，这同样会增加总供给。不仅如此，将传统技术向绿色技术方向的革新，还会降低污染性能耗和非期望产出规模，进而会促进绿色发展。提升劳动力素质则会从两个渠道推动全要素生产率增长和供给增加，即高素质劳动力的规模扩大为加大研发人才投入创造前提，这进而会推动技术进步，而且劳动者技能提升会提高技术－技能的匹配度，进而改善技术效率。另外，突破瓶颈（或新兴）要素约束，不仅有助于增加产品供给，而且还有助于改善供给结构。

（二）产品层面

最终产品和服务是总供给的根本内容，也是衡量经济发展实力的关键所在。理论和实践表明，只有适应总需求的总供给，才是经济发展中的有效供给。因此，供给侧结构性改革的直接目的必然是增加经济中的有效供给量，以推动总供给和总需求在量上走向均衡，这既要求根据市场需求适时调整产品和服务的供给数量，也要求根据市场需求适时调整产品和服务的供给结构。为此，对于经济中与市场需求不相适应的产品和服务，例如，低端产品、劣质产品、污染性产品等非期望产出，应大力减少甚至终止供给，而对于那些与市场需求一致的产品和劳务，尤其是中高端期望产出，则应不断增加供给。与此相对应的是，提供这些最终产品和服务的企业（或行业），也应该根据市场需求进行相应规模和结构的调整。

（三）制度层面

制度是一个社会的游戏规则，它的基本功能是为经济发展提供服务，它具有降低交易成本和提供激励的经济功能。基于生产函数的经济发展理论表明，全要素生产率增长是总产出增长的重要源泉，更是推动总产出可持续增长的唯一来源。制度作为影响全要素生产率的重要因素，它的供给数量和质量必然会影响经济中的总供给。不仅如此，要推动要素和产品层面的供给侧结构性改革，都离不开制度创新。例如，要优化资源配置，就应该发挥好市场机制和宏观调控在资源配置中的作用，而要处理好资源配置的这两大工具之间的关系，就必须从制度层面入手进行改革创新，加快推进要素市场一体化。又如，要增加有效供给，就必须立足市场需求，对产业政策、环境法规等进行科学调整，以淘汰落后产能、化解过剩产能，并增加优质产能，进而促进供给结构优化。另外，要扩大有效供给和推动供需均衡，还必须畅通生产、分配、交换和消费四大环节的有机衔接，这不可避免地会涉及调整所有制结构、完善收入分配制度、优化营商环境、健全市场体制机制、强化环境规制等，而这些都是制度建设的重要内容。因此，制度创新也是供给侧结构性改革的基本内容。

总之，要素、产品和制度等三个层面的改革共同构成供给侧结构性改革的逻辑框架。其中，产品层面的改革成效是检验供给侧结构性改革成效的直接依据；要素层面的改革是决定产品层面改革成效的前提；而制度层面的改革贯穿于要素层面和产品层面的改革，它在供给侧结构性改革中具有决定性作用。相关研究亦得出了类似结论，例如，"供给侧"包括产业、要素和制度三个层面的供给，它们分别对应着转型、创新、改革，其中"供给侧"是改革的切入点，"结构性"是改革的方式，而"改革"才是核心命题（冯志峰，2016）；供给侧结构性改革需要从要素供给、产品供给和制度供给三个层次出发，解决经济发展中的供给问题，其中通过体制机制改革形成新的制度供给是供给侧结构性改革的重中之重（《供给侧结构性改革研究的基本理论与政策框架》课题组，2017）。

四、基本要求

第一，推进供给侧结构性改革要正确处理"四大"关系。一是处理好政府与市场的关系。供给侧结构性改革一定要尊重市场规律，在确保市场在资源分配中占据决定性作用的基础上，又要更好地发挥政府作用。在遵循市场规律的基础上，要通过市场改革激发活力，也需要通过政策的实施引导市场预期，而且法治规范市场的强化作用也不能忽略。二是处理好短期和长期的关系。现今存在的主要矛盾和突出问题是当下亟待解决的，在解决好短期难以突破的问题的基础上，政府也需要采取配套的手段避免经济运行的风险性问题，以实现和保持社会安稳和经济平稳增长。三是处理好减法和加法的关系。一方面，要贯彻落实去产能，减少低端或无效供给，深化去产能、去库存、去杠杆，为经济发展寻找新的着力点和增长极预留新空间。另一方面，也需要从供给侧改善产品，着力生产中高端产品，补齐短板，为经济增长培育新的动力。四是处理好供给和需求的关系。不能将供给和需求拆开来看，而是要将两者结合起来，协调推进。

第二，推进供给侧结构性改革要发挥要素质量和配置效率的基石作用。劳动力、技术、资本等是组成供给体系的必要的投入要素，也是企业维持正常运作和经济稳定增长所不能缺少的基本条件。马克思指出，人是生产力中最具革命性的因素，工具则是生产力的标志。他同时也强调了资本、自然资源等投入要素的质量对经济发展的重要作用。此外，大量研究表明，一国和地区国民经济财富的增长主要取决于投入要素的数量和质量，而且最主要的因素是资源的配置效率、劳动者素质的提高和技术进步等因素。因此，推进供给侧结构性改革，必须提高生产要素的质量和配置效率，包括提升劳动者的素质、技术的有效供给能力和金融服务实体经济的能力等。

第三，促进产业转型升级是推进供给侧结构性改革的中心任务。大量研究表明，产业结构一定要和经济发展水平相适应，否则就会阻碍经济增长。经济增长就是生产要素不断从生产率低的部门流入生产率高的部门的过程，一个国家或地区的产业供给只有在满足市场需求时，有限的要素资源才能得到合理的配置和使用，经济才会实现可持续增长。因此，推进供给侧结构性改革必须着力推进产业转型升级，大力推进农业供给侧结构性改革，振兴制造业，提高服务供给水平，加快培育壮大新兴产业。

第四，推进供给侧结构性改革的根本要靠创新。技术创新会通过加速突破现有技术及充分利用现有技术来提高效率，是推动供给增长的核心因素。习近平总书记多次强调，创新是引领发展的第一动力。抓创新就是抓发展、谋创新就是谋未来。适应和引领经济发展新常态，推进供给侧结构性改革，根本要靠创新。无论是改造传统产业，培育新兴产业，还是提高要素质量和配置效率，从根本上讲都必须大力推进以科技创新为核心的全面创新。

五、主要任务

2015年，针对我国经济运行面临的系列重大结构性失衡，党中央作出了推进供给侧结构性改革的重大决策。近年来，围绕"破"（破除无效供给）、"立"（培育新动能）、"降"（降低实体经济成本）三个方面的重点任务，深入推进了以"三去一降一补"为重点的供给侧结构性改革，这主要体现在下述五个方面：

第一，"去产能"。我国钢铁、煤炭等行业为产能过剩的典型行业，其主要原因在于：我国市场机制不够完善，市场难以自发地调节供求双方，从而导致产能过剩；同时，各级政府的财政支持主要倾向于保护传统制造业，这也加剧了产能过剩。因此，去产能的目的在于把宝贵的资源要素从产能过剩和发展潜力有限的产业中释放出来，既可为新兴产业发展提供资源要素，也可据此协调生产部类与消费部类之间的比例关系。此外，通过强化产品创新、技术创新和制度创新等手段去产能，能够实现新兴产业的崛起和发展，并通过新增的优势产能对过剩产能进行挤出，也会达到去产能的目的。另外，也可以通过进一步加大市场开放力度，重视对现有过剩产能的消化，依靠国际市场实现去产能。

第二，"去库存"。资本再生产规模的大小和预付资本的使用效率都会受到商品出售速度快慢的影响，而我国房地产库存过大问题已成为制约我国经济发展的不利因素。去库存的主要突破口在于控制房地产过快增长，促进房地产业持续发展，关键点在于做好推进户籍人口城市化工作，吸引更多数量的城市常住人口，从而加快房地产库存的清理。此外，也需要企业不断提高技术水平和经营管理能力，顺应市场变化规律，适时刺激市场需求，缩短资金的流通时间。

第三，"去杠杆"。去杠杆主要是为了降低经济运行中的信用风险，是减轻企业债务负担的重要手段。企业和社会的经济运行效率会受益于银行信用和商业信用，但是如果企业使用不当或者过度透支，则在我国经济下行压力变大的这一背景下，会加大企业因债务违约带来信用风险的可能性，也会致使过量的存货积压导致流通变现困难。当前，控制金融杠杆的主要任务是通过合理有效的重组、兼并及债务化解，解决当前较多的隐性债务和债务增长偏快的问题，防范系统性的金融风险。把负债控制在一个合理的范围，既能避免经济发展过程中的"过热"现象，又能减轻经营主体企业的负担，将更多的资源调配到创新发展上去。为此，供给侧结构性改革要切实降低各个经济主体的杠杆率。

第四，"降成本"。高昂的运营成本是阻碍企业创新发展的主要因素，供给侧结构性改革的任务就是要降低企业经营成本、解放和发展生产力。降成本不能通过降低企业劳动者的工资来实现，而是应该通过改革创新来提升企业的生产力水平与生产效率进而降低生产成本。当前，企业生产经营面临很多制度性成本的约束，这些交易成本的存在减缓了企业的发展步伐，导致企业没有能力去改善供给质量和水平，提高供给效率。对此，降低企业成本的任务主要是简政放权，减少无效率的监管和不必要的收费，尽量降低企业生产的税费负担，通过改革和制度创新，放活企业竞争能力。

第五，"补短板"。改革开放以来，我国分配制度的变革对经济社会发展起到了积极的促进作用，但是随着收入差异不断扩大，社会公平问题日益突出。因此，在我国经济发展新阶段，补短板的实质就是补齐社会公平的短板。补短板作为供给侧结构性改革的"加法"，根本任务是要增加经济发展新动能，保障经济持续增长，解决经济社会发展过程中的"短板"问题。对于居民，要弥补民生短板，扩大有效供给，满足人民对美好生活的需要。对于企业，要支持企业技术改造和设备更新，加快公共基础设施建设步伐，促进新产业新业态的快速生成和发展。通过坚持不懈的补短板工作，逐步创造良好的宏观经济发展环境，提高供给质量。

综上所述，"三去一降一补"是我国现阶段推进供给侧结构性改革的主要任务。"十三五"期间，我国不断深化供给侧结构性改革，在"破、立、降"三个方面都取得了明显成效，经济实力、科技实力和综合国力都得到了大幅跃升。实践证明，深化供给侧结构性改革，是我国改善供给结构、提高经济发展质量和效益的正确选择。然而，当前国际形势仍然不容乐观，国内发展不平衡不充分问题依然突出，国民经济发展的制约因素涵盖了需求侧和供给侧因素。因此，在未来一段时期内，仍然要以供给侧结构性改革为主线，充分发挥好政府调控和市场调节的作用，不断提高供给体系的质量和效率，为更好地满足人民日益增长的物质文化需要奠定基础。

第三节 供给侧结构性改革对产业转型升级的影响机制

我国的供给侧结构性改革主要是指向供给和需求错配这一矛盾进行展开，涉及要素层面、产品（产业）层面和制度层面的结构性改革，其最终的落脚点是要提升全要素生产率。为此，本书主要从要素升级、结构优化和制度创新这三个层面及其相互关系出发，剖析供给侧结构性改革推动产业转型升级的作用机制。

一、要素升级机制

我国进入新常态的经济特点之一是经济增长模式要从粗放型向集约型转变。集约型经济增长的本质是，通过对生产要素的组合优化，充分挖掘各要素的最优潜力，达到要素组合或要素配置的最优投入产出效率。因此，供给侧结构性改革需要着力提升生产资源效率和供给质量，解决要素配置扭曲，进而促进产业转型升级。

（一）要素升级的内涵

经济发展离不开供给侧要素的投入，投入要素量的扩大和质的提升对经济增长都十分重要，从长期视角来看，投入要素的质量提升显得更为重要。波特在"钻石理论"中将投入要素分为初级生产要素和高级生产要素，并且分别对经济发展的重要性进行了说明，例如，自然资源、地理区位、非技术人才等初级生产要素对经济增长的重要程度逐渐降低，而现代通信、受过高等教育的人才等高级生产要素由于更容易获得竞争优势，对经济发展愈加重要，其中高级生产要素可以通过人为的投资获得。相关学者也得出了类似的结论，认为要素质量的提升不等同于土地、劳动力等投入要素的增加，而是体现在技术进步、劳动者素质提升、资金使用效率提高和要素的信息化改造等（李佐军，2016）；要素升级包括技术进步、人力资本提升、促进知识资本和推进信息化四个方面（匡小明，2019）。此外，不同类别的生产要素在经济发展中是存在一定的可替代性的，而且同一生产要素也可以进一步细分。例如，劳动力有熟练劳动力和非熟练劳动力之分，技术也有低端技术、中端技术和高端技术之别，等等。再者，我国经济发展已向高质量发展迈进，经济发展不再局限于追求数量和速度的提升，而是需要兼顾经济发展和生态环境保护。

因此，本书认为要素升级包含了两个方面的含义：一是对现有生产要素进行改造，提升同类投入要素的质量；二是不断创造新的生产要素替代原有生产要素，例如，利用清洁能源替代化石能源、利用高端技术替代低端技术等。

（二）要素升级对产业转型升级的影响机制

第一，要素升级能推动技术进步，优化产业间和产业内的要素配置比例，进而推动产业结构升级。研发活动是创造新技术、新知识和新工艺的人类活动。从生产函数理论看，在研发活动中使用更高技能的劳动者、更高质量的机器设备、更前沿的科学知识，都会提高研发活动的产出水平，结果会引致技术水平的跃升。不同要素投入效率带来的技术进步增幅不同时，对技术进步提升更为显著的行业要加大要素投入，在这个过程中，要素投入比例也会变得更加合理，从而促使产业结构优化。一方面，技术进步存在偏向情况下，要素生产率的增速差异导致效率较优的要素投入比例加大。通过这一作用，要素投入比例趋向最优，促使产业结构优化（杨天宇和刘贺贺，2012）。另一方面，技术进步偏向资本时，考虑要素替代性，此时劳动力减少，技能低下劳动力因无法匹配资本偏向型技术进步而被淘汰，这一过程优化了就业人员技能水平，进一步强化了技术进步对资本和劳动要素的再配置，进而优化了产业结构。

第二，要素升级会影响要素报酬比例，通过收入效应从产品的需求端影响产品结构，从而推动产业转型升级。技术进步偏向性通过对劳动、资本配置效率的不对称作用影响要素收入，进一步影响产业供需结构，因此劳动、资本配置效率与产业结构升级之间有着直接关系（Acemoglu，2002）。要素升级会引导技术进步偏向，而偏向性的技术进步会通过影响投入要素的供求从而影响要素报酬，高质量要素的收入会相应地提高，使国民收入中各类人群占比发生变动，消费需求也因此发生变动（Kongsamut et al.，2001）。具体来说，要素升级会使经济社会对第二、第三产业需求特别是第三产业需求上升，而对第一产业需求下降。收入的提升使国民对高质量产品的需求提高，进一步从需求侧推动产品结构升级，最终会促进产业结构的转型升级。此外，较发达国家由于考虑到人工、土地等投入要素的成本，会通过资本流动和国际贸易的传递向相对落后国家进行产业转移，而外资企业也能够通过这一路径学习国外技术，通过技术转移进一步推动产业结构升级。

要素升级对产业转型升级的影响机制，如图2-1所示。

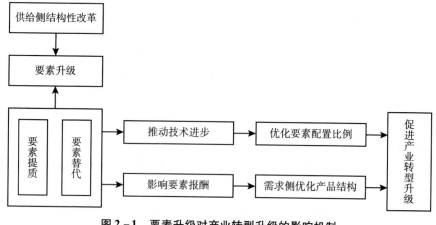

图 2 - 1 要素升级对产业转型升级的影响机制

二、结构优化机制

结构优化是供给侧结构性改革的重点，供给系统的质量提升首要的任务是解决供给和需求的结构失衡，尤其是低端供给过剩问题。当前，大量的无效供给和低端供给充斥在我国的经济社会中，大多传统产业（如钢铁、煤炭、石化等）不仅经营成本高，而且产品的附加值也低，投入与产出不相协调，供给结构与需求结构的适配度仍待提高，产业结构亟须优化。

（一）结构优化的内涵

经济结构是国民经济的组成和构造，是一个由许多系统构成的多层次、多因素的复合体。一般来说，经济结构主要具有下述多重含义：第一，从产出端来看，它体现为国民经济中不同类别产品的比例构成，以及不同质量的同类产品比例构成，相应地又体现为生产不同产品的企业、行业的比例构成；第二，从需求来看，经济结构则体现为需求方对不同要素、不同产品的需求类别和需求数量的比例构成；第三，从区域层面来看，经济结构则体现为不同质的区域构成情况，例如，我国的东中西部地区和东北地区分别由经济发展水平相近的省份构成，但是它们之间的发展水平却又存在显著差距；第四，从制度层面来看，它主要体现为不同的生产资料所有制经济成分的比例构成，以及不同类别的制度发展情况，例如，收入分配制度、税收制度、生态环境保护制度等。以上提到的经济结构都有一个共同点，即它们各自内部都具有异质性特点。在经济发展中，不同的经济结构对经济发展的影响是有差异的。一般来说，公有制经济的资源配置效率要低于其他所有制经济的情况，高技术的要素禀赋结构更有利于技术进步和投入产出效率提升，市场化程度越高越有助于资源配置效率改善，等等。因此，我们可以根据经济发展的需要来调整经济结构，并把这种经济结构调整称为结构优化。

（二）结构优化对产业转型升级的作用机制

供给侧结构性改革提出的初衷之一就在于调整总供给结构以与总需求结构相适应，这要求对需求结构、城乡结构、产业结构和区域结构等进行调整，这与忽视"结构性"问题的"里根经济学"有巨大区别。供给侧结构优化的实质，就是调整经济中各种结构中的比例构成，以使这些结构的比例构成处于最佳配置状况，具体来看，可通过以下的结构优化对产业转型升级产生影响：

一是产业结构的优化，会促进经济发展模式转变，进而推动产业转型升级。首先，国内经济供给主要表现为传统产能过剩，以往的经济发展主要依靠要素和投资推动，高新技术和高端产能不足，产品质量也难以满足人民需求。而供给侧结构性改革会促进要素驱动向创新驱动的转变，更新经济发展的动力，会助推第一产业向第二产业、第三产业的发展，从而实现产业的转型升级。此外，如今党和国家对生态环境保护高度重视，绿色发展理念深入人心，也会驱使各企业发展绿色经济，走节能低碳和清洁生产的绿色发展道路，从而推动产业向高端化、智能化和绿色化的方向转型升级。其次，在战略规划的层面上，供给侧结构性改革对供给体系和需求结构更快更好地融合提出了更高的要求，这也促进各产业内部的结构逐步往高附加值行业进行转化。例如，我国的装备制造业发展由于产能矛盾、产业集中度低、人才短缺等方面的制约，致使我国装备制造业难以由中低端向中高端迈进。而在全面深化制造业供给侧结构性改革的进程中，通过"互联网＋"与装备制造领域融合、数据驱动的互联互通智能制造模式等手段，会提升企业的生产效率和产业链的协同能力，降低生产成本，进而使产品由低附加值向高附加值转变，从而带动装备制造业的转型升级。最后，供给侧结构性改革会催生新业态、新产业的迭代，加之消费者对产品需求的质量提升，这会影响高质量与中低端质量产品的相对价格水平，进而最终影响企业对产业链不同环节的生产选择。企业生产从低附加值的上游转向高附加值的中下游，推动了产业链的结构优化调整，带来了产品结构的优化，从而实现产业转型升级。

二是需求结构的完善，会引领消费进一步升级，从而助推产业转型升级。需求结构涉及内需和外需两大部分，从外需上看，由于国际贸易环境的恶化和新冠疫情的影响，难以在短期内快速拉动我国出口成交量，刺激外需较为乏力，我国供给侧结构性改革可依靠扩大内需来调整产业转型升级。扩大内需往往会在市场机制的作用下形成新的消费热点，新消费热点的出现又会带动新一批高端产业出现和成长，同时制造业也会围绕新消费点进行更为精准的产品研发制造。因此，扩大内需是产业转型升级的动力之一，而且随着供给侧结构性改革的持续推进和创新驱动发展战略的深入实施，内需发展的活力和后劲将持续释放。此外，当前我国消费品供需结构出现严重失衡，不仅低端产品供给严重过剩，而且随着居民消费水平得到迅速提升，低端产品难以满足居民的消费升级。因此，消费升级也会倒逼企业积极转变发展方式和调整产业结构，促使制造业提质增效，推动产业转型升级。

三是推进城镇化进程的城乡结构调整，会加速要素的流动与合理配置，以此促进产业转型升级。一方面，我国城乡结构问题突出表现在人口的区域分布不合理。目前，我国城镇化率偏低，城乡二元结构通过户籍制度严重阻碍着农村人口向城市转移，劳动力资源难以按照市场经济的要求进行合理流动。因而，供给侧结构性改革中通过城镇化的进一步推进，可以实现农村劳动力向城镇流动，实现劳动力和生产要素的优化配置。另一方面，城乡结构还存在区域发展不平衡、不协调、不公平的问题。供给侧结构性改革可通过户籍制度改革、福利保障制度改革、土地制度改革等对城乡制度的结构性调整，促进全国统一大市场的全面建设，实现要素的自由流动，从而对产业转型升级起到积极的作用。

四是通过区域结构调整，会进一步优化区域空间布局，促进产业转型升级。当前，我国区域经济发展不均衡的现象突出，主要体现为不同区域间人均财政收入、人均占有财富等指标继续分化，公共服务没有达到均衡水平。供给侧结构性改革通过加快推进京津冀协同发展、长江经济带发展战略和

"一带一路"倡议,会更具针对性地通过区域发展战略将东、中西部地区连接起来,促进多中心、网络化、开放式的区域发展格局形成,并且会逐步形成新的经济增长极,通过规模效应极大节约交易成本,有利于产业结构的升级和调整,也会增强企业的创新能力。

五是通过要素提质和要素替代,优化要素结构,从而促进产业转型升级。由上文分析可知,要素升级主要包括要素质量的提升和生产要素的替代。一方面,要素升级会促进技术进步,优化要素的配置效率。另一方面,要素升级会促进生产率的提高,从而影响国民收入情况,居民收入的提高则会从需求侧影响产品结构的升级,从而实现产业结构的转型升级。

结构优化对产业转型升级的影响机制,如图 2-2 所示。

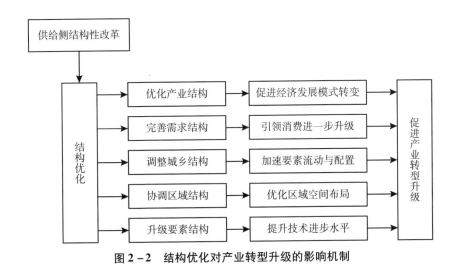

图 2-2 结构优化对产业转型升级的影响机制

二、制度创新机制

改革开放以来,许多领域的改革已取得了较为可观的成效,但是市场化导向的改革没有彻底完成,仍存在大幅提升空间。从实质上来看,供给侧结构性改革就是对现有市场规则的改革,而制度创新是供给侧结构性改革的重中之重。

(一) 制度创新的内涵

熊彼特（Schumpeter，1990）认为，创新就是在生产体系中将结合好的一种新的生产要素和生产条件引入其中，主要包括新产品、新的生产方式、新的市场、原材料端的新供给及新的组织形式。制度则是一个社会的游戏规则总和（青木昌彦，2001），它由正式的规则和非正式的约束以及它们的实施特征构成（诺思，2014）。制度创新指的是能够使创新者获得追加或额外利益的、对现存制度（例如，金融、银行及公司制度、税收制度、教育制度等政治经济制度）的变革（Davis and North，1971），以推动制度这一产品的供给与需求在动态变化中达到均衡。制度经济学理论认为，市场规模的变化、生产技术发展、收入预期的变化等因素会促使制度创新。其中，市场规模变动会改变制度安排的相关成本，但通常来说这些成本不会随着交易额增加而增加；生产技术的发展主要是通过对现有制度的成本与收益相对大小的改变而引发制度改革的需求；而个人或者说集团通过了解自己收入的预期变化，会促使他们对现存制度的相关规定进行修正或者调整。

(二) 制度创新对产业转型升级的作用机制

制度的基本功能是为经济发展提供服务，它们有助于降低交易成本、提供经济激励和实现规模效益。供给侧结构性改革就是要以经济发展需求为导向，其根本途径就是通过对现存低效、无效制度进行革新，或引入新的制度，通过选择最优经济规模、降低交易成本和提供有效激励，以去除无效供给，扩大有效供给，提高供给体系的质量和效率，推动经济发展走向更高层次的供需平衡。

一是制度创新通过政府引导的行政制度调控，为产业转型升级提供了制度保障。首先，供给侧结构性改革涉及政府、企业、社会三方主体，政府一方面会通过制定经济规划和绿色发展政策偏向等引导企业转型发展，另一方面也会通过带动资金、人才、技术等生产要素的定向聚集，形成要素聚集优势，从而实现产业的转型升级。其次，政府也会通过强制性的行政命令手段，如土地、税收、金融等机制改革，破除经济发展过程中市场难以突破的顽疾，为产业转型升级提供制度保障。

二是制度创新发挥市场经济的自我调节作用，改革经济制度供给，赋予产业转型升级新的活力。经济制度供给是供给侧结构性改革中制度供给层面的核心驱动力量。一方面，通过降税减负的税制改革的不断推进，主要是以结构性减税为主，这会在很大程度上提高企业以及社会的资金周转效率和使用效率，也能更好地促进社会资源的有效整合，从而大大降低了企业的转型成本。另一方面，充分发挥市场经济的自我调节作用是我国经济制度改革的重点，近年来政府也在不断下放权力，赋予市场参与主体更多的自主权，将企业转型升级的重任交给市场主体承担。而企业作为激发市场活力的积极参与者，同时也是市场主体的一部分，在顺从市场规律的前提下，企业能自负盈亏，实现自主化及专业化的经营，对提升企业创新驱动能力十分有益，从而助力产业转型升级。

三是制度创新会凝聚文化意识，驱动产业转型升级。文化制度供给是制度供给的内在驱动力。一方面，文化制度会对居民的生活方式与价值观念产生长期的影响，文化制度创新不仅会通过绿色低碳的工业设计、品牌策划和营销推广等增加企业的附加价值，而且也能促使产业结构向低碳、高级化和创新等方向转变，从而对增强创新意识、转变经济发展方式，以及引领产业高端发展和结构升级等方面起到十分重要的推动作用。另一方面，文化制度创新也会使文化产业快速发展，传播文明理念，促使低碳、创新、高附加值的观念深入人心，摆脱低端滥造的标签，促进产业转型升级。

四是制度创新能实现经济的规模效益，通过改善绿色技术效率，促进产业转型升级。制度创新能够通过构建合理的组织结构来实现规模效益，还可以通过降低交易费用来提高要素的生产性和流动性，进而提高资源配置效率，资本或劳动配置效率的提高会助推技术进步，从而对产业的转型升级起到积极作用。此外，在向市场经济转型过程中，市场机制还不健全，经济发展中存在一些无效、低效的制度安排。因此，为消除资源错配进而提升技术效率，必须通过制度革新或引入新制度，来消除这些无效和低效制度对经济发展的约束。

制度创新对产业转型升级的影响机制，如图 2-3 所示。

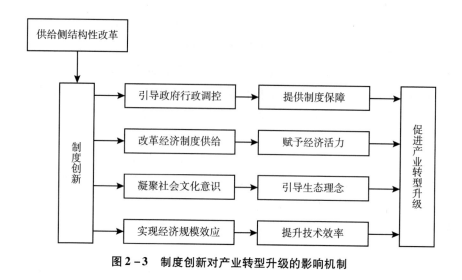

图 2 - 3　制度创新对产业转型升级的影响机制

四、三大机制的内在关联

前面的分析表明，要素升级、结构优化和制度创新都是供给侧结构性改革的切入点，它们都对产业转型升级产生一定的影响。不过，三者之间并非相互割离的关系，而是相互影响的统一体。总体来看，在新发展理念下推进供给侧结构性改革，主要是通过要素升级、结构优化及制度创新的共同作用，从而促进经济社会的产业转型升级。

第一，制度创新会促进要素升级和结构优化，并为其提供制度保障。首先，部分学者研究发现，政府出台的相关产业政策对各省份的产业结构优化升级起促进作用，而且促进效果与地方政府的施政能力和市场化程度紧密相关（韩永辉等，2017）。经济制度变迁会通过改善生产要素错配来影响产业结构优化升级，进而促进我国经济高质量发展（张红霞和王悦，2020）。这些观点都表明，以市场化改革为方向的制度创新，不仅会改善资源配置的环境，也会促使产业结构更趋合理。其次，无论是提升投入要素的质量、初高级生产要素的替代，还是经济结构的调整优化，都需要建立在相应的制度创新基础之上。具体来讲，为顺利实现产业结构优化升级，就必须对产业转型升级、产业结构布局、战略性新兴产业培育等领域的指导性政策进行调整，以明确产业结构优化升级的方向、重点和目标。最后，要顺利实现要素升级，就要对要素市场培育、科技进步、要素报酬分配及生态环境保护等领域的规章制度进行变革，以引导、规范要素升级的方向和强度，以避免要素升级中出现要素闲置（如机器替代劳动而导致短期失业增加）、要素无序流动（如形形色色的抢人大战）等突出问题。也就是说，要素升级、结构优化都必须有相应的制度创新做支撑，否则它们的实施效果就会大打折扣。

第二，要素升级和结构优化会诱致制度创新。制度变迁有强制制度变迁和诱致制度变迁两种。经济制度的功能就是为经济发展服务，它们的变迁方向都是顺应经济发展需求的结果，这属于诱致制度变迁。而在要素升级和结构优化过程中，不可避免地会产生一些新的变化，这反过来会催生新的制度创新。当政府受到经济环境变化所产生的压力时，政府则会通过采取相应行动以适应环境改变，提升自身发展能力。政府可以创新制度政策规制、进行管理革新以提高经济社会治理能力和水平。例如，近年来我国在大力提升人力资本水平的同时，人口老龄化问题逐步凸显，这无疑会诱致延迟退休政策的加快施行。又如，我国近年来在深化供给侧结构性改革之时，恰好遇到了新冠疫情和随之而来的全球经济大衰退，这进而推动了疫情防控制度建设，也加快形成了双循环新发展格局的系列制度建设。

第三，要素升级会影响结构优化，而结构优化反过来也会影响要素升级。一方面，要素结构优化的内在表现形式为生产要素的结构升级，它是促进经济增长的重要引擎，是促进产业升级的重要抓手（肖宏伟和王庆华，2017）。要素升级促进产业结构优化升级主要体现为直接效应和间接效应。直接效应主要体现为要素禀赋结构的升级能够提高产品的技术含量和附加价值（Foerster et al.，2011；赵君丽，2011）；间接效应则表现为要素结构优化导致需求结构的优化，进而间接促进产业升级（陈万灵和杨永聪，2014）。此外，要素是生产活动的投入端，它们的质量提升尤其是新材料、新技术、瓶颈要素的引入，为高端产品、新产品的供给奠定了基础，这进而会促进产品结构和产业结构的优化。例如，液晶显示屏生产技术的引入，就改变了显示屏的产品结构和相应的产业结构。另一方面，结构优化以市场需求为导向，它们为生产活动提供指引，从而也为要素升级指明了方向，这进而会诱致要素升级。例如，近年来我国在绿色发展理念下的产业结构调整，就加快了汽车行业中新能源对化石能源的替代。

第四节　供给侧结构性改革助推产业转型升级的条件分析

一、主要障碍

（一）体制交易成本与市场决定性作用的矛盾

近年来我国的出生率不断创新低，而且人口老龄化的现象也十分突出，使得我国的劳动力使用成本也在不断上升，人口红利也逐渐消失。我国在国际贸易中主要是进行劳动密集型产品出口，然而由于劳动力成本上升，急需寻找新的比较优势。在供给侧结构性改革的推动下，我们必须寻求新的比较优势，例如，把经济体制的交易成本合理控制在较低范围，以获取整个经济体系的低成本。而政府对市场和企业的过度干预是引起经济体制交易成本上升的主要原因，因此降低此环节的成本主要依靠减少政府的过度干预，关键在于要使市场在资源配置中发挥决定性作用，切实通过供给侧结构性改革在相关领域进一步打破垄断、鼓励竞争，实现生产要素的自由流动和优化配置，以此来降低体制交易成本。然而，目前市场和政府两者间的关系仍存在着矛盾，例如，政府代替市场进行资源配置的现象一定程度上比较突出，政府直接干预、行政干预、微观干预经济活动时有发生，两者之间的分界线模糊，往往存在着越界或者缺席的情况。

（二）市场需求与消费结构的矛盾

我国收入分配差距拉大和收入分配机制的不合理，使得人们对消费品需求的档次逐渐拉开，这主要体现在以下两个方面：一是高收入阶层对产品的质量和新颖性更加看重，追求更高的产品档次；二是广大农村和城镇中低收入者往往对价格低廉且耐用的产品有普遍的需求，追求经济实惠。但尤为凸显的是低质量且假冒伪劣的产品大量充斥在市场上，更是于无形之中抑制了社会的有效需求。经济社会的供给并没有与居民的需求相适应，导致我国市场上有效需求不足和供给过剩并存的现象。基于此背景下，居民内需不足，促使政府不得不采用高投资和高的政府支出来维持经济增长，但却与市场的真实需求相背离，导致资源配置扭曲和不合理的消费结构。另外，由于现有消费结构中，服务性消费和实物性消费的比例失调，导致一些新兴的生产性服务业没有得到较好的发展，市场需求和消费结构的矛盾更加凸显。

（三）结构性产能过剩与市场退出机制障碍

我国经济进入新常态以来，由于国际贸易环境恶化及全球疫情的影响，经济增长速度变慢，增速放缓则会进一步抑制市场需求，结构性矛盾也更加突出，加重了高耗能产业产能过剩问题。而且，由于新型城镇化、新型工业化的进程并未对产业转型的资源进行有效整合，导致产业转型升级的要素驱动力不足，产能过剩的问题凸显。在供给侧结构性改革推动去产能的过程中，摆在第一位的便是处置"僵尸企业"，这时就需要健全的市场退出机制。"僵尸企业"的存在，不仅占有和耗费了资金、土地、信贷等经济资源，而且企业内部竞争激烈并消耗了大量能源，这不仅抬高了能源价格，而且导致生产效率低下。即使勉强维持生产，也会导致产能过剩，使市场缺乏有效供给能力，大量需求外溢。为健全合理的市场退出机制，应通过对落后产能进行兼并重组、转型升级等方式，促进产能恢复到与市场需求相一致，推动价格最终回归到正常的水平，以实现新的市场均衡。然而，目前我国市场退出机制的不健全，不仅会带来市场供需失衡，容易进一步导致过剩产能，加剧整个行业的产品价格回落，企业利润下降，而且也可能会推动局部经济不景气的现象蔓延到整个行业，最终导致"劣币驱逐良币"的现象发生。

（四）企业税费负担重与创新创业的矛盾

创新在短期内会扩大社会需求，长期内会创造供给，对我国经济转型和经济增长非常重要。减轻企业的负担已成为供给侧结构性改革的重要突破口。创新企业的受激励程度与企业的税费负担有直接关系，税费过高会严重打击企业创新的积极性，难以实现通过创新扩大内需和促进经济发展的目标。当前，我国企业的税费负担很重，征收管理混乱，创新创业者的预期也受到了干扰，这对创新创业活动产生了明显的不利影响。减税降费是供给侧结构性改革降成本的重要内容，我国也在降低企业税费压力这一问题上进行了较多的尝试，但是最终结果都与预期目标有一定差距。

另外，我国科技创新的体制机制尚不完善，这也制约着技术创新。提升供给体系的质量，促进产业转型升级，关键还是得靠创新，但是我国仍然存在一些科技创新体制机制的顽疾，它们约束着科技创新能力的释放，例如，科研人员创新激励制度缺乏、科技成果转化机制不顺畅等。从科技创新链来看，我国技术研发、科技创新及科研成果转化等诸多环节的衔接还不够紧密，加之我国对无形资产管理、知识产权保护等政策也不够完善，它们极大地阻碍了技术转化为现实生产力。另外，我国对科研创新人才的培育机制不健全，缺乏对创新人才流动、人才住房及子女就学等相关政策的支持。这些尚未突破的科技创新体制机制难关，导致我国难以充分释放科研人员的创新活力，从而阻碍了产业转型升级。

（五）科技创新能力与人才储备的矛盾

创新作为引领国家发展和进步的第一动力，不仅是国家强盛之基，民族进步之魂，而且也是产业转型升级的关键所在。我国的供给侧结构性改革离不开技术创新，但目前技术创新能力与人才储备的矛盾明显。一方面，我国技术创新能力薄弱，产业发展核心动力不足。技术创新能力决定了产业的生产效益和转型发展能力，核心技术缺失是产业转型升级的最大阻碍。例如，我国的钢铁产业主要以钢材、铁、铁合金等初级产品为主，高技术产品长期依赖进口，国内有效供给不足，而国外的铁矿石开采企业又加速抢占我国国内市场，它们共同导致了我国钢铁产业转型发展乏力。我国的石化行业亦如此。在经济全球化的背景下，大量的跨国石化企业崛起，对部分高端石化产品的核心技术进行了垄断，而我国生产的石化产品主要以中低端和通用型为主，自主研发的核心技术尚未突破，而且国内供应保障能力也不高，大量高端的石化产品只能依赖进口。煤炭行业的情况也很类似，我国长期的采煤方式主要是传统的粗放型，开采煤矿的利润虽然可观但也没有进一步推进煤矿开采方式的创新研发，难以促进行业转型升级。

另一方面，创新型人才严重缺乏，劳动力素质整体不高。我国产业转型升级遭遇的最大障碍就是缺少核心竞争力，人才储备是束缚科技创新能力提升的重要桎梏因素。虽然我国人口资源丰富，但是人才质量与发达国家存在较大差距，尤其是高端人才和高新技术专家十分匮乏，创新型人才难以满足产业转型升级的需要。此外,我国创新型人才的发展环境也亟待改善。在人才管理上,企业职责没有明确的界定,管理自主权没有完全下放给用人单位,人才管理中偏向于行政化,人才管理的市场化程度不高。在人才选用上,综合的多维度人才评价机制尚未建立健全,个人成长的选用机制还不完善,对个人的激励保障措施创新不足,导致激励效果也不理想。可见,我国影响人员合理流动的制度性障碍依然存在,而且技术创新型人才储备不足,产业转型升级缺乏足够的人才支撑。

二、实现条件

(一)强化顶层设计,推进制度变革

当前,我国推进供给侧结构性改革的主要困境在于体制机制束缚,这导致微观主体难以有效发挥作用,而且经济结构不合理也造成企业的内生动力不足。因此,我们应从强化顶层设计入手,不断推进制度变革,为深化供给侧结构性改革破除体制机制僵化困境。第一,政府应进一步深化行政体制改革,优化企业的营商环境。一方面,要从生产企业、原材料供给商等供给侧着手提升产品供给质量和效率,从市场准入、审批许可、经营运行等方面建立更加公平开放透明的市场规则,为微观主体参与市场竞争创造有利条件。另一方面,要根据市场需求变化及时调整刺激需求的经济政策,使市场充分保持经济活力。第二,政府应逐步推进简政放权。一方面,在产业转型升级过程中,政府代替市场进行资源配置的现象较为突出,一些地方和企业把过多的精力放在争取扶持政策上,这导致各经济主体的作用也难以充分发挥。另一方面,有的地区产业转型升级仅依靠市场力量,政府没有充分作为,公共产品和服务供给不足,城市功能、环境与经济发展水平不相协调。可见,政府的"越位"和"缺位",都制约了产业转型升级。因此,不仅要处理好行政干预手段和市场运行机制的矛盾,也要对经济发展的新旧模式进行调整,从管理权限和职权范围两个角度进行简政放权,提高行政效能和公共服务质量,合理调控宏观经济运行。第三,加速混合所有制改革,既要对国有企业分类建立明确的进入退出机制,也要在遵从市场规则下建立现代公司治理机制,稳步推进相关配套改革,从而增加国有企业和国有

控股企业的市场竞争效率。

（二）促进结构优化，化解过剩产能

产业转型升级要解决的核心问题就是结构不优问题，尤其要加快推动产业结构、能源消耗与排放结构、经济增长动力结构等在内的经济结构调整。第一，推进传统产业和新兴产业结构调整。一方面，在数字经济快速发展的背景下，通过新的生产技术、新的经济业态和发展方式，不断依托大数据、云计算、人工智能等进行产业创新，创造新的产业形态助力产业转型升级。另一方面，加快高污染、高耗能和低附加值的产业改造，落实过剩产能的淘汰事宜，加大对"僵尸企业"的清除，不断提高传统产业转型升级。第二，调整能源消费和排放结构。一般而言，工业废物排放量的绝对值明显高于其他行业，这在极大程度上会对地区生态环境造成一定的负面影响。政府可以将财政资金倾斜性投入到创新型企业，借助产业政策引导企业进行能源技术创新与研发，不断提升传统能源的转化效率，逐步利用新能源替代传统能源，推动能源消费结构优化，不断降低单位产值的污染物排放量。第三，优化供给结构，促进供需均衡。我国产品供给端的突出问题在于低端产品供给过剩而中高端产品供给不足。因此，应以市场需求为导向，大力开发和生产人民满意的中高端产品，同时不断降低低端产品生产能力，通过供给结构调整来推动实现供需均衡发展。

（三）加速要素升级，提高供给效率

劳动力、土地、资本、技术等生产要素是支撑供给体系良性运转的物质基础，因此要提高供给体系的质量和效率，必须提高生产要素的质量和使用效率，其关键在于提高创新能力。

第一，强化创新的核心地位，提升全要素生产率。创新是产业转型升级的关键，困扰产业可持续发展的核心问题是创新缺乏导致的产业核心技术缺失、产品质量低下等（邬德林等，2013）。一方面，企业要充分利用产学研合作模式，不断强化与高等院校及科研院所的合作，淘汰落后生产技术和生产设备，开发使用高性能、低成本、低消耗的新型材料，推动产业创新的技术系统搭建。另一方面，企业要根据宏观经济发展战略要求和市场需求及时调整企业的经营策略，尤其是对具有高竞争力的产品生产进行创新和改进，进一步强化其核心竞争优势。同时也要保证自主创新的软硬件环境，构建有利于激励人才创新的制度环境，并切实解决研发硬件设施难题。

第二，构建人才引育机制，提高人才供给效率。人才是科技创新的基础和源泉，必须重视人才对企业创新和社会发展的引领作用。首先，不断更新人才引入模式，可以采用外部招聘为主、内部培育为辅的人才选拔方式，提前关注具有发展潜力的在校大学生，采取提前签约的方式保证人才吸纳。同时，采用多样化、灵活化的人才雇佣模式，有区别地对待研发人员、管理人员和一般的岗位操作人员，实施物质激励、精神激励等多种激励方案，充分调动人才的竞争意识和创新积极性。其次，营造良好社会氛围，挖掘人力资本潜力。强化舆论引导，形成重视人才、崇尚科学的舆论氛围，提高科研人员的社会地位，同时加大继续教育的资金投入力度，提高一线工人的劳动技能，鼓励人才自我提升。最后，加大创新支持力度，构建特色人才队伍。坚持综合教育与专业教育并重的基本方针，人才选拔兼顾专业性和全面性，培养紧缺型专业人才，为传统产业转型升级和新兴产业培育提供人才保障。

（四）防范好供给侧结构性改革风险

供给侧结构性改革的核心是解决结构性障碍问题，这涉及经济社会发展的方方面面，需要较长时期后才可能起到相应效果，在短期内具有较大的不确定性，必须要做好改革中的风险把控。首先，一定要预防失业率上升带来的风险。从我国的现实情况来看，产能过剩的行业多为传统行业，这些传统行业涉及的企业大多是劳动密集型和资源密集型的，它们通常都为当地的劳动力市场提供了大量的就业机会。在推进供给侧结构性改革实行去产能的这一过程中，势必会带来相关就业岗位的减少，当地的失业率也会上升。所以需要相关政府和企业做好兜底工作，合理安排失业人员的再就业问题，避免社会矛盾激化。其次，防范新旧动能不接续的风险。从经济发展规律来看，结构性调整在短期内一定会对经济增长造成相应的损失，也会带来不同行业发展的冷热不均，两极分化加剧。我国现在的经济发展水平还没有真正地进入到创新驱动发展阶段，新的经济增长点也没有形成，传统产业仍然是国民经济和社会发展的重要贡献力量。如果一味过度地去旧迎新，不考虑新旧动能两者之间的有序衔接，则很可能会导致新的产能过剩和经济泡沫，导致增长动力青黄不接。尤其是我国现在经济下行压力大，加之新冠疫情的影响，结构性改革的推动效率见效会比较慢，也容易导致产业空心化的现象，进一步加大经济下行风险。

第五节　本　章　小　结

本章在系统梳理供给侧结构性改革的理论基础和基本框架基础上，探讨了供给侧结构性改革影响产业转型升级的作用机制、主要障碍和实现条件，主要研究结论如下：

第一，供给侧结构性改革具有多学科理论依据。作为顺应新的发展形势而提出的经济发展战略，供给侧结构性改革与"里根经济学"的供给侧结构性改革存在本质不同。从经济学说史来看，它与供给经济学一样，它们的理论源泉都可以上溯至古典经济学。

第二，供给侧结构性改革的领域是与需求侧相对的供给侧，它涵盖了要素供给、产品（或产业）供给和制度供给三个层面的改革。其中，产品层面的改革成效是检验供给侧结构性改革成效的直接依据；要素层面的改革是决定产品（或产业）层面改革成效的前提；而制度层面的改革贯穿于要素层面和产品（或产业）层面的改革，它在供给侧结构性改革中具有决定性作用。

第三，供给侧结构性改革影响产业转型升级的机制主要包括要素升级、结构优化和制度创新，而且它们之间是相互影响的关系。其中，制度创新是要素升级和结构优化的前置条件；要素升级和结构优化会诱致制度创新；要素升级会影响结构优化，而且结构优化反过来也会影响要素升级。

第四，供给侧结构性改革影响产业转型升级主要存在体制交易成本与市场的决定性作用的矛盾、市场需求与消费结构的矛盾、结构性产能过剩与市场退出机制障碍的矛盾、企业税费负担重与创新创业的矛盾以及科技创新能力与人才储备的矛盾这五个方面的制约因素。为此，要通过供给侧结构性改革来推动产业转型升级，必须要推动制度变革、优化经济结构、加速要素升级和防范供给侧结构性改革风险。

第三章

长江上游地区产业转型
升级的综合评价

为加快推进长江上游地区产业转型升级，厘清其发展现状至关重要。其中，农业、工业（或制造业）和服务业具有不同的产业特质，它们在国民经济中的地位和发展目标也不一样。学术界对产业转型升级的理解也并不完全一致，多数研究侧重于产业结构优化升级，而对发展方式转变的关注度却不够高，这与"创新、协调、绿色、开放、共享"的新发展理念尚存在一定差距。习近平总书记多次在讲话中指出，新发展阶段必须完整准确地全面贯彻新发展理念。基于此，本章在现有的相关研究基础上，立足新发展理念，深入剖析农业、工业和服务业转型升级的内涵，据此分别构建三大产业转型升级水平的综合评价模型，并对长江上游地区各省份产业转型升级水平进行经验分析。同时，此部分也从三次产业结构演进的视角出发，对长江上游地区产业转型升级的方向和速度进行测评。

第一节　长江上游地区产业结构升级的
方向和速度测评

一、文献综述

学术界对产业转型升级的内涵进行了大量研究，侧重点各有不同。主要侧重于产业转型和产业升级两个方面。一般认为，产业转型是指产业结构从一种类型变成另外一种类型（田学斌等，2019），包括产业结构、组织和技术等多方面的转型（刘勇，2018），其实质上是高投入、高污染向绿色高效发展方式的转型（袁航，2019；韩英和马立平，2020）。产业升级体现在产业结构的变动（高燕，2006；刘志彪，2000），包括合理化和高级化两方面（马洪福等，2017；孙晓华等，2017），这又涉及产业间升级（资源要素在产业间的流动）和产业内升级（资源要素在同一产业内由低效率向高效率转变）。其中，产业结构合理化涉及产业间生产规模比例关系和投入产出关联关系的协调，高级化反映了产业间优势地位的更迭（孙晓华等，2017）。产业升级的实质是指以技术创新为动力推动产业结构有序地深化和高级化的过程，即由传统的低层次、低效率、低附加值产业向现代的高层次、高效率、高附加值产业转变（马洪福等，2017）。

在产业转型升级的评价思路和方法方面，现有文献主要从产业转型升级的合理化和高级化两方面测度产业结构转型升级状况。在产业转型升级合理化方面，学者们一般采用包括产业结构偏离度（Chenery et al.，1970）、泰尔指数（Thei，1967）、产业结构差异系数（Krugman，1991）来刻画产业转型升级的合理化。高级化的指标种类更为丰富，例如，产值比值、Moore 指数模型、Lilien 指数模型、产业结构超前系数等。其中，部分学者运用第二、第三产业的占比或第三产业产值与第二产业产值的比值等方法（沈琼和王少朋，2019；干春晖等，2011）来体现产业转型升级水平，但是该方法具有局限性。产业结构超前系数是测度某一产业增长对整个经济系统增长的超前程度（谭晶荣等，2012；马洪福等，2017）。Moore 指数模型主要采用空间向量分析的思想，根据向量空间的不同夹角，将 M 个产业构建成 M 维向量，将不同时期两组向量之间夹角的余弦值作为衡量产业结构变动速度的指标（靖学青，2008），向量夹角值越大（越小），则意味着产业结构变化越快（越缓慢）（马洪福等，2017）。Lilien 指数模型则通过考察劳动力在各个产业间的转移来测定产业转型升级速度（马洪福等，2017）。

另外，部分研究在传统的衡量产业转型升级高级化和合理化指标的基础上，进行了方法创新。例如，一些研究通过构建产业结构优度指数来反映产业结构合理化和高级化的综合性测算方法，以识别产业结构的优化程度（孙晓华等，2017）。也有研究在 Lilien 指数模型基础上，加入行业特征值并进行行业细分，从更微观的视角来构建新的指数以衡量地区产业结构升级速度（郭旭等，2021）。

二、产业结构升级的方向测评

（一）产业结构超前发展系数

产业结构升级一般可以从产业高级化和合理化来解释，具体来说是指以技术创新推动产业结构有序深化、高级化的过程，即由传统的低层次、低效率、低附加值产业向现代的高层次、高效率、高附加值产业转变。本书借鉴库兹涅茨、钱纳里（Chenery）等学者所提出的三次产业结构演变、工业结构演变，以及产业结构的内涵，从三次产业结构的演变反映长江上游地区产业结构升级的方向，具体采用产业结构超前系数进行刻画。该指标是测量产业转型升级的较好的工具，它可以反映区域产业结构演变趋势尤其是超前程度，计算见公式（3－1）。

$$E_i = \frac{a_i + (a_i - 1)}{R_i} \tag{3-1}$$

公式（3－1）中，E_i 表示第 i 产业的结构超前系数；a_i 表示 i 产业报告期所占份额与基期所占份额之比；R_i 表示同期经济系统平均增长率。若 $E_i > 1$，表明第 i 产业超前发展，所占份额将呈上升趋势；若 $E_i < 1$，表明第 i 产业发展相对滞后，所占份额将呈下降趋势。比较产业之间的超前系数可以客观地判断产业结构升级的方向。

（二）三次产业的测度结果分析

根据公式（3-1），计算出 2010～2020 年我国 31 个省份（不包含我国港澳台地区）的三次产业结构超前系数，具体见表 3-1。

表 3-1　　　　　　2010～2020 年各省份产业结构超前发展系数

区域	2010～2015 年			2015～2020 年			2010～2020 年		
	第一产业	第二产业	第三产业	第一产业	第二产业	第三产业	第一产业	第二产业	第三产业
北京	-3.24	-1.39	1.71	-11.60	-1.99	1.74	-10.48	-3.82	2.46
天津	-1.55	-0.52	2.54	1.00	-0.45	2.04	-1.16	-1.73	3.67
河北	-0.84	0.08	2.75	-0.09	-0.73	2.98	-1.76	-1.53	5.01
山西	2.07	-3.05	7.94	-0.87	0.79	1.42	0.03	-3.16	8.47
内蒙古	0.39	0.75	1.42	0.27	0.73	1.44	-0.30	0.48	1.87
辽宁	0.36	-2.35	5.76	-0.14	-0.02	2.11	-0.84	-2.63	6.48
吉林	-0.58	0.85	1.62	0.95	0.21	1.63	-0.40	-0.02	2.28
黑龙江	8.00	-3.65	4.56	1.91	-1.69	2.61	8.64	-5.10	6.37
上海	-2.64	-2.33	3.43	-9.63	-2.74	2.78	-9.15	-5.28	5.61
江苏	0.48	-0.25	2.67	-2.63	-0.44	2.84	-2.28	-1.51	4.67
浙江	-0.96	-0.03	2.43	-1.98	-1.33	3.52	-3.38	-1.99	5.03
安徽	-0.76	0.42	2.25	-2.28	-1.06	3.83	-3.17	-1.10	4.83
福建	-0.50	0.97	1.35	-1.25	-0.58	3.34	-2.30	-0.23	3.27
江西	-0.70	0.18	2.95	-1.07	-0.91	3.92	-2.42	-1.43	6.17
山东	-0.34	-0.60	3.58	-1.12	-0.57	2.93	-2.19	-1.96	5.96
河南	-1.35	-0.08	3.79	-0.71	-1.38	4.27	-2.90	-1.99	7.60
湖北	-0.88	0.36	2.37	-0.65	-1.84	4.20	-2.42	-1.51	5.10
湖南	-1.84	0.82	2.11	1.79	-1.07	2.83	-1.87	-0.88	3.96
广东	-0.31	-0.09	2.34	1.16	-1.46	3.20	-0.46	-2.10	4.56
广西	-0.08	-0.14	2.66	0.09	-0.45	2.48	-0.91	-1.44	4.36
海南	-0.46	-0.05	2.35	-0.52	-2.56	3.19	-1.80	-2.70	4.52
重庆	-0.52	1.00	1.26	2.32	-0.74	2.44	-0.17	-0.24	2.39

续表

区域	2010～2015 年			2015～2020 年			2010～2020 年		
	第一产业	第二产业	第三产业	第一产业	第二产业	第三产业	第一产业	第二产业	第三产业
四川	-0.31	0.03	2.71	0.18	-1.64	3.80	-1.14	-2.05	5.63
贵州	2.46	0.55	0.97	-0.10	-0.13	2.31	1.71	-0.40	2.01
云南	0.87	-0.25	2.26	2.02	-0.44	1.79	1.52	-1.50	3.25
西藏	-1.75	1.80	1.18	-0.47	4.51	-0.75	-3.02	5.19	-0.32
陕西	0.32	0.42	1.94	0.50	-0.69	3.02	-0.20	-0.91	3.83
甘肃	0.31	-1.18	3.87	4.19	-1.93	2.50	2.39	-3.44	6.01
青海	-0.10	0.73	1.47	1.78	1.06	0.80	0.56	0.78	1.27
宁夏	0.42	0.11	2.08	0.28	0.39	1.70	-0.27	-0.45	2.83
新疆	-0.90	-1.01	4.66	0.11	-0.22	2.23	-1.91	-2.25	6.83
平均值	-0.16	-0.26	2.74	-0.53	-0.62	2.55	-1.36	-1.51	4.39

资料来源：笔者根据 EPS 全球统计数据、分析平台的相关数据计算和整理得出。

（1）从长江上游地区来看，各省份都正经历着产业结构的高级化，其中第三产业的超前发展趋势强化、第二产业的滞后发展趋势强化，而第一产业的省际差异明显。其中，重庆在 2010～2015 年第一产业滞后发展，第二产业和第三产业超前发展；而 2015～2020 年，第一产业和第三产业超前发展，第二产业滞后发展；整个分析期间内，第一产业和第二产业都属于滞后发展，第三产业属于超前发展。也就是说，重庆产业结构总体沿着"三二一"的方向发展。四川在这两个细分阶段和整个分析期间都呈现出第一产业和第二产业滞后发展、第三产业超前发展态势，而且第一产业比重下降趋势在减弱、第二产业比重下降趋势在强化、第三产业比重增加趋势在强化，这表明四川产业结构演变总体上也是向"三二一"的方向发展。贵州在 2010～2015 年第一产业超前发展，第二产业和第三产业滞后发展；而 2015～2020 年第一产业和第二产业都滞后发展，第三产业超前发展；整个分析期间内，第一产业和第三产业都属于超前发展，第二产业属于滞后发展。也就是说，贵州产业结构演变表现为第一产业比重的提升趋势弱化，第二产业比重下降趋势强化，第三产业比重上升趋势强化。云南在 2010～2015 年第一产业、第二产业滞后发展，第三产业超前发展；而 2015～2020 年第一产业和第三产业都超前发展，第二产业滞后发展；整个分析期间内，第一产业和第三产业都属于超前发展，第二产业属于滞后发展。也就是说，云南产业结构演变表现为第一产业、第二产业比重的提升趋势强化，第三产业比重上升趋势弱化。

（2）从全国来看，2010～2020 年产业结构总体上呈现出第一产业和第二产业比重降低趋势强化、第三产业比重升高趋势强化态势，也就是说全国产业结构升级的总体方向也是"三二一"，但是省际差异大。其中，第三产业发展中仅西藏属于滞后发展，产业结构超前发展系数为 -0.32，不过两个细分期间的变化趋势在弱化；第二产业发展中，仅西藏属于超前发展，产业结构超前发展系数为 5.19，而且第二产业比重上升趋势在两个细分期间强化了；第一产业发展中，仅甘肃、云南、贵州、黑龙江 4 个省份属于超前发展，产业结构超前发展系数分别为 2.39、1.52、1.71 和 8.69，甘肃和云南第一产业比重上升趋势在强化，而贵州和黑龙江第一产业超前发展趋势在弱化。

三、产业结构升级的速度测评

产业结构升级速度可以通过 Lilien 指数模型和 Moore 指数模型来估算。前者通过考察劳动力在各个产业间的转移来测定产业结构升级速度；后者通过考察产业结构的变化速度来测定产业结构升级速度。本书拟根据这两个模型分别测算长江上游地区产业结构升级的速度。

（一）Lilien 指数模型分析

库兹涅茨和卡尔多认为在生产率演进中，劳动力将从第一产业转移到第二产业再转移到第三产业。因此，可以用这种劳动力在产业之间的转移来测定产业结构升级的速度。此部分选用 Lilien 指数模型计算包括长江上游地区在内的我国 31 个省份（不包含我国港澳台地区）的产业结构升级速度，计算见公式（3-2）。

$$L_{jT} = \left[\sum_{i=1}^{n} \frac{EMP_{ijT}}{TEMP_{ijT}} (\Delta \log EMP_{ijT} - \Delta \log TEMP_{ijT})^2 \right]^{1/2} \qquad (3-2)$$

其中，i 代表每个产业；j 代表 31 个省份；EMP 代表各产业的就业人数；$TEMP$ 代表总就业人数。Lilien 指数值越大，代表 T 时间内劳动力在各个产内的再分配速度越快，亦即产业结构升级的速度越快。

2010～2020 年我国 31 个省份产业结构升级的 Lilien 指数计算结果见表 3-2。

表 3-2 **2010～2020 年我国各省份产业结构升级的 Lilien 指数**

区域	2010～2015 年	2015～2020 年	2010～2020 年
北京	0.0113	0.0112	0.0405
天津	0.0306	0.0247	0.1060
河北	0.0112	0.0836	0.1497
山西	0.0112	0.0836	0.1497
内蒙古	0.1419	0.1239	0.6150
辽宁	0.0039	0.0109	0.0256
吉林	0.0141	0.0141	0.0571
黑龙江	0.0058	0.0094	0.0263
上海	0.0203	0.1125	0.2140
江苏	0.0141	0.0184	0.0616
浙江	0.0298	0.0399	0.1157
安徽	0.0203	0.0012	0.0304
福建	0.0301	0.0559	0.1574
江西	0.0283	0.0300	0.1078
山东	0.0214	0.0227	0.0843
河南	0.0661	0.0461	0.2247
湖北	0.0265	0.0499	0.1435
湖南	0.0013	0.0989	0.1214
广东	0.0656	0.0389	0.1992
广西	0.0085	0.0062	0.0300
海南	0.0759	0.0183	0.1656
重庆	0.0638	0.0248	0.1201
四川	0.0202	0.0204	0.0827
贵州	0.1382	0.1198	0.5356

续表

区域	2010~2015 年	2015~2020 年	2010~2020 年
云南	0.0279	0.0310	0.1156
西藏	0.0618	0.0961	0.2218
陕西	0.0462	0.1534	0.1360
甘肃	0.0099	0.0686	0.1360
青海	0.0151	0.0310	0.0856
宁夏	0.0841	0.0785	0.3039
新疆	0.0499	0.0777	0.2772
平均值	0.0373	0.0517	0.1561

注：笔者根据 EPS 全球统计数据、分析平台的相关数据计算和整理得出。

从表 3－2 中数据可以得出下列几点结论：

第一，长江上游地区各省份都处于产业结构升级中，但结构升级的速度差异较大。其中，在 2010~2015 年贵州的产业结构升级速度在长江上游地区中是最快的，其次是重庆，云南和四川的产业结构升级速度则要慢得多，只有重庆的 1/5 左右。在 2015~2020 年产业结构升级速度最快的省份仍然是贵州，Lilien 指数为 0.1198，其余 3 个省份的产业结构升级速度远慢于贵州，最慢的仍然是四川，Lilien 指数仅为 0.0204。从 2010~2020 年来看，产业结构升级速度最快的是贵州，重庆、云南、四川依序垫后。

第二，长江上游地区整体的产业结构升级速度基本上与全国平均水平相当，其中贵州位居前列，其余 3 个省份相对靠后。具体来看，在 2010~2015 年，全国产业结构升级速度的均值为 0.0373，最快的是内蒙古，其次是贵州，最慢的 3 个省份是广西、甘肃和辽宁；在 2015~2020 年，全国产业结构升级速度的均值为 0.0517，最快的 3 个省份有陕西、上海和贵州，它们的产业结构升级速度均大于 0.1，而结构升级速度最慢的省份有安徽和广西，产业结构升级速度均小于 0.01；从 2010~2020 年整体来看，全国产业结构升级速度的均值为 0.1561，其中最快的 2 个省份是内蒙古和贵州，最慢的有广西、安徽和北京。总体来看，长江上游地区的产业结构升级速度在国内处于中上游水平。

（二）Moore 指数模型

Moore 指数模型是以向量空间夹角为基础，将产业分为 N 个部分，构成一组 n 维向量，并且将两组向量在两个时期的夹角 α 的余弦值作为产业结构变化指标，即 Moore 值，其计算见公式（3-3）。其中，α 值越大，则意味着产业结构变化越快；α 值越小，则意味着产业结构变化越缓慢。

$$M = \cos(\alpha) = \frac{\sum_{i=1}^{n}(W_{i0} \times W_{it})}{(\sum_{i=1}^{n}W_{i0}^2 \times \sum_{i=1}^{n}W_{it}^2)^{1/2}} \qquad (3-3)$$

其中，M 表示 Moore 指数模型结构变化值，实际上就是两组向量夹角的余弦值 $\cos(\alpha)$；W_{i0} 表示基期产业 i 的比重；W_{it} 表示报告期产业 i 的比重。所以，两组向量在两个时期的夹角 α 的计算见公式（3-4）。

$$\alpha = \arccos M \qquad (3-4)$$

同时，我们用产业结构平均变动值来表示一定时间内的产业结构变化，计算见公式（3-5）。

$$k = \frac{\sum_{i=1}^{n}|q_{it} - q_{i0}|}{t} \qquad (3-5)$$

其中，k 为产业结构变动值；q_{it} 为报告期构成比；q_{i0} 为基期构成比；n 为产业门类数量；t 为基期与报告期之间的黏度数。

根据公式（3-3）~公式（3-5），分别计算出我国 31 个省份 2010~2020 年的产业向量夹角和产业结构年均变动值，见表 3-3。

表 3-3　　　　　　　2010~2020 年全国各省份产业结构变化值

区域	矢量夹角（度）			产业结构变动（%）		
	2010~2015 年	2015~2020 年	2010~2020 年	2010~2015 年	2015~2020 年	2010~2020 年
北京	0.0565	0.0288	0.0853	1.6092	0.9086	1.2589
天津	0.1341	0.1375	0.2715	2.7564	2.8624	2.8092
河北	0.1054	0.1454	0.2494	2.1614	2.8445	2.5030

续表

区域	矢量夹角（度）			产业结构变动（%）		
	2010~2015年	2015~2020年	2010~2020年	2010~2015年	2015~2020年	2010~2020年
山西	0.3273	0.0239	0.3478	6.3931	0.5555	3.3937
内蒙古	0.0346	0.0383	0.0729	0.7271	0.8224	0.7748
辽宁	0.2322	0.0950	0.3264	4.3206	1.9690	3.1448
吉林	0.0435	0.0700	0.1046	0.9069	1.2951	1.1010
黑龙江	0.3247	0.1719	0.4929	6.5245	3.2649	4.8947
上海	0.1926	0.0810	0.2736	4.1592	1.9543	3.0567
江苏	0.1287	0.0920	0.2200	2.4993	1.9633	2.2313
浙江	0.0973	0.1406	0.2378	2.0012	2.8795	2.4403
安徽	0.0932	0.1291	0.2215	1.9610	2.6805	2.3208
福建	0.0271	0.1164	0.1379	0.5609	2.3584	1.4596
江西	0.1221	0.1649	0.2864	2.5286	3.2841	2.9064
山东	0.1751	0.1408	0.3157	3.4326	2.9159	3.1742
河南	0.1607	0.1625	0.3215	3.3245	3.1591	3.2418
湖北	0.1024	0.1288	0.2284	2.1493	2.5082	2.3287
湖南	0.0871	0.1306	0.1970	1.7883	2.4943	2.0372
广东	0.0997	0.1261	0.2256	2.0078	2.4606	2.2265
广西	0.1209	0.1131	0.2337	2.3685	2.2546	2.3116
海南	0.1116	0.1122	0.2201	2.3903	2.5625	2.4764
重庆	0.0270	0.1003	0.1153	0.5587	1.9888	1.1622
四川	0.1279	0.1681	0.2947	2.5558	3.1824	2.8691
贵州	0.0469	0.0919	0.1131	0.8952	1.8741	1.0891
云南	0.1266	0.0583	0.1835	2.2923	1.1652	1.6895
西藏	0.0648	0.1834	0.2201	1.4640	3.6731	2.3466
陕西	0.0758	0.1119	0.1874	1.5128	2.1147	1.8138
甘肃	0.2355	0.1272	0.3577	4.4107	2.6325	3.3620

续表

区域	矢量夹角（度）			产业结构变动（%）		
	2010 ~ 2015 年	2015 ~ 2020 年	2010 ~ 2020 年	2010 ~ 2015 年	2015 ~ 2020 年	2010 ~ 2020 年
青海	0.0388	0.0169	0.0231	0.8704	0.3721	0.2492
宁夏	0.0788	0.0553	0.1340	1.5274	1.1266	1.3270
新疆	0.2614	0.0681	0.3294	5.1005	1.3711	3.2358
平均值	0.1245	0.1074	0.2267	2.5083	2.1774	2.2979

注：笔者根据 EPS 全球统计数据、分析平台的相关数据计算和整理得出。

第一，长江上游地区各省份产业结构升级速度差异大。其中，从产业向量夹角值 α 来看，2010 ~ 2020 年长江上游地区各省份均经历了产业结构升级，变动速度最快的是四川，它的向量夹角为 0.2947，云南次之，为 0.1835，而重庆和贵州均不足 0.12。在不同阶段中，仅云南经历了速度下降，产业向量夹角由前五年的 0.1266 降低至后五年的 0.0583。这种变动趋势也可以从产业结构年均变动中反映出来，长江上游地区的省际差异大，各省份的变动值相对顺序仍为四川、云南、重庆和贵州，而且两个阶段中各省份的变动趋势也与 Moore 指数模型思路下的结果一致。

第二，长江上游地区产业结构升级的速度与全国平均水平比较接近，但是它们之间的速度演变基本上经历了相反的情况。其中，2010 ~ 2020 年产业向量夹角、产业结构变动值的省份平均值分别为 0.2267、2.2979，长江上游地区仅四川省高于该水平值，其余 3 个省份的指标值都低于全国平均值。从阶段演变情况来看，在两个时期中全国产业结构升级的速度总体上经历了下降，其中向量夹角平均值由 0.1245 下降至 0.1074，产业结构变动年均值由 2.5083 下降至 2.1774；而长江上游地区仅云南经历了同样的演变，其余 3 个省份则经历了速度提升。

综上所述，基于 Lilien 指数模型、Moore 指数模型和产业结构年均变动指数的分析结果表明，在 2010 ~ 2020 年，长江上游地区各省份都经历了产业结构升级，总体上与全国平均水平相当，而且 4 个省份的产业结构升级速度差异较大。这从另一个侧面表明，长江上游地区产业结构升级的速度还有较大的提升空间，在后续发展中可通过多种渠道来加速该地区的产业结构升级，为该区域现代化产业体系建设和经济高质量发展作出更大贡献。

四、主要结论

此部分综合运用 Lilien 指数模型、Moore 指数模型和产业结构变动指数等，从三次产业结构演进视角出发，分析了 2011～2020 年长江上游地区产业结构升级的方向和速度，主要研究结论如下：

第一，长江上游地区各省份都正经历着第三产业比重提升的产业结构高级化，这与全国总体趋势一致。其中，2010～2020 年第三产业超前发展和第二产业滞后发展的态势都强化了，而第一产业在地区经济发展中的重要性具有明显的省际差异。就具体省份来看，重庆和四川的第一产业和第二产业都属于滞后发展，第三产业则属于超前发展；而贵州和云南的第一产业和第三产业都属于超前发展，第二产业属于滞后发展。

第二，基于 Lilien 指数模型、Moore 指数模型和产业结构变动指数的分析表明，长江上游地区产业结构升级速度总体上与全国平均水平相当，但是省际差异较大。其中，基于就业结构（Lilien 指数模型）和产值结构（Moore 指数模型和产业结构变动指数）的计算结果有一定差异，这具体体现在各省份产业结构升级的速度差异上。

第三，长江上游地区产业转型升级中存在资源配置效率低下现象，这意味着该地区的产业发展不协同，同时也意味着产业转型升级的潜力大。本节的研究结论表明，长江上游地区产业结构升级具有明显的省际差异，而且它们的产值结构与就业结构的演变趋势具有明显差异。其中，就业结构与产值结构的偏离，其根本原因在于各产业之间的生产要素流动没有完全遵循市场机制，这导致经济中各产业之间的发展不协同，进而导致了要素配置效率低下。另外，各省份之间的这种产业结构变动差异，还源自省际产业发展不协同引致的省际资源配置效率不高。由此可见，通过深化供给侧结构性改革，促进产业（或行业）协同发展和区域协调发展，进而优化不同行业之间、不同地区之间的资源配置，对于推动长江上游地区产业转型升级具有重要意义。同时，这种明显的产业结构省际差异，也意味着长江上游地区产业结构升级的潜在空间大。

第二节　长江上游地区农业转型升级水平综合评价

一、农业发展现状①

（一）发展规模②

第一，长江上游地区农业持续增长，增速高于全国平均增速，经济总量接近全国的 1/5。其中，2011～2020 年，第一产业增加值由 5965.26 亿元增加到 13498.7 亿元，名义值增长了 1.3 倍（见图 3-1）；在全国第一产业增加值中的比重由 12.56% 提升至 17.36%。2015～2020 年，贵州、云南、重庆、四川第一产业增加值年均增速分别达到 6.2%、5.9%、4%、3.5%，均高于全国平均增速；2020 年，四川、云南、贵州和重庆第一产业增加值分别位居全国第一位、第九位、第十四位、第二十一位，其中云南由 2015 年的第十四位上升到了 2020 年的第九位。

第二，长江上游地区农业以种植业（狭义农业）和牧业为主，它们在全国具有相对优势。2011～2020 年，该区域种植业总产值基本占比一直维持在 50% 以上，牧业总产值占比在 35% 上下浮动，而林业和渔业所占比重均较小（见表 3-4 和图 3-2）。鉴于农业与地区自然禀赋和地理条件高度相关，因此长江上游地区的农业细分比重一直未发生重大变化。从种植业产品来看，四川一直是全国粮食生产大省，2020 年粮食产量 3527 万吨，居全国第九名；云南粮食产量由 2015 年的 1791 万吨提高到 2020 年的 1896 万吨，居全国第

---

① 除特别说明外，此部分数据来自《中国统计年鉴（2021）》、2012～2021 年各省份统计年鉴，或笔者据此计算得出。

② 根据国家统计局《国民经济行业分类》（GB/T 4754—2017）的划分，第一产业是指农、林、牧、渔业，这也是广义范围上"农业"的定义。为符合使用习惯，本书中也用"农业"统称代指第一产业。本书沿袭相关研究做法，将我国划分为东部地区、中部地区和西部地区。其中，东部地区包括北京、天津、河北、辽宁、上海、江苏、浙江、福建、山东、广东和海南 11 个省份；中部地区包括山西、内蒙古、吉林、黑龙江、安徽、江西、河南、湖北、湖南和广西 10 个省份；西部地区包括重庆、四川、贵州、云南、西藏、陕西、甘肃、青海、宁夏和新疆 10 个省份。

十四位（见表3-5）。从畜牧产品来看，四川肉类产量597.8万吨，居全国第二位；云南产量417万吨，全国位次由2015年的第十一位上升到2020年的第六位；贵州和重庆分别位居第十七位、第二十位。

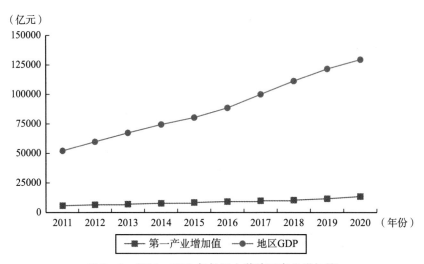

图3-1　2011～2020年长江上游地区农业增加值

资料来源：《中国统计年鉴（2021）》。

表3-4　　　　　　　　　　2020年长江上游地区各省份主要农产品产量　　　　　　　　单位：万吨

地区	粮食	谷物	豆类	薯类	棉花	油料
全国	66949.15	61674.28	2287.46	2987.41	591.05	3586.40
重庆	1081.42	753.73	41.48	286.21	—	67.07
四川	3527.43	2836.85	138.81	551.77	0.22	392.91
贵州	1057.63	704.52	33.71	319.40	0.04	103.40
云南	1895.86	1587.50	123.33	185.03	0.00	63.09
地区	甘蔗	甜菜	烟叶	蚕茧	茶叶	水果
全国	10812.10	1198.40	213.40	78.85	293.18	28692.36
重庆	8.17	—	5.27	1.16	4.81	514.82
四川	37.84	0.06	16.15	10.00	34.42	1221.30
贵州	61.26	0.28	22.52	0.26	21.10	548.11
云南	1597.17	—	84.30	3.40	46.32	961.58

资料来源：《中国统计年鉴（2021）》。

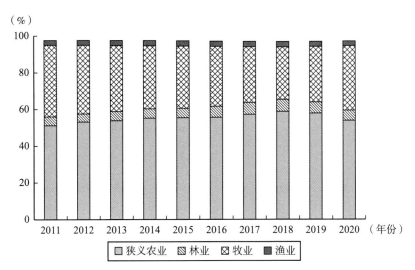

图 3 - 2 2011 ~ 2020 年长江上游地区农业相关行业总产值占比

资料来源:《中国统计年鉴（2021）》。

表 3 - 5   2020 年长江上游地区各省份主要林产品产量

地区	木材 （万立方米）	橡胶 （吨）	竹材 （万根）	核桃 （吨）	油茶籽 （吨）
全国	10257.013	826348.22	324265	4795939	3141620
重庆	50.4732	—	5621.0875	30883	14639
四川	222.9311	—	17372.0818	605797	25059
贵州	318.9421	—	1974.1353	87892	77788
云南	845.7292	472110.4	13517.232	1502706	25060

资料来源:《中国统计年鉴（2021）》。

第三，长江上游地区特色优势农业发展较好（见表 3 - 6、表 3 - 7）。其中，2020 年四川油菜籽产量突破 300 万吨，保持全国第一位；茶产业综合实力稳居全国第二位；晚熟柑橘产业带面积、川芎与川贝母等大宗药材人工种植面积、竹林种植面积居全国第一位。云南利用气候优势发展经济作物，云南的鲜切花、天然橡胶、咖啡、烤烟、核桃、澳洲坚果、中药材种植面积和产量均保持全国第一位；糖料蔗面积、产量保持全国第二位；茶叶面积、产量居全国第一位。重庆柑橘、柠檬、榨菜等现代山地特色高效农业产业集群综合产值达到4500亿元。贵州主推茶叶、蔬菜、辣椒、食用菌、水果、中药材、生猪、牛羊、生态家禽、生态渔业、刺梨、特色林业等12个特色优势产业，猕猴桃、薏仁、太子参等产业规模进入全国前三。

表3-6　　　　　　2020年长江上游地区各省份主要畜产品产量

地区	肉类（万吨）	奶类（万吨）	绵羊毛（吨）	山羊粗毛（吨）	山羊绒（吨）	禽蛋（万吨）	蜂蜜（万吨）
全国	7748.4	3529.6	333625	24034	15244	3467.8	45.8
重庆	161.2	3.2	—	—	—	45.7	2.4
四川	597.8	68.0	4644.0	419.0	90.0	167.9	6.3
贵州	207.9	5.3	548.2	69.6	7.9	26.2	0.4
云南	417.4	73.1	1223.3	78.7	4.1	41.7	1.0

资料来源：《中国统计年鉴（2021）》。

表3-7　　　　　　2011~2020年长江上游地区农业总产值分布　　　　　单位：亿元

省份	年份	第一产业	狭义农业	林业	牧业	渔业
重庆	2011	1204.16	717.28	38.09	398.10	34.94
	2012	1327.34	801.18	43.48	419.84	44.99
	2013	1418.27	855.50	48.02	441.01	53.82
	2014	1485.78	906.43	53.56	438.62	64.93
	2015	1609.05	963.03	60.44	484.45	74.91
	2016	1851.60	1123.83	73.43	538.69	85.32
	2017	1902.47	1165.69	85.17	522.48	94.81
	2018	2052.41	1292.68	101.14	520.05	100.39
	2019	2337.81	1397.49	113.12	679.52	105.30
	2020	2749.05	1596.13	126.04	871.85	107.31

续表

省份	年份	第一产业	狭义农业	林业	牧业	渔业
四川	2011	4932.73	2454.26	130.10	2119.20	147.16
	2012	5433.12	2764.90	151.50	2259.86	163.77
	2013	5620.27	2886.48	179.43	2267.56	177.49
	2014	5888.09	3068.61	195.99	2308.84	192.35
	2015	6377.84	3315.51	205.82	2505.58	210.52
	2016	6816.92	3701.64	329.31	2405.54	220.01
	2017	6955.55	4004.20	346.80	2199.72	234.92
	2018	7195.65	4153.71	358.74	2246.08	247.94
	2019	7889.35	4395.04	372.21	2647.88	263.47
	2020	9216.40	4701.88	379.82	3613.81	287.54
云南	2011	2334.48	1108.74	245.67	857.73	50.36
	2012	2716.50	1374.39	225.83	980.51	55.64
	2013	3097.50	1606.89	293.25	1046.14	60.79
	2014	3307.82	1765.43	303.12	1073.20	66.06
	2015	3438.73	1794.65	317.12	1147.53	67.62
	2016	3704.69	1888.83	330.37	1286.06	76.39
	2017	3872.93	1982.52	381.53	1289.45	87.70
	2018	4108.88	2234.74	396.88	1237.12	98.25
	2019	4935.73	2680.16	395.54	1600.73	105.38
	2020	5920.52	2902.24	429.50	2315.41	103.98
贵州	2011	1166.69	655.71	46.66	383.07	19.60
	2012	1437.97	865.41	54.19	422.78	27.79
	2013	1664.49	997.76	69.87	484.09	37.73
	2014	2120.27	1322.70	99.62	570.95	46.31
	2015	2740.93	1773.72	137.70	667.14	55.06
	2016	3123.13	1900.61	195.00	820.80	59.11
	2017	3413.86	2076.99	228.80	885.79	60.09
	2018	3619.52	2288.71	253.30	846.27	54.77
	2019	3888.99	2535.68	275.44	829.58	57.70
	2020	4358.62	2781.80	293.66	1019.01	61.09

资料来源：2012～2021 年各省份统计年鉴。

（二）发展效率

2011 年以来，长江上游地区农业发展向绿色化、集约化、产业化方向不断转型，农村一二三产业深度融合，农业产业链不断延伸，农业发展效率不断提升。从投入产出效率来看（见表 3 - 8 和图 3 - 3），重庆、四川、云南和贵州四个省份在 2011 ~ 2020 年的劳动生产率均大幅提高，各省份劳动生产率提高了 1.5 ~ 5.8 倍，其中贵州提升最快，云南次之，重庆第三，四川第四；从劳动生产率水平来看，2020 年四个省份中重庆最高，达 47706 元/人，其次是贵州（40062 元/人），云南最低（29355 元/人）。不过，长江上游地区农业产值及粮食产量名列全国前茅的四川，以及近年来表现卓越的云南的投入产出效率都不如总量排名中等的重庆。本书研究认为，这主要得益于重庆近年来大力推广现代山地特色高效农业产业、乡村旅游、农村电商等特色农业以及新业态。其中，近年来重庆农业物质技术装备水平日益提高，农作物耕种收综合机械化率达到 52%，农业科技进步贡献率不断提高；化肥、农药使用量累计分别减少 7%、9.3%，畜禽粪污综合利用率达到 80% 以上；以及农村一二三产业深度融合，产业链不断优化升级。

表 3 - 8　　　　　　　2011 ~ 2020 年长江上游地区农业生产率情况

省份	年份	增加值（亿元）	从业人员（万人）	劳动生产率（万元/人）	省份	增加值（亿元）	从业人员（万人）	劳动生产率（元/人）
重庆	2011	794.1	569	13956	云南	1396.6	1689	8269
	2012	879.7	531	16567		1640.4	1610	10189
	2013	941.2	495	19014		1878.5	1559	12049
	2014	990.8	464	21353		2007.4	1515	13250
	2015	1067.7	440	24266		2079.3	1478	14068
	2016	1237.0	419	29523		2225.5	1474	15098
	2017	1276.1	403	31665		2338.4	1380	16945
	2018	1378.7	391	35261		2498.7	1295	19295
	2019	1551.6	381	40724		3037.7	1261	24090
	2020	1803.3	378	47706		3598.9	1226	29355

续表

省份	年份	增加值（亿元）	从业人员（万人）	劳动生产率（万元/人）	省份	增加值（亿元）	从业人员（万人）	劳动生产率（元/人）
四川	2011	2854.6	1972	14476	贵州	699.6	1194	5859
	2012	3142.6	1905	16497		862.7	1189	7256
	2013	3257.4	1854	17570		999.3	1180	8469
	2014	3524.7	1804	19538		1281.5	1171	10944
	2015	3661.0	1758	20825		1642.0	1162	14131
	2016	3900.6	1709	22824		1861.8	883	21085
	2017	4262.5	1662	25647		2032.3	828	24545
	2018	4427.4	1618	27363		2156.0	765	28183
	2019	4807.5	1580	30427		2280.6	700	32580
	2020	5556.6	1542	36035		2539.9	634	40062

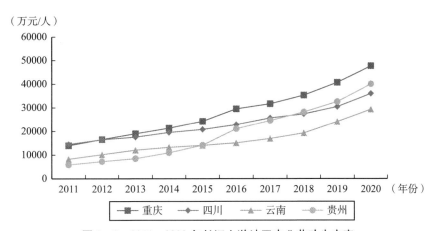

图 3-3　2011～2020 年长江上游地区农业劳动生产率

资料来源：2012～2021 年各省份统计年鉴。

（三）绿色发展

1. 生态环境退化情况

长江上游地区是规模宏大、具有全球意义的生态脆弱带和全球环境变化的敏感区域。地表破碎、陡坡深谷、相对大落差是这一区域的基本地貌特征，这也造成这一区域生态环境脆弱，农业开发难度较大。数十年来，不合理的大规模农业开发已经造成了该地区生态环境失衡，例如，水土流失严重、自然灾害加剧，威胁着当地农业的可持续发展和人民赖以生存的基础，也对长江中下游地区的生存和发展产生了负面影响。主要表现在以下几个方面：

一是森林覆盖率下降，植物群落灾害性退化。长江上游山地区域原来是我国最主要的几大林区之一。20世纪50年代统计，拥有各样林地约700万公顷，物种丰富、生态类型多样、森林茂密，具有较强的水土保持和环境保护功能；然而，自20世纪60年代"三线建设"开始，长江上游天然林区遭到加剧破坏，森林覆盖率由20世纪50年代初期的40%下降至21世纪初的14%，三峡库区各县森林覆盖率由20世纪50年代初期的30%～50%下降至21世纪初的不足10%，许多林场已到了无林可采的地步。这一严重问题受到了国家的高度重视，陆续采取了退耕还林、营造储备林等措施。近年来长江上游地区的森林覆盖率虽然有所改善，但是，仍然存在高度脆弱性。森林覆盖率的大幅度下降，进而导致植被类型、植被群落灾难性演退，生物多样性和生态系统多样性受到极大威胁。"森林—灌木丛—稀疏草地—半荒漠—荒漠"这一演进过程在长江上游地区表现得非常典型。

二是土壤侵蚀严重，土地质量急剧减退。长江上游地区山高坡陡，土层浅，易发生水土流失和石漠化。20世纪50年代，长江上游地区水土流失面积约为36万平方千米，到21世纪初扩大到约60万平方千米，占长江上游流域总面积的一半多。以四川盆地为例，20世纪50年代水土流失面积为9万多平方千米，到21世纪初扩大到25万平方千米，约一半面积的四川盆地都是水土流失区域。在水土流失高峰时期，有学者进行了测量，整个长江上游区域每年从巫峡冲走的泥沙量高达7亿吨，约为黄河的1/2，相当于损失33万公顷15厘米厚的耕地，570万吨化肥的氮、磷、钾养分含量，这已经超过当年整个长江上游地区的化肥使用总量，造成当地土壤地力严重衰退，耕地质量快速下降。此外，水土流失还进一步造成石漠化等次生灾害。有资料显示，21世纪初，长江上游地区岩石裸露面积约占总面积的20%，且每年以5%～7%的速度递增。贵州全省约有15万公顷的耕地出现石化症状。

三是气候变化异常，自然灾害频发。随着长江上游生态系统的退化，区域气候恶化，自然灾害发生频率增加，面积和破坏程度不断扩大。据统计，这一区域在 20 世纪 50 年代发生了四次大洪水，70 年代发生了八次，80 年代以来几乎每年都发生一次；20 世纪 50 年代发生过两次严重干旱，60 年代发生过六次，70 年代发生过八次，80 年代每年都有不同程度的干旱，90 年代一年发生多次。受灾面积正在从 20 世纪 50 年代占总面积的 16.4%，扩大到 21 世纪初的 41.2%。滑坡、地震、地裂缝等地质灾害愈演愈烈，这严重威胁着当地人民的生命和财产安全。

2. 生态环境退化的主要原因：不合理的农地利用

长江上游生态环境脆弱，大规模、不合理的农业用地违反自然规律，干扰了生态系统的结构和功能，造成严重的生态环境退化问题。主要表现在以下几个方面：

一是人地矛盾突出。长江上游地区山多地少，可耕地资源不足，但是人口增长却非常迅速。据统计，2021 年长江上游地区常住总人口超过 2 亿人，相比 1949 年增加了 1.19 倍，年增长率超过了 1.5%。人口密度迅速增加，人地矛盾急剧恶化。为了解决人口众多和不断增长的矛盾，人们不得不大规模毁林开荒、陡坡开垦，农业用地强度迅速扩大，人口压力与环境的矛盾日益尖锐。由于长期以来山坡围垦的不断扩大，各地陡坡垦殖十分普遍。例如，重庆在 25 度以上的陡坡垦殖面积占总耕地面积的 13%，四川的金沙江、岷江流域在 25 度以上的陡坡垦殖面积占总耕地面积的 30% 以上，部分地区垦殖率达到 50% 以上。耕作程度大大超过了自然条件所允许，过度耕作、陡坡开垦是造成长江上游地区水土流失、土地退化和异常气候等生态环境退化的主要因素。

二是不合理的农业发展结构。新中国成立以来，长江上游地区在农业用地利用方面片面强调"以粮为纲"的政策，土地开发利用模式单一，农业结构不合理，种植业占绝对优势，旱地面积占总耕地面积比重高。以四川为例，2020 年种植业在农业中比重达 60% 以上，具有重要生态功能的林业不足 10%，其中，种植业中旱地的占比超过 50%，其中大部分为坡耕地。这种以种植业为主体的农业用地模式，严重脱离了长江上游地区拥有广大山丘的实际情况，土地复垦和粮食种植不仅破坏了山地生态系统的平衡，而且削弱了山地资源多样性和独特性的优势。

二、农业转型升级水平评价模型构建

（一）农业转型升级的内涵

当前，国内学者对农业转型升级的理解，不再停留于单一的目标或方向，而是将它置于"创新、协调、绿色、开放、共享"的创新发展理念下全方位提高发展实效的系统工程（刘朋虎等，2016）。农业"升级"就是根据市场需求以及农业增效、农民增收、农村增绿的需要，促进农业产业结构的升级和农业发展层次的提升（魏后凯，2017）。农业产业链升级是农业发展模式转变的重要组成部分，包含产业链整合和延伸两条路径（毛蕴诗等，2014）。也有研究进一步指出，农业产业链升级包括"整合产业链，提高农业产业化效率""提升产业链，增强农业竞争力""延伸产业链，增加农产品增值环节"三条路径（薛风雷，2010）。

本书认为，农业转型升级是产业转型升级的部分内容，仍然涉及发展方式转变和产业结构升级（高级化和合理化）等方面，其内涵主要体现在下述方面：

第一，农业结构高级化，其实质是农业要素结构升级。它不仅决定了农业的生产方式和生产率变迁，也决定了农业的行业分布和农产品层次构成情况。促进农业要素结构升级，主要包含两个方面的内容。一是运用生态技术助推农业向绿色生态转型升级。2017年中央"一号文件"提出要促进农业发展由过度依赖资源消耗向追求绿色生态可持续转变，由主要满足量的需求向更加注重满足质的需求转变，中国农业发展将进入全面转型升级的新阶段，亟须从依靠化学农业支撑产量增长转变为以绿色农业为支撑、追求质量和效率（魏后凯，2017）。二是运用现代信息技术和提升教育水平来提高劳动者技术水平，进而推动农业产业链的质量整体提升。产业链整体质量的提升，是产业链向高技术、高知识、高资本密集和高附加值演进，是农产品深加工的体现（毛蕴诗等，2014）。因此，农业产业转型的核心是采用现代科学技术和经营管理方法，促进传统农业加快向现代农业转变（魏后凯，2017）。

第二，农业结构合理化，主要体现为通过延长产业链以促进产业融合发展。当前，供需结构失衡问题是掣肘我国经济发展的阻力之一，必须在需求导向下加快调整供给结构，促进供需均衡，农业也不例外。相关研究表明，农业服务环节正逐渐成为农业产业链和价值链的主导，农业利润重心也逐步呈现出向农业服务环节转移的趋势（姜长云，2014）。从国际经验来看，日本在实现农业产业化的过程中，将以农业生产为中心向加工制造业和销售服务业逐步延伸，形成了一二三产业融合发展格局，推动了农业转型升级（刘松涛等，2017）。由此，农业产业融合程度是衡量农业结构合理化的较好指标。

第三，农业发展方式转变，即农业产业化效率和集约化程度的提高。发展方式转变是与经济发展阶段相适应的，以前，我国农业发展更多地依赖于劳动力和土地等传统投入要素的使用，这种粗放型生产方式不仅投入产出效率低下，而且对生态环境产生了较大压力，已无法适应经济社会发展需求。随着科技不断发展，农业生物技术和机械技术也不断提升，它们为农业集约化生产提供了根本动力，也为农业可持续发展赢得了可能。为此，要实现农业转型升级，必然离不开农业发展方式转型。其中，至关重要的就是农业生产方式向集约化转变。

（二）评价模型构建

1. 指标体系构建

本书遵循科学性、全面性、可操作性、数据可获得性原则，在新发展理念下，结合农业转型升级的主要内涵和相关研究成果（刘涛等，2021；李首涵等，2019；辛岭等，2019），采用绿色生态、科技创新、产业融合、集约发展 4 个一级指标和 17 个二级指标，来构建农业转型升级水平的评价指标体系，具体见表 3 - 9。

（1）绿色生态方面下设 5 个二级指标：①森林覆盖率——反映生态环境情况；②化肥减量化水平；③农药减量化水平——反映农业生产中对化肥、农药的减量使用情况；④万元农业 GDP 耗水；⑤万元农业 GDP 耗能——反映农业生产中对水和能源的消耗情况。

（2）科技创新方面下设 3 个二级指标：⑥高中及中专以上农民占比——反映农业从业人员的受教育情况；⑦单位耕地面积农机总动力；⑧农业专利（植物新品种）授权数占比——反映现农业生产中科技的运用水平。

表 3 - 9　　　　　　　　　　农业转型升级水平综合评价指标体系

一级指标	二级指标	指标解释	属性
绿色生态	森林覆盖率（V1）	林业部门统计数据	正向
	化肥减量化水平（V2）	当年化肥施用量/上年化肥施用量×100%	负向
	农药减量化水平（V3）	当年农药施用量/上年农药施用量×100%	负向
	万元农业 GDP 耗水（V4）	农业耗水/农林牧渔增加值	负向
	万元农业 GDP 耗能（V5）	农业耗能/农林牧渔增加值	负向
科技创新	高中及中专以上农民占比（V6）	每百个农户中高中学历以上总数	正向
	单位耕地面积农机总动力（V7）	农机总动力/耕地面积	正向
	农业专利（植物新品种）授权数占比（V8）	农业植物新品种授权数/农业植物新品种申请数	正向
产业融合	农林牧渔服务业占比（V9）	农林牧渔服务业产值/农林牧渔总产值	正向
	农产品加工业产值占比（V10）	农产品加工业产值/农林牧渔总产值	正向
	二三产业产值占比（V11）	二三产业增加值产值/地区总产值	正向
	乡村人口非农就业占比（V12）	1 -（从事第一产业人员数/乡村劳动力总数）	正向
集约发展	土地集约指数（V13）	家庭承包耕地流转面积/家庭承包经营的耕地面积	正向
	农业增加值占地区总产值的比例（V14）	农业增加值/地区总产值×100%	正向
	粮食生产稳定度（V15）	当年粮食产量/上年粮食产量×100%	正向
	劳均农业产值（V16）	农业总产值/农业劳动力数量×100%	正向
	单位农用地产值（V17）	农业总产值/农用地面积	正向

（3）产业融合方面下设 4 个指标：⑨农林牧渔服务业占比——反映服务业在农业三产融合中的贡献；⑩农产品加工业产值占比——反映农产品产业链延伸水平；⑪二三产业产值占比——反映地区产业结构总体水平；⑫乡村人口非农就业占比——反映乡村劳动力总量中从事非农产业的占比水平。

（4）集约发展方面下设 5 个二级指标：⑬土地集约指数——家庭承包耕地流转面积所占家庭承包经营面积的占比；⑭农业增加值占地区总产值的比例；⑮粮食生产稳定度——当年与上年粮食产量的对比；⑯劳均农业产值；

⑰单位农用地产值——反映农业生产效益。

2. 数据说明

本书研究数据来自《中国统计年鉴》《中国农村统计年鉴》《中国农业年鉴》《中国农村经营管理统计年报》及各省份统计年鉴。本书研究范围包括我国 30 个省份（不包含港澳台地区，另外，鉴于西藏缺失数据较多，因此进行了剔除），最终本书的研究数据时间范围包括 2011 ~ 2020 年共十年的面板数据。其中，部分省份的少量年份数据缺失，本书运用 Stata 进行了线性插值法、均值插值法处理。

3. 测度方法

（1）熵值法。

熵值法是根据指标信息熵的大小对指标客观赋权的一种方法，信息熵越小，代表指标离散程度越大，所含信息多，所赋予的权重就越大，反之就越小。熵值法可以避免主观赋权的主观性偏误。本书为了克服以往的熵值法只能处理截面数据，而不同的年份之间无法比较的缺点，采用了改进后的面板熵值法（杨丽和孙之淳，2015），具体步骤如下：

第一步：指标设置。设有 r 个年份、n 个省份、m 个指标，则 x_{ijk} 表示第 i 年、第 j 个省份、第 k 个指标的值。

第二步：指标标准化处理。由于不同的指标具有不同的量纲和单位，因此需要进行标准化处理。其中，正向指标标准化见公式（3 - 6），负向指标标准化见公式（3 - 7）。

$$x'_{ijk} = \frac{x_{ijk} - x_{\min k}}{x_{\max k} - x_{\min k}} \tag{3 - 6}$$

$$x'_{ijk} = \frac{x_{\min k} - x_{ijk}}{x_{\min k} - x_{\max k}} \tag{3 - 7}$$

其中，$x_{\min k}$、$x_{\max k}$ 分别表示第 k 个指标在 n 个省份 r 个年份中的最小值与最大值。指标标准化处理后，x'_{ijk} 的取值范围为 [0，1]，其含义为 x_{ijk} 在 n 个省份 r 个年份中的相对大小。由于标准化后会出现 0 值，因此对 x'_{ijk} 均加上了一个极小的偏移量再计算 y_{ijk}。

第三步：计算指标的比重，见公式（3 - 8）。

$$y_{ijk} = \frac{x'_{ijk}}{\sum\limits_i \sum\limits_j x'_{ijk}} \tag{3 - 8}$$

第四步：计算第 k 项指标的熵值，见公式（3-9），其中 $\theta>0$，且 $\theta=\ln(rn)$。

$$S_k = -\frac{1}{\theta}\sum_i\sum_j y_{ijk}\ln(y_{ijk}) \qquad (3-9)$$

第五步：计算第 k 项指标的信息效用值，见公式（3-10）。

$$g_k = 1 - S_k \qquad (3-10)$$

第六步：计算第 k 项指标的权重，见公式（3-11）。

$$w_k = \frac{g_k}{\sum_k g_k} \qquad (3-11)$$

第七步：计算各省份每年的综合得分，见公式（3-12）。

$$h_{ij} = \sum_k w_k x'_{ijk} \qquad (3-12)$$

（2）核密度估计。

核密度估计方法（kernel density estimation）能够估计随机变量的概率密度，见公式（3-13），并用连续的密度曲线描述其分布态势，具有较强的稳定性。本书采用高斯核函数对长江上游农业转型升级综合指数的分布动态进行研究，见公式（3-14）。

$$f(x) = \frac{1}{Nb}\sum_{i=1}^N K\left(\frac{X_i-x}{h}\right) \qquad (3-13)$$

$$K(x) = \frac{1}{\sqrt{2\pi}}\exp\left(-\frac{x^2}{2}\right) \qquad (3-14)$$

其中，$f(x)$ 为农业转型升级水平 X 的密度函数；N 为样本个数；X_i 为独立分布的样本值；x 为样本值的均值；h 为带宽，估计精度与带宽大小成反比；$K(x)$ 为高斯核密度函数。

三、测度结果分析

（一）指标权重估计结果

产业集约化发展是现代农业发展的基本特征，也是农业转型升级中最为重要的内容，它是农业发展方式转变的根本要求。科技创新是要素升级的根本动力，它会直接影响农业结构的高级化水平，而产业融合测度了农业结构的合理化，两者都是农业转型升级尤其是农业结构升级不可或缺的内容，也是众多研究中所指的狭义的产业转型升级（即产业结构升级，但是不含发展方式转变）。而绿色生态衡量了农业的绿色发展，它是推动农业可持续发展不可忽视的重要因素。图3-4（a）报告了这4项一级指标的权重计算结果，其中，权重最高的是集约发展，权重达0.4198；科技创新和产业融合的权重较高，分别是0.2463和0.2311，绿色生态的权重最低，为0.1028。

图3-4（b）至图3-4（e）分别报告了绿色生态、科技创新、产业融合、集约发展4个一级指标下各二级指标的权重计算结果。其中，在绿色生

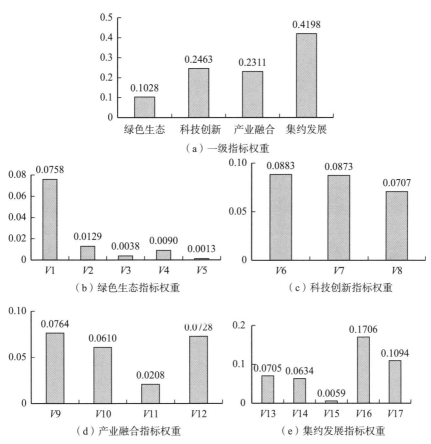

图3-4　农业转型升级评价指标权重选择结果

态评价指标中，森林覆盖率指标权重最高，为0.0758，其他4项权重要小得多而且相差不大。在科技创新评价指标中，高中及中专以上农民占比、单位耕地面积农机总动力和农业专利（植物新品种）授权数占比的权重基本持平，都在0.08左右，这说明农业从业人员、农业器械和农业专利作为生产要素投入对于推动农业高科技化发展同等重要。在产业融合评价指标中，除二三产业产值占比权重较低外（为0.0208），其余几项指标权重均在0.06以上，基本持平。在集约发展评价指标中，占比最高的是劳均农业产值和单位用地产值，分别是0.1706和0.1094，土地集约指数和农业增加值占地区总产值的比例次之，粮食生产稳定度占比最低。

（二）综合指数分析

根据表3-9中建立的评价指标体系，运用熵值法计算得出2020年各省份农业转型升级水平综合指数及其分项计算结果，见表3-10。同时，借鉴相关研究的做法，结合综合水平指数的均值（本书中为 $V=0.3660$ ）与标准差（本书中为 SD $=0.1016$ ）间的线性组合模型（魏敏和李书昊，2018），将30个省份的农业转型升级水平划分为四个梯队，见表3-11、表3-12和图3-5。

表3-10　　　　　　　2020年全国农业转型升级水平测算结果

地区	绿色生态	科技创新	产业融合	集约发展	综合指数
全国均值	0.0558	0.0728	0.1125	0.1248	0.3660
长江经济带	0.0628	0.0764	0.1216	0.1341	0.3949
长江上游地区	0.0685	0.0470	0.0818	0.1106	0.3078
北京	0.0663	0.2192	0.1696	0.1060	0.5610
天津	0.0288	0.0722	0.1579	0.1330	0.3919
河北	0.0463	0.0845	0.1518	0.1289	0.4115
山西	0.0373	0.0667	0.1034	0.0493	0.2567
内蒙古	0.0405	0.0480	0.0540	0.1012	0.2437
辽宁	0.0609	0.0139	0.0425	0.1169	0.2341
吉林	0.0626	0.0179	0.0765	0.1105	0.2675
黑龙江	0.0646	0.0104	0.0517	0.1687	0.2955

续表

地区	绿色生态	科技创新	产业融合	集约发展	综合指数
上海	0.0299	0.0680	0.1824	0.1530	0.4332
江苏	0.0309	0.0951	0.1654	0.2119	0.5032
浙江	0.0857	0.1303	0.1218	0.1225	0.4603
安徽	0.0480	0.0820	0.1357	0.1441	0.4097
福建	0.0950	0.0902	0.1377	0.1102	0.4330
江西	0.0882	0.0508	0.1310	0.1249	0.3950
山东	0.0351	0.1026	0.1608	0.1731	0.4715
河南	0.0428	0.0809	0.1468	0.1547	0.4252
湖北	0.0612	0.0865	0.1456	0.1312	0.4245
湖南	0.0732	0.1401	0.1288	0.1446	0.4866
广东	0.0780	0.0737	0.1437	0.1340	0.4294
广西	0.0855	0.0709	0.1269	0.2681	0.5515
海南	0.0847	0.0655	0.0936	0.1295	0.3733
重庆	0.0654	0.0585	0.1221	0.1231	0.3691
四川	0.0605	0.0290	0.0740	0.0985	0.2620
贵州	0.0677	0.0758	0.0800	0.1057	0.3292
云南	0.0804	0.0246	0.0510	0.1152	0.2711
陕西	0.0649	0.0845	0.0914	0.0838	0.3246
甘肃	0.0257	0.0630	0.1142	0.0745	0.2773
青海	0.0232	0.0907	0.0565	0.0549	0.2252
宁夏	0.0252	0.0226	0.0798	0.0713	0.1989
新疆	0.0153	0.0662	0.0802	0.1021	0.2638

表 3 – 11　　　2020 年全国农业转型升级水平等级划分标准

等级	综合水平	绿色生态	科技创新	产业融合	集约发展
高水平 （ > V + 0.5SD ）	> 0.4168	> 0.0672	> 0.0937	> 0.1329	> 0.1468

等级	综合水平	绿色生态	科技创新	产业融合	集约发展
中高水平 (V, $V+0.5$SD)	0.3660 ~ 0.4168	0.0558 ~ 0.0672	0.0728 ~ 0.0937	0.1125 ~ 0.1329	0.1248 ~ 0.1468
中低水平 ($V-0.5$SD, V)	0.3152 ~ 0.3660	0.0444 ~ 0.0558	0.0519 ~ 0.0728	0.0922 ~ 0.1125	0.1029 ~ 0.1248
低水平 ($<V-0.5$SD)	<0.3152	<0.0444	<0.0519	<0.0922	<0.1029

表 3 – 12　　　　　　　　　2020 年全国农业转型升级水平地区分类

地区分类	省份
高水平地区	北京、广西、江苏、湖南、山东、浙江、上海、福建、广东、河南、湖北
中高水平地区	河北、安徽、江西、天津、海南、重庆
中低水平地区	贵州、陕西
低水平地区	黑龙江、甘肃、云南、吉林、新疆、四川、山西、内蒙古、辽宁、青海、宁夏

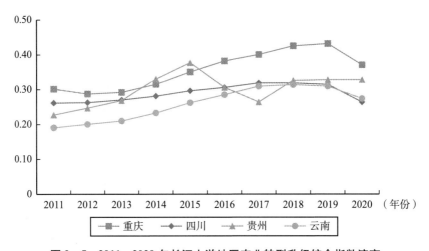

图 3 – 5　2011 ~ 2020 年长江上游地区农业转型升级综合指数演变

第一，长江上游地区农业转型升级的综合水平低，在全国总体上处于低水平状况。2020 年，长江上游地区 4 个省份的农业转型升级水平综合指数均值为 0.3078，低于长江经济带的平均水平（0.3949），也低于全国的平均水平（0.3660），在划分的 4 个发展等级中处于低水平等级。其中，重庆的农业转型升级综合指数为 0.3691，在长江上游地区位居首位，处于 4 个发展等级的中高水平等级；贵州为 0.3292，处于中低水平；云南和四川分别为 0.2711 和 0.2620，都处于低水平等级。本书认为，长江上游地区农业转型升级水平低下的主要原因在于，该区域自然生态脆弱，地理环境大多属于山地、丘陵等地形，人地矛盾突出，农业机械化发展受地形制约水平较低，农业绿色生态转型、集约化发展均存在较大约束，而且 4 个省份受到宏观经济形势的影响，产业融合发展也相对落后，整体农业产业转型发展受到制约。其中，重庆相对而言领跑长江上游地区，云南一直处于垫底，而四川农业转型升级发展情况出乎笔者预料，可能是由于四川属于人口大省，单位产出效率相对较低，而且粮食生产大省均有能耗较高的问题，拉低了整体水平。

第二，长江上游地区整体及各省份农业转型升级水平总体上呈现出波动上升趋势。其中，仅 2020 年各省份农业转型升级综合指数出现不同程度下滑，其原因可能是受新冠疫情影响引致宏观经济形势下滑所致。同时，长江上游地区农业转型升级情况存在地区异质性。重庆农业转型升级水平近十年来基本上处于长江上游地区的领先地位；贵州省农业转型升级效果波动幅度较大，2015 年曾位居长江上游地区首位，从 2020 年起仅次于重庆；四川省在样本期内的上升趋势比较稳定，但增幅比较缓慢；云南在分析期间内几乎一直殿后（2017 年和 2020 年例外，居第三位），但是增幅较大，从 2017 年开始基本上与四川持平，并在 2020 年反超四川。

第三，全国农业转型升级水平总体不高，省际差异大，总体上呈现出"东部地区 > 中部地区 > 西部地区"的区域格局。经济发展水平与资源禀赋是影响农业转型升级的重要因素，在综合评价中处于高水平地区的主要有农业资源丰富的长江流域，包括长三角地区以及长江中游地区等，还包括东南沿海地区如广东、广西、福建等。其中，全国农业转型升级水平的平均值为 0.3660，有 17 个省份高于全国平均水平，其余 13 个省份低于全国平均水平；高水平地区有北京、广西、江苏、湖南、山东、浙江、上海、福建、广东、河南、湖北 11 个省份，中高水平地区有河北、安徽、江西、天津、海南、重庆 6 个省份，中低水平地区有贵州、陕西 2 个省份，低水平地区有黑龙江、甘肃、云南、吉林、新疆、四川、山西、内蒙古、辽宁、青海、宁夏 11 个省份。具体来看，综合指数最高的省份为北京（0.5610），最低的为宁夏（0.1989），后者仅略高于前者的1/3，而且全国所有省份的标准差为0.1016，约占平均值的1/3，这表明农业转型升级水平的省际差异较大。

（三）分项指数分析

1. 绿色生态指数

第一，总体来看，长江上游地区农业绿色生态转型水平较高，整体高于全国平均水平，也高于长江经济带平均水平，但是有一定省际差异（见表3－13）。2020年，重庆、四川、贵州、云南的农业绿色生态指数分别为0.0654、0.0605、0.0677和0.0804，均高于全国平均水平（0.0558），仅四川略低于长江经济带的平均水平（0.0628），其中云南和贵州处于高水平等级，重庆和四川处于中高水平等级。

表3－13　　　　　　　　　农业绿色生态水平等级分类

地区分类	省份
高水平地区	福建、江西、浙江、广西、海南、云南、广东、湖南、贵州
中高水平地区	北京、重庆、陕西、黑龙江、辽宁、四川
中低水平地区	安徽、河北
低水平地区	河南、内蒙古、山西、山东、江苏、上海、天津、甘肃、宁夏、青海、新疆

第二，长江上游地区整体及各省份农业绿色生态指数呈现平缓上升趋势（见图3－6）。其中，2011～2020年云南农业绿色生态水平一直处于长江上游地区各省份中的领先地位，其绿色生态指数一直大幅高于其他3个省份；贵州和重庆紧随其后，而且贵州从2017年起反超重庆位居域内第二；四川在该地区则一直处于最末位置。

第三，就全国各省份来看，农业绿色生态转型水平整体呈现出"东南沿海地区＞西南地区＞中部地区＞西北地区"。其中，全国平均指数为0.0558，有17个省份超过或等于全国平均水平，13个省份低于全国平均水平；南方沿海的广东、广西、海南、浙江、福建均属于高水平地区。我国13个粮食主产区中①，河北、安徽、河南、内蒙古、山东、江苏 6 个省份的绿色生态指数低于全国平均水平，其主要原因可能是上述粮食主产区在农药、化肥以及水等生产资源方面的投入较多，这导致资源减量水平得分较低。

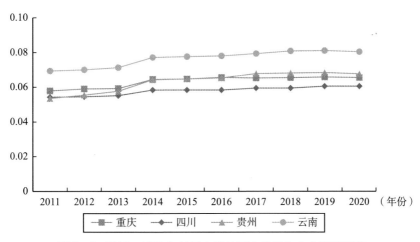

图 3-6　2011~2020 年长江上游地区农业绿色生态指数演变

2. 科技创新指数

第一，长江上游地区各省份的农业科技创新水平都不高，科技创新指数平均值低于长江经济带的平均水平，也低于全国平均水平，总体处于中低水平（见表 3-14）。2020 年，重庆、四川、贵州、云南 4 个省份的科技创新指数分别为 0.0585、0.0290、0.0758、0.0246，其中贵州属于中高水平地区，重庆属于中低水平地区，而四川和云南处于低水平地区。之所以如此，其原因主要在于长江上游地区处于西部地区，地理状况较为复杂，山地丘陵地貌居多，相对于东部地区，更难推进机械化，也难以推广农机播种等农业先进技术，而且农民受教育程度普遍落后于东部地区。

---

① 全国共 13 个粮食主产区，分别为黑龙江、河南、山东、四川、江苏、河北、吉林、安徽、湖南、湖北、内蒙古、江西、辽宁 13 个省份。

表 3 - 14   农业科技创新水平地区分类

地区分类	省份
高水平地区	北京、湖南、浙江、山东、江苏
中高水平地区	青海、福建、湖北、河北、陕西、安徽、河南、贵州
中低水平地区	广东、天津、广西、上海、陕西、新疆、河南、甘肃、重庆
低水平地区	江西、内蒙古、四川、云南、宁夏、吉林、辽宁、黑龙江

第二，长江上游地区整体及各省份农业科技创新水平都经历了大幅波动（见图 3 - 7），四川的农业科技创新水平在分析期间内甚至还下降了。总体来看，2011～2018 年，各省份农业科技创新指数基本上都经历了较大幅度提升，但是 2019 年起则经历了大幅下降。其中，云南几乎一直位居第四；四川由 2011 年的首位跌至第三位；重庆基本上一直位居第二位；贵州总体来说在波动中大幅提升，由 2011 年的第三位跃升至 2020 年的首位。

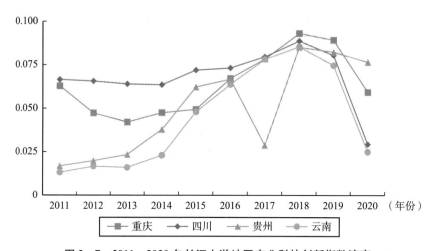

图 3 - 7　2011～2020 年长江上游地区农业科技创新指数演变

第三，就全国情况来看，农业科技创新水平整体上呈现出"东部地区 >中西部地区 >东北地区"。其中，全国平均值为 0.0728，有 14 个省份超过或等于全国平均水平，16 个省份低于全国平均水平；北京、湖南、浙江、山东、江苏属于高水平地区，仅湖南不属于东部地区；中高水平地区包括青海、福建、湖北、河北、陕西、安徽、河南、贵州，只有青海、陕西、贵州属于西部地区。值得一提的是，处于东部沿海的发达省份上海和广东，它们的农业科技创新水平也不高，处于中低水平等级。本书认为，其原因主要在于它们的农业在国民经济中的地位都很低，它们的经济重心在于发展二三产业，对农业的关注度并不高，从而在农业科技创新发展方面的得分并不高。

3. 产业融合指数

第一，就长江上游地区而言，各省份产业融合发展水平都低，不仅低于长江经济带的平均水平，也低于全国平均水平，整体上属于低水平地区（见表3-15）。2020年，重庆、四川、贵州、云南4个省份的产业融合指数分别为0.1221、0.0740、0.0800和0.0510，都低于全国平均水平（0.1248），仅重庆属于中低水平地区，其余3个省份都属于低水平地区。整体来看，长江上游地区产业融合发展水平低，尤其是农林牧渔服务业增加值占比和乡村非农就业占比都较低。其中，重庆处于西部领跑地位，这主要得益于近年来重庆在产业融合发展方面进行了大力尝试，如大力推广休闲农业、食品加工业等。

表3-15　　　　　　　　农业融合发展水平地区分类

地区分类	省份
高水平地区	上海、北京、江苏、山东、天津、河北
中高水平地区	河南、湖北、广东、福建、安徽、江西、湖南、广西
中低水平地区	重庆、浙江、甘肃、山西
低水平地区	海南、山西、新疆、贵州、宁夏、吉林、四川、青海、内蒙古、黑龙江、云南、辽宁

第二，长江上游地区整体及各省份农业产业融合发展水平总体上呈现出较为稳步上升的趋势，只有云南省从2018年开始有一个明显的下降（见图3-8）。其中，重庆的农业产业融合指数在4个省份中一直处于领跑地位，而且大幅高于其他3个省份；贵州省和四川省相差不大，而且贵州从2019年起反超四川位居第二；云南省一直处于较低水平，在4个省份中总体上处于最后位置。

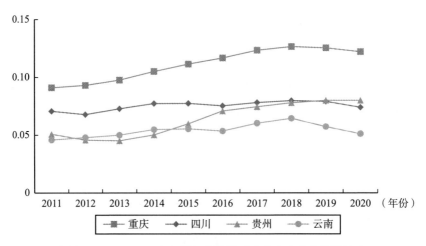

图 3-8 2011~2020 年长江上游地区农业产业融合指数演变

第三，从全国来看，农业融合发展水平总体上呈现出"东部地区 > 中西部地区 > 东北地区"的趋势。其中，全国平均指数为 0.1125，17 个省份超过或等于全国平均水平，13 个省份低于全国平均水平；高水平地区包括上海、北京、江苏、山东、天津、河北，它们均为东部发达地区；中高水平地区包括河南、湖北、广东、福建、安徽、江西、湖南、广西，除广东和福建是东部发达地区外，其余省份都是中部地区，经济发展水平也相对较高；而低水平地区基本上都属于我国西部经济发展落后地区。总体来看，经济发达地区农业融合发展水平也较高。例如，上海的产业融合发展水平排名全国第一位，这主要得益于上海将产业链、价值链等现代产业组织方式引入农业，把一二三产业融合发展作为现代农业新经济增长点，其农产品加工业产值、乡村非农就业占比均为全国最高水平。

4. 集约发展指数

第一，长江上游地区农业集约发展水平低，整体上在全国处于中低水平（见表 3-16）。2020 年，重庆、四川、贵州、云南的农业集约发展指数分别为 0.1231、0.0985、0.1057 和 0.1152，平均值为 0.1106，都低于长江经济带平均值 0.1341，也都低于全国平均值 0.1248；重庆、四川和贵州处于中低水平状态，而四川处于低水平状态。本书认为，长江上游地区农业集约发展水平低下，主要源于该区域土地多为山地和丘陵，土地细碎化严重，农业生

产依然以小农生产为主，土地利用率相对不够高，集约化和规模化发展都不
如全国其他区域。

表 3 – 16　　　　　　　　　　　农业集约发展水平地区分类

地区分类	省份
高水平地区	广西、江苏、山东、黑龙江、河南、上海
中高水平地区	湖南、安徽、广东、天津、湖北、海南、河北、江西
中低水平地区	重庆、浙江、辽宁、云南、吉林、福建、北京、贵州
低水平地区	新疆、内蒙古、四川、陕西、甘肃、宁夏、青海、陕西

　　第二，长江上游地区整体及各省份农业产业集约发展水平波动较大，贵
州甚至还在大幅波动中下降了（见图 3 – 9）。其中，2011～2015 年贵州一直
大幅提升并领先其余省份，但 2016 年大幅下降，随后虽有微小上升，但
2020 年已低于 2011 年的初始值；重庆一直稳步上升并于 2016 年反超贵州成
为长江上游地区农业集约发展的"领头羊"，直到 2020 年才有小幅回落；四
川和云南相对稳定而且集约发展水平相差不大，分析期间内都有所提升，云
南增幅更大。

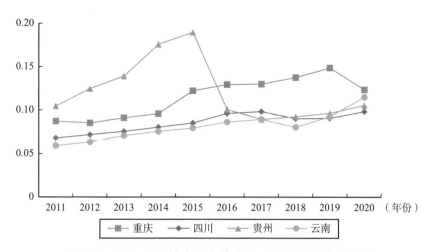

图 3 – 9　2011～2020 年长江上游地区农业集约发展指数演变

第三，从全国来看，农业集约发展水平较高地区都属于东部和中部地区，西部地区无一例外都属于中低水平或低水平地区。其中，全国平均水平为0.1248，14 个省份超过或等于全国平均水平，16 个省份低于全国平均水平；全国粮食主要产区中的江苏、黑龙江、河南、山东均属于集约化发展的高水平地区，但是同属粮食主要生产大省的四川集约化水平则较低。上述高水平粮食产区主要以平原为主，土地资源状况良好，土地集约指数与单位产出指数等显著高于其他省份。例如，黑龙江自 2013 年以来创新支持土地流转、土地规模经营的政策保障，显著推动了农业生产集约化发展。

（四）分布动态分析

为了进一步探究长江上游地区农业转型升级水平的空间动态情况，本书采用高斯核密度函数来刻画 2011～2020 年长江上游地区农业转型升级综合指数的动态演进特征和长期转移趋势，并与全国和其他地区的整体趋势进行对比分析，估计结果见图 3 – 10。

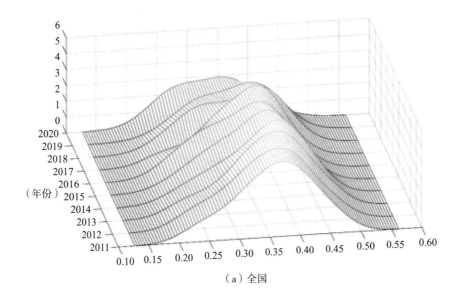

（a）全国

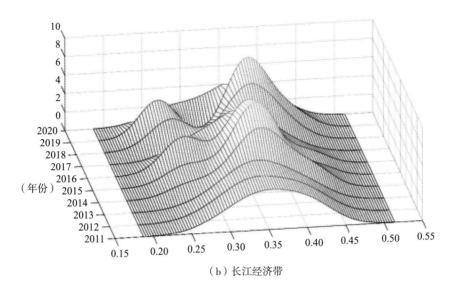

（b）长江经济带

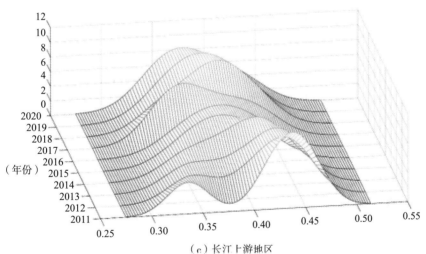

（c）长江上游地区

图 3-10 2011～2020 年农业转型升级水平的动态分布

农业转型升级水平的动态演化特征，如表 3-17 所示。

表 3 – 17 农业转型升级水平的动态演化特征

区域	分布位置	主峰分布态势	分布延展性	极化趋势
全国	波动中右移	先升后降、总体上升，宽度扩大	左拖尾，延展缩小	不明显
长江经济带	波动中右移	先升后降、总体上升，宽度扩大	左拖尾，延展缩小	两极分化
长江上游地区	波动中右移	先降后升、总体上升，宽度扩大	左拖尾，延展缩小	单极化

第一，从分布的位置演变来看，无论是长江上游地区、长江经济带还是全国整体，分析期间内农业转型升级指数的空间分布都存在左右摆动、总体右移的情况，这表明分析期间各区域农业转型升级水平总体上都在波动中提高了。其中，长江上游地区总体分布左右波动明显，但整体上右移了，这表明该地区农业转型升级水平在样本期内呈现出明显的波动性上升趋势。从长江经济带和全国整体来看，农业转型升级综合指数的空间分布也出现了左右波动，但总体上也右移了，这意味着分析期间内长江经济带及全国整体的农业转型升级水平总体来说也在上升和下降的交替变化中提升了。导致这种明显交替变化的原因可能在于各区域内不同省份农业转型升级的异质性大，它们受宏观经济发展不确定性影响的差异也较大，从而导致了整体水平波动较大。另外，三大区域的分布情况显示，在近 2 年都出现了向左移动情况，之所以出现这种小幅倒退现象，本书认为其主要原因在于，全国 2019 年以来受到新冠疫情的影响，宏观经济形势下滑，导致农业发展也受到影响，这进而导致农业转型升级停滞甚至有所退步。

第二，从主峰形态变化来看，长江上游地区、长江经济带和全国整体的分布曲线都存在主峰高度、分布曲线宽度和拖尾变化现象，这表明各区域内部农业转型升级的省际差异在分析期间都在变化。其中，长江上游地区的主峰经历了先降后升、总体上升，长江经济带和全国则经历了先升后降、总体上升，这表明各区域内部各省份农业转型升级水平向域内平均值集中的程度总体来说都有所提高；但是它们的主峰宽度都变宽了，而且左拖尾都拉长了，这表明它们内部农业转型升级水平的发散程度在分析期间都提高了，也就是说它们的省际差异拉大了。

第三，从波峰的数量演变来看，长江上游地区、长江经济带和全国整体农业转型升级的极化趋势具有明显差异。其中，长江上游地区的波峰明显减少,由双峰演变为单峰状态,这表明从长江上游地区内部农业转型升级水平的"极化"现象消失,省际农业转型升级的水平较为接近,存在较明显的收敛趋势。长江经济带的波峰明显增加,由单峰演变为双峰状态,这表明长江经济带农业转型升级水平呈现出较明显的两极分化趋势,其原因可能在于长江中下游地区发达省份农业转型升级整体情况较好,而长江上游地区省份相对受到地理空间格局、资源禀赋、经济发展水平的影响,农业转型升级水平相对较弱,"强者越强"的态势被强化。从全国整体来看,波峰数量变化不明显,一直为单峰状态,这表明分析期间内全国农业转型升级的省际差异并没有出现"极化"现象。

四、主要结论

此部分在分析长江上游地区农业发展现状的基础上,通过构建农业转型升级水平的综合评价指标体系和方法,以全国省份面板数据为分析样本,就2011~2020年长江上游地区农业转型升级情况进行了经验分析。主要结论如下:

(1)农业转型升级是产业转型升级的部分内容,仍然涉及发展方式转变和产业结构升级(高级化和合理化)等方面,其内涵主要体现在下述三个方面:第一,农业结构的高级化,其实质是农业要素结构提升;第二,农业结构的合理化,主要体现为通过延长产业链以促进产业融合发展;第三,农业产业化效率和集约化程度的提高,即发展方式转变。

(2)结合绿色生态、科技创新、产业融合、集约发展四个方面共17个具体测度指标,对长江上游地区农业转型升级水平的综合评价结果表明,该区域农业转型升级的综合水平低,在全国总体上处于低水平状况,但是在分析期间内总体上呈现出波动上升和单极化趋势,而且省际差异也扩大了。从分项指数来看:第一,绿色生态水平较高并呈现平缓上升趋势,云南和贵州在全国处于高水平,重庆和四川也处于中高水平;第二,科技创新水平较低并经历了大幅波动,其中,贵州提升幅度最大并位于全国中高水平地区,重庆几乎一直位居域内第二并处于全国中低水平,四川跌幅最大(由首位跌至第三位)与云南同属于低水平地区;第三,产业融合发展水平普遍低下,但是基本上都呈现出较为稳步的上升趋势,其中,仅重庆属于中低水平地区,其余 3 个省份都属于低水平地区；第四，集约发展水平低而且波动较大，贵州甚至还在大幅波动中下降了，其中，重庆、四川和贵州都处于中低水平状态，四川处于低水平状态。

第三节　长江上游地区工业转型升级水平综合评价

一、文献综述

工业转型升级是我国加快转变经济发展方式的关键所在，是走中国特色新型工业化道路的根本要求，也是实现工业大国向工业强国转变的必由之路。[①] 近年来，国内涌现了一组有关工业转型升级的研究成果，其中有关我国工业转型升级评价的相关研究成果主要集中于探讨工业转型升级的内涵、评价方法、影响因素和对策建议等领域。

（1）关于工业转型升级的内涵，多数研究成果遵循了《工业转型升级规划（2011—2015 年)》中的内涵界定，认为工业转型升级涉及转型和升级两个方面，其中转型就是要通过转变工业发展方式，加快实现由传统工业化向新型工业化道路转变；升级就是要通过全面优化技术结构、组织结构、布局结构和行业结构，促进工业结构整体优化提升。部分研究成果对此进行了深化拓展，认为工业转型升级主要是通过发展方式的转变和产业结构的优化，促进技术进步，全面提高技术效率、规模效率和要素配置效率，进而达到改变中国处于全球价值链低端的状态，实现经济可持续发展（王维，2012）。工业转型升级是以提高工业经济附加值和竞争力为目标的工业产业演进和变迁过程，包括转型和升级两个并行交织的过程，其中转型主要是指转变发展方式，实现由"粗放型"向"质量效益型"转变、由"要素驱动型"向"创新驱动型"转变，升级是从企业到产业再到产业结构的升级的统一，它表现为微观层面的技术水平、管理能力、生产效率、产品附加值等的提高和

---

① 国务院. 国务院关于印发工业转型升级规划（2011—2015 年）的通知［EB/OL］. https：//www. gov. cn/zhengce/content/2012 - 01/19/content_3655. htm，2012 - 01 - 19.

跃进，以及宏观层面的产业价值链提升、产业结构高级化和合理化（马静和闫超栋，2020）。

（2）关于工业转型升级的评价方法，相关研究成果具有较大差异。一是借鉴脱钩理论，利用"工业资源消耗或污染物排放变化相对工业产值的弹性脱钩值"来测度工业绿色转型升级水平（卢强等，2013）。二是借助多指标体系来综合评价工业转型升级能力或水平，例如，从高质量发展视角构建了效率改善、质量提升、动力转换、结构优化4个维度11个指标来测度工业转型升级能力（魏修建等，2021）；从创新驱动、绿色发展、结构优化和效益提升4个维度17个指标来测度工业转型升级水平（马静和闫超栋，2020）。三是利用中国制造业20个行业的面板数据和计量经济分析模型，以全球价值链地位、制造业企业升级程度和制造业企业升级能力作为升级指标，以工业转型升级政策为核心解释变量来分析工业转型升级政策的实施效果（胡大立和于锦荣，2019）。

（3）关于工业转型升级的影响因素和实现路径。工业转型升级的关键在于要形成自主创新，特别是要形成有利于实现核心技术创新的体制机制（金碚，2011）。更多学者从经验分析视角探讨了工业转型升级的影响因素，并据此探讨了工业转型升级的路径和对策，主要涉及生产性服务业（肖国安和张志彬，2012）、全球价值链嵌入（王玉燕和林汉川，2015）、环境规制、要素投入结构（童健等，2016）、政府补贴（王昀和孙晓华，2017）、税收增长（张丽丽，2018）、融资结构（林宏山，2018）、数字化网络化智能化（闫超栋等，2022）、产品质量监管（张志强，2023）、绿色创新环境（张弘滢和耿成轩，2021）、环境规制和技术投入（林弋筌，2020）等。一些研究还通过对比分析我国工业与主要发达国家的差距后提出了我国工业转型升级的三大路径，即结构升级、价值链升级和技术升级（李晓华，2013）。

综上所述，学术界对工业转型升级的内涵理解并不统一，而且对工业转型升级的测度思路各异，对长江上游地区工业转型升级的专门研究成果鲜见，对其进行深入分析十分必要。在新发展阶段，高质量发展已经成为我国经济转型升级、产业发展提质增效的主方向，也将是长江上游地区工业转型升级的方向所在。为此，下文将据此剖析工业转型升级的内涵和评价指标体系，并对长江上游地区工业转型升级水平进行经验分析。

二、工业转型升级水平评价模型构建

（一）工业转型升级的内涵

前面回顾的相关研究成果总体上都认为，工业转型升级涉及转型和升级两个方面的内涵。随着经济发展水平不断提升，我国工业发展所处的发展阶段、面临的内外部环境都在不断变化。因此，工业转型升级的内涵应充分体现新时代经济发展的新要求。近年来，国家相关部门先后颁布了推进互联网与制造业深度融合的政策和文件，例如，《关于积极推进"互联网＋"行动的指导意见》《国家创新驱动发展战略纲要》《关于深化制造业与互联网融合发展的指导意见》《智能制造发展规划（2016—2020）》《新一代人工智能发展规划》等，它们对新形势下我国制造业转型升级的方向和重点进行了明确，提出要大力实施"互联网＋"协同制造，把数字化、网络化、智能化、绿色化作为提升制造业竞争力的技术基点，据此推动制造业转型升级。

为此，本书借鉴相关研究成果，结合智能制造、大规模个性化定制、网络化协同、服务型制造、绿色制造、柔性制造等实践模式，认为工业（或制造业）转型升级应从数字化、网络化、智能化和绿色化"四化"并进的维度来进行理解，它们反映了工业高质量发展的不同层面，共同构成新时代工业转型升级的基本要义（罗序斌和黄亮，2020）。一是数字化，就是要利用互联网、物联网、大数据、区块链、人工智能等新一代互联网信息技术，搭建工业数字化平台，据此改变工业的生产、经营模式，其核心功能在于提升企业在数据收集、存取、处理、挖掘、预测和表达等方面的能力。二是网络化，即随着互联网与制造业的融合程度不断加深，传统意义上的企业边界、产销边界、时空边界日趋模糊甚至消失，从而形成企业之间的融合共生关系，其核心功能在于提升企业的协同、合作和共享能力。三是智能化，就是把新一代人工智能技术与先进制造技术有机结合，共同为企业生产经营系统赋能，其核心功能在于提升企业的自感知、自决策、自适应、自执行等方面的能力。四是绿色化，这注重通过新一代互联网信息技术与绿色制造技术的融合，以实现生产过程的节能减排和生态环境保护，其核心功能在于提升企业在清洁生产、绿色营销等方面的能力。

（二）评价指标体系构建

本书依据我国实施工业转型升级战略的动因及对工业转型升级内涵的理解，遵循科学性、合理性和数据可得性的原则，构建了工业转型升级的数字化、网络化、智能化和绿色化 4 个维度的 13 项指标，如表 3－18 所示。

表 3－18　　　　　　　　工业转型升级水平评价指标体系

一级指标	二级指标	指标解释	单位	属性
数字化	数字化人才储备情况	软件和信息技术服务业从业人数	人	正向
	数字化软件应用情况	软件业务收入、软件产品收入和嵌入式系统软件收入之和	亿元	正向
	数据处理与存储能力	信息技术服务收入、信息安全收入	亿元	正向
网络化	互联网端口覆盖率	互联网宽带接入端口数/区域面积	个/平方千米	正向
	长途光缆建设水平	长途光缆线路长度/区域面积	千米/百平方千米	正向
	电子商务发展水平	电信业务总量	亿元	正向
智能化	智能工业企业建设	规模以上工业企业技术改造经费支出	元	正向
	智能生产从业情况	电子及通信设备业人数/工业从业人数	%	正向
	智能技术创新能力	工业有效发明专利数/工业研发人员全时当量	件/人	正向
	智能产品销售收入	工业新产品销售收入/工业主营业务收入	%	正向
绿色化	单位增加值电力消耗量	万元 GDP 电力消耗量	万千瓦时	逆向
	单位增加值废水排放量	万元 GDP 工业用水量	立方米	逆向
	单位增加值废气排放量	一般工业固体废物产生量	万吨	逆向

1. 数字化

当前工业的数字化主要是通过软件和信息服务业与工业的深度融合来体现的。基于此，本书用软件和信息服务业的部分指标来衡量工业数字化的发展状况，具体包括 3 个二级指标：数字化人才储备情况、数字化软件应用情况、数据处理与存储能力。其中，数字化人才储备情况用软件和信息技术服务业从业人数测度；数字化软件应用情况用软件业务收入、软件产品收入和嵌入式系统软件收入之和来测度；数据处理与存储能力用信息技术服务收入、信息安全收入之和来测度。

2. 网络化

网络化水平用互联网端口覆盖率、长途光缆建设水平和电子商务发展水平 3 个二级指标来测度。其中，互联网端口覆盖率用互联网宽带接入端口数除以区域面积测度；长途光缆建设水平用长途光缆线路长度除以区域面积测度；电子商务发展水平用电信业务总量测度。

3. 智能化

智能化水平的测度指标包含智能工业企业建设、智能生产从业情况、智能技术创新能力、智能产品销售收入 4 个二级指标。其中，智能工业企业建设用规模以上工业企业技术改造经费支出测度；智能生产从业情况用电子及通信设备人数除以工业从业人数测度；智能技术创新能力用工业有效发明专利数除以工业研发人员全时当量测度；智能产品销售收入用工业新产品销售收入除以工业主营业务收入测度。

4. 绿色化

绿色化水平用单位增加值电力消耗、单位增加值废水排放量和单位增加值废气排放量 3 个二级指标测度。其中，单位增加值电力消耗用万元 GDP 电力消耗测度；单位增加值用水量用万元 GDP 工业用水量测度；单位增加值废气排放量用一般固体废物产生量测度。绿色化的 3 个指标均为逆向指标。

（三）研究方法及数据说明

1. 研究方法

为测度工业转型升级水平，本部分同样采用熵权法来确定各指标的权重，据此对各指标加总得到数字化、网络化、智能化、绿色化 4 个二级指标值和工业转型升级水平的综合指数值，然后利用核密度函数来分析各类指数的动态分布情况，具体模型见本章第二节相关内容。

2. 数据说明

此部分数据均来自《中国统计年鉴》《中国工业统计年鉴》《中国环境统计年鉴》《中国互联网络发展状况统计报告》以及各地区统计年鉴、中国经济社会大数据研究平台等。为保证数据的连续性，本书选择 2011 年作为研究分析的起始年份，时间跨度为2011～2020年，对于其中的部分缺失数据，本书采用线性插值法进行补齐。为进行横向比较分析，此部分的分析对象涵盖了我国30个省份（不包含港澳台地区，另外，鉴于西藏缺失数据较多，因而不纳入比较分析）。

三、测度结果分析

（一）综合指数分析

我国30个省份2020年工业转型升级指数计算结果见表3-19，它们的水平分类结果见表3-20，长江上游地区工业转型升级综合指数在2011～2020年的演变情况见图3-11。

表3-19　　　　　　　　2020年全国工业转型升级水平测算结果

地区	数字化	网络化	智能化	绿色化	综合指数
标准差	0.0903	0.0347	0.0423	0.0016	0.1560
全国均值	0.0619	0.0521	0.0411	0.0137	0.1688
长江上游地区	0.0373	0.0468	0.0235	0.0142	0.1219
北京	0.3621	0.0860	0.2357	0.0162	0.7000
天津	0.0501	0.0720	0.0305	0.0162	0.1688
河北	0.0120	0.0562	0.0162	0.0117	0.0962
山西	0.0054	0.0342	0.0125	0.0106	0.0627
内蒙古	0.0039	0.0184	0.0183	0.0100	0.0507
辽宁	0.0431	0.0370	0.0330	0.0127	0.1257
吉林	0.0111	0.0223	0.0319	0.0151	0.0803
黑龙江	0.0082	0.0192	0.0357	0.0135	0.0766
上海	0.1617	0.1642	0.0923	0.0146	0.4329
江苏	0.2145	0.1038	0.0742	0.0133	0.4058
浙江	0.1509	0.0879	0.0310	0.0156	0.2854
安徽	0.0213	0.0534	0.0295	0.0127	0.1169

续表

地区	数字化	网络化	智能化	绿色化	综合指数
福建	0.0480	0.0445	0.0509	0.0153	0.1588
江西	0.0081	0.0369	0.0125	0.0135	0.0710
山东	0.1139	0.0743	0.0388	0.0130	0.2401
河南	0.0235	0.0733	0.0161	0.0143	0.1272
湖北	0.0474	0.0408	0.0259	0.0140	0.1281
湖南	0.0234	0.0506	0.0317	0.0148	0.1205
广东	0.3072	0.1297	0.1086	0.0153	0.5608
广西	0.0151	0.0434	0.0192	0.0127	0.0906
海南	0.0038	0.0206	0.0470	0.0140	0.0854
重庆	0.0396	0.0347	0.0176	0.0158	0.1077
四川	0.0946	0.0639	0.0414	0.0144	0.2143
贵州	0.0087	0.0445	0.0193	0.0137	0.0862
云南	0.0064	0.0442	0.0157	0.0131	0.0793
陕西	0.0640	0.0394	0.0380	0.0149	0.1563
甘肃	0.0039	0.0207	0.0215	0.0138	0.0598
青海	0.0004	0.0070	0.0290	0.0112	0.0476
宁夏	0.0007	0.0184	0.0166	0.0127	0.0484
新疆	0.0043	0.0201	0.0424	0.0123	0.0791

表 3－20　　　　　　　　2020 年全国工业转型升级水平地区分类

地区分类	省份
高水平地区	浙江、北京、上海、江苏、广东
中高水平地区	天津、山东、四川
中低水平地区	河北、辽宁、安徽、福建、河南、湖北、湖南、重庆、陕西
低水平地区	山西、内蒙古、吉林、黑龙江、江西、广西、海南、贵州、云南、甘肃、青海、宁夏、新疆

图 3 – 11　2011～2020 年长江上游地区工业转型升级综合指数

从表 3 – 19 和图 3 – 11 中可以得出下述结论：

第一，长江上游地区各省份的工业转型升级水平普遍低下，总体上在全国处于中低水平。具体而言，2020 年长江上游地区工业转型升级水平的平均值为 0.1219，低于全国均值水平 0.1688，整体上处于中低水平。其中，重庆、四川、贵州、云南的工业转型升级综合指数分别为 0.1077、0.2143、0.0862 和 0.0793，仅四川高于全国均值，属于中高水平地区，其余 3 个省份相差不大，处于中低水平或低水平。长江上游地区工业转型升级水平普遍不高，其主要原因在于，该地区属于我国的老工业基地，加之整体经济发展水平相对落后，自然环境比较恶劣，营商环境相对落后，它们导致该地区对新兴产业的承接难度较大，而且对传统工业的改造升级并不理想，从而工业转型升级的总体水平较差。

第二，长江上游地区工业转型升级水平持续提升。其中，2011～2020 年四川工业转型升级水平持续提升，增幅最大，由 2011 年的 0.0687 大幅提升至 2020 年的 0.2143，并远高于该地区其他 3 个省份；重庆的工业转型升级水平也一直提升，并一直位居第二，由 2011 年的 0.0363 上升到 2020 年的 0.1077，仅略高于四川的 1/2；贵州和云南也经历了持续的工业转型升级，而且两者的差距较小，云南由 2011 年的 0.0281 上升至 2020 年的 0.0793，贵州从 2011 年的 0.0309 上升至 2020 年的 0.0862。

第三，全国工业转型升级水平总体不高，省际差异很大，总体上呈现出"东部地区＞中西部地区"的区域格局。具体来看，2020 年全国省份工业转型升级水平的均值为 0.1688，只有 8 个省份高于全国平均水平，其余 22 个省份低于全国平均水平。其中，高水平地区包括浙江、北京、上海、江苏、广东 5 个省份，中高水平地区包括天津、山东、四川 3 个省份，它们基本上都属于经济发展水平相对较好地区；中低水平地区有河北、辽宁、安徽、福建、河南、湖北、湖南、重庆、陕西 9 个省份，其余 13 个省份属于低水平地区，它们多数都属于经济发展水平相对落后的中西部地区。在 30 个省份中，综合指数最高的省份为北京（0.7000），最低的为青海（0.0476），后者不足前者的 1/10，而且全国所有省份的标准差为 0.1560，与平均值十分接近，这表明全国工业转型升级水平的省际差异较大。

（二）分项指数分析

1. 数字化指数

第一，长江上游地区工业数字化水平普遍低下，而且省际差异大（见表 3-21）。2020 年该区域工业数字化指数的平均值为 0.0373，不足全国平均水平的 60%，而且 4 个省份的差异大。其中，2020 年四川的工业数字化指数为 0.0946，在全国处于中高水平，不到全国领先的北京（0.3621）的 1/3，也不到长江经济带领先的江苏（0.2145）的 1/2；重庆为 0.0396，在全国处于中低水平，不足四川的 1/2；贵州、云南相差不大，分别为 0.0087、0.0064，它们在全国都处于低水平。

表 3-21　　　　　　　　工业数字化水平地区分类

地区分类	省份
高水平地区	北京、广东、江苏、上海、浙江、山东
中高水平地区	四川、陕西
中低水平地区	天津、福建、湖北、辽宁、重庆、河南、湖南、安徽
低水平地区	广西、河北、吉林、贵州、黑龙江、江西、云南、陕西、新疆、内蒙古、甘肃、海南、宁夏、青海

第二，长江上游地区工业数字化水平都在持续提升，四川和重庆尤其是四川提升幅度相对较大（见图 3-12）。其中，2011~2020 年，四川的工业数字化水平一直远高于其他 3 个省份，而且提升幅度也远高于其他 3 个省份，

数字化指数由2011年的0.0290提升至2020年的0.0946，提高了3倍多；重庆的工业数字化水平在分析期间内也得到了大幅提升，数字化指数由2011年的0.011提升至2020年的0.0396，提高了3倍多；贵州和云南的工业数字化发展相对平缓，贵州在2018年超过云南位居长江上游地区第三位。

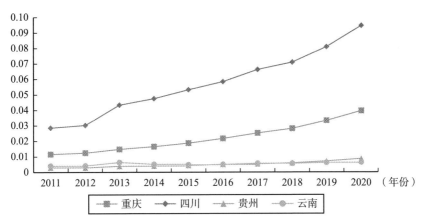

图3-12　2011~2020年长江上游地区工业数字化指数

第三，全国工业数字化水平省际差距大，总体上表现为东部沿海发达地区高于中西部落后地区。2020年，全国工业数字化水平两极分化严重，仅8个省份高于全国均值，工业数字化指数得分最高的省份为北京（0.3621），最低的省份为青海（0.0004），最大最小值比高达905，全国的标准差也高达0.0619。其中，高水平地区包括北京、广东、江苏、上海、浙江、山东，它们全部为东部沿海经济相对发达地区；中高水平地区包括西部地区的陕西和四川；其余省份为中低水平和低水平地区。这种分布总体上与全国工业发展水平是一致的，其中西部地区的陕西和四川也取得了较高的工业数字化水平。究其原因，主要在于各省份在数字化硬件设备、工业软件和数字化人才投入方面存在差距。以信息传输、软件和信息技术服务业城镇单位就业人员为例，北京2020年约为92.3万人，而长江经济带排名第一的江苏约为32.8万人，长江上游地区排名第一的四川约为23.7万人，重庆约为5.9万人，而云南和贵州仅为5.3万人和4.6万人，与经济发达省份人才投入差距较大。

2. 网络化指数

第一，长江上游地区工业网络化水平较低，总体处于全国中低水平（见图3-13）。2020年该区域工业网络化指数的平均值为0.0468，低于全国平均水平0.0521。其中，四川最高，为0.0639，在全国处于中高水平，但是与全国工业网络化标杆省份上海（0.1642）相比仍存在巨大差距，网络化指数只有上海的1/3；贵州、云南和重庆3个省份相差不大，分别为0.0445、0.0442和0.0347，都属于全国中低水平地区。

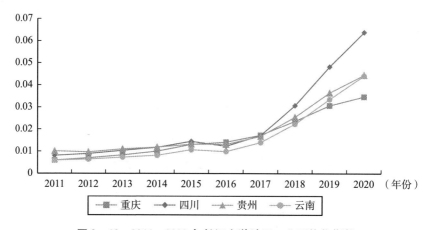

图3-13　2011~2020年长江上游地区工业网络化指数

第二，长江上游地区工业网络化水平都在持续提升，尤其是四川省发展相对较快。总体来看，2011~2016年4个省份的工业网络化发展水平都只取得了小幅提升而且差异不大，但是2017年起都发生了较快速的提升，而且省际差异明显。其中，2011年四川的工业网络化指数略落后于贵州，但是从2017年开始其网络化水平迅猛上升并超过其他3个省份，2020年成为该区域网络化水平位居全国中高水平的唯一省份；贵州、云南、重庆的工业网络化水平演变趋势在2011~2018年大致差不多，但是从2019年开始出现了较明显的分野，贵州和云南的网络化指数都明显高于重庆。

第三，全国工业网络化水平总体上表现为东部沿海发达地区高于中、西部落后地区，省际差异很大（见表3-22）。2020年，全国有19个省份的网络化指数低于全国平均值（0.0521），上海的网络化指数最高，为0.1642，是青海（0.0070）的 23 倍多，而且全国网络化指数的标准差也高达 0.0347，这充分显示出全国工业网络化发展水平有巨大的省际差异。其中，工业网络发展的高水平地区包括上海、广东、江苏、浙江、北京、山东、河南、天津 8 个省份，它们除河南为中部地区外全部为东部经济相对发达地区；中高水平地区包括四川、河北、安徽 3 个省份，都为我国中部地区；其余 19 个省份为中低水平和低水平地区，多数都是我国中、西部地区，仅福建和海南属于我国东部地区。这种分布格局主要与工业互联网的应用差距高度相关。例如，以衡量电子商务发展水平的电信业务总量为例，2020 年浙江为 8309.99 亿元，江苏为 9188.72 亿元，广东为 15025.3 亿元，而长江上游地区的四川为 7526.73 亿元、重庆为 3190.23 亿元、贵州为 5077.83 亿元、云南为 5647.84 亿元，明显的工业互联网应用差距直接引致不同省份之间的工业网络化水平。

表 3 - 22　　　　　　　　　　工业网络化水平地区分类

地区分类	省份
高水平地区	上海、广东、江苏、浙江、北京、山东、河南、天津
中高水平地区	四川、河北、安徽
中低水平地区	湖南、福建、贵州、云南、广西、湖北、陕西、辽宁、江西、重庆
低水平地区	山西、吉林、甘肃、海南、新疆、黑龙江、宁夏、内蒙古、青海

3. 智能化指数

第一，长江上游地区工业智能化水平整体上都较低，省际差异明显（见图 3 - 14）。2020 年，该区域工业智能化指数的平均值为 0.0235，仅略高于全国平均水平（0.0411）的 1/2，总体上在全国处于中低水平，但是两极分化比较明显。其中，四川的智能化指数为 0.0414，在全国处于中高水平，但是也不足得分最高省份即北京（0.2357）的 1/5；其他 3 个省份的智能化水平更低而且差距不明显，智能化指数介于 0.0157 ~ 0.0193 之间，它们在全国都属于智能化低水平地区。

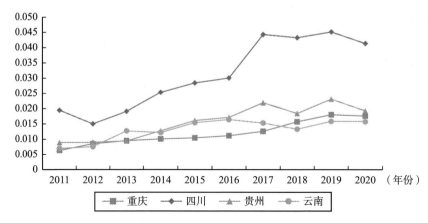

图 3 – 14　2011 ～ 2020 年长江上游地区工业智能化指数

第二，长江上游地区工业智能化水平总体来说都在持续提升，近几年略有下降。其中，四川省智能化水平增幅十分明显，智能化指数由 2011 年的 0. 0194 提升至 2019 年的峰值 0. 0451 之后略微降至 2020 年的 0. 0414，10 年间翻了一番多，增幅高达 0. 0423；重庆的智能化水平总体上呈平稳上升趋势，由 2011 年的 0. 0063 一直增加，2017 年起超越云南位居长江上游地区第二位，但是与四川省的差距仍然十分明显；贵州和云南的智能化演变趋势大致差不多，都在小幅波动中提升了。

第三，全国工业智能化水平总体呈现出东部发达地区高于其他地区的分布格局，而且两极分化明显（见表 3 – 23）。具体来看，2020 年全国工业智能化指数的平均值为 0. 0411，只有 8 个省份的得分高于平均值；全国工业智能化指数的标准差高达 0. 0423，比全国平均值还高；得分最高和最低的省份分别为北京（0. 2357）和山西（0. 0125），最大最小值之比高达 18. 86。这些数据表明，全国工业智能化发展水平的省际差异巨大，而且两极分化明显。其中，智能化的高水平地区包括北京、广东、上海、江苏 4 个省份，它们全部为我国东部经济相对发达地区；中高水平地区包括福建、海南、新疆、四川 4 个省份；其他省份为中低水平地区和低水平地区，分别包括 12 个省份和 10 个省份。这种分布格局主要与智能技术创新能力相关，以工业有效发明专利数与工业研发人员全时当量之比来看，北京在 2020 年为 1. 2 件，广东为 0. 63 件，江苏为 0. 42 件，上海为 0. 71 件，而在长江上游地区各省份要低得多，最高的四川也只有 0.47 件，最低的贵州仅 0.12 件。

表 3 – 23   工业智能化水平地区分类

地区分类	省份
高水平地区	北京、广东、上海、江苏
中高水平地区	福建、海南、新疆、四川
中低水平地区	山东、陕西、黑龙江、辽宁、吉林、湖南、浙江、天津、安徽、青海、湖北、甘肃
低水平地区	贵州、广西、内蒙古、重庆、宁夏、河北、河南、云南、山西、江西

4. 绿色化指数

第一，长江上游地区工业绿色化水平较高，总体上在全国处于中高水平（见图 3 – 15）。2020 年长江上游地区工业绿色化指数平均值为 0.0142，高于全国平均值 0.0137，总体上处于全国的中高水平。其中，重庆的工业绿色化发展水平最高，绿色化指数高达 0.0158，位居全国第三，略低于北京和天津（它们都为 0.0162），在全国处于绿色化水平的高水平地区；其次是四川，绿色化指数为 0.0144，在全国排名第 11 位，接近北京和天津的 90%，属于中高水平地区；贵州和云南相差不大，绿色化指数分别为 0.0137 和 0.0131，都高于全国标杆省份的 80%，分别属于全国的中高水平地区或中低水平地区。

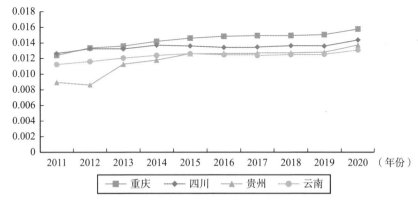

图 3 – 15   2011～2020 年长江上游地区工业绿色化指数

第二，长江上游地区工业绿色化水平总体来说都在持续提升。其中，重庆的绿色化指数得分由 2011 年的 0.0124 不断提升至 2020 年的 0.0158，在 2012 年超过四川成为域内领先省份；四川的绿色化指数呈波动上升趋势，由 2011 年的 0.0126 提升至 2014 年的 0.0137 后波浪式下降至 2019 年的 0.0136，随后提升至 2020 年的 0.0144，位列重庆之后；贵州和云南的工业绿色化水平也在不断提升，而且贵州的提升幅度相对较大，由 2011 年的 0.0089 逐步提升，并从 2015 年起超越云南，到 2020 年其绿色化指数得分达到 0.0137，略高于云南的 0.0131。

第三，全国工业绿色化水平总体上与经济发展水平无关，而且省际差距不是很明显。2020 年，全国工业绿色化指数的平均值为 0.0137，分别有 14 个和 15 个省份低于、高于全国平均水平；标准差较小，为 0.0016；全国得分最高省份为北京和天津（0.0162），最低省份为内蒙古（0.0100），最大最小值比仅 1.62。这充分表明，全国工业绿色发展水平差距较小，而且基本上呈现出正态分布（见表 3 - 24）。其中，工业绿色发展的高水平地区有北京、天津、重庆、浙江、广东、福建、吉林、陕西、湖南、上海 10 个省份，涉及我国东部、中部和西部地区；中高水平地区包括四川、湖南、湖北、海南、甘肃、贵州 6 个省份，其他 14 个省份为中低水平或低水平地区，它们都涉及我国东部、中部和西部地区。这表明工业绿色发展水平与经济发展水平并没有明显关系，这一定程度上也反映出国内不同省份近年来在生态文明建设中都取得了长足进步。

表 3 - 24   工业绿色化水平地区分类

地区分类	省份
高水平地区	北京、天津、重庆、浙江、广东、福建、吉林、陕西、湖南、上海
中高水平地区	四川、湖南、湖北、海南、甘肃、贵州
中低水平地区	黑龙江、江西、江苏、云南、山东
低水平地区	广西、安徽、辽宁、宁夏、新疆、河北、青海、陕西、内蒙古

（三）分布动态分析

为了进一步探究长江上游地区工业转型升级水平的空间动态情况，本书采用高斯核密度函数来刻画 2011～2020 年长江上游地区工业转型升级综合指数的动态演进特征和长期转移趋势，并与全国和其他地区的整体趋势进行对比分析，估计结果见图 3－16 和表 3－25。

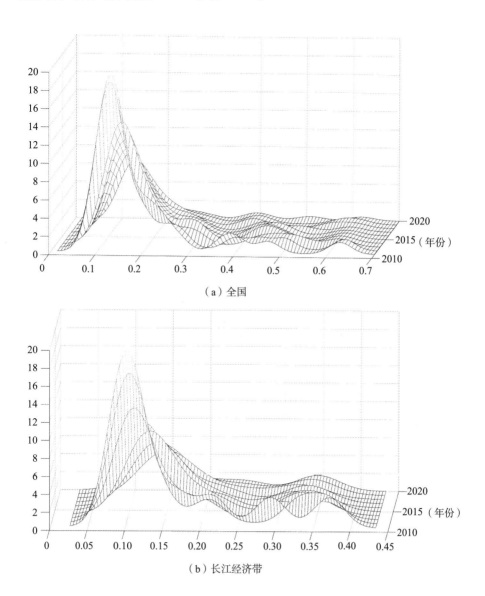

（a）全国

（b）长江经济带

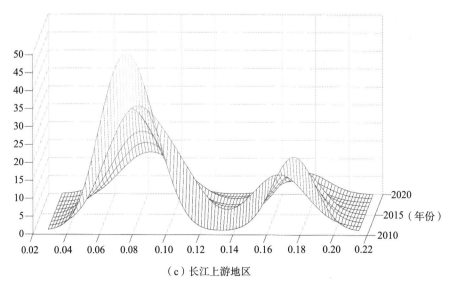

（c）长江上游地区

图 3 - 16   2011 ~ 2020 年工业转型升级水平的动态分布

表 3 - 25   工业转型升级水平的动态演化特征

区域	分布位置	主峰分布态势	分布延展性	极化趋势
全国	右移	峰值下降，宽度扩大	右拖尾，延展拓宽	不明显
长江经济带	右移	峰值下降，宽度扩大	右拖尾，延展拓宽	不明显
长江上游地区	右移	峰值下降，宽度扩大	右拖尾，延展拓宽	两极分化

　　第一，从分布的位置演变来看，无论是长江上游地区、长江经济带还是全国整体，都存在主峰右移的情况，这表明分析期间内各区域工业转型升级水平总体上都提高了。其中，长江上游地区核密度图的主峰左右波动明显，但整体上右移了，这表明该地区工业转型升级水平在样本期内呈现出波动性上升趋势。从长江经济带来看，核密度图的主峰分布也出现了左右波动，但总体上也右移了，这意味着分析期间内长江经济带工业转型升级水平在上升和下降的交替变化中提升了。从全国整体来看，核密度图的主峰基本上一直右移，这表明样本期内全国工业转型升级水平一直在不断提升。

　　第二，从主峰形态变化来看，长江上游地区、长江经济带和全国整体都存在峰值下降、宽度扩大和右拖尾拉长现象，这表明各区域工业转型升级的省际差异都扩大了，而且只有少数省份的转型升级水平较高。其中，与长江经济带和全国整体相比，长江上游地区的右拖尾部分存在更为明显的凸起，这表明长江上游地区工业转型升级中，高水平省份与其他省份之间的水平差距更为明显。

第三，从波峰的数量演变来看，长江上游地区的工业转型升级水平两极分化明显，而长江经济带和全国整体的极化趋势不明显。其中，长江上游地区的波峰一直为明显的双峰，但是双峰间的距离拉大了，这表明长江上游地区工业转型升级水平的省际差异一直较大，而且存在较明显的发散趋势。长江经济带和全国的波峰数量在减少，但是多数省份都集中于主峰附近，而且波峰之间的差距大，这表明省际差距明显，但又不存在明显的极化趋势，导致这种非均衡性特征的原因可能在于域内工业发展具有较强的梯度效应。

四、主要结论

此部分主要从数字化、网络化、智能化、绿色化4个维度出发，对2011~2020年长江上游地区工业转型升级水平进行了综合评价，主要结论如下：

（1）工业转型升级体现为发展方式转变和结构优化升级，同时应充分体现新时代产业发展的新要求。其中，高质量发展是工业转型升级的根本要求，这离不开工业的数字化、网络化、智能化和绿色化，它们都是新时代我国工业转型升级的重要方向。虽然"四化"从不同层面反映了工业高质量发展要求，但是它们之间并非完全割裂，而是相辅相成、协同并进的。

（2）基于"四化"并进的长江上游地区工业转型升级水平评价结果表明，长江上游地区各省份的工业转型升级水平持续提升但是普遍低下，总体上在全国处于中低水平，仅四川属于中高水平地区，其余3个省份相差不大分别处于中低水平或低水平；而且分析期间省际差距扩大了，并出现了两极分化。

（3）长江上游地区工业转型升级水平的四个维度都处于较低水平，而且省际差异较大。第一，数字化水平持续提升但是普遍低下，而且省际差异大，其中，四川在全国处于中高水平，重庆处于中低水平，贵州和云南相差不大都处于低水平。第二，网络化水平持续提升，尤其是四川省发展相对较快，但是它们的总体水平较低，总体上处于全国中低水平，其中，四川在全国处于中高水平，其余 3 个省份相差不大都属于全国中低水平地区。第三，智能化水平持续提升，尤其是四川省增幅十分明显，但是总体水平低，在全国处于中低水平，而且两极分化比较明显。其中，四川在全国处于中高水平，其他 3 个省份在全国都属于智能化低水平地区。第四，绿色化水平持续提升，总体水平较高，在全国处于中高水平。其中，重庆位居全国第三，在全国处于高水平地区；四川位列全国第十一，属于中高水平地区；贵州和云南相差不大，都高于全国标杆省份的 80%，分别属于中高水平地区和中低水平地区。

第四节　长江上游地区服务业转型升级水平综合评价

一、文献综述

近年来，我国服务业发展规模不断扩大，对国民经济的贡献率逐年提升，为经济增长作出了突出贡献。但是，我国服务业存在发展滞后于经济发展水平、内部结构升级缓慢、各行业配置效率低等一系列问题（江小涓和李辉，2004）。《中共中央关于制定国民经济和社会发展第十四个五年规划和二〇三五年远景目标的建议》指出，我国要加快发展现代服务业，推动生产性服务业向专业化和价值链高端延伸，推动现代服务业同先进制造业、现代农业深度融合。因此，要实现经济高质量发展、满足人民群众的美好生活需要，还应从服务业内部结构入手，加快服务业结构调整和优化升级。近年来，国内外关于服务业转型升级领域已开展了较丰富的研究，相关成果主要集中于探讨服务业转型升级的动因、影响因素及演进趋势等领域。

一是服务业转型升级的动因研究，主要包括需求和供给两个方面的动因研究。其中，需求动因主要包括生产需求、消费需求和城镇化发展：工业对服务业中间需求的增加促使生产性服务业快速发展（周振华，2005）；消费需求结构变化（周振华，2005）、城镇化水平提高（邓于君，2010）则会推动生活性服务业转型升级。供给动因主要包括技术进步、劳动力供给变动和产业政策：技术创新有助于提升服务业劳动生产率进而推动服务业升级发展（何德旭等，2009）；劳动力供给数量和质量也能一定程度推动服务业升级发展（李丽，2007）；产业政策能有效优化服务业发展环境进而促进服务业升级发展（何德旭等，2009）。

二是关于服务业转型升级的影响因素，相关研究结论大致可以划分为基础性因素和一般性因素。基础性因素主要包括人力资本（戴魁早等，2020；骆莙函，2021）、技术创新（周叔莲和王伟光，2001）、互联网发展水平（徐伟呈和范爱军，2018；胡晓鹏，2020）等。一般性因素是指我国宏观经济发展环境，主要包括城市化水平（江小涓和李辉，2004；陈凯，2006）、市场化水平（陈凯，2006；邓于君，2010）、对外开放程度（陈继勇和余道先，2009）、政府职能（宋凌云和王贤彬，2013；褚敏和靳涛，2013）、人口老龄化（汪伟等，2015；刘成坤和赵昕东，2019）等多种因素。

三是关于服务业结构演进的趋势研究。我国服务业结构演进趋势同发达国家十分相似，餐饮业等生活性服务业所占比重不断下降，而以金融业等为代表的生产性服务业逐渐壮大，在服务经济中的地位越来越高；与此同时，我国服务业在空间结构上的发展相对落后（郭克莎，2000）。

综上所述，从现有文献来看，服务业转型升级的研究对象多以全国为主，鲜有研究聚焦在局部经济区域。长江上游地区各省份自然环境条件各不相同，社会经济基础参差不齐，地区发展水平也不平衡，综合评价该地区服务业转型升级具有重要意义。为此，下面拟以长江上游地区为主要研究对象，同时也将国内其他省份纳入比较分析，以探究长江上游地区的服务业转型升级情况，为进一步推动该地区服务业转型升级提供参考。

二、服务业转型升级水平评价模型构建

（一）服务业转型升级的内涵

2019 年 10 月，国家发展改革委、市场监管总局联合印发《关于新时代服务业高质量发展的指导意见》，对服务业高质量发展提出了具体要求，强调要坚定践行新发展理念，提升服务效率和服务品质，推动服务业高质量发展的整体实现。现有研究领域还没有对服务业转型升级的内涵进行明确统一的界定和说明。本书在前文对产业转型升级的内涵界定基础上，结合陈景华和徐金（2021）、宋晓莹等（2021）等研究成果和新发展理念，主要从服务

业效率提升、结构优化和发展方式转变三个相互联系又各有区别的方面来理解服务业转型升级。

一是服务业的效率提升。它是指服务业的生产效率不断提高,这是服务业转型升级的主要表现。其中,推动服务业生产效率提升的主要途径在于:通过技术创新来改进生产工艺,提高相关生产要素的生产率;通过各服务业之间及行业内部的协调配合,合理配置稀缺生产要素和其他资源,以最大程度地利用有限投入创造更高的产值,进而提升服务业的生产效率。

二是服务业的结构优化。它是指服务业结构的合理化和高级化,这是服务业转型升级的核心内容。结构优化的实质也在于要素结构优化升级,这会直接引致资本、劳动力、技术等生产要素的生产效率提升。与此同时,市场主体在以市场需求为导向,推动生产要素在不同行业、不同生产环节、不同层次产品的生产企业之间流动,进而引致服务业的行业结构、产品结构、供需结构和区域结构的合理化和高级化。因此,服务业结构优化升级的过程表现为资本、劳动力、技术等生产要素从传统服务业部门逐渐向知识、技术密集的生产性服务业等现代服务业转移,这实际上表现为生产要素从资源配置效率低的行业和部门不断向资源配置效率较高的行业和部门转移。

三是服务业的发展方式转变。服务业包括生活性服务业和生产性服务业,它们又可进一步细分为不同的行业。限于服务行业的特殊性,很大一部分服务行业都具有劳动密集的特点,而且部分服务行业发展还存在较大的生态环境压力,例如,餐饮业、旅游业等都可能因为生活垃圾没有妥善处理而带来生态环境污染。因此,推动服务业转型升级也不得不考虑它们的发展方式转变,如向绿色低碳、创新驱动和高附加值转变都是服务业高质量发展中必须遵循的基本方向。

(二) 评价指标体系构建

国内外相关学者从多方面较深入地对服务业结构优化升级的影响因素进行了探讨,它们为本书构建服务业转型升级水平的评价指标提供了思路参考。具体而言,本书从创新发展、协调发展、持续发展、共享发展四个维度出发,构建服务业转型升级水平的评价指标体系,见表3–26。

表 3 – 26　　　　　　　　　　服务业转型升级水平评价指标体系

一级指标	二级指标	三级指标	指标量化	属性
创新发展	创新投入	研发经费投入强度	服务业 R&D 经费支出/GDP	正向
		研发人员投入强度	服务业 R&D 从业人员/服务业从业人员	正向
	创新产出	经济贡献率	服务业增加值增量/GDP 增量	正向
		服务业数字化水平	软件业务收入/服务业增加值	正向
	效率提升	服务业劳动生产率	服务业增加值/服务业从业人员	正向
		服务业资本生产率	服务业增加值/服务业固定资产投资额	正向
协调发展	区域协调	服务业经济密度	服务业增加值/城市建成区面积	正向
		地区人均服务业增加值	地区人均服务业增加值/全国人均服务业增加值	正向
持续发展	要素供给	资本要素市场化程度	金融业增加值/GDP	正向
		劳动要素市场化程度	服务业私营企业和个体就业人员/全部从业人员	正向
	稳定增长	服务业经济规模	服务业增加值/GDP	正向
		服务业产出稳定性	服务业增加值增速	正向
		服务业就业稳定性	服务业就业人员/总就业人员	正向
	绿色发展	服务业单位产出废气排放	服务业二氧化硫排放量/服务业增加值	逆向
		服务业单位产出废水排放	服务业污水排放量/服务业增加值	逆向
		环境建设投资水平	城镇环境基础设施建设投资/GDP	正向
		建成区绿化覆盖率	建成区绿化覆盖率	正向
共享发展	公共服务	医疗卫生水平	每万人医疗卫生机构数	正向
		教育投入水平	教育经费支出/财政支出	正向
	设施完善	环卫设施发展水平	每万人拥有公共厕所数量	正向
		交通设施发展水平	每万人拥有公交车辆数量	正向
		网络设施发展水平	互联网普及率	正向

1. 创新发展

服务业的创新性主要从创新投入、创新产出和效率提升 3 个方面来测度，具体包括研发经费投入强度、研发人员投入强度、经济贡献率、服务业数字化水平、服务业劳动生产率和服务业资本生产率 6 个指标。

2. 协调发展

服务业的协调性主要从区域协调发展的视角进行测度，具体包括服务业经济密度和地区人均服务业增加值 2 个指标。

3. 持续发展

服务业的持续性主要从要素供给、稳定增长和绿色发展 3 个方面进行测度，具体包括资本要素市场化程度、劳动要素市场化程度、服务业经济规模、服务业产出稳定性、服务业就业稳定性、服务业单位产出废气排放、服务业单位产出废水排放、环境建设投资水平和建成区绿化覆盖率 9 个指标。

4. 共享发展

服务业共享发展水平主要从公共服务和设施完善两个方面进行测度，具体包括医疗卫生水平、教育投入水平、环卫设施发展水平、交通设施发展水平和网络设施发展水平 5 个指标。

(三) 研究方法及数据说明

1. 研究方法

为测度服务业转型升级水平，本部分仍采用熵权法来确定各指标的权重，据此对各指标加总得到创新发展（创新性）、协调发展（协调性）、持续发展（持续性）、共享发展（共享性）4 个二级指标值和服务业转型升级水平的综合指数值，然后利用核密度函数来分析各类指数的动态分布情况，具体模型见本章第二节相关内容。

2. 数据说明

此部分数据均来自《中国统计年鉴》《中国第三产业统计年鉴》《中国电子信息产业统计年鉴》《中国环境统计年鉴》《中国住户调查年鉴》《中国农村住户调查年鉴》《中国互联网络发展状况统计报告》，以及各地区统计年鉴、中国经济社会大数据研究平台等。需要说明的是，大部分省份根据第七次人口普查数据对 2010～2019 年的数据进行了修订，导致 2010 年前后数据变化较大，特别是一些省份出现了汇总数与三大产业人数之和不一致的情况，为保证数据的连续性，本书选择 2011 年作为研究分析的起始年份，样本期限为 2011～2020 年。为便于比较分析，此部分也以我国 30 个省份（不包含港澳台地区，另外，鉴于西藏缺失数据较多，因而不纳入比较分析）。

三、测度结果分析

（一）综合指数分析

第一，长江上游地区各省份的服务业转型升级水平普遍低下，总体上在全国处于中低水平（见图 3-17）。具体而言，2020 年长江上游地区服务业转型升级水平的平均值为 0.2177，低于全国平均水平 0.2739，整体上处于中低水平。其中，重庆、四川、贵州、云南的服务业转型升级综合指数分别为 0.3023、0.2406、0.1661 和 0.1619，仅重庆高于全国均值，属于中高水平地区，其次是四川，处于中低水平地区，而云南和贵州相差不大，处于低水平地区。

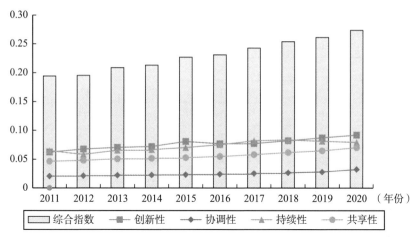

图 3-17　2011～2020 年我国服务业转型升级变动趋势

第二，长江上游地区服务业转型升级水平持续提升（见表 3-27）。其中，2011～2020 年，4 个省份服务业转型升级综合水平整体呈上升趋势，其表现情况依次是重庆市＞四川省＞云南省＞贵州省（按照样本期平均水平排序，下同）。分省来看，重庆市服务业转型升级水平优于四川省，两个省市服务业转型综合水平分别位列上游地区第一位和第二位，分别由 2011 年的 0.1777 和 0.1565 提升至 2020 年的 0.3023 和 0.2406，明显高于贵州和云南两个省份。分年份来看，2011～2020 年上游地区 4 个省份服务业转型升级水平保持着缓慢上升趋势，其中仅云南省在 2019 年出现了微弱的回落趋势。

表 3 - 27　　　　2020 年我国服务业转型升级水平测算结果

地区	创新发展	协调发展	持续发展	共享发展	综合指数
标准差	0.0713	0.0235	0.0223	0.0210	0.1289
全国均值	0.0920	0.0324	0.0794	0.0702	0.2739
长江上游地区	0.0621	0.0299	0.0680	0.0577	0.2177
北京	0.3401	0.1148	0.1398	0.1462	0.7408
天津	0.1840	0.0443	0.1118	0.1096	0.4498
河北	0.0482	0.0186	0.0641	0.0717	0.2026
山西	0.0501	0.0164	0.0693	0.0604	0.1962
内蒙古	0.0529	0.0216	0.0655	0.0930	0.2330
辽宁	0.1315	0.0156	0.0641	0.0668	0.2781
吉林	0.0524	0.0108	0.0830	0.0800	0.2262
黑龙江	0.0411	0.0064	0.0554	0.0755	0.1784
上海	0.2251	0.1030	0.1335	0.0966	0.5582
江苏	0.1781	0.0500	0.0678	0.0746	0.3704
浙江	0.1629	0.0472	0.0949	0.0784	0.3833
安徽	0.0675	0.0253	0.0903	0.0483	0.2315
福建	0.1017	0.0469	0.0742	0.0781	0.3009
江西	0.0607	0.0201	0.0676	0.0604	0.2088
山东	0.1133	0.0275	0.0870	0.0718	0.2997
河南	0.0530	0.0230	0.0551	0.0631	0.1941
湖北	0.0876	0.0297	0.0639	0.0591	0.2403
湖南	0.0701	0.0312	0.0768	0.0547	0.2328
广东	0.1628	0.0411	0.1177	0.0754	0.3969
广西	0.0391	0.0195	0.0649	0.0428	0.1664
海南	0.0386	0.0305	0.0695	0.0632	0.2018
重庆	0.0952	0.0375	0.0952	0.0744	0.3023
四川	0.0885	0.0287	0.0590	0.0645	0.2406

地区	创新发展	协调发展	持续发展	共享发展	综合指数
贵州	0.0344	0.0236	0.0604	0.0476	0.1661
云南	0.0305	0.0297	0.0575	0.0443	0.1619
陕西	0.1104	0.0326	0.0807	0.0723	0.2960
甘肃	0.0407	0.0166	0.0724	0.0558	0.1856
青海	0.0201	0.0219	0.0661	0.0642	0.1722
宁夏	0.0569	0.0183	0.0989	0.0662	0.2402
新疆	0.0211	0.0196	0.0753	0.0471	0.1632

第三，全国服务业转型升级水平总体不高，省际差异相对较小，总体上呈现出东部地区＞中西部地区的区域格局，并呈现出缓慢上升趋势。具体来看，2020 年全国省份服务业转型升级水平的均值为 0.2739，有 11 个省份高于全国平均水平，其余 19 个省份低于全国平均水平；综合指数最高的省份为北京（0.7408），最低的为云南（0.1619），后者略高于前者的 1/5，而且全国所有省份的标准差仅为 0.1289。这些结果表明，全国服务业转型升级水平的省际差异较小（见表 3－28）。其中，高水平地区包括江苏、浙江、广东、天津、上海、北京 6 个省份，全部为东部经济相对发达地区；中高水平地区包括辽宁、陕西、山东、福建、重庆 5 个省份，而中低水平地区有吉林、安徽、湖南、内蒙古、宁夏、湖北、四川 7 个省份，低水平地区有云南、新疆、贵州、广西、青海、黑龙江、甘肃、河南、山西、海南、河北、江西 12 个省份，大多为经济发展水平相对落后的中西部地区。分析期间内全国服务业转型升级水平缓慢上升（见图 3－18），综合指数的均值由 0.1943 增长为 0.2739，年均增长 3.49%，其中，2011～2016 年的增幅很小，而 2016～2020 年的增幅相对较大。

表 3－28　　　　　　　2020 年全国服务业转型升级水平地区分类

地区分类	省份
高水平地区	江苏、浙江、广东、天津、上海、北京
中高水平地区	辽宁、陕西、山东、福建、重庆

续表

地区分类	省份
中低水平地区	吉林、安徽、湖南、内蒙古、宁夏、湖北、四川
低水平地区	云南、新疆、贵州、广西、青海、黑龙江、甘肃、河南、山西、海南、河北、江西

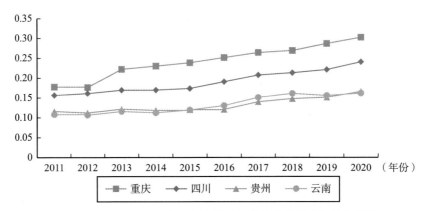

图3-18 2011~2020年长江上游地区服务业转型升级综合指数

(二) 分项指数分析

1. 创新发展指数

第一，长江上游地区服务业创新发展水平普遍较低，处于全国中低水平，而且省际差异大（见图3-19）。2020年该区域创新性指数的平均值为0.0621，低于全国平均水平0.0920，而且4个省份的差异大。其中，2020年重庆的服务业创新发展指数为0.0952，在全国处于中高水平，但是不足全国领先的北京（0.3401）的1/3，也远低于长江经济带领先的上海（0.2251）；四川的服务业创新发展指数为0.0885，处于全国中低水平；贵州、云南更低而且相差不大，创新发展指数分别为0.0344、0.0305，仅为北京的1/10左右，它们在全国都处于低水平，居全国倒数第四位和第三位。

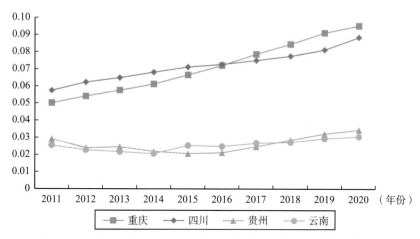

图 3 - 19　2011 ~ 2020 年长江上游地区服务业转型升级创新发展水平

第二，长江上游地区服务业创新发展水平都在提升，两极分化明显，其表现情况依次是重庆市 > 四川省 > 贵州省 > 云南省。分省份来看，2011 ~ 2020 年，长江上游地区 4 个省份创新性指数呈现出两组不同的趋势，第一组是四川和重庆，其创新发展水平呈明显上升趋势，重庆创新发展水平整体高于四川，第二组是贵州和云南，其创新发展水平呈波动上升趋势，并远低于四川和重庆。分年份来看，四川创新发展水平呈现缓慢上升趋势；重庆创新发展水平则一直保持较好的增长势头，2016 年实现了小幅反超后以略高于四川的增长趋势发展；贵州和云南创新发展水平增长较为缓慢，且 2011 ~ 2014 年两省服务业创新水平有缓慢下降趋势，2015 年后才保持缓慢增长。

第三，全国服务业创新发展水平省际差距较大，总体上表现为东部沿海发达地区高于中西部落后地区，并呈现出持续增长态势（见表 3 - 29）。2020 年，全国服务业创新发展水平两极分化明显，仅 11 个省份高于全国均值（0.0920），创新性指数得分最高的省份为北京（0.3401），最低的省份为青海（0.0201），最大最小值比为 17，全国的标准差也高达 0.0713。其中，高水平地区包括北京、上海、天津、江苏、浙江、广东、辽宁 7 个省份，它们大多为东部沿海经济相对发达地区；中高水平地区包括山东、陕西、福建、重庆 4 个省份；其余 19 个省份为中低水平和低水平地区，中西部地区大多位于其中。创新发展指数处于稳步上升状态，但整体水平较低，说明作为服务业发展核心驱动力的创新性有待进一步提升。

表 3 – 29　　　　　　　　　2020 年全国服务业创新发展指数地区分类

地区分类	省份
高水平地区	北京、上海、天津、江苏、浙江、广东、辽宁
中高水平地区	山东、陕西、福建、重庆
中低水平地区	四川、湖北、湖南、安徽、江西、宁夏
低水平地区	河南、内蒙古、吉林、山西、河北、黑龙江、甘肃、广西、海南、贵州、云南、新疆、青海

2. 协调发展指数

第一，长江上游地区服务业协调发展水平普遍较低，除重庆处于全国中高水平外，其他 3 个省份都处于全国中低水平（见图 3 – 20）。2020 年该区域服务业协调发展指数的平均值为 0.0299，低于全国平均水平 0.0324，总体上处于全国中低水平。其中，2020 年重庆服务业协调发展指数为 0.0375，略高于全国平均水平，但是仍不足全国领先的北京（0.1148）的 1/3，也远低于长江经济带领先的上海（0.1030）；云南、四川和贵州相差不大，协调发展指数分别为 0.0297、0.0287 和 0.0236，都处于全国中低水平。

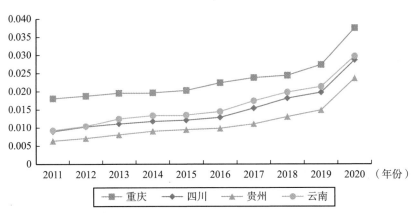

图 3 – 20　2011 ~ 2020 年长江上游地区服务业转型升级协调发展指数

第二，长江上游地区服务业协调发展水平整体呈上升趋势，其表现情况依次是重庆市 > 云南省 > 四川省 > 贵州省。分省份来看，分析期间内，重庆市的协调发展水平整体高于其余 3 省,四川省和云南省的协调发展水平较为一致并略高于排名最后的贵州省,各省份协调发展指数均呈缓慢上升趋势。分年份来看,2011~2019 年 4 个省份均保持缓慢上升趋势,未出现较大幅度的波动,而 2019~2020 年则都表现出更快的上升趋势。

第三,全国服务业协调发展水平省际差距较大,总体上表现为东部沿海发达地区高于中西部落后地区,并且在分析期间内有所提升(见表 3-30)。2020 年,全国服务业协调发展水平两极分化比较明显,仅 9 个省份高于全国均值(0.0324),协调发展指数得分最高的省份为北京(0.1148),最低的省份为黑龙江(0.0064),最大最小值比为 18,全国的标准差也高达 0.0235。其中,高水平地区包括北京、上海、江苏、浙江、福建、天津 6 个省份,它们基本上都是东部沿海经济相对发达地区;中高水平地区包括广东、重庆、陕西 3 个省份;其余 21 个省份为中低水平和低水平地区,除河北和海南外全部为中西部地区。全国服务业协调发展处于较低水平,在样本期未出现较大增幅,说明服务业发展的各地域、各领域"此强彼弱"的矛盾日益突出,推动统筹兼顾、协调发展刻不容缓。

表 3-30　　　　　　　　2020 年全国服务业协调发展水平地区分类

地区分类	省份
高水平地区	北京、上海、江苏、浙江、福建、天津
中高水平地区	广东、重庆、陕西
中低水平地区	湖南、海南、湖北、云南、四川、山东、安徽、贵州、河南、青海、内蒙古
低水平地区	江西、新疆、广西、河北、宁夏、甘肃、山西、辽宁、吉林、黑龙江

3. 持续发展指数

第一,长江上游地区服务业持续发展水平普遍较低,除重庆处于全国高水平外,其他 3 个省份都处于全国低水平(见图 3-21)。2020 年该区域服务业持续发展指数的平均值为 0.0680,低于全国平均水平 0.0794,总体上处于全国低水平。其中,2020 年重庆服务业持续发展指数为 0.0952,处于全国高水平,但与全国领先的北京(0.1398)相比还有较大差距;四川、贵州和云南相差不大均处于全国低水平,服务业可持续发展指数分别为 0.0590、

0.0604、0.0575，都低于全国平均水平，在全国省份中分别位居倒数第五位、第四位和第三位。

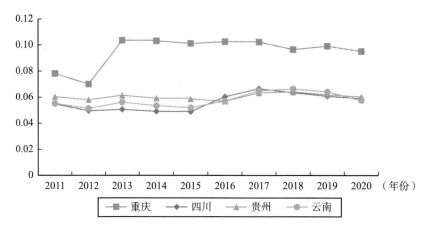

图 3 – 21　2011～2020 年长江上游地区服务业转型升级持续发展指数

第二，长江上游地区服务业持续性水平整体呈波动上升趋势，重庆上升趋势相对更为明显。分省份来看，重庆市的持续发展水平整体高于其余 3 省，贵州、云南和四川三省保持着几乎一致的小幅增长趋势。分年份来看，2011～2013 年，重庆市呈现波动上升的趋势，而 2013～2020 年未出现明显增长迹象，可持续发展水平围绕 0.1 左右小幅波动；其余 3 省则保持着一致的变动趋势，2011～2015 年增长趋势不明显，2015～2018 年出现了微幅增长，而后在 2018 年出现略微回落。

第三，全国服务业持续发展水平省际差距较小，总体上与经济发展水平没有直接关系，并呈现持续增长态势（见表 3 - 31）。2020 年，全国服务业持续发展水平有 11 个省份高于全国均值（0.0794），其余 19 个省份均低于全国平均水平；持续发展指数得分最高的省份为北京（0.1398），最低的省份为河南（0.0551），最大最小值比仅为 2.54，全国的标准差也只有 0.0223。这些结果表明，当前全国服务业持续发展水平的省际差距较小，也不存在明显的两极分化情况。其中，高水平地区包括北京、上海、广东、天津、宁夏、重庆、浙江 7 个省份，中高水平地区包括安徽、山东、吉林、陕西 4 个省份，其余 19 个省份为中低水平或低水平地区，它们都涉及经济发达地区和落后地区，这表明服务业可持续发展水平与国民经济发展水平没有必然联系。全国服务业持续发展指数处于波动性上升状态，但增长较为缓慢，样本期内年均增长率为 2.05%，表明服务业的要素市场、发展稳定性及绿色性稳中有待进一步提升。

表 3 – 31　　　　　　　　　　2020 年全国服务业持续发展水平地区分类

地区分类	省份
高水平地区	北京、上海、广东、天津、宁夏、重庆、浙江
中高水平地区	安徽、山东、吉林、陕西
中低水平地区	湖南、新疆、福建、甘肃、海南、山西
低水平地区	江苏、江西、青海、内蒙古、广西、河北、辽宁、湖北、贵州、四川、云南、黑龙江、河南

4. 共享发展指数

第一，长江上游地区服务业共享发展水平普遍低下，除重庆处于全国中高水平外，其他 3 个省份都处于全国中低水平或低水平（见图 3 – 22）。2020 年该区域服务业共享发展指数的平均值为 0.0577，低于全国平均水平 0.0702，总体上处于全国低水平。其中，2020 年重庆服务业共享发展指数为 0.0744，处于全国中高水平，但与全国领先的北京（0.1462）相比还有较大差距，仅略高于其 1/2；四川的服务业共享发展指数为 0.0645，低于全国平均水平，处于全国中低水平；贵州和云南相差不大，共享发展指数分别为 0.0476 和 0.0443，处于全国低水平。

第二，长江上游地区服务业共享发展水平整体呈上升趋势，其表现情况依次是重庆市 > 四川省 > 贵州省 > 云南省。分省份来看，重庆市和四川省优于贵州和云南两省，而且重庆和四川具有明显差异，前者保持稳定上升的发展趋势，后者呈波动上升趋势。分年份来看，2011～2013 年四川省以微弱的优势保持长江上游地区服务业共享发展领先水平，而后在 2013 年被重庆市反超；2013～2020 年重庆市共享发展水平一直位于长江上游地区第一的位置；2011～2020 年云南和贵州两省共享发展水平的演变趋势比较一致，都只是略有提升。

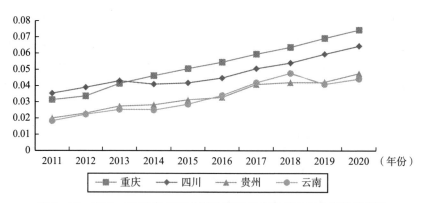

图 3 - 22 2011～2020 年长江上游地区服务业转型升级共享发展指数

第三，全国服务业共享发展水平省际差距较小，总体上表现为东部地区高于中西部地区，但是与国民经济发展水平没有直接联系（见表 3 - 32）。2020 年，全国服务业共享发展水平分别有 14 个和 16 个省份高于、低于全国均值（0.0702），标准差也只有 0.0210；共享发展指数得分最高的省份为北京（0.1462），最低的省份为广西（0.0428），最大最小值比仅为 3.41。这些结果表明，当前全国服务业共享发展水平的省际差距较小，也不存在明显的两极分化情况。另外，全国服务业共享发展水平与国民经济发展水平没有直接联系，其中高水平地区包括北京、天津、内蒙古、上海 4 个省份，中高水平地区包括吉林、浙江、福建、黑龙江、广东、江苏、重庆、陕西、山东、河北 10 个省份，它们多数属于东部和中部地区，低水平和中低水平地区则基本上都属于中西部地区，仅海南属于东部地区，但是这种区域分布格局与国民经济发展水平的关系不明显。全国服务业共享发展指数整体呈增长态势，说明我国服务业发展在向"分享型增长"逐步靠拢。

表 3 - 32 　　　　　　　　2020 年全国服务业共享发展水平地区分类

地区分类	省份
高水平地区	北京、天津、上海、内蒙古
中高水平地区	吉林、浙江、福建、黑龙江、广东、江苏、重庆、陕西、山东、河北
中低水平地区	辽宁、宁夏、四川、青海、海南、河南、山西、江西
低水平地区	湖北、甘肃、湖南、安徽、贵州、新疆、云南、广西

（三）分布动态分析

为继续探究各地区服务业转型升级的空间演化特征和规律，本书利用高斯核密度估计方法对服务业转型升级水平的分布位置、主峰分布态势、分布延展性和极化趋势进行探讨，核密度估计结果见图 3-23 和表 3-33。

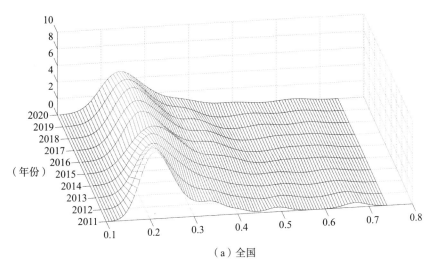

（a）全国

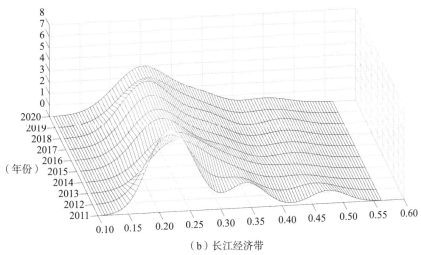

（b）长江经济带

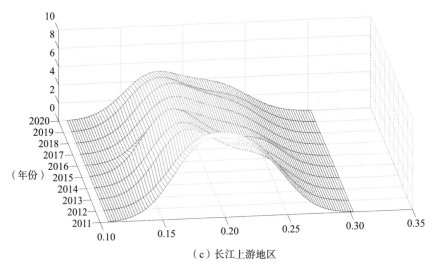

（c）长江上游地区

图 3－23　2011～2020 年服务业转型升级水平的动态分布

表 3－33 服务业转型升级水平的动态演化特征

区域	分布位置	主峰分布态势	分布延展性	极化趋势
全国	右移	峰值下降，宽度扩大	右拖尾，延展拓宽	单峰
长江经济带	右移	峰值下降，宽度扩大	右拖尾，延展拓宽	单峰
长江上游地区	右移	峰值下降，宽度扩大	右拖尾，延展拓宽	不明显

从图 3－23 和表 3－33 中可以得出下述结论：

第一，从分布的位置演变来看，长江上游地区、长江经济带和全国的核密度图在分析期间都右移了，这表明各区域的服务业转型升级水平在分析期间都提高了。其中，长江经济带的右移幅度明显大于全国整体和长江上游地区，这表明分析期间内长江经济带服务业转型升级的总体水平提升幅度要大于全国和长江上游地区。

第二，从主峰形态变化来看，长江上游地区、长江经济带和全国的核密度图都经历了主峰高度下降、宽度扩大和右拖尾拓宽现象，这表明服务业转型升级水平区域协同性有所降低，省际差异扩大了。其中，长江上游地区的右拖尾拓展更为明显，这表明长江上游地区各省份服务业转型升级的分散程度更大，亦即省际差异拉大的趋势更明显。

第三，从波峰的数量演变来看，长江上游地区的服务业转型升级水平极化不明显，而长江经济带和全国整体具有比较明显的单极化趋势。其中，长江上游地区的波峰一直为明显的单峰，这表明从长江上游地区服务业转型升级水平没有出现两极分化也没有出现多级分化现象长江经济带和全国的波峰数量都在减少，但是多数省份集中于主峰附近，这表明长江经济带、全国各省份服务业转型升级水平更多集中于较低水平，而且向较高水平集中的趋势在减弱，即省际差距具有较明显的单极化趋势。

四、主要结论

此部分以中国省份面板数据为分析样本，在剖析服务业转型升级的内涵基础上，从创新性、协调性、持续性和共享性四个维度出发，构建了一套服务业转型升级水平的综合评价指标体系，据此对 2011～2020 年长江上游地区服务业转型升级水平进行了综合评价。主要结论如下：

（1）效率提升、结构优化和发展方式转变，是服务业转型升级中相互联系又各有区别的不同方面。其中，服务业的效率提升是指服务业的生产效率不断提高，这是服务业转型升级的主要表现；服务业的结构优化是指服务业结构的合理化和高级化，这是服务业转型升级的核心内容；服务业的发展方式转变主要体现为发展方式向绿色低碳、创新驱动转型。

（2）长江上游地区服务业转型升级水平的综合评价结果表明，各省份的服务业转型升级水平持续提升但是普遍低下，总体上在全国处于中低水平，其中重庆属于中高水平地区，四川处于中低水平，而云南和贵州处于低水平；分析期间内省际差距扩大了，但是不存在明显的极化趋势。

（3）从长江上游地区服务业转型升级水平的四个维度来看，各省份都处于较低水平，而且省际差异明显。第一，创新发展水平都在提升，但是普遍较低，总体上处于全国中低水平，而且两极分化明显，其中，重庆和四川上升趋势明显，分别处于全国中高水平和中低水平；贵州、云南的上升趋势波动明显，在全国都处于低水平，分别居全国倒数第四位和第三位。第二，协调发展水平整体呈上升趋势，但是普遍较低，其中除重庆处于全国中高水平外，其他 3 个省份都处于全国中低水平。第三，持续发展水平整体呈波动上升趋势，重庆上升趋势相对更为明显，但是普遍较低，其中除重庆处于全国高水平外，其他3个省份都处于全国低水平。第四，共享发展水平整体呈上升趋势，但是普遍低下，除重庆处于全国中高水平外，其他3个省份都处于全国中低水平或低水平。

第五节 本章小结

本章运用各类评价指数（指标体系），经验分析了2011～2020年长江上游地区产业转型升级的方向、速度和水平。研究结论表明，无论是基于三次产业结构演进视角的产业转型升级的方向和速度来看，还是基于农业、工业和服务业转型升级水平的综合评价来看，长江上游地区产业转型升级都任重道远，尤其是还存在一些突出问题，它们都亟须在未来发展中得到解决，否则会延缓该地区的产业转型升级进程。这主要体现在下述几个方面：

第一，三次产业发展进程与地区经济发展需求不协同，资源配置效率不高。其中，基于产业结构超前发展系数的经验分析发现，2011～2020年贵州和云南的第一产业和第三产业都属于超前发展，而第二产业属于滞后发展，这显然与高质量发展阶段加快推动非农化进程尤其是加快新型工业化的现实需求很不匹配，这同时也折射出它们的工业体系薄弱，亟须在未来强化现代化产业体系尤其是制造业体系建设。另外，基于Lilien指数、Moore指数和产业结构变动指数的分析表明，长江上游地区三次产业的就业结构与其产值结构也不协调。之所以出现这种情况，其根本原因在于产业发展中要素流动并没有完全遵循市场机制引导，这种资源错配不仅会引致资源配置效率低下，而且不利于技术进步，从而导致产业之间的要素变动方向与增加值变动方向并不同步。另外，这种不协同还体现在较大的省际差异上。根据新发展理念，高质量发展必须遵循共享发展的思路，而缩小区域之间的发展差距是其题中应有之义。因此，推进不同区域之间的产业转型升级协调发展具有重要的现实意义。

第二，长江上游地区农业、工业和服务业的转型升级水平虽然在近年来有所提升，但是它们都还比较低，在全国基本上都还处于中低水平层次；而且它们的省际差距都比较大，并且存在明显的扩大趋势，甚至还出现了两极分化现象。其中，从产业转型升级水平综合评价的细分指标来看，长江上游地区仅在绿色发展方面在全国具有相对优势，其他任何二级指标的水平在全国都处于明显劣势。当然，这些客观事实与长江上游地区所处的地理区位大有关系，毕竟它们作为长江经济带的上游生态屏障，必须肩负生态保护的历史重任，秉持"共抓大保护、不搞大开发"的发展思路，坚持走绿色发展道路。但是，绿色发展并不否定发展，而是要在发展的基础上融入绿色化元素。根据环境库兹涅茨曲线假说，环境污染程度与经济发展水平之间是倒U形的非线性关系，而且部分研究结论也证实了这一观点。因此，在未来的发展中，长江上游地区在坚持生态优先的同时，也应该在经济发展方面采取一些有力手段，推动生态保护与经济发展"双赢"。

第三，长江上游地区产业转型升级水平低下的现状，意味着该地区在产业转型升级中具有后发优势，但是这种潜在的后发优势并不必然会成为现实。尤其是在科技、信息和人才飞速发展的今天，技术进步、资源流动和产业转移都更加便捷，它们为落后地区产业发展实现"弯道超车"提供了大的可能。不过，根据后发优势理论，落后经济体的后发优势虽然客观存在，但是它们只是潜在的相对优势，它们要转变为现实优势，必须要建立在一系列前提条件之上。例如，要利用落后经济体因技术水平低下而在技术进步方面存在的后发优势，不仅需要不同经济体之间的技术转移机制健全，而且需要落后经济体具有引进并充分吸收先进技术的条件。然而，如果任由经济自由发展，落后经济体的技术吸收能力提升将是一个十分缓慢的过程。在这种情形下，落后经济体所具有的技术进步方面的后发优势无异于"画饼充饥"。因此，在未来的产业转型升级中，长江上游地区应该主动采取一系列有力措施，逐步建立健全变潜在后发优势为现实优势的主客观条件，以加快产业转型升级的进程和水平。

第四章

长江上游地区产业转型升级的动力转换

第三章的研究结论表明，无论是从三次产业结构的演进方向和速度来看，还是从农业、工业、服务业各自的转型升级水平来看，长江上游地区产业转型升级都在向前推进，但是总体成效没有达到全国的平均水平，而且省际差异比较明显。由此可见，深入推进长江上游地区产业转型升级十分必要，而且各省份都具有较大的发展空间。为进一步研判长江上游地区产业转型升级的未来方向、实现路径和提升潜力，深入剖析它们产业转型升级的动力转换进程和未来方向都具有重要意义。为此，本章结合经济发展的阶段性与动力转换的一般规律，立足资源和环境双重约束的实际情况，运用绿色经济增长核算模型来剖析长江上游地区农业、工业和服务业的发展动力转换情况，同时结合计量分析工具来探寻三大产业的绿色全要素生产率的影响因素，为推动长江上游地区实现创新驱动产业转型升级提供理论支撑。

第一节　经济发展的阶段性与动力转换

一、经济发展的阶段性

经济社会发展从来不是一个同速、等质的过程，而是一个不断从量变到质变呈现出阶段性的过程（李月和邓露，2011）。迄今为止，国内外学者或研究机构根据不同的划分标准，对经济发展的阶段进行了多视角的划分（见表 4 – 1），并据此研究不同发展阶段的经济社会发展规律。虽然不同研究因研究视角不同而得出了差异化的研究结论，但是这些研究成果都一致认为，任何经济体的经济发展都会经历不同的发展阶段，而且在不同发展阶段会表现出差异化的特征。考虑到本章后续内容将重点关注不同发展阶段的发展动力，下面仅简单介绍基于竞争优势来源的发展阶段划分成果（Porter，1998；Schwab，2016），其余划分成果的具体情况可参见相关综述性文献。

表 4 –1　　　　　　　　　　经济发展阶段划分的代表性观点

划分标准	代表性学者	划分结果
国民经济生产部门	F. List	原始未开化时期、畜牧时期、农业时期、农工业时期、农工商时期
	W. W. Rostow	传统社会阶段、为起飞创造前提的阶段、起飞阶段、走向成熟阶段、大规模高消费阶段、追求生活质量阶段
	周学	低收入阶段、温饱阶段、小康阶段、富裕阶段、高富裕阶段
	W. G. Hoffmann	第一阶段、第二阶段、第三阶段、第四阶段（仅限于工业化阶段划分）
	H. Chenery & M. Syrquin	初级产品生产阶段、工业化阶段（根据人均收入水平细分为 4 个阶段）、发达经济阶段
生产技术类型	G. Hansen & E. Prescott	马尔萨斯阶段、索洛阶段
	马克思	石器时代、青铜器时代、铁器时代、大机器时代

划分标准	代表性学者	划分结果
人口增长模式	Robert E. Lucas	马尔萨斯阶段、持续增长阶段
	O. Galor	马尔萨斯阶段、后马尔萨斯阶段、持续增长阶段
	O. Galor & O. Moav	马尔萨斯阶段、后马尔萨斯阶段、人力资本积累的过渡阶段、持续增长阶段
	蔡昉	马尔萨斯阶段、格尔茨内卷化阶段、二元发展阶段、刘易斯转折点阶段、索洛阶段
剩余劳动力转移程度	W. A. Lewis；J. C. Fei & G. Ranis；X. B. Wang & J. Piesse	绝对剩余劳动力阶段、相对剩余劳动力阶段、剩余劳动力完全消失阶段
竞争优势来源	M. E. Porter	生产要素导向阶段、投资导向阶段、创新导向阶段、财富导向阶段
	K. Schwab	要素驱动阶段、过渡阶段Ⅰ、效率驱动阶段、过渡阶段Ⅱ、创新驱动阶段

资料来源：王琨，闫伟. 从贫困到富裕的跨越——经济发展阶段理论的研究进展 [J]. 当代经济管理，2017（12）：8－15；Schwab K. The Global Competitiveness Report 2016—2017 [R]. 2016：4－5。

一是波特（Porter，1998）的经济发展四阶段论。波特在《国家竞争优势》一书中指出，决定一国竞争优势的因素是一组"钻石因素"，包括需求条件、生产要素、产业要素和企业竞争要素，它们在不同时期的变化规律决定了经济体处于不同的发展阶段，并据此将经济发展阶段划分为生产要素驱动阶段、投资驱动阶段、创新驱动阶段和财富驱动阶段。其中，从最初的生产要素驱动阶段到最终的财富驱动阶段，"钻石因素"中的各要素逐渐建立起竞争优势并最终走向衰落。

二是世界经济论坛（World Economic Forum，WEF）的经济发展三阶段论（包含两个过渡阶段）。自1979年以来，WEF每年都公开发布《全球竞争力报告》，以综合评估各经济体的经济持续增长能力。该论坛2004年起建立了一套全球竞争力指数体系，包括基础条件、效率增强、创新与精细化要素3个一级指标，以及12个二级指标和114个三级指标，并根据各经济体的经济发展情况（主要按照人均GDP水平和原材料出口占出口总额比重加以衡量），将各经济体划归 3 个不同的发展阶段和两个过渡阶段（见表 4 - 2）。① 其中，第一阶段为生产要素驱动阶段（人均 GDP ＜ 2000 美元，2016 年价，下同），经济体主要靠非熟练劳动力和自然资源等因素发展生产，工资和生产力发展水平最低；第二阶段是效率驱动阶段（3000 美元 ＜ 人均 GDP ＜ 8999 美元），经济体由于工资和生产力水平提高，开始探索更有效的生产方式，努力提高产品质量和价格；第三阶段为创新驱动阶段（人均 GDP ＞ 17000 美元），经济体市场成熟度最好，拥有较好的生产方式，能够提供创新产品和服务，维持高收入和较高生活水平；相邻两个阶段之间分别有 1 个过渡阶段，人均 GDP 分别位于 2000 ~ 2999 美元、9000 ~ 17000 美元。

表 4 - 2　　　　　　　　　全球经济体的发展阶段划分

发展阶段	第 1 阶段 要素驱动	过渡期 I	第 2 阶段 效率驱动	过渡期 II	第 3 阶段 创新驱动
人均 GDP（美元）	＜ 2000	2000 ~ 2999	3000 ~ 8999	9000 ~ 17000	＞ 17000
基础条件权重（%）	60	40 ~ 60	40	20 ~ 40	20
效率增强权重（%）	35	35 ~ 50	50	50	50
创新与精细化权重（%）	5	5 ~ 10	10	10 ~ 30	30
经济体数量（个）	35	17	30	19	37

资料来源：Schwab K. The Global Competitiveness Report 2016—2017 [R]. 2016。

二、经济发展的动力构成

经济增长是指社会财富的增长、生产的增长或产出的增长；经济发展是指随着经济增长而发生的社会经济多方面变化，这些变化涉及投入结构、产出、一般生活水平和分配状况、卫生健康状况、文化教育状况、自然环境和生态等多方面的变化；经济增长是经济发展的动因和手段，经济发展是经济增长的结果和目的（谭崇台，2008）。经济发展动力指的是驱动经济发展的

---

① 其中，基础条件类指标包括制度环境、基础设施、宏观经济环境、健康与基础教育；效率增强类指标包括高等教育与培训、产品市场效率、劳动力市场效率、金融市场发达程度、技术成熟度、市场规模；创新与精细化类指标包括商业成熟度、创新能力。

一切动因，其直接动因和手段是经济增长。因此，本书近似地将经济增长动力看作经济发展动力，这包括需求侧和供给侧两个类别的发展动力。

（一）基于国民经济核算的需求侧动力

从需求侧来看，经济发展动力包括消费、投资和净出口，即拉动经济增长的"三驾马车"。根据凯恩斯经济理论，经济中的总需求决定总供给，两者相等的状态就是宏观经济均衡状态，这决定了宏观经济的产出规模和结构等。然而，现实中的总需求和总供给未必一直相等。在经济发展中，经济中的总需求变动具有关键性作用，它决定了市场出清水平和经济体的发展水平，即经济发展的根本动力在于需求侧。国民经济核算原理进一步表明，支出法GDP与经济中的消费、投资和净出口之和相等。其中，消费和投资分别来自国内的居民（消费者）和企业（生产者）对国内最终产品和服务的需求量，净出口则来自国际市场对国内最终产品和服务的净需求量。因此，在经济发展中，无论是刺激国内的消费需求或投资需求，还是扩大对外经济发展中的净出口需求，都将直接影响国内总产出规模及其结构，进而推动经济增长和经济发展。

（二）基于经济增长核算的供给侧动力

从供给侧来看，经济发展动力主要涉及经济发展水平、制度创新、政府干预、结构转型、技术进步和要素禀赋等多个方面。新古典经济增长理论、生产前沿理论表明，经济中的总产出取决于投入要素的数量变化和生产效率变化。其中，投入要素的数量积累是推动经济增长的基本动力，这些要素主要包括劳动力、物质资本和土地等传统的生产要素。这些要素构成经济活动的物质投入，它们即使没有质量改进，而仅仅是增加了数量，也会带来经济增长。如果说投入要素积累引致的经济增长源于生产要素数量的变化，则投入要素的生产效率变化则更多地与生产要素的质量及其配置状况相关。在经济学界，投入要素生产效率变化引致的经济增长通常被归结为全要素生产率的贡献，它刻画了经济增长中不能被投入要素数量变动刻画的所有经济增长源泉，即"索洛余值"。根据生产前沿理论，全要素生产率的变化源于技术进步和技术效率变化，后者又可进一步分解为纯技术效率变化、规模效率变化、配置效率变化等。

相关理论和经验研究一致表明，在资源和环境约束下，绿色全要素生产率进步是推动经济长期可持续增长的根本动力，其影响因素是多方面的，主要涉及宏观经济（包括要素禀赋、经济发展、技术扩散和产业结构）、经济调控、环境规制和制度质量等方面（杨文举，2022）。其中，环境规制和制度质量都与制度因素相关；要素禀赋（主要包括劳动力、土地、物质资本、人力资本、知识资本的构成情况）和产业结构的变动则属于经济结构转型的范畴；技术扩散是促进技术进步的重要手段；经济调控是政府干预的主要手段；而经济发展水平会在后发优势的作用下影响绿色全要素生产率和经济发展。因此，从供给侧来看，经济发展动力主要包括经济发展水平、政府干预、制度创新、结构转型、技术进步和要素禀赋等多个方面。

三、经济发展的动力转换经验

经济发展动力转换是一个客观规律，人类社会的发展历程，本质上是发展动力的新旧更替过程（朱海燕，2022）。学术界在剖析不同经济发展阶段的动力源泉的同时，对部分经济体的动力转换经验也进行了探讨，下面主要从需求侧和供给侧出发，对部分国家经济发展的动力转换经验进行梳理。

（一）需求侧动力转换经验

第一，投资需求是经济起飞阶段的核心动力，但随着经济不断发展，其重要性逐渐下降。例如，美国在 1843~1860 年处于起飞阶段，1900 年进入成熟阶段，1860~1900 年投资需求持续增长，对经济增长作出了巨大贡献。其中，1839~1848 年储蓄－投资率约占 GNP 的 14%，1869 年达到 24%，1889~1898 年达到 29%。从中推断，美国在经济发展起飞阶段，投资率在 30% 左右，是经济增长的核心动力；随后在走向成熟的持续增长阶段和高额大众消费阶段，投资率保持在 20% 左右。第二次世界大战后的日本也经历了类似的过程，其投资率在起飞阶段的最低点（1950 年）为 17.6%，随后不断上升，在 1962~1990 年维持在 33% 左右，随后又不断降至 2003 年的 23.9%（蒲晓晔和赵守国，2011）。韩国的经历也类似，投资贡献率从 1970 年的 24.97% 上升到 1991 年的 38.9%，然后逐步下降（曹冬艳等，2018）。

第二，对外贸易需求也是经济起飞阶段的重要动力。例如，在美国经济起飞的 19 世纪，对外贸易尤其是出口发挥了举足轻重的作用。其中，在 1869～1901 年出口占 GNP 的比重位于 6.2%～8.2%，进口占 GNP 比重位于 4.3%～7.9%（蒲晓晔和赵守国，2011）。进入 20 世纪之后，对外贸易在美国国民经济中的重要性有所下降。第二次世界大战后日本采取外向型经济发展战略，对外贸易尤其是出口贸易为经济快速增长也作出了较大贡献。其中，在 1950～1995 年出口总额年均增长了 15.8%，同时通过大力引进国际先进技术，提高了劳动生产率，并优化了出口商品结构（蒲晓晔和赵守国，2011）。

第三，消费需求在经济起飞阶段的重要性不大，但是它是大众高消费阶段经济保持持续增长的关键。美国的大众高消费阶段始于 1913～1914 年福特流水装配线的诞生，大致持续至 20 世纪 50 年代。在此期间，消费需求是美国经济增长的首要动力，个人消费比重和贡献率都在 70% 左右。根据钱纳里的经济发展阶段划分（按照 1964 年美元计算），美国人均 GNP 低于 100 美元时，居民消费率最高可达到 77.9%，为贫困型高消费；人均 GNP 不断上升至 1000 美元时（1942 年），居民消费率持续下降到 54.9%；随后居民消费率逆势上升，1960 年（人均 GNP 达 3144 美元）达到 63%（蒲晓晔和赵守国，2011）。日本从起飞到走向成熟阶段，消费需求的贡献也逐步上升，其贡献率由 1970 年的 59.7% 提升至 1980 年的 68%（曹冬艳等，2018）。韩国从经济起飞到走向成熟阶段，消费贡献率由 1965 年的 95% 下降到 1990 年的 63%，而后又逐步上升（曹冬艳等，2018）。

（二）供给侧动力转换经验

第一，投入要素（主要是资本、劳动和土地）积累是经济高速增长期间的主要动力，而全要素生产率进步是经济发展步入更高层次发展阶段的主要动力。20 世纪 80 年代韩国在西方贸易保护主义的冲击下，贸易环境恶化，劳动密集型产业的比较优势逐步丧失，这对国民经济发展造成严峻挑战。为此，韩国从 1982 年起正式提出"科技立国"战略，努力转变经济发展方式。相关研究对韩国的经济发展动力研究结论显示：在 1972～1997 年资本、劳动和全要素生产率对国民经济的贡献分别是 61.2%、18.9% 和 19.9%；在 1998～2011 它们的相对贡献分别为 46.4%、－0.3% 和 53.9%（曹冬艳等，2018）。中国 2010 年以来的发展经历也与此基本一致，其中，资本和劳动的相对贡献都经历了先升后降，2020 年分别为 66.3% 和 －1.1%，而全要素生产率的相对贡献则经历了先降后升，2020 年为 34.8%，已成为高质量发展阶段的核心动力（朱海燕，2022）。

第二，随着收入水平不断提升，投入要素、运行效率和创新会依次成为经济发展的主要动力。按照人均 GDP 高低，《2016—2017 年全球竞争力发展报告》对参与评价的 138 个经济体所处的发展阶段进行了划分，结果显示（见表 4 - 2）：有 35 个经济体处于经济发展的第一阶段，即要素驱动阶段；17 个经济体处于第一阶段和第二阶段之间的过渡阶段；30 个经济体处于第二阶段，即效率驱动阶段；37 个经济体处于第三阶段，即创新驱动阶段；19 个经济体处于第二阶段和第三阶段之间的过渡阶段。其中，要素驱动阶段的发展动力主要是生产要素和基础设施等投入要素；效率驱动阶段的发展动力主要是增强经济运行效率的一些因素，这与技术效率（包括技术的使用效率、规模效率和资源配置效率）的含义比较接近；创新驱动阶段的发展动力则主要源于创新能力的高低。由此可见，随着经济发展水平不断提升，经济发展的主要动力也在不断更替，即表现为生产要素、运行效率和创新能力先后继起成为经济发展的主要动力。

四、新发展阶段产业转型升级的动力源

（一）新发展阶段的基本内涵与实践要求

1. 基本内涵

2020 年 8 月，习近平总书记在主持召开经济社会领域专家座谈会时提出，"'十四五'时期是我国全面建成小康社会、实现第一个百年奋斗目标之后，乘势而上开启全面建设社会主义现代化国家新征程、向第二个百年奋斗目标进军的第一个五年，我国将进入新发展阶段"。[①] 由此可见，新发展阶段是我国社会主义初级阶段中的一个阶段，也是我国社会主义初级阶段的决战决胜阶段。新发展阶段至少具有下述四个维度的含义（秦宣，2020）：

第一，从现代化维度来看，它是全面建设社会主义现代化国家的发展阶

---

① 习近平. 论把握新发展阶段、贯彻新发展理念、构建新发展格局 [M]. 北京：中央文献出版社，2021：371.

段，具有两大递进的目标任务，即到 2035 年基本实现社会主义现代化和到 21 世纪中叶把我国建成富强民主文明和谐美丽的社会主义现代化强国。

第二，从经济发展维度来看，它是经济由高速增长阶段转向高质量发展阶段，要在着力解决人民日益增长的美好生活需要和不平衡不充分的发展之间的矛盾过程中，实现经济社会持续健康发展。

第三，从国家治理维度来看，它是不断推进实现国家治理体系和治理能力现代化的阶段，其主要历史任务是继续深化各领域各方面的体制机制改革，到 2035 年基本实现国家治理体系和治理能力现代化，人民平等参与、平等发展权利得到充分保障，基本建成法治国家、法治政府、法治社会。

第四，从民族复兴维度来看，它是中华民族伟大复兴历史进程的大跨越，人均收入水平不断提高，城乡、区域和居民发展差距显著缩小，人民的全面发展和共同富裕将取得实质性进展。

2. 实践要求

习近平总书记在《求是》杂志撰文指出，要准确把握新发展阶段，深入贯彻新发展理念，加快构建新发展格局，推动"十四五"时期高质量发展，确保全面建设社会主义现代化国家开好局、起好步。① 党的十九大报告指出，我国经济已由高速增长阶段转向高质量发展阶段，必须坚持质量第一、效益优先，以供给侧结构性改革为主线，推动经济发展质量变革、效率变革、动力变革，提高全要素生产率。为此，在新发展阶段必须牢牢把握高质量发展主题，完整准确全面贯彻新发展理念，加快构建新发展格局，加快培育发展新动能。

第一，要完整准确全面贯彻新发展理念。党的十八大提出了"创新、协调、绿色、开放、共享"的新发展理念，五个发展理念各有侧重又相互联系，共同构成新发展理念这个新的发展理念。因此，应坚持系统观念，将创新发展、协调发展、绿色发展、开放发展和共享发展贯穿于高质量发展的全过程和各领域，实现经济、社会、文化、生态等各领域的更高质量、更有效率、更加公平、更可持续、更为安全和更好惠及全体人民的发展。

---

① 习近平. 把握新发展阶段、贯彻新发展理念、构建新发展格局 [J]. 求是，2021（9）：4 – 18。这是习近平总书记 2021 年 1 月 11 日在省部级主要领导干部学习贯彻党的十九届五中全会精神专题研讨班上的讲话。

第二，要加快构建新发展格局。在新发展阶段，我国经济发展面临世界经济衰退和国内经济下行压力加大的双重挤压，"三驾马车"对国民经济发展的拉动力量都受到了较大冲击。为此，应坚持实施深化供给侧结构性改革与扩大内需战略有机结合，同时应坚持深化体制机制改革同扩大对外开放战略有机结合，立足比较优势，充分依托国内国际两个市场两种资源，推动形成以国内大循环为主体、国内国际双循环相互促进的新发展格局，在百年未有之大变局中积极应对国内外经济社会发展冲击。

第三，要加快培育发展新动能。在新发展阶段，经济发展中的供需结构错位日益凸显，"双碳"目标早已提上议事日程，数字经济时代也已全面开启，过去依靠高投入高消耗高污染的传统发展模式将难以为继，必须转变经济发展方式，加快培育经济发展新动能，走出一条集约型、低污染甚至零污染、高附加值的高质量发展道路。为此，应坚持创新在现代化建设全局中的核心地位，深化科技体制机制改革，激发人才创新活力，加快培育新技术、新产业、新业态、新模式，着力提升产业价值链、创新链、供应链，推动实现产业发展的集群化、绿色化、数智化、网络化和经济高质量发展。

（二）产业转型升级的动力构成

产业转型升级的学术思想可追溯至17世纪末配第对产业结构的分析，其早期的内涵研究借鉴了产业结构高级化的内涵界定（Kaldor，1961；Kuznets，1973），被理解为产业结构升级（吴崇伯，1988；刘志彪，2000）或价值链升级（Porter，1990；Gereffi，1999），两者并无本质区别（郭克莎和田潇潇，2021）。学术界关于产业结构升级的驱动机制研究主要涉及需求侧的"收入效应"和供给侧的"相对价格效应"。

产业转型升级中的"收入效应"是指，在恩格尔定律的作用下，部门间的需求收入弹性差异会驱动劳动力在产业间的再配置进而影响产业结构变迁。消费者会根据自身的需求层次扩大消费，这会引致劳动力在农业中的占比下降、在服务业中上升、在工业中先升后降（Foellmi and Zweimuller，2008），从而引致了产业结构变动。消费者的内生偏好结构的变化会引起消费结构的变化（对不同部门的需求弹性具有异质性），这进而会引致生产结构变迁（李尚骜和龚六堂，2012；Boppart，2014；Comin and Lashkari，2015）。

"相对价格效应"由鲍莫尔（Baumol）于1967年提出，认为不同部门的技术进步率和资本密集度不同，会导致要素的相对价格差异，这在产品替代弹性满足一定条件下会引致劳动力向全要素生产率提升速度相对较快的部门转移（Ngai and Pissarides，2007），从而引致产业结构变迁。其中，部门间的要素密集度尤其是资本劳动比决定了产业结构变迁的过程，即在资本深化过程中，资本密集部门的边际产出比劳动密集部门更高，这会导致部门间的相对价格变化进而引致产业结构变迁（Acemoglu and Guerrieri，2008）。

另外，一些学者还探讨了其他因素对产业结构升级的影响，例如，禀赋结构（林毅夫，2011）、对外开放（郭凯明等，2017；Swiecki，2017）、投资和劳动力转移成本（郭凯明等，2017）、技术追赶的空间和基础设施（巴曙松和郑军，2012）、竞争压力和政府政策（刘勇，2018）等。不过，从长期来看，产业结构持续升级的根本动力在于创新或技术进步（张鹏飞，2016）。

近年来，产业转型升级也被赋予了发展方式转变的内涵（工信部，2012；刘志彪，2014），这主要是指推动产业的发展方式由粗放型向集约型、污染型向绿色型、低附加值型向高附加值型、要素密集型向数智型转变等。一些研究进一步认为，产业转型发展的动力包括技术创新推动、要素禀赋诱导和成本推动（王姝楠，2020）。除此之外，政府干预也是推动产业转型发展的重要力量。例如，在资源和环境约束日趋强化尤其是"双碳"目标约束下，政府对污染型产业实施环境规制、对产能过剩行业进行调整等，都会促使产业发展向绿色低碳或集约型转型发展，进而提升绿色全要素生产率（杨文举，2022）。不仅如此，政府推行的新基建（邱洋冬，2022）、知识产权保护（周洲和吴馨童，2022）、科技金融试点（申明浩等，2022），对于推动产业或企业的数字化转型都起到了显著的促进作用。

（三）创新是新发展阶段产业转型升级的根本动力

第一，创新是推动产业发展方式转变和产业结构升级的关键手段。如前面所述，产业转型升级涉及产业发展的方式或模式转变和结构升级（含价值链升级）两个方面，它们既有区别又有联系，产业转型侧重于经济活动方式的变化，产业升级侧重于产业体系本身的变化，但是两者都与技术进步或创新相关联。一方面，经济发展中要改变原有的不适应社会需求的产业发展方式，例如，粗放型、污染型、低附加值型的产业发展方式，就必须在需求导向下，通过创新来改进生产工艺、实施要素替代或使用新的生产技术，进而推动产业发展的集约化、绿色低碳化、数智化等。另一方面,创新不仅是推动产品质量提升、产品多样化、节能减排的关键手段,也是催生新产业、新业态、新模式的重要手段,还是提升投入要素生产效率进而引致资源再配置和价值链攀升的重要手段,而它们都是助推产业结构变迁的重要途径。

第二,创新是推动经济可持续发展的持久动力。随着经济不断发展,人类活动对自然资源的索取日益加大,同时对生态环境造成的压力也不断强化,这对经济可持续发展造成了较大压力。为此,经济发展中必须寻求可持续的发展动力。新古典经济增长理论表明,唯有全要素生产率提升(即索洛余值,早期研究将之等同于技术进步)才是推动经济长期持续增长的源泉。新近的生产前沿理论表明,全要素生产率提升由技术进步和技术效率变化两部分构成。其中,技术转移和技术模仿只能在短期内推动技术进步,它解决不了技术进步的"最后一公里"问题从而无助于技术超越,因此科技创新才是推动技术进步的重要手段,也是终极手段。制度创新则通过有效的制度安排来激励技术进步和改善技术效率。例如,改进专利保护制度有助于技术进步,健全劳动力、资本、土地等要素市场制度有助于资源优化配置进而改善资源配置效率,健全环境规制有助于生态效率改善,等等。在资源和环境双重约束下,提升绿色全要素生产率将成为经济可持续发展的根本源泉,而科技创新、制度创新都是促进绿色全要素生产率提升的关键手段。由此,创新是推动经济可持续发展的持久动力。

第三,创新是新发展阶段产业转型升级的动力转换方向。从经济体的竞争优势来源来看,无论是世界经济论坛的三阶段论还是波特的四阶段论都一致表明,创新驱动是紧接要素驱动的后续阶段。改革开放四十多年来,广东产业转型升级走过了一条迈向高质量发展的产业跃升之路,经历了持续性产业升级,驱动力先后经历了低成本要素驱动(1978~1991年)、投资驱动(1992~2002年)、嵌入式创新驱动(2002~2011年)和全面创新驱动(2012年至今)(向晓梅和吴伟萍,2018)。广东作为我国产业转型升级的先行区,其发展历程无疑为长江上游地区和国内其他地区产业转型升级提供了前车之鉴。党的十九大报告指出,"我国经济已由高速增长阶段转向高质量发展阶段,正处在转变发展方式、优化经济结构、转换增长动力的攻关期","必须坚持质量第一、效益优先,以供给侧结构性改革为主线,推动经济发展质量变革、效率变革、动力变革,提高全要素生产率","创新是引领发展的第一动力，是建设现代化经济体系的战略支撑"。[①] 由此可见，在新发展阶段，我们必须着力转换发展动力，由过去的要素驱动逐步转向创新驱动。

第二节　基于绿色经济增长核算的动力转换分析模型

一、文献综述

(一) 绿色 TFP 的内涵相关研究

全要素生产率有别于劳动生产率、资本生产率等单要素生产率，它指的是包含了劳动、资本、土地等所有投入要素的生产率。也就是说，经济增长中扣除投入要素积累引致的部分就是源于全要素生产率的进步（Solow，1957）。20 世纪 80 年代以来，随着人类对环境问题的日趋重视，一些学者指出，在全要素生产率分析中忽略环境等要素是有悖于经济可持续发展要求的，而且这会导致对经济增长源泉的认识偏差（杨文举，2011）。因此，日益众多的学者将环境等非期望产出引入效率和生产率分析中。这方面的研究发端于皮特曼（Pittman，1983）利用指数法测度考虑环境因素的技术效率，随后国外涌现出了一批测度绿色全要素生产率的理论和应用研究文献，例如，指数法（Repetto et al.，1996）、索洛余值法（Qi，2005）、投入距离函数法（Hailu and Veeman，2000）和产出距离函数法（Färe and Primont，1995；Färe et al.，2006）、非参数法（Chung et al.，1997；Kumar，2006；Cao，2007；Oh，2010）等。这些研究虽然在测度全要素生产率时采用了不同的研究方法，但是他们都无一例外地将环境因素纳入了全要素生产率分析框架，并将这种思路下的全要素生产率称为环境敏感性生产率（environmental sensitive productivity）、环境生产率（environmental productivity）、环境全要素生产

---

① 习近平：决胜全面建成小康社会　夺取新时代中国特色社会主义伟大胜利——在中国共产党第十九次全国代表大会上的报告［EB/OL］. 新华社，https://www.gov.cn/zhuanti/2017 – 10/27/content_5234876. htm，2017 – 10 – 27.

率（environmental total factor productivity）、绿色全要素生产率等。为与绿色 GDP 等概念一致，本书将这种在测度中考虑环境因素的全要素生产率一律称为绿色全要素生产率。

显然，绿色全要素生产率与传统的全要素生产率既有区别也有联系。作为经济增长的重要源泉，它们测度的都是除投入要素积累之外的所有经济增长源泉的集合，即它们测度的都是经济增长中投入要素总体的产出效率。然而，两者之间也有根本的区别。这种区别首先是体现在它们的测度思路上：在传统的全要素生产率测度中，各种环境因素（如"三废"等非期望产出）都被视而不见，而绿色全要素生产率的测度却尝试性地将它们纳入了分析框架。随之而来的是，两种思路下的全要素生产率测度结果毫无疑问会出现较大的差异（杨文举，2011；2012）。由此可以推论，两种思路下得出的政策建议也会出现较大差异，这不仅源自它们对经济发展中环境因素的作用看法不一致，而且两种思路下经济增长源泉的相对贡献也存在一定差异（杨文举，2011）。从经济可持续发展角度而言，相较于传统的全要素生产率增长，绿色全要素生产率增长更符合经济发展的现实需求。

（二）绿色 TFP 的测度思路相关研究

忽视污染等副产品的传统生产率测度思路会导致有偏的生产率测度结果（Chung et al.，1997），为合理测度经济中的全要素生产率，应同时考虑期望产出和非期望产出并将它们进行非对称处理（Pittman，1983）。迄今为止，一些研究对考虑非期望产出的全要素生产率及其增长源泉的测度进行了比较深入的探讨，它们主要包括下述四大研究思路。

第一，以雷佩托等（Repetto et al.，1996）等为代表的指数法，其主要优点在于不需要估计各种参数，从而不受数据多少的限制；但是需要投入 – 产出变量的价格信息，而且还不能通过增长分解来识别全要素生产率的增长源泉。

第二，以戚顺荣（Qi，2005）、阿美德（Ahmed，2007）等为代表的索洛余值法，将环境变量作为投入要素来拓展新古典经济增长核算模型，其优点在于不需要相关变量的价格信息，而且还能从统计学角度验证模型测算结果的可信度；但是这种以投入要素形式来处理环境变量的做法与"物质平衡思路"（materials balanced approach）相悖（Murty and Russell，2002），而且这种期望产出和非期望产出的非对称处理，扭曲了对经济绩效和社会福利水平的评价，从而会误导政策建议（Hailu and Veeman，2001）。

第三，距离函数法，包括投入距离函数法（Hailu and Veeman，2000）和产出距离函数法（Färe and Primont，1995；Färe et al.，2006），它们不需要相关变量的价格信息和生产行为假设，而且能借助距离函数计算出非期望产出的影子价格或污染的边际消除成本，还能对全要素生产率增长进行分解分析。其主要不足在于要先验地对生产函数的具体形式进行假定。

第四，非参数法（Chung et al.，1997；Kumar，2006；Cao，2007；Oh，2010；等等），将非期望产出作为产出变量，结合方向性距离函数（directional distance function，DDF）构建出 Malmquist-Luenberger（ML）生产率指数，并运用数据包络分析法（data envelopment analysis，DEA）进行测度，这既不需要相关变量的价格信息，也不需要先验地给出函数的具体形式和生产行为假设，还能对绿色全要素生产率的增长源泉进行分解分析。需要指出的一点是，除吴东铉和赫什马蒂（Oh and Heshmati，2010）之外，其余研究都是运用当期数据集来确定当期的生产前沿，未能避免经验分析中技术倒退结论的出现，从而在分解分析中混淆了技术进步和技术效率变化对全要素生产率增长的相对贡献。然而，DDF 函数在投入过度和产出不足的情形下会导致生产率测算结果偏高或偏低的情况，即在投入或产出非零松弛的情况下，该函数无效。为改善这种情况，在托恩（Tone，2001）提出的基于松弛向量的非径向、非角度的效率测度函数的基础上，福山和韦伯（Fukuyama and Weber，2009）提出了适用范围更广的 SBM 方向性距离函数，它既考虑了资源环境约束条件，又可测度无效率水平。同时，由于 ML 指数不具备传递性且存在线性规划无解问题，吴东铉（Oh，2010）在全局生产集之上构建了 GML（global Malmquist-Luenberger）生产率指数。

（三）绿色经济增长核算相关研究

近年来，以库玛和罗素（Kumar and Russell，2002）、露丝和缇玛（Los and Timmer，2005）、亨德森和罗素（Henderson and Russell，2005）、杨文举（2006，2008，2011）等为代表的一组研究，结合 Malmquist 生产率指数和数据包络分析，将经济增长的源泉分解为技术追赶（技术效率变化）、技术进步和要素积累（资本深化等）三大部分，其中亨德森和罗素（Henderson and

Russell，2005）、杨文举（2008，2010）还将人力资本积累从要素积累中分离开来。这组研究虽然弥补了新古典经济增长核算框架对技术无效率视而不见的缺陷，但它们和后者一样都存在着一个共同缺陷，即没有将污染等经济活动的副产品纳入经济增长核算分析框架。经济增长是一个伴随着不断排放"三废"等非期望产出（亦称为坏产出）和增加期望产出（亦称为好产出，如 GDP）的过程，若非期望产出不加限制地增加，势必会抑制经济可持续发展。显然，在经济增长核算分析中忽视非期望产出的做法不仅会导致结论失真，而且与人类追求经济可持续发展的目标相悖。迄今为止，考虑非期望产出的经济增长核算分析主要有下述两大思路。

第一，基于新古典经济增长核算模型的拓展研究。例如，将二氧化碳排放量作为环境投入变量引入一个超越对数生产函数中，对中国工业行业进行了经济增长核算分析（陈诗一，2009）；将二氧化硫排放量和化学需氧量排放量作为环境投入变量引入 C-D 生产函数，对中国省份工业进行绿色经济增长核算（杨文举，2015）。然而，把坏产出作为投入处理与"物质平衡思路"相悖（Murty and Russell，2002），而且这种好产出和坏产出的非对称处理，扭曲了对经济绩效和社会福利水平的评价，从而会误导政策建议（Hailu and Veeman，2001）。

第二，基于生产前沿理论的绿色经济增长核算研究。相关研究借助跨期数据包络分析法（inter-temporal data envelopment analysis，IDEA）和方向性距离函数，将环境因素纳入了基于 DEA 的经济增长核算模型，进而将资源环境约束下的劳动生产率变化分解为绿色技术效率变化、绿色技术进步和资本深化等三个部分的乘积（杨文举，2011；杨文举和龙睿赟，2012）。这解决了传统新古典经济增长核算模型中无视技术效率差异和环境代价的两大缺陷，而且在 IDEA 思路下尽可能地避免了经验分析中可能出现技术倒退的缺陷，不过由于没有将能源投入和人力资本等变量纳入分析，这与"物质平衡思路"也并不一致。针对这一缺陷，借鉴亨德森和罗素（Henderson and Russell，2005）引入人力资本的经济增长源泉分解思路，进一步将能源投入和非期望产出也引入分析模型，构建了一个引入人力资本的绿色经济增长核算模型，从而将劳动生产率变化分解为绿色技术效率变化、绿色技术进步、资本深化和人力资本积累四个部分（杨文举，2015）。

（四）简评

前面回顾的这些研究具有重要的理论意义和实践价值，对本书研究也具有重要的借鉴作用。其中，与基于索洛扩展模型的绿色经济增长核算研究相比，基于生产前沿理论的绿色经济增长核算模型，不仅充分考虑了经济活动对生态环境造成的压力情况，而且还充分考虑了技术效率的个体差异和人力资本积累在经济增长中的相对贡献，进而将资源环境约束下经济增长的源泉分解为投入要素积累和绿色全要素生产率增长。其中，投入要素积累又可进一步细分为资本深化和人力资本积累，绿色全要素生产率增长则可进一步细分为绿色技术进步和绿色技术效率变化，这显然更有助于深入分析经济增长的源泉。为此，本书拟以该绿色经济增长核算模型为基础，采用非径向、非角度 SBM 模型并结合 GML 生产率指数对绿色全要素生产率进行测算和分解，并探讨它们在经济增长中的相对贡献和提升潜力。

二、全局 SBM 方向性距离函数

方向性距离函数明显的缺点在于忽略了对非零松弛项的改进，福山和韦伯（Fukuyama and Weber, 2009）对此进行了改善，将 DDF 与 SBM 进行结合，提出了全局方向性 SBM 函数，如公式（4 - 1）所示。

$$S_V^G(x_k^t, y_k^t, b_k^t, g^x, g^y, g^b) = \max_{s^x, s^y, s^b} \frac{\frac{1}{n}\sum_{n=1}^{N} \frac{S_n^x}{g_n^x} + \frac{1}{M+1}\left(\sum_{m=1}^{M} \frac{S_m^y}{g_m^y} + \sum_{j=1}^{J} \frac{S_j^b}{g_j^b}\right)}{2}$$

$$\text{s. t. } \sum_{t=1}^{T}\sum_{k=1}^{K} z_k^t x_{km}^t + S_n^x = x_{n0}^t, \ (n = 1, 2, \cdots, N)$$

$$\sum_{t=1}^{T}\sum_{k=1}^{K} z_k^t y_{km}^t + S_m^y = x_{m0}^t, \ (m = 1, 2, \cdots, M) \qquad (4-1)$$

$$\sum_{t=1}^{T}\sum_{k=1}^{K} z_k^t y_{kj}^t + S_j^b = x_{j0}^t, \ (j = 1, 2, \cdots, J)$$

$$\sum_{k=1}^{K} z_k^t = 1, z_k^t \geqslant 0, \ (k = 1, 2, \cdots, K)$$

$$s_n^x \geqslant 0, s_m^y \geqslant 0, s_j^b \geqslant 0$$

公式（4 - 1）中，(x_k^t, y_k^t, b_k^t) 是第 t 期 k 地区的投入要素、期望产出

和非期望产出向量，z_k^t 表示 k 地区 t 时期投入产出值的权重；(g^x, g^y, g^b) 和 (s_n^x, s_m^y, s_j^b) 分别是方向向量与松弛向量。其中，(s_n^x, s_m^y, s_j^b) 分别表示投入过多、期望产出不足及非期望产出冗余（杨翔等，2015）。

三、GML 生产率指数

绿色全要素生产率可以采用 ML 生产率指数测度，但是非全局生产前沿的 ML 生产率指数不具备循环累乘性，只能在邻近生产期进行短期判断，无法测算生产率水平的长期变化趋势。为此，吴东铉（Oh，2010）在全局生产集之上构建了 GML 生产率指数，可以有效弥补该不足。本书以全局 SBM 模型为基础，在规模报酬不变情况下测度 GML 生产率指数值，如公式（4-2）所示：

$$GML_t^{t+1} = \frac{1 + S_V^G(x^t, y^t, b^t; -x^t, y^t, -b^t)}{1 + S_V^G(x^{t+1}, y^{t+1}, b^{t+1}; -x^{t+1}, y^{t+1}, -b^{t+1})} \quad (4-2)$$

公式（4-2）中测算的 GML 指数表示 t 至 $t+1$ 时期的绿色全要素生产率增长（GTFP）。如果 GML 大于 1，表明全要素生产率从 t 至 $t+1$ 得到增长，小于 1 则意味着倒退。同时，GML 指数可进一步分解为全局绿色技术进步指数（GTC）和绿色技术效率变化指数（GTEC）两部分，它们是 GTFP 的增长源泉，三者的关系如公式（4-3）所示。

$$GML_t^{t+1} = \frac{\dfrac{1 + S_V^G(x^t, y^t, b^t, -x^t, -y^t, -b^t)}{1 + S_V^t(x^t, y^t, b^t, -x^t, -y^t, -b^t)}}{\dfrac{1 + S_V^G(x^{t+1}, y^{t+1}, b^{t+1}, -x^{t+1}, -y^{t+1}, -b^{t+1})}{1 + S_V^{t+1}(x^{t+1}, y^{t+1}, b^{t+1}, -x^{t+1}, -y^{t+1}, -b^{t+1})}}$$
$$\times \frac{1 + S_V^t(x^t, y^t, b^t, -x^t, -y^t, -b^t)}{1 + S_V^{t+1}(x^{t+1}, y^{t+1}, b^{t+1}, -x^{t+1}, -y^{t+1}, -b^{t+1})}$$
$$= GTC \times GTEC = GTFP \quad (4-3)$$

公式（4-3）中，GTC 反映了生产前沿面在期望产出增加方向上的位移，衡量了技术前沿的进步情况，能反映新制度、新技术、新工艺等创新要素带来的 GTFP 增长，其大于 1（小于 1）表明研究对象经历了绿色技术进步（倒退）；GTEC 反映了技术落后者赶超技术先进者的情况，其值大于 1（小于 1），表明研究对象经历了绿色技术效率改善（恶化）。

借鉴佐菲奥等（Zofio et al.，2007）的分解思路，可进一步将 GTEC 指数分解为绿色纯技术效率变化指数（GPEC）和绿色规模效率变化指数（GSEC），见公式（4-4）：

$$GML = GTC \times GTEC = GTC \times GPEC \times GSEC \qquad (4-4)$$

其中，GPEC 代表在稳定的绿色技术水平下，生产过程中对已有绿色技术的应用效果，能够反映生产活动中资源优化配置、经营管理等水平等；GSEC 反映生产活动中投入和产出比例是否恰当，即在既定投入水平下能否实现最大化绿色规模的产出。不管是 GPEC，还是 GSEC，若其值大于 1（小于 1），表明效率提升（下降）。

四、绿色经济增长核算模型

（一）不考虑人力资本的绿色经济增长核算

在对技术效率、生产前沿和 GML 生产率指数及其分解因子进行界定后，我们就可以对用劳动生产率变化来测度的经济增长的源泉进行多重分解。首先给出下述假定：经济体利用劳动力 L 和资本 K 生产期望产出 Y[①]，并将投入、产出集约化，即 $y = Y/L$ 和 $k = K/L$；基期（b）、当期（c）和混合时期的技术效率分别为 $e_b(k_b)$、$e_b(k_c)$、$e_c(k_b)$ 和 $e_c(k_c)$[②]，相应的方向性距离函数值分别为 $\beta_b(k_b)$、$\beta_b(k_c)$、$\beta_c(k_b)$ 和 $\beta_c(k_c)$。那么，据此可以得出 4 个潜在劳动生产率 $\bar{y}_b(k_b)$、$\bar{y}_b(k_c)$、$\bar{y}_c(k_b)$ 和 $\bar{y}_c(k_c)$，它们分别表示时期 b 的投入在时期 b 前沿技术下的潜在劳动生产率、时期 c 的投入在时期 b 前沿技术下的潜在劳动生产率、时期 b 的投入在时期 c 前沿技术下的潜在劳动生产率、时期 c 的投入在时期 c 前沿技术下的潜在劳动生产率。

根据技术效率的一般定义，它测度的是经济中期望产出的实际值与潜在产出值之比。因此，根据前面的方向性距离函数值 β，我们可以得到各决策单元的技术效率值，即 $e = 1/(1+\beta)$。进而我们可以据此得出根据基期技术效率值计算的潜在有效劳动生产率与实际有效劳动生产率之间的数量关系

---

① 当然，与前面分析一致，经济活动中也包括非期望产出。
② 其中，$e_b(k_c)$ 为当期的投入组合在基期生产前沿下的技术效率，$e_c(k_b)$ 为基期的投入组合在当期生产前沿下的技术效率，其他与此类似。

（其他 3 个潜在劳动生产率的计算方法与此类似），如公式（4 – 5）所示。

$$\bar{y}_b(k_b) = \frac{y_b(k_b)}{e_b(k_b)} = [1 + \beta_b(k_b)] \times y_b(k_b) \qquad (4-5)$$

结合公式（4 –3）和公式（4 – 5），可以得出劳动生产率在两个时期之间的相对变化的分解结果，见公式（4 –6）。

$$\frac{y_c(k_c)}{y_b(k_b)} = \frac{e_c(k_c)}{e_b(k_b)} \times \left[\frac{\bar{y}_c(k_c)}{\bar{y}_b(k_c)} \times \frac{\bar{y}_c(k_b)}{\bar{y}_b(k_b)} \right]^{\frac{1}{2}} \times \left[\frac{\bar{y}_b(k_c)}{\bar{y}_b(k_b)} \times \frac{\bar{y}_c(k_c)}{\bar{y}_c(k_b)} \right]^{\frac{1}{2}}$$
$$= EC \times TC \times KC$$
$$= TFPC \times KC \qquad (4-6)$$

公式（4 –6）中，$y_c(k_c)/y_b(k_b)$ 度量的是经济体在时期 b 和时期 c 之间的劳动生产率相对变化情况。如果大于 1，表明劳动生产率提高了，即经历了经济增长。EC 度量的是经济体在时期 b 和时期 c 之间源于技术效率变化而发生的劳动生产率变化，也就是趋向或偏离生产前沿的移动，如果它大于 1 的话，说明经济体的技术效率得到了改善并促进了劳动生产率增长，并将这种情况定义为"技术追赶"。TC 度量的是经济体在时期 b 和时期 c 之间源于技术水平变化而产生的劳动生产率变化，即生产前沿的移动或技术进步，如果它大于 1 的话，说明经济体经历了技术进步并促进了劳动生产率增长。KC 度量的是经济体在时期 b 和时期 c 之间源于资本深化（或要素积累）而产生的劳动生产率变化，即沿着生产前沿的运动，如果它大于 1，说明经济体的资本深化促进了劳动生产率增长。$TFPC$ 度量的是经济体在时期 b 和时期 c 之间源于全要素生产率变化而产生的劳动生产率变化，它等于技术效率变化和技术进步的乘积，如果它大于 1，说明经济体经历了全要素生产率进步。

根据公式（4 –1），经济中的生产前沿是在同时考虑期望产出、非期望产出和各种投入（含能源）的情况下进行确定的。结合本书前面对绿色全要素生产率的界定，根据公式（4 –6）得到的全要素生产率就是绿色全要素生产率，它的 3 个分解因子则是资源环境约束下的技术效率变化（绿色技术效率变化）、技术进步（绿色技术进步）和资本深化。其中，绿色技术进步和绿色技术效率变化的乘积为绿色全要素生产率变化，它测度的是投入要素的生产效率对经济增长的贡献；资本深化测度的则是投入要素的数量积累对经济增长的贡献。显然，在能源要素等资源日益稀缺和环境污染压力（如温室气体效应）加大的背景下，经济可持续发展不可能一如既往地靠不断加大各种投入来实现，而是要依靠提升各种投入要素的生产效率来维持或促进经济增长。也就是说，在资源、环境双重压力下，我们应该在兼顾资源节约、环境友好的情况下来提高投入要素的生产效率，即通过提升绿色全要素率来推进经济可持续发展。

（二）引入人力资本的绿色经济增长核算

经济增长理论和实践表明，人力资本在经济增长中具有重要作用。在前面介绍的经济增长核算模型中，如果我们将人力资本引入分析模型，也可以将人力资本对经济增长的相对贡献进行分离。为在该思路下引入人力资本并将其对经济增长的贡献分离开来，我们用经过人力资本调整的有效劳动力（$H \times L$）来替换劳动力 L，从而资本有效劳动比为 $\hat{k} = K/(H \times L)$，其中，H 代表劳动力人均人力资本。同时，给出下述两个反事实的资本－有效劳动比，即 $\tilde{k}_b = K_b/(L_b \times H_c)$ 和 $\tilde{k}_c = K_c/(L_c \times H_b)$；并用 $\bar{y}_c(\hat{k}_b)$ 和 $\bar{y}_b(\hat{k}_c)$ 表示与之对应的两个反事实的潜在有效劳动生产率，它们在具体的计算中需要先根据反事实的投入组合（即包含反事实的资本、有效劳动的投入组合）来计算相应的距离函数值，然后根据前面的方法来计算潜在的有效劳动生产率。

结合有效劳动生产率和劳动生产率之间的数量关系和"费雪理想"分解法，我们可以得出如公式（4-7）所示的劳动生产率变化的四重分解模型。这样，在考虑资源、环境双重约束和人力资本的情况下，经济增长的源泉就被分解为四大部分，即劳动生产率变化等于技术效率变化（EC）、技术进步（TC）、资本深化（KC）和人力资本积累（HC）的乘积。其中，技术效率变化和技术进步的乘积为全要素生产率变化对经济增长的贡献，资本深化和人力资本积累的乘积为投入要素积累对经济增长的贡献。

$$\frac{y_c(k_c)}{y_b(k_b)} = \frac{e_c(\hat{k}_c)}{e_b(\hat{k}_b)} \times \left[\frac{\bar{y}_c(\hat{k}_c)}{\bar{y}_b(\hat{k}_c)} \times \frac{\bar{y}_c(\hat{k}_b)}{\bar{y}_b(\hat{k}_b)} \right]^{1/2} \times \left[\frac{\bar{y}_b(\tilde{k}_c)}{\bar{y}_b(\hat{k}_c)} \times \frac{\bar{y}_c(\hat{k}_c)}{\bar{y}_c(\tilde{k}_b)} \right]^{1/2}$$

$$\times \left\{ \left[\frac{\bar{y}_b(\hat{k}_c)}{\bar{y}_b(\tilde{k}_c)} \times \frac{\bar{y}_c(\tilde{k}_b)}{\bar{y}_c(\hat{k}_b)} \right]^{1/2} \times \frac{H_c}{H_b} \right\}$$

$$= EC \times TC \times KC \times HC$$

$$= TFPC \times KHC \qquad\qquad (4-7)$$

（三）引入规模效应的绿色经济增长核算

在经济发展实际情况中，由于不完全竞争、政府法规和财政约束等，并非所有决策单元的生产活动都处于最优生产规模，从而基于规模报酬不变的分解会导致技术效率的测度受到规模效率的影响。不过，在规模报酬可变的前提下来测度决策单元的技术效率时，计算出来的技术效率就不受规模效率的影响（Coelli et al.，2009）。

图4－1描述的是单一投入（x）、单一产出（y）下的经济活动，其中A点、B点、C点这3个点都处于生产前沿上，但是它们对应的生产率却有较大差距。只有B点位于基于规模报酬不变（constant returns to scale，CRS）的生产前沿上，它对应的生产率最高（OB线的斜率），其余两点则位于基于可变规模报酬（variable returns to scale，VRS）的生产前沿上，它们对应的生产率都要低于B点的情况。也就是说，虽然其他投入－组合点（如A点和C点）也处于最佳实践前沿上，但是它们仅仅通过改变生产规模（移动到B点）就可以实现生产率的提高。因为在这一过程中，技术效率没有变化（即它们都处于生产前沿上，从而技术效率都为1），也没有发生技术进步（即沿着生产前沿的移动并没有引起生产前沿本身的移动）。因此，在经济增长核算分析中，引入规模效率具有重要意义。就我国当前的经济发展实践来看，部

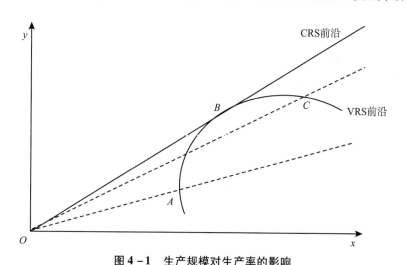

图4－1　生产规模对生产率的影响

资料来源：转引自 Coelli et al.（2009）第41页，图3.9。

分行业生产规模过大或过小，都不利于生产率的提升，因此优化生产规模也是深入推进供给侧结构性改革的题中应有之义。

为此，在公式（4-1）所示的技术效率测度模型中，通过加入公式（4-8）所示的规模报酬可变的约束条件，即可以得出不受规模效率影响的技术效率即纯技术效率 PTE。结合基于规模报酬不变的技术效率 TE，即可得到规模效率 SE=TE/PTE，进而可以得到公式（4-9）所示的经济增长源泉的多重分解模型。其中，PEC 和 SEC 分别表示纯技术效率变化和规模效率变化引致的劳动生产率增长，其他变量的含义同前。如果 SEC 大于1，则表明分析期间内生产规模得到了优化，进而促进了劳动生产率增长；反之则反是。

$$\sum_{k=1}^{K}\sum_{\Gamma=1}^{t} z_k^{\Gamma} = 1 \qquad (4-8)$$

$$\frac{y_c(k_c)}{y_b(k_b)} = PEC \times SEC \times TC \times KC \times HC$$
$$= EC \times TC \times KC \times HC$$
$$= TFPC \times KHC \qquad (4-9)$$

五、经济发展动力转换的增长核算分析思路

本章第一节的分析表明，经济发展动力主要包括供给侧动力和需求侧动力，前者可借助经济增长核算模型进行分析。为此，在资源环境双重约束下对经济发展的动力转换分析，可以从绿色经济增长核算视角出发，剖析经济发展中要素投入和全要素生产率变化（包括其构成因子）的相对贡献及其演进情况，并据此分析经济发展动力演进的历程和未来方向。

从绿色经济增长核算模型公式（4-9）可知，经济增长可分解为投入要素积累（KHC）和全要素生产率变动（TFPC）两个部分的乘积，其中全要素生产率变动还可以进一步分解为技术进步（TC）和技术效率变化（EC）的乘积，技术效率变化又可进一步分解为纯技术效率变化（PEC）和规模效率变化（SEC）的乘积。

在本书中，产业转型升级体现为发展模式转变和产业结构优化升级，在增长核算分析中需要综合考虑资源和环境约束，即以绿色经济增长核算模型为基础，通过度量资本深化、绿色全要素生产率及其构成因子来测度它们在

产业发展中的相对贡献，进而分析产业转型升级中的动力转换情况。因此，为探讨经济发展的动力转换，我们可以根据该绿色经济增长核算模型分析经济发展的动力转换方向。为更直观地对比分析，对公式（4-9）进行自然对数变化，结果见公式（4-10）。

$$\ln \frac{y_c(k_c)}{y_b(k_b)} = \ln(PEC \times SEC \times TC \times KC \times HC)$$
$$= pec + sec + tc + kc + hc$$
$$= ec + tc + khc$$
$$= tfpc + khc \qquad (4-10)$$

公式（4-10）中，ln 表示对相关变量取自然对数；从第二行开始，各求和项表示的都是取自然对数之后的变量值。例如，*tfpc* 和 *khc* 就分别表示绿色全要素生产率变化的自然对数值和资本深化的自然对数值，等式左边则表示劳动生产率变化的自然对数值。

为测度绿色全要素生产率及其构成因子、资本深化对经济增长的相对贡献，就需要求取公式（4-10）中各项在劳动生产率变化（等式左边项）中的相对贡献。为简单起见，可以直接计算其中各项（取自然对数之后的各项取值）在劳动生产率变化量的自然对数值中的占比。例如，根据 $tfpc/\ln \frac{y_c(k_c)}{y_b(k_b)}$，即可得出绿色全要素生产率变化在经济增长中的相对贡献，其他类推。根据各增长因子在经济增长中的相对贡献的演变情况，不仅可以刻画经济增长源泉的演进情况，还可以结合经济发展动力演变的一般规律，剖析未来经济发展动力的转换方向和提升潜力。

第三节　长江上游地区农业转型升级的动力转换

一、农业绿色 TFP 的时空演化分析

（一）变量选取

测算农业绿色全要素生产率，需要确定一组与农业生产活动相关的投入、

产出指标，其中产出指标包括期望产出与非期望产出两部分。从目前已有研究来看，多数研究基于农业生产的特性，从农业劳动力、土地、机械动力、化肥、农膜、役畜等方面选取农业投入变量（韩海彬和张莉，2015；银西阳等，2021）。期望产出方面，多数研究考虑广义农业即农林牧渔业总产值作为农业期望产出变量（郭海红，2019），也有一些研究以第一产业增加值作为期望产出变量（高帆，2015）。在非期望产出选择上，一般考虑农业生产过程中化肥使用、农药使用、农膜使用、机械动力使用、农业翻耕、灌溉等带来的碳排放（吴义根，2019）。结合已有研究，考虑数据的可获得性，本书的研究变量选取说明如下。

1. 投入指标

与农业生产相关的要素主要包括土地、劳动力、机械动力、化肥、农药、农膜、役畜、灌溉等，因此本书对投入指标的选取集中于这八个方面。

（1）土地投入。以农作物播种面积与水产养殖面积之和衡量土地投入，单位是千公顷。本书未选用耕地面积，主要是鉴于耕地可能存在荒种、休耕、弃耕等情况，因此选用农作物播种面积以更好地衡量土地利用情况。

（2）劳动力投入。本书中农业为广义农业，因此以各地区第一产业从业人员年末数衡量，单位是万人。

（3）机械动力投入。以年度内各地区农业机械总动力表示，单位是万千瓦。

（4）化肥投入。以年度内各地区农用化肥（氮肥、磷肥、钾肥、复合肥）折纯使用量进行衡量，单位是万吨。

（5）农药投入。以年度各地区农药使用量衡量，单位为吨。

（6）农膜投入。以年度各地区农膜使用量衡量，单位为吨。

（7）灌溉投入。以每年有效灌溉面积表示，单位是千公顷。

（8）役畜投入。以役畜年末存栏数衡量牲畜投入，单位是万头。考虑到研究的时限跨度较长，且役畜在一些落后地区的农业生产活动中仍发挥作用，故将牲畜投入纳入农业投入指标。

2. 产出指标

（1）期望产出。以地区农林牧渔业总产值表示，为剔除价格因素的影响，采用农林牧渔业总产值指数（上年＝100）将名义农林牧渔总产值折算为以1997年为基期的实际农林牧渔总产值。

（2）非期望产出。主要来自农业生产过程中产生的碳排放，本书主要考虑化肥使用、农膜使用、农药使用、柴油使用、翻耕、灌溉6类农业生产过程中所产生的碳排放，以上农业生产活动消耗量与各自碳排放系数的乘积即为相应的碳排放量，将各碳排放量进行加总，即为农业生产活动产生的碳排放总量，估算公式为：$E = \sum E_i = \sum T_i \times \delta_i$，式中 E 为农业的碳排放总量，E_i 为各种碳源的碳排放量，T_i 为各碳排放源的量，δ_i 为各碳排放源的碳排放系数。其中，化肥、农药、农膜、柴油数据以年度实际使用量为准，翻耕数据以年度各地区农作物总播种面积为准，农业灌溉以年度各地区实际灌溉面积为准。同时，根据有关经验数据，各种碳排放系数如表4-3所示。

表4-3 农业碳排放系数标准

碳源	碳排放系数	参考来源
化肥	0.8956 千克碳/千克	West and Marland（2002）
农药	4.9341 千克碳/千克	伍芬琳等（2007）
农膜	5.1800 千克碳/千克	南京农业大学农业资源与生态环境研究所
柴油	0.5927 千克碳/千克	IPCC（2007）
翻耕	266.48 千克碳/公顷	段华平等（2011）
灌溉	312.60 千克碳/公顷	伍芬琳等（2007）

（二）数据说明

本书选取我国31个省份（不包含港澳台地区）为分析样本，投入、产出数据来自1998~2021年《中国统计年鉴》《中国农村统计年鉴》等。相关数据的描述性统计结果如表4-4所示。

表4-4 各省份农业投入、产出变量描述性统计：1997~2020年

变量	地区	观测值	平均值	标准差	最小值	最大值
劳动力（万人）	全国	744	947.37	739.88	37.09	3564.00
	长江上游地区	96	1425.99	629.04	378	2872.41

续表

变量	地区	观测值	平均值	标准差	最小值	最大值
土地 （千公顷）	全国	744	5381.27	3756.49	90.80	15330.00
	长江上游地区	96	6158.56	2356.58	3145.30	10043.00
机械动力 （万千瓦）	全国	744	2600.98	2602.62	77.70	13353.00
	长江上游地区	96	1922.13	1113.11	454.10	4754.00
化肥 （万吨）	全国	744	164.80	135.56	2.50	716.10
	长江上游地区	96	142.01	67.15	63.50	253.00
农药 （吨）	全国	744	49294.30	41936.84	415.00	198764.00
	长江上游地区	96	31636.11	19469.72	7119.00	62602.00
农膜 （吨）	全国	744	64203.86	61548.11	101.00	343524.00
	长江上游地区	96	63384.02	36227.16	15909.00	132384.00
灌溉 （千公顷）	全国	744	1924.86	1514.92	109.20	6177.60
	长江上游地区	96	1440.25	780.89	508.90	2992.20
役畜 （万头）	全国	744	420.29	331.26	1.23	1558.56
	长江上游地区	96	696.76	367.24	98.15	1258.18
总产值 （亿元）	全国	744	1371.24	1091.88	41.50	5315.60
	长江上游地区	96	1263.53	818.53	417.50	3611.27
碳排放 （万吨）	全国	744	444.15	321.66	14.32	1446.54
	长江上游地区	96	409.03	184.00	164.75	727.11

总体来看，1997～2020 年长江上游地区 4 个省份农业投入和产出指标存在一定差距，但差距较全国而言较小。从农业投入的角度来看，长江上游地区劳动力投入的最大最小值之比最大，为 7.60，土地投入的最大最小值之比最小，为 3.19；从产出的角度来看，农业总产值最大最小值之比为 8.65，碳排放最大最小值之比为 4.41。同时，从标准差来看，除役畜投入指标外，长江上游地区投入、产出值亦均小于全国，这表明长江上游地区农业发展较为均衡。另外，虽然长江上游地区 4 个省份农业总产值均值低于全国均值，但碳排放量远低于全国均值，这表明为更全面地反映长江上游地区农业发展，应测算考虑环境因素（如碳排放）的全要素生产率，否则将会导致分析结果

出现偏误。

（三）生产前沿与技术效率

以 1997～2020 年我国 31 个省份农业的投入、产出数据为样本，根据前文介绍的线性规划模型，计算出相应的 β 值，并据此得到各省份各年的绿色技术效率及相应年份的生产前沿构成，见表 4-5。

表 4-5 　　　　　　　　1997～2020 年各省份农业绿色技术效率

区域	1997 年	1998 年	1999 年	2000 年	2001 年	2002 年	2003 年	2004 年
北京	1.0000	1.0000	1.0000	1.0000	1.0000	1.0000	1.0000	1.0000
天津	1.0000	1.0000	0.8731	1.0000	1.0000	1.0000	1.0000	1.0000
河北	0.7392	0.7753	0.7282	0.7474	0.6890	0.7152	0.7360	0.6665
山西	0.7188	0.7086	0.6448	0.6332	0.5412	0.5936	0.6068	0.5622
内蒙古	1.0000	1.0000	1.0000	1.0000	1.0000	0.7416	0.7749	0.7910
辽宁	0.8513	1.0000	0.8744	0.8571	0.8022	0.8054	0.8063	0.8104
吉林	0.8550	1.0000	1.0000	0.7866	0.7086	0.7368	0.7337	0.7018
黑龙江	0.7759	0.7655	0.7338	0.7048	0.6549	0.6481	0.6525	0.6347
上海	1.0000	1.0000	1.0000	1.0000	1.0000	1.0000	1.0000	1.0000
江苏	1.0000	1.0000	1.0000	1.0000	1.0000	1.0000	1.0000	1.0000
浙江	1.0000	1.0000	1.0000	1.0000	1.0000	1.0000	1.0000	1.0000
安徽	0.6999	0.7261	0.7190	0.6974	0.6599	0.6711	0.6407	0.6246
福建	1.0000	1.0000	1.0000	1.0000	1.0000	1.0000	1.0000	1.0000
江西	0.7691	0.7857	0.7432	0.7526	0.7252	0.7232	0.7395	0.6857
山东	0.6851	0.7689	0.7316	0.6992	0.6613	0.6318	0.5631	0.5627
河南	0.7418	0.7578	0.7032	0.7153	0.6582	0.6796	0.6722	0.6755
湖北	0.7209	0.7534	0.7378	0.7303	0.7148	0.7155	0.7043	0.7093
湖南	0.7829	0.8172	0.7932	0.7853	0.7608	0.7580	0.7534	0.7184
广东	1.0000	1.0000	1.0000	1.0000	0.9578	1.0000	1.0000	1.0000
广西	0.7903	0.8214	0.7623	0.7813	0.7132	0.7652	0.7661	0.7675
海南	1.0000	1.0000	1.0000	1.0000	1.0000	1.0000	1.0000	1.0000

续表

区域	1997 年	1998 年	1999 年	2000 年	2001 年	2002 年	2003 年	2004 年
重庆	1.0000	1.0000	0.7895	0.7751	0.7258	0.7242	0.7253	0.7217
四川	0.8236	0.8625	0.7522	0.7995	0.7591	0.7834	0.7825	0.7859
贵州	1.0000	1.0000	1.0000	1.0000	1.0000	0.7496	1.0000	0.7659
云南	0.7782	0.8102	0.7952	0.7550	0.6967	0.6803	0.6687	0.6604
西藏	1.0000	1.0000	1.0000	1.0000	1.0000	1.0000	1.0000	1.0000
陕西	1.0000	1.0000	1.0000	1.0000	0.7505	1.0000	1.0000	1.0000
甘肃	0.7774	0.7552	0.7374	0.7071	0.6385	0.6137	0.6410	0.6076
青海	0.8523	0.8308	0.7646	0.7568	0.7488	1.0000	0.7991	0.8119
宁夏	0.8463	0.8190	1.0000	0.8493	0.7447	0.7320	0.7539	0.7804
新疆	1.0000	1.0000	1.0000	1.0000	1.0000	1.0000	1.0000	1.0000
全国	0.8777	0.8954	0.8672	0.8559	0.8165	0.8216	0.8232	0.8079
长江上游地区	0.9005	0.9182	0.8342	0.8324	0.7954	0.7344	0.7941	0.7335
区域	2005 年	2006 年	2007 年	2008 年	2009 年	2010 年	2011 年	2012 年
北京	1.0000	1.0000	1.0000	1.0000	1.0000	1.0000	1.0000	1.0000
天津	1.0000	1.0000	0.8322	0.8408	0.7876	0.8144	0.8172	0.8057
河北	0.6805	0.6964	0.7180	0.7448	0.7338	0.7491	0.7548	0.7422
山西	0.5475	0.5583	0.5730	0.5966	0.5618	0.5915	0.5874	0.5645
内蒙古	0.7246	0.7171	0.7275	0.7157	0.6761	0.6691	0.6798	0.6397
辽宁	0.8008	0.8131	0.8035	0.8422	0.8040	0.8038	0.8097	0.7888
吉林	0.7304	0.7224	0.7316	0.7522	0.7352	0.7393	0.7319	0.7289
黑龙江	0.6695	0.6655	0.6868	0.7058	0.6926	0.6932	0.6896	0.6748
上海	1.0000	1.0000	1.0000	1.0000	1.0000	1.0000	1.0000	1.0000
江苏	1.0000	1.0000	1.0000	1.0000	1.0000	1.0000	1.0000	1.0000
浙江	1.0000	1.0000	1.0000	1.0000	1.0000	1.0000	1.0000	1.0000
安徽	0.6017	0.6545	0.6985	0.7123	0.7180	0.7144	0.7144	0.7134
福建	1.0000	1.0000	1.0000	1.0000	1.0000	1.0000	1.0000	1.0000
江西	0.6929	0.7154	0.7419	0.7523	0.7482	0.7471	0.7530	0.7439
山东	0.5637	0.5736	0.6054	0.6728	0.6552	0.6591	0.6657	0.6627

区域	2005 年	2006 年	2007 年	2008 年	2009 年	2010 年	2011 年	2012 年
河南	0.7024	0.7022	0.7136	0.7263	0.7098	0.7157	0.7175	0.7107
湖北	0.6968	0.6893	0.6738	0.6810	0.6799	0.6719	0.6801	0.6892
湖南	0.7397	0.7502	0.7654	0.7829	0.7756	0.7791	0.7826	0.7651
广东	1.0000	1.0000	1.0000	1.0000	1.0000	1.0000	1.0000	1.0000
广西	0.8032	0.8200	0.8227	0.8327	0.8333	0.8318	0.8373	0.8334
海南	1.0000	1.0000	1.0000	1.0000	1.0000	1.0000	1.0000	1.0000
重庆	0.7227	0.7055	0.7295	0.7514	0.7286	0.7412	0.7399	0.7303
四川	0.7871	0.7816	0.7765	0.7826	0.7614	0.7744	0.7721	0.7588
贵州	0.7343	0.7299	0.7165	0.6690	0.6747	0.7165	0.6830	0.6731
云南	0.6611	0.6676	0.6762	0.6760	0.6508	0.6522	0.6491	0.6284
西藏	1.0000	1.0000	1.0000	1.0000	1.0000	1.0000	1.0000	1.0000
陕西	1.0000	1.0000	1.0000	1.0000	1.0000	1.0000	1.0000	1.0000
甘肃	0.5460	0.5401	0.4981	0.5169	0.4973	0.5037	0.5056	0.5006
青海	0.8370	1.0000	1.0000	1.0000	0.8085	0.7925	0.7272	0.7254
宁夏	1.0000	0.8029	0.7011	0.7017	0.7104	0.7101	0.7131	0.7115
新疆	0.7257	0.7223	0.6830	0.6736	0.6780	0.6910	0.6867	0.6851
全国	0.8054	0.8074	0.8024	0.8106	0.7942	0.7987	0.7967	0.7896
长江上游地区	0.7263	0.7212	0.7247	0.7198	0.7039	0.7211	0.7110	0.6977
区域	2013 年	2014 年	2015 年	2016 年	2017 年	2018 年	2019 年	2020 年
北京	1.0000	1.0000	1.0000	1.0000	1.0000	1.0000	1.0000	1.0000
天津	0.8080	0.7844	1.0000	1.0000	1.0000	1.0000	1.0000	1.0000
河北	0.7230	0.7040	0.7261	0.7526	0.7674	0.7998	0.8028	0.8050
山西	0.5581	0.5349	0.5517	0.5673	0.5682	0.5653	0.5604	0.5506
内蒙古	0.6052	0.5572	0.5640	0.5843	0.5819	0.6058	0.6162	0.6061
辽宁	0.7643	0.7286	0.7577	0.7517	0.7459	0.7860	0.8060	0.7842
吉林	0.7198	0.7045	0.7238	0.7313	0.7101	0.7180	0.7222	0.6922
黑龙江	0.6731	0.6663	0.6966	0.7067	0.6926	0.6890	0.7137	0.6946
上海	1.0000	1.0000	1.0000	1.0000	0.7788	0.7820	0.7528	0.7349

区域	2013 年	2014 年	2015 年	2016 年	2017 年	2018 年	2019 年	2020 年
江苏	1.0000	1.0000	1.0000	1.0000	1.0000	1.0000	1.0000	1.0000
浙江	1.0000	1.0000	1.0000	1.0000	1.0000	1.0000	1.0000	1.0000
安徽	0.7077	0.7189	0.7138	0.7209	0.7145	0.7150	0.6977	0.7206
福建	1.0000	1.0000	1.0000	1.0000	1.0000	1.0000	1.0000	1.0000
江西	0.7438	0.7365	0.7542	0.7695	0.7710	0.7981	0.8198	0.7782
山东	0.6447	0.6343	0.6595	0.6901	0.7015	0.7293	0.7329	0.7501
河南	0.6957	0.6875	0.7121	0.7301	0.7386	0.7483	0.7528	0.7277
湖北	0.7032	0.7120	0.7376	0.7616	0.7657	0.7720	0.7827	0.7429
湖南	0.7517	0.7492	0.7672	0.7762	0.7758	0.7776	0.7943	0.7624
广东	1.0000	1.0000	1.0000	1.0000	1.0000	1.0000	1.0000	1.0000
广西	0.8271	0.8204	0.8221	0.8129	0.8252	0.8444	0.8461	0.8113
海南	1.0000	1.0000	1.0000	1.0000	1.0000	1.0000	1.0000	1.0000
重庆	0.7122	0.6848	0.7102	0.7367	0.7396	0.8025	0.8169	0.7677
四川	0.7464	0.7200	0.7452	0.7681	0.7712	0.8422	0.8523	0.8072
贵州	0.6792	0.6718	0.6871	0.7185	0.7199	0.8416	0.8916	0.7933
云南	0.6064	0.5810	0.6109	0.6341	0.6375	0.7055	0.7291	0.6998
西藏	1.0000	1.0000	1.0000	1.0000	1.0000	1.0000	1.0000	1.0000
陕西	1.0000	1.0000	1.0000	1.0000	1.0000	0.7785	0.7891	0.7653
甘肃	0.4670	0.4418	0.4651	0.4977	0.5321	0.5471	0.5598	0.5642
青海	0.6889	0.6905	0.6882	0.7222	0.7269	0.7733	0.8307	1.0000
宁夏	0.7131	0.7388	0.7838	0.7672	0.7066	0.7168	0.7196	0.6989
新疆	0.6704	0.5751	0.6317	0.6477	0.6356	0.6332	0.6509	0.6696
全国	0.7809	0.7691	0.7906	0.8015	0.7938	0.8055	0.8142	0.8041
长江上游地区	0.6861	0.6644	0.6884	0.7144	0.7171	0.7979	0.8225	0.7670

注：表中"全国""长江上游地区"分别指全国、长江上游地区的算术平均值。

第一，长江上游地区农业发展存在技术无效率现象，但其效率值总体来看高于全国同期平均水平。具体来看，1997~2020 年，长江上游地区绿色技术效率总体呈波动下降趋势，与全国走势大致一致，由 0.9005 上下波动并最终降低到 0.7670。同时，重庆在 1997～1998 年、贵州在 1997～2001 年和 2003 年曾处于生产前沿上。根据前面介绍的绿色技术效率计算方法可知，只要生产活动中充分使用了既有生产技术，则其绿色技术效率都会等于 1。因此，之所以出现这种普遍的环境技术无效率现象，其根本原因在于长江上游地区在农业发展中没有使用与自身经济发展环境相适宜的最佳实践技术。由此可见，长江上游地区农业生产活动近年来利用绿色生产技术的能力有所下降，还存在较大的改进潜力。

第二，长江上游地区农业发展的绿色技术效率水平存在明显的省际差异，但是 1997 年以来呈波动性缩小趋势，而且这种省际差异低于全国总体水平。具体来看，分析期间内长江上游地区农业绿色技术效率的最大最小值比由 1.2850 降至 1.1535，变异系数由 0.1293 降至 0.0622，省际差距缩小明显；同期全国的农业绿色技术效率的最大最小值比由 1.4596 升至 1.8162，变异系数由 0.1364 升至 0.1760，省际差距扩大明显。

（四）农业绿色 TFP 及其构成

运用 SBM-GML 函数计算出 1997～2020 年我国 31 个省份的农业绿色全要素生产率增长（TFP）及其分解因子，见表 4－6、表 4－7 和图 4－2。

表 4－6　　　　　各省份农业绿色 TFP 的增长源泉：年度分解

时期	区域	绿色全要素生产率变化	绿色纯技术效率变化	绿色规模效率变化	绿色技术效率变化	绿色技术进步
1997～1998 年	北京	1.0567	1.0000	1.0000	1.0000	1.0567
	天津	1.0529	1.0000	1.0000	1.0000	1.0529
	河北	1.0305	1.2285	0.8537	1.0488	0.9825
	山西	1.0376	1.0095	0.9765	0.9858	1.0525
	内蒙古	1.0052	1.0000	1.0000	1.0000	1.0052
	辽宁	1.0564	1.0000	1.1747	1.1747	0.8993
	吉林	1.0830	1.0000	1.1695	1.1695	0.9260
	黑龙江	1.0153	0.8123	1.2145	0.9865	1.0292

时期	区域	绿色全要素生产率变化	绿色纯技术效率变化	绿色规模效率变化	绿色技术效率变化	绿色技术进步
1997~1998年	上海	0.9513	1.0000	1.0000	1.0000	0.9513
	江苏	1.0219	1.0000	1.0000	1.0000	1.0219
	浙江	1.0393	1.0000	1.0000	1.0000	1.0393
	安徽	0.9701	0.9736	1.0656	1.0375	0.9351
	福建	1.0280	1.0000	1.0000	1.0000	1.0280
	江西	0.9669	0.9632	1.0607	1.0217	0.9464
	山东	1.0577	1.0000	1.1222	1.1222	0.9426
	河南	0.9998	1.0000	1.0215	1.0215	0.9787
	湖北	1.0012	0.9716	1.0757	1.0451	0.9579
	湖南	0.9826	0.9631	1.0839	1.0438	0.9414
	广东	1.0793	1.0000	1.0000	1.0000	1.0793
	广西	0.9943	1.0000	1.0394	1.0394	0.9566
	海南	1.0792	1.0000	1.0000	1.0000	1.0792
	重庆	0.9654	1.0000	1.0000	1.0000	0.9654
	四川	0.9818	1.0000	1.0473	1.0473	0.9375
	贵州	1.0079	1.0000	1.0000	1.0000	1.0079
	云南	1.0509	1.0184	1.0223	1.0410	1.0095
	西藏	1.0000	1.0000	1.0000	1.0000	1.0000
	陕西	0.9482	1.0000	1.0000	1.0000	0.9482
	甘肃	0.9861	0.9943	0.9771	0.9715	1.0149
	青海	0.9781	1.1236	0.8675	0.9747	1.0035
	宁夏	1.0597	1.0000	0.9678	0.9678	1.0950
	新疆	1.0593	1.0000	1.0000	1.0000	1.0593
	全国	1.0176	1.0019	1.0239	1.0225	0.9969
	长江上游地区	1.0015	1.0046	1.0174	1.0221	0.9801
2004~2005年	北京	0.9979	1.0000	1.0000	1.0000	0.9979
	天津	1.0069	1.0000	1.0000	1.0000	1.0069

续表

时期	区域	绿色全要素生产率变化	绿色纯技术效率变化	绿色规模效率变化	绿色技术效率变化	绿色技术进步
2004~2005年	河北	1.0094	1.1642	0.8770	1.0210	0.9887
	山西	0.9543	0.9433	1.0324	0.9739	0.9799
	内蒙古	1.0127	1.0000	0.9161	0.9161	1.1055
	辽宁	1.0036	1.0000	0.9881	0.9881	1.0157
	吉林	1.0384	1.0574	0.9842	1.0407	0.9978
	黑龙江	1.0218	1.0201	1.0339	1.0547	0.9688
	上海	0.8983	1.0000	1.0000	1.0000	0.8983
	江苏	1.0122	1.0000	1.0000	1.0000	1.0122
	浙江	1.0049	1.0000	1.0000	1.0000	1.0049
	安徽	0.9602	0.9771	0.9860	0.9634	0.9966
	福建	0.9891	1.0000	1.0000	1.0000	0.9891
	江西	1.0152	1.0021	1.0083	1.0105	1.0047
	山东	1.0281	1.0000	1.0019	1.0019	1.0261
	河南	1.0178	1.1450	0.9082	1.0399	0.9788
	湖北	0.9710	0.9900	0.9923	0.9824	0.9885
	湖南	1.0212	0.9990	1.0307	1.0297	0.9918
	广东	1.0292	1.0000	1.0000	1.0000	1.0292
	广西	1.0029	0.9945	1.0523	1.0465	0.9584
	海南	0.8315	1.0000	1.0000	1.0000	0.8315
	重庆	1.0160	1.0033	0.9981	1.0014	1.0146
	四川	1.0118	1.0000	1.0015	1.0015	1.0103
	贵州	0.9890	1.0000	0.9587	0.9587	1.0316
	云南	1.0095	0.9914	1.0097	1.0010	1.0084
	西藏	0.9862	1.0000	1.0000	1.0000	0.9862
	陕西	1.0267	1.0000	1.0000	1.0000	1.0267
	甘肃	0.9489	0.9596	0.9364	0.8986	1.0559
	青海	0.9937	1.0000	1.0309	1.0309	0.9640

续表

时期	区域	绿色全要素生产率变化	绿色纯技术效率变化	绿色规模效率变化	绿色技术效率变化	绿色技术进步
2004~2005 年	宁夏	1.0453	1.0000	1.2814	1.2814	0.8157
	新疆	0.9780	1.0000	0.7257	0.7257	1.3477
	全国	0.9946	1.0080	0.9921	0.9990	1.0011
	长江上游地区	1.0066	0.9987	0.9920	0.9907	1.0162
2012~2013 年	北京	1.0560	1.0000	1.0000	1.0000	1.0560
	天津	1.0349	1.0000	1.0029	1.0029	1.0319
	河北	1.0141	0.9942	0.9798	0.9741	1.0410
	山西	1.0163	0.9874	1.0012	0.9886	1.0281
	内蒙古	1.0006	0.9861	0.9594	0.9461	1.0576
	辽宁	1.0356	1.0000	0.9690	0.9690	1.0688
	吉林	1.0227	0.9940	0.9936	0.9876	1.0355
	黑龙江	1.0226	0.9946	1.0029	0.9975	1.0252
	上海	0.9953	1.0000	1.0000	1.0000	0.9953
	江苏	1.0213	1.0000	1.0000	1.0000	1.0213
	浙江	1.0035	1.0000	1.0000	1.0000	1.0035
	安徽	1.0108	0.9949	0.9971	0.9920	1.0190
	福建	1.0155	1.0000	1.0000	1.0000	1.0155
	江西	1.0199	1.0047	0.9951	0.9998	1.0201
	山东	1.0360	1.0000	0.9728	0.9728	1.0650
	河南	1.0184	1.0000	0.9788	0.9788	1.0405
	湖北	1.0224	1.0148	1.0054	1.0203	1.0020
	湖南	1.0071	0.9933	0.9892	0.9826	1.0249
	广东	1.0124	1.0000	1.0000	1.0000	1.0124
	广西	1.0103	0.9922	1.0003	0.9925	1.0179
	海南	1.0043	1.0000	1.0000	1.0000	1.0043
	重庆	1.0287	1.0148	0.9611	0.9753	1.0547
	四川	1.0188	1.0000	0.9837	0.9837	1.0357

续表

时期	区域	绿色全要素生产率变化	绿色纯技术效率变化	绿色规模效率变化	绿色技术效率变化	绿色技术进步
2012～2013年	贵州	1.0892	1.0407	0.9696	1.0091	1.0794
	云南	1.0341	1.0062	0.9590	0.9649	1.0717
	西藏	0.9725	1.0000	1.0000	1.0000	0.9725
	陕西	1.0237	1.0000	1.0000	1.0000	1.0237
	甘肃	1.0207	0.9929	0.9398	0.9331	1.0939
	青海	0.9875	1.3029	0.7288	0.9496	1.0399
	宁夏	1.0316	1.0000	1.0022	1.0022	1.0293
	新疆	0.9945	1.0000	0.9785	0.9785	1.0164
	全国	1.0187	1.0101	0.9797	0.9871	1.0323
	长江上游地区	1.0427	1.0154	0.9684	0.9832	1.0604
2019～2020年	北京	0.9831	1.0000	1.0000	1.0000	0.9831
	天津	1.0000	1.0000	1.0000	1.0000	1.0000
	河北	1.0004	1.0000	1.0027	1.0027	0.9977
	山西	0.9815	0.9808	1.0017	0.9825	0.9991
	内蒙古	0.9978	0.9995	0.9841	0.9836	1.0144
	辽宁	0.9614	1.0104	0.9630	0.9730	0.9881
	吉林	0.9607	0.9610	0.9975	0.9585	1.0023
	黑龙江	0.9776	0.9687	1.0048	0.9733	1.0044
	上海	0.9533	1.0000	0.9763	0.9763	0.9765
	江苏	1.0000	1.0000	1.0000	1.0000	1.0000
	浙江	1.0000	1.0000	1.0000	1.0000	1.0000
	安徽	1.0251	0.9858	1.0478	1.0329	0.9924
	福建	1.0000	1.0000	1.0000	1.0000	1.0000
	江西	0.9419	0.9526	0.9965	0.9493	0.9922
	山东	1.0130	1.0000	1.0234	1.0234	0.9898
	河南	0.9668	1.0000	0.9666	0.9666	1.0002
	湖北	0.9392	0.9593	0.9895	0.9492	0.9895

续表

时期	区域	绿色全要素生产率变化	绿色纯技术效率变化	绿色规模效率变化	绿色技术效率变化	绿色技术进步
2019～2020年	湖南	0.9474	0.9679	0.9916	0.9598	0.9870
	广东	1.0000	1.0000	1.0000	1.0000	1.0000
	广西	0.9427	0.9590	0.9998	0.9588	0.9832
	海南	1.0000	1.0000	1.0000	1.0000	1.0000
	重庆	0.9323	0.9171	1.0246	0.9397	0.9921
	四川	0.9432	1.0000	0.9471	0.9471	0.9959
	贵州	0.8889	1.0000	0.8897	0.8897	0.9991
	云南	0.9487	0.9481	1.0124	0.9599	0.9883
	西藏	1.0000	1.0000	1.0000	1.0000	1.0000
	陕西	0.9701	1.0000	0.9699	0.9699	1.0002
	甘肃	0.9813	0.9527	1.0579	1.0079	0.9736
	青海	1.2041	1.0943	1.1001	1.2039	1.0002
	宁夏	0.9920	0.9834	0.9876	0.9712	1.0214
	新疆	1.0391	1.0000	1.0287	1.0287	1.0101
	全国	0.9836	0.9884	0.9988	0.9874	0.9962
	长江上游地区	0.9283	0.9663	0.9684	0.9341	0.9939

注：表中"全国""长江上游地区"分别指全国、长江上游地区的算术平均值。绿色全要素生产率变化（TFP）＝绿色技术进步（TC）×绿色技术效率变化（TEC）；绿色技术效率变化（TEC）＝绿色纯技术效率变化（PEC）×绿色规模效率变化（SEC）。

表4－7　　　2017～2020年各省份农业绿色TFP的增长源泉：累积分解

区域	劳动生产率变化	绿色全要素生产率变化	绿色纯技术效率变化	绿色规模效率变化	绿色技术效率变化	绿色技术进步
北京	1.8214	1.7367	1.0000	1.0000	1.0000	1.7367
天津	3.3177	1.8000	1.0000	1.0000	1.0000	1.8000
河北	5.4956	1.6579	1.2285	0.8865	1.0891	1.5223
山西	3.6318	1.4518	0.8180	0.9364	0.7660	1.8954

续表

区域	劳动生产率变化	绿色全要素生产率变化	绿色纯技术效率变化	绿色规模效率变化	绿色技术效率变化	绿色技术进步
内蒙古	3.6659	1.1373	0.7332	0.8267	0.6061	1.8764
辽宁	3.0105	1.4510	0.9152	1.0066	0.9212	1.5751
吉林	3.7347	1.2754	0.7234	1.1192	0.8096	1.5754
黑龙江	4.0309	1.4840	0.7264	1.2324	0.8952	1.6576
上海	1.7412	0.9860	1.0000	0.7349	0.7349	1.3417
江苏	6.5327	1.6938	1.0000	1.0000	1.0000	1.6938
浙江	9.7743	1.6244	1.0000	1.0000	1.0000	1.6244
安徽	5.6881	1.5344	0.9484	1.0857	1.0296	1.4902
福建	2.3468	1.4511	1.0000	1.0000	1.0000	1.4511
江西	5.5032	1.2657	0.9826	1.0298	1.0119	1.2509
山东	5.3459	1.8724	1.0000	1.0948	1.0948	1.7103
河南	7.2493	1.5348	1.0000	0.9810	0.9810	1.5646
湖北	4.7886	1.3156	0.9675	1.0651	1.0305	1.2767
湖南	6.1038	1.3354	0.9502	1.0247	0.9737	1.3715
广东	4.9027	1.5040	1.0000	1.0000	1.0000	1.5040
广西	5.8381	1.2944	0.8203	1.2514	1.0265	1.2610
海南	5.6430	1.0792	1.0000	1.0000	1.0000	1.0792
重庆	6.4448	1.2809	0.8459	0.9075	0.7677	1.6686
四川	5.0303	1.3504	1.0000	0.9801	0.9801	1.3778
贵州	5.8837	1.2675	1.0000	0.7933	0.7933	1.5978
云南	5.2034	1.4633	0.9314	0.9655	0.8993	1.6272
西藏	3.9231	1.0000	1.0000	1.0000	1.0000	1.0000
陕西	5.5550	1.3235	1.0000	0.7653	0.7653	1.7293
甘肃	5.7552	1.3044	0.7949	0.9131	0.7258	1.7972
青海	3.9734	1.4436	1.1236	1.0442	1.1733	1.2304
宁夏	6.9724	1.5561	0.7100	1.1633	0.8259	1.8842
新疆	3.6041	1.3558	1.0000	0.6696	0.6696	2.0249

续表

区域	劳动生产率变化	绿色全要素生产率变化	绿色纯技术效率变化	绿色规模效率变化	绿色技术效率变化	绿色技术进步
全国	4.9197	1.4139	0.9426	0.9831	0.9216	1.5547
长江上游地区	5.6406	1.3405	0.9443	0.9116	0.8601	1.5678

注：表中"全国""长江上游地区"分别指全国、长江上游地区的算术平均值。绿色全要素生产率变化及其分解项的累积值，分别由各年的绿色全要素生产率变化、绿色纯技术效率变化、绿色规模效率变化、绿色技术效率变化、绿色技术进步通过累乘得到。

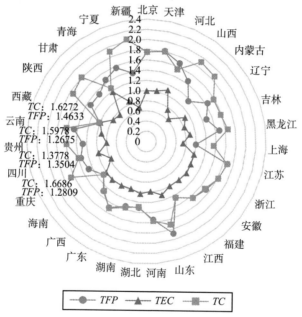

图4-2 1997~2020年各省份农业绿色TFP的增长源泉

由于涉及24个年份的计算结果，表4-6仅列出1997~1998年、2004~2005年、2012~2013年和2019~2020年各省份的计算结果，从中至少可以得出下述几点结论：

第一，长江上游地区农业绿色TFP总体上得到了提升，但是增幅低于全国平均水平，而省际差异有缩小趋势并小于全国水平。1997~2020年，长江上游地区各省份农业绿色TFP累积变化的平均值、变异系数和最大最小值比分别为 1. 3405、0. 0688 和 1. 1545，而全国累积的绿色 TFP 变化的平均值、变异系数和最大最小值比分别为 1. 4138、0. 1526 和 1. 8990，这意味着长江上游地区农业绿色 TFP 提升幅度略低于全国平均水平，但是绿色 TFP 变化的省际差异明显低于全国的省际差异。其中，在整个分析期间内，长江上游地区累积绿色 TFP 变化由大到小依次为云南、四川、重庆、贵州，分别为 1. 4633、1. 3504、1. 2809 和 1. 2675。就具体年份而言，长江上游地区农业绿色 TFP 的年际变化差异大，其中，1997～1998 年、2004～2005 年、2012～2013 年、2019～2020 年的平均值分别为 1. 0015、1. 0066、1. 0427 和 0. 9974，而且多数年份低于同期全国平均水平；变异系数由 0. 0372 波动性降至 0. 0292，最大最小值比由 1. 0886 降至 1. 0673，而且多数年份低于同期全国平均水平。

第二，长江上游地区农业绿色 TFP 增长的主要源泉在于绿色技术进步，而且分析期间内绿色技术进步水平略高于全国平均水平，省际差异则小于全国平均水平。1997～2020 年，长江上游地区农业绿色技术进步累积变化的平均值为 1. 5679，高于绿色技术效率变化的累积值 0. 8601，已成为推动农业绿色 TFP 提升的主要源泉，而且其增幅高于同期全国的平均值 1. 5547。就全国而言，绿色技术进步的累积变化也大幅高于绿色技术效率变化，它们分别为 1. 5547 和 0. 9216。由此可见，无论是长江上游地区还是全国，分析期间内绿色 TFP 的增长源泉主要是绿色技术进步，而且长江上游地区更为明显。其中，重庆绿色技术进步幅度最大，累积变化为 1. 6686，提高了 66. 86%，随后是云南、贵州和四川，它们的累积绿色技术进步分别为 1. 6272、1. 5978 和 1. 3778，这表明长江上游地区 4 个省份分析期间都经历了绿色技术进步，进而促进了绿色 TFP 的提升，而且具有明显的省际差异。就具体年份而言，长江上游地区 1997～2020 年绿色技术进步的年际变化差异大，其中，1997～1998 年、2004～2005 年、2012～2013 年、2019～2020 年的平均值分别为 0. 9801、1. 0162、1. 0604 和 0. 9939，年际变化的差异明显；全国也经历了明显的年际波动，各年的均值分别为 0. 9969、1. 0011、1. 0323 和 0. 9962。

第三，长江上游地区绿色技术效率经历了恶化，恶化程度略高于全国平均水平，省际差异略低于全国水平。1997～2020 年，长江上游地区各省份绿色技术效率累积变化的平均值和变异系数分别为 0. 8601 和 0. 1142，全国绿色技术效率累积变化的平均值和变异系数分别为 0. 9216 和 0. 1497，这意味着长江上游地区农业绿色技术效率恶化程度略高于全国平均水平，但是其省际差异略低于全国的平均情况。其中，在整个分析期间内，长江上游地区各省份都经历了农业绿色技术效率恶化，重庆尤为明显，降低了 23.23%；贵州、云南和四川的农业绿色技术效率水平分别降低了 20.67%、10.07% 和 1.99%。就具体年份而言，长江上游地区农业的绿色技术效率的年际变化，在 1997～1998 年、2004～2005 年、2012～2013 年、2019～2020 年的平均值分别为 1.0221、0.9907、0.9832 和 0.9341，这与同期全国的平均水平差异不大。从绿色技术效率恶化的原因来看，长江上游地区各省份的原因不同，其中四川和贵州主要是绿色规模效率退步导致，重庆和云南则都是由绿色纯技术效率和绿色规模效率的共同退步导致。

二、农业绿色 TFP 的增长贡献与提升潜力

经济增长理论表明，要素投入积累和生产效率增进都能引致经济增长，两者共同构成了经济增长的源泉，而全要素生产率是长期经济增长的根本源泉所在。与之相关的绿色全要素生产率，是在考虑资源和环境双重约束下的全要素生产率，它比传统的全要素生产率更加契合可持续发展理念，而且与当前中国迈入高质量发展阶段所遵循的新发展理念是一致的。推动绿色全要素生产率增长，是中国经济高质量发展的持久动力源，将成为当前及今后实现高质量发展的重要手段。那么，长江上游地区农业发展中绿色全要素生产率的相对贡献如何？它又具有多大的潜在提升空间？为厘清这些问题的答案，下文将借助于绿色经济增长核算模型，剖析长江上游地区农业绿色全要素生产率及其分解因子在农业发展中的相对贡献和潜在的提升空间。

（一）增长贡献分析

根据绿色经济增长核算模型，对长江上游地区和中国其他省份在 1997～2020 年的农业劳动生产率变化进行多重分解，得到分析期间内绿色全要素生产率变化、绿色纯技术效率变化、绿色规模效率变化、绿色技术效率变化、绿色技术进步和投入要素积累对劳动生产率变化的相对贡献，结果见表 4-8。

表 4 - 8   1997～2020 年各省份农业绿色增长的源泉分解   单位：%

区域	绿色全要素生产率	绿色纯技术效率	绿色规模效率	绿色技术效率	绿色技术进步	投入要素
北京	92.06	0.00	0.00	0.00	92.06	7.94
天津	49.01	0.00	0.00	0.00	49.01	50.99
河北	29.67	12.08	-7.07	5.01	24.66	70.33
山西	28.91	-15.58	-5.10	-20.67	49.58	71.09
内蒙古	9.91	-23.89	-14.65	-38.54	48.45	90.09
辽宁	33.78	-8.04	0.60	-7.45	41.22	66.22
吉林	18.46	-24.58	8.55	-16.03	34.49	81.54
黑龙江	28.32	-22.93	14.99	-7.94	36.25	71.68
上海	-2.54	0.00	-55.54	-55.54	53.00	102.54
江苏	28.08	0.00	0.00	0.00	28.08	71.92
浙江	21.28	0.00	0.00	0.00	21.28	78.72
安徽	24.63	-3.05	4.73	1.68	22.95	75.37
福建	43.65	0.00	0.00	0.00	43.65	56.35
江西	13.82	-1.03	1.72	0.69	13.13	86.18
山东	37.42	0.00	5.40	5.40	32.01	62.58
河南	21.63	0.00	-0.97	-0.97	22.60	78.37
湖北	17.51	-2.11	4.03	1.92	15.59	82.49
湖南	15.99	-2.82	1.35	-1.47	17.46	84.01
广东	25.67	0.00	0.00	0.00	25.67	74.33
广西	14.63	-11.22	12.71	1.48	13.14	85.37
海南	4.40	0.00	0.00	0.00	4.40	95.60
重庆	13.29	-8.98	-5.21	-14.19	27.48	86.71
四川	18.59	0.00	-1.24	-1.24	19.84	81.41
贵州	13.37	0.00	-13.07	-13.07	26.44	86.63
云南	23.08	-4.31	-2.13	-6.44	29.52	76.92
西藏	0.00	0.00	0.00	0.00	0.00	100.00
陕西	16.34	0.00	-15.60	-15.60	31.94	83.66

续表

区域	绿色全要素生产率	绿色纯技术效率	绿色规模效率	绿色技术效率	绿色技术进步	投入要素
甘肃	15.19	-13.12	-5.19	-18.31	33.50	84.81
青海	26.61	8.45	3.14	11.58	15.03	73.39
宁夏	22.77	-17.64	7.79	-9.85	32.62	77.23
新疆	23.74	0.00	-31.29	-31.29	55.03	76.26
全国	23.52	-4.48	-2.97	-7.45	30.97	76.48
长江上游地区	17.08	-3.32	-5.41	-8.73	25.82	82.92

注：表中数据为笔者计算得出。

第一，长江上游地区农业劳动生产率得到了提高，增幅高于全国平均水平，而且省际差异低于全国省际差异（见表4-8）。1997~2020年，长江上游地区各省份农业劳动生产率变化的平均值及变异系数分别为5.6406和0.1153，而全国农业劳动生产率变化的平均值及变异系数分别为4.9197和0.3443，这意味着长江上游地区农业劳动生产率提升程度略高于全国平均水平，而且长江上游地区的省际差异远低于全国的平均情况。在整个分析期间内，长江上游地区农业劳动生产率提升程度由大到小依次为重庆、贵州、云南和四川，它们的劳动生产率分别提高了5.44倍、4.88倍、4.20倍和4.03倍，都高于全国的平均水平。

第二，长江上游地区农业粗放型特征比较明显，农业绿色增长动力以投入要素积累为主，绿色全要素生产率提升在其中只起辅助作用。新古典经济学认为，要素积累和全要素生产率提升都是经济增长的源泉，而全要素生产率提升才是经济可持续发展的根本源泉。如果一个经济体中的经济增长主要依靠生产要素的投入驱动，而全要素生产率在其中的贡献只占较小份额，那么经济处于粗放式发展阶段，而且这种经济增长不具有可持续性。相反，如果全要素生产率对于产出贡献大于生产要素的贡献，则表明该经济体属于集约型发展类型，可持续发展能力强。表4-8表明，1997~2020年长江上游地区农业绿色全要素生产率在农业绿色增长中的相对贡献仅17.08%，而要素投入的贡献份额高达82.92%，要素投入的经济增长贡献是绿色全要素生产率的近 5 倍。其中，4 个省份的粗放型增长特征都很明显，要素投入的相对贡献最低的是云南，也高达 76.92%，其余 3 个省份都在 80% 以上，重庆和贵州的粗放型增长特征尤为明显，投入要素的相对贡献分别为 86.71% 和 86.63%。从全国来看，农业发展动力总体上也是以要素投入为主，只有北京的农业发展模式是以集约型增长为主，绿色全要素生产率的贡献度达到 92.06%。由此可见，在农业发展中，长江上游地区乃至全国长期以来的粗放式增长模式，导致了农业生产成本上升、污染恶化、供给低效等问题，今后发展应采取供给侧结构性改革的思路和办法，不断释放和增强农业转型升级的新动能。

第三，长江上游地区农业绿色技术进步都促进了农业劳动生产率增长，而绿色技术效率在其中却具有阻碍作用。分析期间内，长江上游地区农业绿色技术进步引致的农业劳动生产率增长了 56.78%，对于农业劳动生产率增长的贡献度为 25.82%；绿色技术效率引致农业劳动生产率降低了 13.99%，对于农业劳动生产率增长的贡献度为 -8.74%，其中绿色纯技术效率和绿色规模效率的贡献度分别为 -3.32% 和 -5.41%。这些结果表明，绿色技术进步是引致长江上游地区农业绿色 TFP 增长的主要原因，而绿色技术效率变化却阻碍了绿色 TFP 增长。

第四，长江上游地区农业发展中绿色 TFP 及其增长源泉的相对贡献具有较大的省际差异。其中，农业绿色 TFP 的增长贡献最大的省份为云南，其相对贡献为 23.08%，最小的省份为重庆，其相对贡献仅 13.29%，贵州和四川也只有 13.37% 和 18.59%；绿色技术进步贡献最大的省份为云南，为 29.52%，其余省份介于 19.84%（四川）和 27.48%（重庆）之间；重庆、四川、贵州和云南的农业绿色技术效率变化的相对贡献分别为 -14.19%、-1.24%、-13.07% 和 -6.44%，它们都阻碍了绿色 TFP 提升，而且它们的绿色纯技术效率与绿色规模效率的相对贡献都相差不大。这些结果还表明，尽管技术创新是农业转型升级的重要途径，但是技术效率的改善也不可或缺。因此，长江上游地区在不断开发农业新技术的同时，也要在农业发展中选取与自身经济发展环境相适宜的最佳实践技术，提高农业绿色技术效率。

（二）提升潜力分析

经济增长是投入要素积累和全要素生产率提升的共同结果。从经济发展的一般规律来看，投入要素不可能无限扩张，经济体的长期增长源泉只可能是全要素生产率增长。而且，随着收入水平不断提高，人类会更加重视生态环境质量，从而都将深入践行可持续发展战略。因此，经济体最终都会从要素驱动向效率驱动、创新驱动转变，走上集约型、绿色化的绿色发展之路。也就是说，人类长期经济增长的持久动力源泉只可能是绿色全要素生产率增长。当前，长江上游地区农业绿色全要素生产率对农业劳动生产率增长的相对贡献还不高，这意味着从长期来看，长江上游地区农业绿色全要素生产率还具有较大的提升空间，这也意味着长江上游地区农业可持续增长的潜在空间也还较大。

第一，长江上游地区农业绿色全要素生产率的增长贡献远低于投入要素的增长贡献，在未来发展中还有很大的提升空间。从长江上游地区整体来看，1997~2020年，农业绿色全要素生产率增长对农业劳动生产率增长的贡献为17.08%，比投入要素积累的贡献低了65.84个百分点。其中，各省份农业绿色全要素生产率的增长贡献也都远小于投入要素的贡献，各省份农业都还停留在投入要素驱动阶段。以绿色全要素生产率增长贡献最大的云南为例，其农业绿色全要素生产率的增长贡献也只有23.08%，与绿色全要素生产率增长贡献最大的北京（92.06%）相比，提升空间还很大。就其他3个省份而言，它们农业发展中绿色全要素生产率的增长贡献更低，重庆和贵州尤其明显，都不到14.00%。由此可见，长江上游地区农业经济增长仍然是典型的粗放型经济增长，尚处于投入要素驱动阶段，其绿色全要素生产率增长还有巨大的提升潜力。

第二，效率改善和技术进步都是长江上游地区农业绿色全要素生产率提升的潜在源泉，尤其是效率改善的空间更大，而且绿色纯技术效率和绿色规模效率都有很大的改善空间。在1997~2020年长江上游地区农业绿色增长中，绿色技术进步、绿色技术效率变化的相对贡献分别为25.82%和-8.74%；其中，云南绿色技术进步的相对贡献最大，为29.52%，但是绿色技术效率的相对贡献为负，为-6.44%；其他3个省份绿色技术进步的贡献差距也不大，介于19.84%~27.48%，绿色技术效率的相对贡献介于-14.19%~-1.24%之间。也就是说，长江上游地区各省份农业绿色技术进步和绿色技术效率改善的空间基本上都很大，尤其是绿色技术效率的改善空间很大。就绿色技术效率变化的源泉来看，分析期间内长江上游地区绿色纯技术效率和绿色规模效率对农业绿色增长的相对贡献分别为 - 3.32% 和 - 5.41%，它们实际上都阻碍了农业绿色全要素生产率提升，进而阻碍了农业绿色增长。也就是说，对适宜的绿色技术使用和生产规模优化调整，都有助于改善农业绿色技术效率，它们都是未来农业经济增长的重要源泉。

三、农业绿色 TFP 的影响因素分析

前面章节在资源环境约束下，对长江上游地区的农业发展进行了绿色增长核算，刻画了农业发展的动力演变，结果发现长江上游地区未来农业可持续发展的动力源泉在于绿色全要素生产率水平的提升。相关研究表明，农业绿色全要素生产率水平的高低会受到一些关键因素影响。为此，下面拟对农业绿色全要素生产率的影响因素进行经验分析，以期为当前农业转型升级中的动力转换举措提供决策参考。

（一）变量和数据选取

1. 变量选择

对农业绿色全要素生产率影响因素的考察目前尚没有形成共识，通常基于数据的可得性和研究目的来选取合适的影响因素，它们主要集中于制度因素、政策因素、自然因素、经济因素、劳动力因素等。例如，减免农业税有助于提高农业绿色全要素生产率水平，而农业财政支出的影响并不显著（梁俊，2015）；但是也有研究认为财政支农提高了农业绿色全要素生产率水平（肖锐和陈池波，2017；叶初升和惠利，2016）。又如，农村基础设施建设对本地区和邻近地区的农业全要素生产率有正向的影响（杨钧等，2019）；城市化、对外开放提高了农业绿色全要素生产率，而财政支农、工业化和自然灾害则降低了农业绿色全要素生产率（银西阳等，2022）。

前面回顾的这些研究表明，农业绿色全要素生产率的影响因素是多方面的，但是目前尚无一致性研究结论。为此，在综合现有研究成果和数据可获得性的基础上，选取农业经济发展水平、农业结构、自然条件恶劣程度、财政支农水平、工业化水平、对外开放水平等变量，对长江上游农业绿色全要素生产率的影响进行实证分析。

（1）农业经济发展水平。

农业经济发展水平的提高会带来生产机械等农业生产资料投入的增加、农民学习农业生产技术机会的增多，从而推动农业生产效率改善。因此，本书选取农业经济发展水平作为农业绿色全要素生产的影响因素之一，具体采用农业人均收入水平来衡量，并以 1997 年为基期，运用农村居民消费价格指数对其进行平减，同时为消除异方差的影响，对它们进行取对数处理，得到农业经济发展水平变量，记为 $nyjj$。

同时，相关研究表明，存在农业环境污染的情况下，农业经济发展水平与农业绿色全要素生产率可能不是单纯的线性关系，即在农业加速发展阶段可能会带来环境效益下降，降低农业绿色全要素生产率。当越过拐点之后可能会带来环境效益提升，提高农业绿色全要素生产率。因此，本书将农业经济发展水平的二次项也作为变量之一引入分析模型，以检验两者之间可能存在的 U 形关系，并记为 $nyjj^2$。

（2）农村人力资本。

根据新古典经济理论，人力资本是内生增长的动力源泉，它对绿色全要素生产率有直接影响（Romer，1986）。同样，农村人力资本也是农业经济增长的重要源泉，是影响农业绿色生产效率的重要因素。农村人力资本反映农业劳动力质量，只能通过核算得到，本书采用人均受教育年限对农村人力资本水平进行衡量（Barro and Lee，1993），由不同教育程度人口［包括未上过学、小学、初中、高中（含中专）、大专及以上 5 类不同教育阶段］占总人口的比例和各类别人口的受教育年限（分别设定为 0 年、6 年、9 年、12 年及 16 年）相乘，得到农村人力资本变量，记为 edu。

（3）农业结构。

本书研究的农业指广义农业，它包含种植业、林业、畜牧业、渔业和农林牧渔服务业，以上产业性质不同，势必导致生产效率存在一定差异。长江上游地区 4 个省份的经济基础、自然条件、资源状况存在一定差距，农业结构不尽相同，而农业结构对农业绿色全要素生产率有直接影响。例如，相较其他农业生产类型，种植业具有碳源和碳汇双重属性：一方面，种植业在生产过程中投入化肥、农药等农业生产要素，导致碳排放，一定程度上会带来环境污染；另一方面，种植业产出的农作物又会吸收大量的二氧化碳，减少环境污染。由此可见，农业结构对农业绿色全要素生产率的影响程度和方向尚需检验。因此，本书采用粮食播种面积占农作物总播种面积的比重衡量农业结构，记为 *nyjg*。

（4）自然条件恶劣程度。

农业生产活动具有其特殊性，一定程度上依赖于自然环境，具有较强的脆弱性，例如，水涝、旱灾等频发就会影响农作物的生产，对农业生产效率的提高有着重要的影响。自然条件恶劣程度对农业绿色全要素生产率的影响主要考察受灾率的影响，而农业受灾面积是受灾率的直观体现。因此，本书采用受灾面积与农作物总播放面积之比衡量自然条件恶劣程度，记为 *zrtj*。

（5）财政支农水平。

农业财政支出的高低衡量了政府对一个地区农业发展重视程度的大小。学术界普遍认为，增加农业财政支出有利于提高农业科研人员工作的积极性，从而研发出农业生产新技术，提高农业生产效率（肖锐和陈池波，2017）。同时，如果一个地区对农业发展重视程度不够，或盲目追求农业短期的发展速度而大量使用化肥、农药、农膜等污染的农业生产性资料时，将不利于农业绿色全要素生产率的提高。从现实来看，我国农业发展主要依赖于国家财政惠农政策，财政支农力度越大，越有利于优化农业外部环境，从而提高农业绿色全要素生产率。长期以来，我国农业财政支出主要用于支援农村生产支出、农业综合开发支出、农林水利气象监测等方面，对提高农业生产效率具有重要意义。因此，本书参照银西阳等（2022）的做法，选取农业财政支出作为农业财政支出水平指标，记为 *zzzn*。

（6）工业化水平。

工业化水平越高，一定程度上反映工业反哺农业和城市支持农村的能力越强（郭海红，2019）。另外，伴随工业化的工业污染物排放，加大了对农业用地和农业用水的污染，一定程度上对农业生产过程和农产品质量造成负面影响。相关经验研究表明，工业化水平与农业绿色全要素生产率之间存在着重要的负向关系（刘战伟，2021），因此，本书选取第二产业增加值占地区生产总值的比重衡量工业化水平，记为 *gyh*。

（7）对外开放水平。

一般来说，对外开放水平越高，吸收外来技术和经验的机会越多，一定程度上会促进农业全要素生产率的提高。本书的研究对象是农业绿色全要素生产率，"污染避难所"假说可能也会产生在农业领域，而且对外开放程度越高，外资在促进农业生产规模扩大、提升农业产出的同时，也会消耗更多的资源，带来更多碳源，加剧环境污染。因此，对外开放水平对农业绿色全要素生产率的影响程度和方向尚需要检验。参照银西阳（2022）的研究，本书以长江上游地区进出口总额占地区生产总值的比重表示，其中，进出口总额按当年汇率折算成人民币，记为 $dwkf$。

2. 数据说明

上述变量的相关数据来自 1999～2021 年《中国统计年鉴》《中国农业统计年鉴》《中国人口和就业统计年鉴》，以及重庆、四川、云南、贵州的统计年鉴，它们的描述性统计结果见表 4 - 9。

表 4 - 9 　　　　　农业绿色全要素生产率的影响因素描述性统计

变量名称	符号	样本数量	均值	标准差	最小值	最大值
农业经济发展水平	$nyjj$	713	8.62	0.79	7.13	10.48
农村人力资本	edu	713	7.20	0.98	3.02	9.91
农业结构	$nyjg$	713	0.66	0.146	0.33	1.16
自然条件恶劣程度	$zrtj$	713	0.25	0.18	0.00	1.72
财政支农水平	$czzn$	713	0.10	0.04	0.02	0.20
工业化水平	gyh	713	0.42	0.08	0.16	0.62
对外开放水平	$dwkf$	713	0.29	0.36	0.01	1.71

为检验本书研究的变量是否存在多重共线性问题，我们使用了 VIF 方差膨胀因子检验，结果见表 4 - 10。从检验的结果来看，VIF 值最大为 3.00，小于临界值 10，说明本书选取的这些解释变量不存在多重共线性问题，可以纳入多元回归分析模型。

表 4 - 10 　　　　农业绿色全要素生产率影响因素的多重共线性检验

变量名	VIF	1/VIF
农业经济发展水平	3.00	0.33
农村人力资本	2.05	0.49

续表

变量名	VIF	1/VIF
农业结构	1.13	0.89
自然条件恶劣程度	1.23	0.81
财政支农	2.17	0.46
工业化水平	1.07	0.93
对外开放水平	2.23	0.45
VIF 均值	1.84	

（二）实证模型设定

在基准回归中，我们首先采用处理面板数据时最为常用的固定效应模型和随机效应模型进行回归，根据我们的研究目的，设定如下检验方程：

$$Y_{it} = \beta_0 + \beta_i X_{it} + \gamma_t + \mu_i + \varepsilon_{it} \qquad (4-11)$$

其中，Y_{it} 是被解释变量，X_{it} 是一系列控制变量，γ_t 代表时间固定效应，度量的是各地区未包含在控制变量中不随时间变化的趋势；μ_i 代表省份的固定效应，代表着随着个体改变但不随时间改变的变量；ε_{it} 是残差项，下标 i 和 t 分别代表第 i 个省份和第 t 年。

固定效应模型与随机效应模型的主要区别在于遗漏的个体特征变量，究竟是算作解释变量，还是算作随机误差项？其中，固定效应模型认为个体特征变量属于解释变量，随机效应模型则将个体特征变量考虑到随机误差项中。在进行模型估计时，固定效应模型将损失更多的自由度，随机效应模型要求地区非观测效应与模型解释变量不相关，所以两者各有优劣。与其他文献相一致，我们通过豪斯曼检验（Hausman test）的结果来选择具体的估计模型。表 4-11 所示的检验结果表明，无论是绿色全要素生产率，还是绿色技术进步或绿色技术效率变化，它们的影响因素估计结果均在 1% 的水平上拒绝原假设。为此，下面采用双向固定效应模型对绿色全要素生产率及其构成因子的影响因素进行实证检验。

表 4 –11 　　　　　　　　　　　豪斯曼检验结果

项目	*tfp*	*te*	*tc*
检验值	24. 64	24. 86	18. 39
Prob > chi2	0. 0018	0. 0016	0. 0063

注：Test：Ho：difference in coefficients not systematic。chi2(8) = (b − B)'[(V_b − V_B)^(−1)] (b − B)。*tfp*、*tc* 和 *te* 分别表征绿色全要素生产率变化、绿色技术进步和绿色技术效率变化。

（三）模型估计结果分析

模型的估计结果见表 4 – 12，除农村人力资本、自然条件恶劣程度外，其他变量均对农业绿色全要素生产率具有显著影响。

表 4 –12 　　　　　农业绿色 TFP 及其构成的影响因素估计结果

变量	绿色全要素生产率	绿色技术效率	绿色技术进步
nyjj	− 0. 4026 *** (− 2. 72)	− 0. 5003 *** (− 4. 18)	0. 5326 *** (2. 98)
nyjj²	0. 0226 ** (2. 52)	0. 0271 *** (3. 75)	− 0. 0261 ** (− 2. 42)
edu	0. 0072 (0. 43)	− 0. 0258 ** (− 1. 92)	0. 0457 ** (2. 28)
nyjg	0. 2794 *** (4. 53)	0. 0151 (0. 30)	0. 2500 *** (3. 36)
zrtj	− 0. 0245 (− 1. 07)	− 0. 0413 ** (− 2. 24)	0. 0366 (1. 33)
czzn	− 1. 2013 *** (− 4. 97)	− 0. 3914 ** (− 2. 00)	− 0. 2663 (− 0. 91)
gyh	− 0. 4856 *** (− 5. 01)	0. 1868 ** (2. 39)	− 0. 7640 *** (− 6. 54)
dwkf	0. 1860 *** (5. 83)	0. 0947 *** (3. 67)	0. 0611 (1. 59)

续表

变量	绿色全要素生产率	绿色技术效率	绿色技术进步
常数项	2. 7849 *** (4. 19)	3. 3547 *** (6. 24)	− 1. 7062 ** (− 2. 13)
年份固定	控制	控制	控制
省份固定	控制	控制	控制
样本数	713	713	713
F	25. 05	32. 55	43. 67
R^2	0. 6391	0. 6448	0. 7366

注：*、**、*** 分别表示显著性水平为10%、5%和1%；括号中的数字为T值。

（1）经济发展水平与农业绿色全要素生产率、绿色技术效率存在显著的U形关系，而与绿色技术进步存在显著的倒U形关系。其中，在绿色全要素生产率和绿色技术效率为因变量的估计结果中，农业经济发展水平的一次项都为负并在1%的显著性水平下通过统计检验，系数分别为 − 0. 4026 和 − 0. 5003，其二次项却为正并在1%的显著性水平下通过统计检验，系数分别为0. 0226 和0. 0271；在绿色技术进步为因变量的估计结果中，农业经济发展水平的一次项为正并在1%的显著性水平下通过统计检验，其二次项却为负并在1%的显著性水平下通过统计检验。这些估计结果表明，在农业经济发展的初期阶段，农业经济发展对农业绿色全要素生产率和绿色技术效率具有显著的阻碍作用，而对农业绿色技术进步具有显著的促进作用；但是到达拐点之后，农业经济发展对农业绿色全要素生产率和绿色技术效率具有显著的促进作用，而对农业绿色技术进步具有显著的抑制作用。也就是说，农业经济发展水平与农业绿色全要素生产率及其构成因子的关系是显著的非线性关系。这同时也表明，在农业发展的不同阶段，提升其绿色全要素生产率的主要手段具有差异性，即初期应大力推进绿色技术进步，而后期则应更多地依赖于改善绿色技术效率。

（2）农村人力资本对农业绿色全要素生产率、农业绿色技术进步有正向影响，但是前者统计不显著，而对农业绿色技术效率存在显著负向影响。其中，农村人力资本对农业绿色全要素生产率的影响效果较为模糊而对其构成因子具有显著影响，其原因在于：以教育为主要特征的农村人力资本对农业绿色全要素生产率的两大增长源泉即绿色技术进步和绿色技术效率变化的影响方向显著相反，而对它们的影响程度又没有体现出明显的差异，从而导致综合影响的估计结果是模糊的。另外，农村人力资本之所以抑制了农业绿色技术效率改善，其原因可能在于大部分地区的绿色技术吸收能力不足，而且它们在农业生产活动中没有使用与自身经济发展相适宜的最佳实践技术，从而导致农业发展中的资源配置效率恶化。

（3）农业结构对农业绿色全要素生产率、绿色技术进步的提高具有显著的正向影响，都在1%的显著性水平下通过了检验，而对绿色技术效率的正向影响不显著。粮食种植业具有碳源和碳汇双重属性，它们对农业绿色全要素生产率具有双向作用，影响的结果取决于种植业作为碳源和碳汇这两种角色的相对影响大小。本书研究结果表明，以粮食种植业占比提升来衡量的农业结构升级，是有助于绿色技术进步的，但是对资源配置效率的影响不显著。

（4）自然条件恶劣程度对农业绿色全要素生产率和绿色技术进步的影响不显著，但是对绿色技术效率有显著的负向影响。其原因可能在于，自然条件越恶劣，越不利于农业资源优化配置，从而对绿色技术效率有显著的负向影响；同时，随着社会经济发展，当地政府和农户防灾减灾意识及技术手段都在不断提高，这在一定程度上冲抵了农业"靠天吃饭"的缺陷，从而没有对绿色全要素生产率产生显著影响。

（5）农业财政支出对农业绿色全要素生产率、绿色技术效率都具有显著的负向影响，但是对绿色技术进步的负向影响不显著。其原因可能在于，我国大部分地区都处于工业化快速推进阶段，其中部分地区（如沿海相对发达地区）已处于后工业化阶段，因此经济中的农业财政支出更多地流向了经济发展落后地区，而这些落后地区农业发展水平和农业绿色全要素生产率及其构成因子的水平都很低，结果是形成了农业发展水平越低（农业绿色全要素生产率及其构成因子的水平越低），农业财政支出越大的局面。

（6）工业化水平对农业绿色全要素生产率、农业绿色技术进步有着显著的负向影响，而对农业绿色技术效率有着显著的正向影响。这背后的原因可能在于，在工业化的推进过程中，一方面，部分年轻、有文化、有先进理念的劳动力从农业流入工业，导致农业生产活动中的人力资本存量不高，影响了农业绿色技术进步的提高；另一方面，由于我国农业中存在大量的剩余劳动力，这些农业流动人口也在之列，工业化在吸收这些优质农业剩余劳动力的同时，也间接地推动了农业生产中的资源优化配置（包含劳动力优化配置），进而改善了农业绿色技术效率。总体来看，工业化对农业绿色技术进步的抑制作用大于它对农业绿色技术效率的改善作用，从而它总体上抑制了农业绿色全要素生产率提升。

（7）对外开放水平对农业绿色全要素生产率、农业绿色技术效率有显著的正向影响，但对农业绿色技术进步的正向影响不显著。其中，对外开放带来的资金、人才、先进的农业管理经验等，有助于农业生产中的资源优化配置，进而促进了农业绿色技术效率改善。与此同时，这些资源的流入虽然也促进了农业技术进步，但是也引致了资源消耗加速、污染排放增加等资源环境成本的上升，结果是农业技术进步与绿色产出增加或绿色投入减小并不同步，进而没有明显地促进农业绿色技术进步。

（四）稳健性检验

为了进一步验证实证结果的可靠性，下面采用补充变量法（引入城镇化变量）进行稳健性检验。一方面，城镇人口具有一定程度的环保意识，对绿色无公害农产品的辨别能力也较强，因而城镇化水平的提高有利于增加对绿色有机农产品的需求数量，对农业绿色发展具有一定的带动作用。另一方面，城镇化加大城镇污染物的排放，会加大对农业用地和农业用水的污染，可能会对农业生产过程和农产品品质造成负向影响。因此，本书通过补充变量城镇化率（采用城镇人口与总人口的比重进行衡量，记为 czh）进行回归分析。检验结果（见表 4 - 13）基本和前文保持一致，这表明本书的研究结论具有一定的稳健性。

表 4 - 13　　　　　农业绿色 TFP 影响因素稳健性检验

变量	绿色全要素生产率	绿色技术效率	绿色技术进步
$nyjj$	- 0.4548 *** (- 3.17)	- 0.5122 *** (- 4.28)	0.4978 *** (2.81)
$nyjj^2$	0.0260 *** (3.00)	0.0279 *** (3.86)	- 0.0238 ** (- 2.23)

变量	绿色全要素生产率	绿色技术效率	绿色技术进步
edu	0.0090 (0.56)	-0.0254 * (-1.90)	0.0469 ** (2.37)
nyjg	0.2829 *** (4.75)	0.0159 (0.32)	0.2523 *** (3.43)
zrtj	-0.0182 (-0.82)	-0.0399 ** (-2.16)	0.0408 (1.49)
czzn	-9389 *** (-3.97)	-0.3315 * (-1.68)	-0.0916 (-0.31)
gyh	-0.6264 *** (-6.54)	0.1547 ** (1.93)	-0.8578 *** (-7.25)
dwkf	0.1100 *** (3.36)	0.0773 *** (2.83)	0.0105 (0.26)
czh	0.0081 *** (6.91)	-0.004 *** (-3.60)	0.0054 *** (3.72)
常数项	2.7389 *** (4.26)	0.0019 * (1.89)	-1.7369 ** (-2.19)
年份固定	控制	控制	控制
省份固定	控制	控制	控制
样本数	713	713	713
F	28.34	29.13	42.37
R^2	0.7527	0.6567	0.7689

注：*、**、*** 分别表示显著性水平为10%、5%和1%；括号中的数字为 T 值。

四、主要结论

本部分以我国 31 个省份在 1997～2020 年的发展经历为分析样本，对各省份农业绿色全要素生产率增长及其分解进行了测度和分析，据此探讨长江上游地区农业绿色增长的动力演进和提升潜力，并且对农业绿色全要素生产率及其构成因子的影响因素进行了实证分析，主要结论如下：

第一，在整个分析期间，长江上游地区农业发展普遍存在技术无效率现象，但其效率值总体来看高于全国同期平均水平，而省际差异低于全国总体水平；长江上游地区农业绿色技术效率总体呈波动下降趋势，与全国走势一致。这说明长江上游地区乃至全国在进行农业发展时，绿色技术效率提高的潜在空间都比较大。

第二，长江上游地区农业绿色 TFP 总体上得到了提升，增幅低于全国平均水平，但是省际差异比较明显并具有缩小趋势。其中，绿色技术进步促进了农业绿色 TFP 增长，它在分析期间内的增幅略高于全国平均水平；绿色技术效率变化及其构成因子（绿色规模效率变化和绿色纯技术效率变化）却阻碍了农业绿色 TFP 提升，它的恶化程度略高于全国平均水平，但其省际差异则比全国省际差异要低。

第三，长江上游地区农业增长方式具有明显的粗放型增长特征，投入要素积累对劳动生产率增长的相对贡献明显大于绿色全要素生产率增长，这与全国农业发展动力总体上以要素投入为主、仍然属于粗放型增长的情况并无二致，通过提升绿色全要素生产率来实现农业高质量发展任重道远。这同时也意味着，通过提升绿色全要素生产率来促进农业发展还具有很大的潜在空间，尤其是绿色技术效率的改善空间更为突出，这主要体现在对先进技术更有效地使用和将生产活动调整到更好的规模方面的潜在空间还较大。

第四，农业绿色全要素生产率的影响因素是多方面的，而且它们对其构成因子（农业绿色技术进步和绿色技术效率）的影响情况并非完全一致。其中，经济发展水平与农业绿色全要素生产率存在显著的 U 形关系，但是它对农业绿色技术进步和农业绿色技术效率的非线性关系却是相反的；农业结构、对外开放和城镇化水平对农业绿色全要素生产率具有显著的促进作用，农业财政支出、工业化水平对它具有显著的抑制作用，而自然条件恶劣程度、农村人力资本水平的影响不显著，它们对农业绿色技术进步和绿色技术效率的影响也都存在不同程度的差异。这些结论表明，在提升农业绿色全要素生产率进而促进农业产业转型升级的过程中，不仅要充分利用各种有效手段多管齐下，而且要立足各地的发展实际，分阶段分重点地来采取相应的实施举措。

第四节　长江上游地区工业转型升级的动力转换

一、工业绿色 TFP 的时空演化分析

前文的工业发展现状分析表明，长江上游地区已经实现了工业化起步阶段到工业化阶段、再到工业化后期阶段的历史跨越。但是作为长江经济带的组成部分，长江上游地区的生态区位十分重要，不仅要为中下游地区提供生态保障，还具有为全国提供公共生态产品的功能。因此，长江上游地区工业转型升级不能忽视对发展过程中能源消耗、污染排放等外部不经济因素的考察，否则可能会夸大工业发展绩效，误导经济政策的制定和实施。有鉴于此，此部分将环境污染和能源消耗纳入工业转型升级分析，借助绿色经济增长核算模型，对 2003～2019 年长江上游地区工业转型升级中的动力转换进行分析。

（一）变量选取

为对长江上游地区的工业进行绿色增长核算，并据此探讨其增长动力转换情况，需要一组与经济活动相关的投入、产出和环境压力指标，它们应能够度量工业活动的投入成本，以及产生的经济增加值和环境压力。综合数据的可得性和指标选取的合理性，以工业总产值为期望产出，以废水中的化学需氧量（COD）、工业二氧化硫（SO_2）排放量和工业二氧化碳（CO_2）排放量作为非期望产出，以劳动力、物质资本和能源消耗作为生产的投入要素。

1. 资本投入

物质资本存量通常被用来衡量经济发展中的资本投入，但是并没有公开的官方数据对此进行统计。受中国工业统计资料的可得性限制，各省份工业资本折旧率和初始资本存量数据需要估算。为减少数据估计环节，实证研究中可采取一种替代方法，即以价格平减后的固定资产净值年平均余额作为各地工业资本存量的近似估值（庞瑞芝等，2011；申晨等，2022）。不过，此思路仅是对投资行为的简单加总，没有从投资流量的角度衡量实际的资本投

入水平，特别是折旧的影响。因此，需要从工业行业资本存量的角度对资本投入进行衡量。为此，本书采用永续盘存法对各行业的资本存量进行估算，计算见公式（4–12）。

$$K_t = I_t + (1 - \delta_t) \times K_{t-1} \qquad (4-12)$$

其中，K_t 和 K_{t-1} 分别表示 i 地区在 t 时期和 $t-1$ 时期的资本存量；I_t 表示 i 省在 t 时期的不变价格的固定资产投资；δ_t 表示 i 省在 t 时期的资本折旧率。

2. 劳动力

劳动力是生产活动的基本投入要素之一，对工业的生产经营活动有着至关重要的作用。梳理 TFP 和绿色 TFP 的相关研究发现，劳动力投入的度量主要分为以下三种：第一，从业人员年平均人数（岳鸿飞等，2018；李斌等，2013）；第二，第二产业从业人员总数（余泳泽，2015；刘钻扩和辛丽，2018）；第三，采用人力资本存量（邱士雷等，2018；王兵等，2010）。第一种与第二种思路关注的是地区劳动力数量差异，忽略了劳动力质量差异。鉴于人力资源投资和受教育年限等因素对地区经济增长的促进作用，以及政府对教育重视程度的加深，本书综合采取这三种做法，即以各省份用人力资本存量调整后的就业数量来衡量地区劳动力投入水平，具体采用人均受教育年限和规模以上工业平均就业人数的乘积来测度劳动力投入水平。其中，规模以上工业平均就业人数数据来自《中国工业统计年鉴》和各省份统计年鉴，我国历年各省份从业人员平均受教育年限则借鉴陈钊等（2004）的方法对《中国教育统计年鉴》中的相关数据处理而得。

3. 能源投入

能源是工业生产过程中必不可少的资源投入，在经济增长核算中引入能源变量能够反映出资源利用状况对生产率的影响，突出工业绿色发展的内涵。目前，多数文献在测算 TFP 或绿色 TFP 时将能源作为中间投入变量，通常采用能源消耗总量衡量能源投入，也有少数研究采用煤炭消耗量、全社会用电量来测度。与大多数文献一致，本书选择能源消耗总量来衡量能源投入，以万吨标准煤为单位，相关数据来自《中国能源统计年鉴》和各省份统计年鉴。

4. 期望产出

期望产出即"好"产出，通常用工业总产值和工业增加值来度量。与工业总产值相比，工业增加值强调的是各部门之间没有重复计算，从而它测度的总产出是与上一时期相比的最终价值增量。在工业绿色全要素生产率的核算中，能源作为一种自然资源投入，具有中间投入品的性质。因此，我们选择各个省份规模以上工业总产值作为期望产出，这样更符合物质平衡原理（杨文举，2022）。鉴于 2012 年之后《中国工业经济统计年鉴》更名为《中国工业统计年鉴》，而且不再统计工业总产值，2016 年以后不再统计工业销售值，故 2012～2020 年的期望产出由"工业增加值"来简单代替。[①] 同时，为剔除价格变动因素，对只提供当年价的工业增加值年份数据用工业品出厂价格指数进行缩减，基期为 2003 年。

5. 非期望产出

非期望产出也称为"坏"产出，相关研究中关于坏产出的选择有很大的不确定性。从已有的文献来看，主要涉及二氧化碳、二氧化硫、工业废水、工业废气、工业固体废弃物、工业烟粉尘的排放量等（惠树鹏等，2017；胡立和等，2019；Managi and Kaneko，2004；陈诗一，2009）。这些研究中非期望产出选择的主要区别在于，有的只是采用单项污染物来测度非期望产出，而有些研究则是采用多种污染物来进行相关分析。到目前为止，没有研究表明污染物指标的不同选取会对绿色增长核算结果产生较大影响。本书选取工业废气中的二氧化硫（SO_2）、废水中的化学需氧量（COD）和工业二氧化碳排放量（CO_2）来度量非期望产出。这样选取的理由如下：一是考虑到二氧化硫和化学需氧量是中国环境规制政策中的主要污染物，并且"温室效应"已成为最突出的全球性问题之一，而二氧化碳的排放是其主要诱因，它也已成为中国气候领域的重要减排对象；二是在考察期内，由于统计制度的调整，其他相关指标的数据前后不一致且不连续。工业废气中的二氧化硫和废水中的化学需氧量主要来自对应年份的《中国环境统计年鉴》和《中国统计年鉴》；二氧化碳数据并不能直接从现有统计资料中获取，因此参考政府间气候变化专门委员会（IPCC）编制的国家温室气体清单指南计算得到碳排放量，计算方法见公式（4-13）。

$$CO_2 = \sum_{i=1}^{8} CO_2 = \sum_{i=1}^{8} E_i \times NCV_i \times CEF_i \times COF_i \times (44/12) \qquad (4-13)$$

---

① 一般来说，增加值与总产值在短期内具有比较稳定的数量关系。同时，基于数据包络分析法的经济增长核算分析中，计算得到的增长源变动都只是系统内（所有决策单元）的一个相对数值而非绝对数值。因此，这种近似替代对分析结果并不会产生本质性影响。

其中，CO_2 表示要测算的二氧化碳排放量，$i=1$，2，3，…，8 分别表示煤炭、焦炭、原油、燃料油、汽油、煤油、柴油、天然气 8 种一次能源；E_i 表示第 i 种化石燃料能源消耗原值；NCV_i 为第 i 种能源的平均低位发热值；CEF_i 和 COF_i 为《省级温室气体清单编制指南》（2011 年）提供的第 i 种燃料能源的碳排放系数和碳氧化率；"44/12"为二氧化碳和碳的分子量比值。由于各种能源品种的消耗量单位不一致，因此需要换算统一的标准煤为单位，据此可测算出各自的二氧化碳排放系数。其中，燃料能源的标准煤折合系数来源于 2017 年《中国能源统计年鉴》。计算结果如表 4-14 所示。

表 4-14   二氧化碳排放系数

能源类别	平均低位发热量（千焦/千克）	单位热值含碳量（吨碳/千克）	碳氧化率	折标准煤系数（千克标准煤/千克）	二氧化碳排放系数（实物量，千克/千克）	二氧化碳排放系数（标准量，千克/千克标准煤）
原煤	20908	26.37	0.94	0.7143	1.9003	2.6604
焦炭	28435	29.50	0.93	0.9714	2.8604	2.9446
原油	41816	20.10	0.98	1.4286	3.0202	2.1141
燃料油	41816	21.10	0.98	1.4286	3.1705	2.2193
汽油	43070	18.90	0.98	1.4714	2.9251	1.9879
煤油	43070	19.50	0.98	1.4714	3.0179	2.0510
柴油	42652	20.20	0.98	1.4571	3.0959	2.1247
天然气	38931	15.30	0.99	1.3300	2.1622	1.6257

（二）数据说明

由于数据包络分析法在确定经济活动中的生产前沿时，其精确程度与样本量的大小息息相关。因此，在分析中选取大陆所有省份为分析样本。这可以确保运用数据包络分析法确定的生产前沿接近于经济现实情况，同时又便于长江上游地区与国内其他省份之间的比较分析。其中，选取我国 30 个省份（不包含港澳台地区，另外由于西藏地区数据缺失较多，因此进行了剔除）作为分析样本。相关数据的统计描述见表 4-15。

表 4 - 15 2003 ~ 2019 年工业投入、产出指标统计描述

变量	地区	观测值	平均值	中位数	标准差	最小值	最大值
K	全国	510	8075.60	6283.18	6915.75	299.92	37433.40
	长江上游地区	68	5267.54	4334.32	3693.85	1215.52	15421.70
H	全国	510	2496.27	1494.86	2775.80	94.16	13840.64
	长江上游地区	68	1228.45	783.83	844.18	400.85	3252.69
E	全国	510	12606.64	10444.34	8303.99	684.00	41390.00
	长江上游地区	68	10228.27	9241.20	4574.74	3009.00	20791.00
Y	全国	510	5405.21	3511.16	5887.09	102.52	35676.30
	长江上游地区	68	3305.85	2765.31	2497.06	457.12	9553.41
SO_2	全国	510	532296.79	443196.00	395445.11	880.00	1715000.00
	长江上游地区	68	571750.37	592506.50	275763.72	68870.00	1141000.00
COD	全国	510	48.84	35.84	39.33	1.97	198.20
	长江上游地区	68	40.48	29.01	31.50	5.15	130.20
CO_2	全国	510	41746.75	30979.11	32447.37	1298.76	163690.00
	长江上游地区	68	26848.37	27433.88	8534.51	7950.03	41057.20

总体而言，长江上游地区工业发展在分析期间的省际差异较大。从投入的角度来看，资本存量的最大最小值之比超过 12.69，能源投入的最大最小值比较小，接近 6.9。从产出的角度来看，工业废气中的二氧化硫（SO_2）、废水中的化学需氧量（COD）和工业二氧化碳排放量（CO_2）的变异系数分别为 0.48、0.78 和 0.32，这说明长江上游地区工业不仅在总量和增速方面有较大差异，而且对能源消耗和环境污染的压力也很大。相比而言，长江上游地区的要素投入或期望产出的平均值均小于全国地区，这表明长江上游地区工业总体发展不如全国。非期望产出中的工业废气二氧化硫排放量（SO_2）却高于全国，这表明长江地区工业污染较重。因此，对长江上游地区工业进行 TFP 测算时，考虑能源投入以及污染排放等非期望产出很有必要，否则将会导致分析结果出现偏误。

（三）生产前沿与技术效率

以 2003～2019 年我国 30 个省份工业发展中的投入、产出数据为基础，运用 MaxDEA 软件计算出相应的 β 值，并据此得到各省各年的技术效率及相应年份的生产前沿构成，所有年份的省份技术效率见表 4-16。

表 4-16 　　　　2003～2019 年各省份工业绿色技术效率

区域	2003 年	2004 年	2005 年	2006 年	2007 年	2008 年	2009 年	2010 年	2011 年
北京	0.9114	1.0000	1.0000	1.0000	1.0000	1.0000	1.0000	1.0000	1.0000
天津	1.0000	0.8504	1.0000	1.0000	1.0000	1.0000	1.0000	1.0000	1.0000
河北	0.7435	1.0000	1.0000	1.0000	1.0000	0.6649	0.6663	0.6693	0.6359
山西	0.6187	0.6130	0.6154	0.6116	0.6152	0.5853	0.5699	0.5863	0.5906
内蒙古	0.6237	0.6409	0.7535	1.0000	1.0000	1.0000	1.0000	1.0000	1.0000
辽宁	0.7204	0.6967	0.6662	0.6643	0.6648	0.6702	0.6685	0.6674	0.6455
吉林	0.6958	0.6868	0.6628	0.6672	0.6916	0.6757	0.6833	0.7047	0.6859
黑龙江	1.0000	1.0000	1.0000	0.6852	0.6635	0.6418	0.6317	0.6311	0.6207
上海	1.0000	1.0000	1.0000	1.0000	1.0000	1.0000	0.9654	1.0000	1.0000
江苏	1.0000	1.0000	1.0000	1.0000	0.9161	0.8485	0.8615	0.8337	0.8047
浙江	1.0000	1.0000	0.9078	0.8875	0.8854	0.8752	0.8561	0.8621	0.8700
安徽	0.7086	0.7212	0.6882	0.6731	0.6758	0.6632	0.6725	0.6894	0.6813
福建	1.0000	1.0000	1.0000	1.0000	1.0000	1.0000	1.0000	1.0000	1.0000
江西	0.6709	0.6679	0.6863	0.6614	0.6538	0.6520	0.6640	0.6696	0.6571
山东	0.8421	1.0000	1.0000	1.0000	1.0000	0.7862	0.7923	0.7720	0.6827
河南	0.7431	0.7338	1.0000	1.0000	1.0000	0.7197	0.7186	0.7118	0.6647
湖北	0.7687	0.7909	0.6742	0.6739	0.6739	0.6759	0.6880	0.6978	0.6851
湖南	0.6715	0.6653	0.6696	0.6668	0.6678	0.6528	0.6675	0.6845	0.6791
广东	1.0000	1.0000	1.0000	1.0000	1.0000	1.0000	1.0000	1.0000	1.0000
广西	0.6416	0.6492	0.6771	0.6489	0.6502	0.6388	0.6397	0.6419	0.6562
海南	0.6740	0.6845	1.0000	1.0000	1.0000	1.0000	1.0000	1.0000	1.0000
重庆	0.6817	0.7041	0.6631	0.6579	0.6648	0.6649	1.0000	1.0000	1.0000
四川	0.6599	0.6677	0.6826	0.6745	0.6761	0.6664	0.6682	0.6913	0.7019

续表

区域	2003 年	2004 年	2005 年	2006 年	2007 年	2008 年	2009 年	2010 年	2011 年
贵州	0.6052	0.6052	0.6090	0.6012	0.5998	0.5817	0.5775	0.5852	0.5716
云南	1.0000	1.0000	1.0000	1.0000	0.8261	0.7626	0.7620	0.7124	0.6293
陕西	0.6512	0.6380	0.6464	0.6460	0.6527	0.6457	0.6437	0.6508	0.6422
甘肃	0.6245	0.6201	0.6093	0.6158	0.6175	0.5989	0.5981	0.6003	0.5896
青海	0.6818	0.6929	0.7051	0.6367	0.6685	0.6276	0.6338	0.6609	1.0000
宁夏	0.5700	0.5861	0.5695	0.5681	0.5781	0.5673	0.5678	0.5710	0.5588
新疆	0.6944	0.6700	0.7459	0.6648	0.6195	0.5978	0.5842	0.5881	0.5657
全国	0.7734	0.7862	0.8077	0.7968	0.7887	0.7488	0.7594	0.7627	0.7606
长江上游地区	0.7367	0.7443	0.7387	0.7334	0.6917	0.6689	0.7519	0.7472	0.7257
区域	2012 年	2013 年	2014 年	2015 年	2016 年	2017 年	2018 年	2019 年	—
北京	1.0000	1.0000	1.0000	1.0000	1.0000	1.0000	1.0000	1.0000	—
天津	1.0000	1.0000	1.0000	1.0000	1.0000	1.0000	0.7255	0.7215	—
河北	0.6418	0.6391	0.6357	0.6277	0.6091	0.5962	0.5804	0.5853	—
山西	0.5791	0.5783	0.5645	0.5303	0.5023	0.5117	0.5447	0.5475	—
内蒙古	1.0000	1.0000	1.0000	1.0000	0.6142	0.5807	0.6063	0.6055	—
辽宁	0.6506	0.6495	0.6410	0.6183	0.5519	0.5413	0.5830	0.5815	—
吉林	0.6862	0.6849	0.6772	0.6596	0.6680	0.6608	0.5851	0.5963	—
黑龙江	0.5955	0.5825	0.5674	0.5510	0.5244	0.4966	0.5264	0.5278	—
上海	1.0000	1.0000	1.0000	1.0000	0.7628	1.0000	1.0000	1.0000	—
江苏	0.8223	0.8127	0.7981	0.7782	0.6779	0.7133	0.7867	0.8272	—
浙江	0.8743	0.8788	0.8261	0.7937	0.7489	0.7511	0.8406	0.9011	—
安徽	0.6863	0.6852	0.6755	0.6570	0.6248	0.6285	0.6187	0.6233	—
福建	1.0000	1.0000	1.0000	1.0000	1.0000	1.0000	1.0000	1.0000	—
江西	0.6620	0.6572	0.6516	0.6376	0.6030	0.6055	0.6124	0.6196	—
山东	0.6850	0.6864	0.6716	0.6593	0.6472	0.6573	0.6257	0.6263	—
河南	0.6700	0.6656	0.6494	0.6418	0.6241	0.6401	0.6346	0.6432	—
湖北	0.6970	0.7022	0.6930	0.6850	0.6687	0.6619	0.6720	0.7027	—

续表

区域	2012 年	2013 年	2014 年	2015 年	2016 年	2017 年	2018 年	2019 年	—
湖南	0.6857	0.6881	0.6888	0.6784	0.6645	0.6510	0.6375	0.6503	—
广东	1.0000	1.0000	1.0000	1.0000	1.0000	1.0000	1.0000	1.0000	—
广西	0.6539	0.6539	0.6493	0.6468	0.6237	0.5952	0.5768	0.5765	—
海南	1.0000	1.0000	1.0000	0.6243	1.0000	0.6029	1.0000	1.0000	—
重庆	1.0000	1.0000	0.7045	0.7107	0.7309	0.7423	0.7287	0.7724	—
四川	0.7043	0.6996	0.6822	0.6702	0.6529	0.6322	0.6453	0.6475	—
贵州	0.5752	0.5844	0.5873	0.5861	0.5770	0.5723	0.6006	0.6646	—
云南	0.6285	0.6274	0.6278	0.6223	0.6097	0.6037	1.0000	1.0000	—
陕西	0.6460	0.6443	0.6382	0.6223	0.6095	0.6090	0.6274	0.6205	—
甘肃	0.5858	0.5852	0.5710	0.5440	0.5463	0.5148	0.5749	0.5803	—
青海	0.8235	0.6595	0.6292	0.6221	0.6028	0.5631	0.5849	0.5968	—
宁夏	0.5525	0.5472	0.5448	0.5362	0.5310	0.4982	0.5464	0.5461	—
新疆	0.5538	0.5470	0.5372	0.5307	0.5195	0.4983	0.5478	0.5475	—
全国	0.7553	0.7486	0.7304	0.7078	0.6832	0.6709	0.7004	0.7104	—
长江上游地区	0.7270	0.7279	0.6505	0.6473	0.6426	0.6376	0.7437	0.7711	—

第一，长江上游地区工业发展中广泛地存在着绿色技术无效率现象，其效率值总体上低于全国同期平均水平，但在分析期间内有所改善。其中，在2003~2019 年，全国绿色技术效率普遍低下，平均值由 0.7734 波动性降至0.7104；处于生产前沿上的省份有北京、天津、河北、内蒙古、黑龙江、上海、江苏、浙江、福建、山东、河南、广东、海南、重庆、甘肃，但其中仅广东、福建一直处于生产前沿上，其余省份仅有少数年份处于生产前沿上。长江上游地区的绿色技术效率也普遍低下，分析期内基本上都低于全国平均水平，不过呈现出上升趋势，由 0.7367 上升至 0.7711，并于 2018 年反超全国均值。就长江上游地区 4 个省份而言，它们的绿色技术效率水平也不高，只有重庆和云南在部分年份处于生产前沿上。根据前面介绍的绿色技术效率计算方法可知，只要生产活动中充分使用了既有环境技术，则其绿色技术效

率都会等于1。因此，之所以出现这种普遍的环境技术无效率现象，其根本原因在于众多省份在工业发展中没有使用与自身经济发展环境相适宜的最佳实践技术。一旦各省份都有效地使用那些适宜的最佳实践技术从事生产，则在产出水平不变的情况下，长江上游地区可降低30%左右的要素投入，而且技术效率越低的省份其生产活动的改进潜力越大。

第二，中国工业绿色技术效率的地区分布格局在分析期间没有发生显著变化，绿色技术效率的省际差异在波动中有所扩大，而长江上游地区工业绿色技术效率的省际差异在波动中略有降低。其中，长江上游地区工业绿色技术效率的最大最小值比介于 1.20～1.75 之间，变异系数由 0.2422 下降至 0.2105，其间的最小值为 0.0815（2014 年）；全国工业绿色技术效率的最大最小值比介于 1.71～2.01 之间，变异系数由 0.1989 上升至 0.2367，其间的峰值为 0.2436（2017 年）。这表明全国的工业绿色技术效率具有更大的省际差异，而且分析期间波动性增加了，但是长江上游地区省际差异低于全国地区，而且这种差距在缩小。就各省份工业绿色技术效率的地区分布动态来说，最初绿色技术效率较低（较高）的省份几年后还是处于相对较低（较高）的水平，其中长江上游地区的绿色技术效率也一直处于相对偏低位置，这从不同年份间绿色技术效率的相关系数可见一斑（相邻年份相关系数都在 0.75 以上，甚至接近 1）。本书认为其主要原因在于，绿色技术效率相对落后的省份没有引进或充分使用那些最佳实践技术，而这可能是由下述原因引起：一是各省份之间缺乏相互合作与交流，它们在工业发展中各行其是，从而那些环境友好型的生产技术没有得到推广性使用；二是采用先进技术进行生产会增加企业的生产成本，为拓展利润空间，大多数省份的工业生产只注重产出水平，而无视"三废"治理；三是大多数省份在引进最佳实践技术的同时，没有同步提高它们自身的技术能力，从而导致未能充分使用那些先进技术。

第三，工业绿色技术效率与工业发展水平之间没有明显的相关关系，长江上游地区表现得尤为突出。例如，工业发展水平相对落后的福建，就一直处于生产前沿上，云南也在多数年份处于生产前沿上；而工业发展水平相对较高的河北、重庆和四川，它们的工业绿色技术效率却低于全国平均值。就全国而言，工业增加值与工业绿色技术效率之间的相关系数仅 0.54；其中长江上游地区两个变量之间的相关系数仅为 0.41。究其原因，本书认为主要在于下述几点：一是我国各省份在经济活动中没有真正树立起生态环保意识，没有严格遵守环境保护政策中的污染物排放标准；二是各省份工业中的行业门类并非等同，这样即使大家都共同遵守污染物排放标准，由于不同行业的污染物排放标准和产出效率都不尽相同，从而不可避免地导致工业绿色技术效率与工业发展水平之间不相关的结论；三是根据绿色技术效率的定义，只要经济体充分使用了既有环境技术进行生产，它就具有较高的相对技术效率，这意味着经济发展水平相对落后的经济体可以选用那些适合自身发展的最佳实践技术（这通常不是最先进的技术），获得相对高的绿色技术效率。

（四）工业绿色 TFP 及其构成

我国各省份 2003～2019 年工业绿色 TFP 及其构成因子的测度结果见表4-17、表4-18 和图4-3。其中，表4-17 为年度分解结果，因空间所限，仅列出了 2003～2004 年、2011～2012 年和 2018～2019 年这 3 个代表性年份的测度结果；表4-18 和图4-3 是整个分析期间的累积变化分解结果。

表4-17   各省份工业绿色 TFP 的增长源泉：年度分解

时期	区域	绿色全要素生产率变化	绿色纯技术效率变化	绿色规模效率变化	绿色技术效率变化	绿色技术进步
	北京	1.0114	1.0000	1.0973	1.0973	0.9218
	天津	1.0331	1.0000	0.8504	0.8504	1.2148
	河北	1.0098	1.3372	1.0059	1.3451	0.7508
	山西	1.0044	0.9949	0.9958	0.9907	1.0138
	内蒙古	1.0614	1.0364	0.9915	1.0277	1.0328
	辽宁	0.9934	0.9707	0.9963	0.9671	1.0272
2003～2004 年	吉林	1.0279	0.9910	0.9960	0.9871	1.0413
	黑龙江	1.0149	1.0000	1.0000	1.0000	1.0149
	上海	1.0396	1.0000	1.0000	1.0000	1.0396
	江苏	1.0012	1.0000	1.0000	1.0000	1.0012
	浙江	0.9989	1.0000	1.0000	1.0000	0.9989
	安徽	1.0082	1.0233	0.9946	1.0178	0.9906
	福建	1.0066	1.0000	1.0000	1.0000	1.0066

时期	区域	绿色全要素生产率变化	绿色纯技术效率变化	绿色规模效率变化	绿色技术效率变化	绿色技术进步
2003~2004年	江西	1.0197	0.9970	0.9985	0.9955	1.0243
	山东	1.0247	1.1720	1.0132	1.1875	0.8629
	河南	0.9976	0.9880	0.9994	0.9875	1.0103
	湖北	1.0247	1.0297	0.9992	1.0288	0.9960
	湖南	1.0096	0.9935	0.9971	0.9907	1.0190
	广东	1.0274	1.0000	1.0000	1.0000	1.0274
	广西	1.0076	1.0062	1.0056	1.0118	0.9958
	海南	1.0400	1.0000	1.0155	1.0155	1.0241
	重庆	1.0215	1.0516	0.9821	1.0329	0.9890
	四川	1.0186	1.0167	0.9952	1.0118	1.0067
	贵州	1.0017	1.0103	0.9899	1.0000	1.0017
	云南	1.0056	1.0000	1.0000	1.0000	1.0056
	陕西	1.0167	0.9881	0.9914	0.9796	1.0379
	甘肃	1.0228	1.0035	0.9894	0.9929	1.0302
	青海	1.0750	1.0000	1.0162	1.0162	1.0578
	宁夏	1.0574	1.5609	0.6588	1.0282	1.0284
	新疆	1.0074	0.9586	1.0066	0.9649	1.0441
	全国	1.0196	1.0377	0.9862	1.0176	1.0072
	长江上游地区	1.0119	1.0197	0.9918	1.0112	1.0008
2011~2012年	北京	1.0082	1.0000	1.0000	1.0000	1.0082
	天津	1.0227	1.0000	1.0000	1.0000	1.0227
	河北	1.0108	1.2748	0.7918	1.0094	1.0014
	山西	1.0037	0.9909	0.9894	0.9805	1.0237
	内蒙古	1.0111	1.0000	1.0000	1.0000	1.0111
	辽宁	1.0125	1.0089	0.9989	1.0079	1.0046
	吉林	1.0131	1.0003	1.0001	1.0004	1.0127
	黑龙江	0.9641	0.9619	0.9974	0.9594	1.0048

时期	区域	绿色全要素生产率变化	绿色纯技术效率变化	绿色规模效率变化	绿色技术效率变化	绿色技术进步
2011~2012年	上海	1.0051	1.0000	1.0000	1.0000	1.0051
	江苏	1.0169	1.0000	1.0218	1.0218	0.9952
	浙江	1.0132	1.1489	0.8747	1.0049	1.0082
	安徽	1.0171	0.9969	1.0104	1.0073	1.0097
	福建	1.0213	1.0000	1.0000	1.0000	1.0213
	江西	1.0081	0.9907	1.0169	1.0075	1.0007
	山东	1.0113	1.0000	1.0033	1.0033	1.0079
	河南	1.0124	1.0120	0.9960	1.0080	1.0044
	湖北	1.0233	0.9828	1.0352	1.0174	1.0057
	湖南	1.0183	1.0098	0.9999	1.0097	1.0086
	广东	1.0138	1.0000	1.0000	1.0000	1.0138
	广西	1.0091	0.9874	1.0092	0.9966	1.0126
	海南	1.0029	1.0000	1.0000	1.0000	1.0029
	重庆	1.0036	1.0000	1.0000	1.0000	1.0036
	四川	1.0154	1.0018	1.0016	1.0034	1.0120
	贵州	1.0267	1.0071	0.9993	1.0064	1.0202
	云南	1.0156	1.0011	0.9976	0.9987	1.0170
	陕西	1.0069	0.9964	1.0095	1.0059	1.0010
	甘肃	1.0241	1.0019	0.9917	0.9936	1.0308
	青海	1.0092	1.0000	0.8235	0.8235	1.2255
	宁夏	1.0176	0.9952	0.9935	0.9887	1.0292
	新疆	1.0044	0.9795	0.9994	0.9789	1.0260
	全国	1.0114	1.0116	0.9854	0.9944	1.0184
	长江上游地区	1.0153	1.0025	0.9996	1.0021	1.0132
2018~2019年	北京	1.0750	1.0000	1.0000	1.0000	1.0750
	天津	1.0212	1.0000	0.9944	0.9944	1.0269
	河北	1.0146	1.0059	1.0026	1.0086	1.0059

时期	区域	绿色全要素生产率变化	绿色纯技术效率变化	绿色规模效率变化	绿色技术效率变化	绿色技术进步
	山西	1.0235	1.0033	1.0019	1.0052	1.0183
	内蒙古	1.0092	0.9926	1.0061	0.9986	1.0107
	辽宁	1.0121	0.9945	1.0030	0.9974	1.0147
	吉林	1.0150	1.0076	1.0114	1.0191	0.9959
	黑龙江	1.0117	0.9932	1.0094	1.0025	1.0091
	上海	1.0313	1.0000	1.0000	1.0000	1.0313
	江苏	1.0553	1.0000	1.0514	1.0514	1.0037
	浙江	1.0609	1.0000	1.0719	1.0719	0.9897
	安徽	1.0109	1.0085	0.9990	1.0074	1.0034
	福建	1.0590	1.0000	1.0000	1.0000	1.0590
	江西	1.0166	1.0090	1.0027	1.0118	1.0048
	山东	1.0123	1.0183	0.9830	1.0010	1.0113
	河南	1.0245	1.0168	0.9968	1.0136	1.0108
2018～2019年	湖北	1.0370	1.0343	1.0110	1.0457	0.9916
	湖南	1.0236	1.0254	0.9947	1.0200	1.0035
	广东	1.0672	1.0000	1.0000	1.0000	1.0672
	广西	1.0025	0.9959	1.0036	0.9995	1.0031
	海南	1.0093	1.0000	1.0000	1.0000	1.0093
	重庆	1.0367	1.0000	1.0600	1.0600	0.9781
	四川	1.0105	1.0025	1.0010	1.0035	1.0070
	贵州	1.0251	1.0802	1.0243	1.1065	0.9264
	云南	1.0082	1.0000	1.0000	1.0000	1.0082
	陕西	0.9983	0.9815	1.0075	0.9889	1.0096
	甘肃	1.0202	1.0065	1.0029	1.0094	1.0107
	青海	1.0333	1.0000	1.0203	1.0203	1.0128
	宁夏	1.0041	0.9917	1.0079	0.9996	1.0045
	新疆	1.0050	0.9986	1.0007	0.9993	1.0057

续表

时期	区域	绿色全要素生产率变化	绿色纯技术效率变化	绿色规模效率变化	绿色技术效率变化	绿色技术进步
2018～2019 年	全国	1.0245	1.0055	1.0089	1.0145	1.0103
	长江上游地区	1.0201	1.0207	1.0213	1.0425	0.9799

表 4-18　2003～2019 年各省份工业绿色 TFP 的增长源泉：累积分解

区域	绿色全要素生产率	绿色纯技术效率	绿色规模效率变化	绿色技术效率变化	绿色技术进步
北京	2.0102	1.0000	1.0973	1.0973	1.8320
天津	1.4203	1.0000	0.7215	0.7215	1.9685
河北	1.0738	0.7981	0.9865	0.7873	1.3639
山西	1.1867	0.8816	1.0037	0.8849	1.3411
内蒙古	1.3166	0.9969	0.9738	0.9708	1.3563
辽宁	1.2132	0.8077	0.9994	0.8072	1.5029
吉林	1.2732	0.8804	0.9734	0.8571	1.4855
黑龙江	0.9211	0.5436	0.9709	0.5278	1.7453
上海	1.8443	1.0000	1.0000	1.0000	1.8443
江苏	1.3044	1.0000	0.8272	0.8272	1.5768
浙江	1.4273	1.0000	0.9011	0.9011	1.5839
安徽	1.1901	0.8719	1.0089	0.8797	1.3529
福建	1.6966	1.0000	1.0000	1.0000	1.6966
江西	1.1877	0.9161	1.0080	0.9235	1.2860
山东	1.1206	0.8284	0.8978	0.7438	1.5066
河南	1.1819	0.8977	0.9642	0.8656	1.3654
湖北	1.3583	0.9172	0.9966	0.9141	1.4859
湖南	1.2497	0.9877	0.9804	0.9683	1.2905
广东	1.7225	1.0000	1.0000	1.0000	1.7225
广西	1.1166	0.9092	0.9883	0.8985	1.2427
海南	1.3909	1.0000	1.4836	1.4836	0.9375

续表

区域	绿色全要素生产率	绿色纯技术效率	绿色规模效率变化	绿色技术效率变化	绿色技术进步
重庆	1.4262	1.4109	0.8030	1.1330	1.2588
四川	1.3046	1.0054	0.9760	0.9813	1.3295
贵州	1.3568	1.0954	1.0026	1.0982	1.2355
云南	1.2380	1.0000	1.0000	1.0000	1.2380
陕西	1.4200	0.9415	1.0120	0.9528	1.4904
甘肃	1.3749	0.9935	0.9353	0.9292	1.4796
青海	1.4477	1.0000	0.8754	0.8754	1.6539
宁夏	1.3184	0.9142	1.0480	0.9580	1.3762
新疆	1.1504	0.7742	1.0183	0.7884	1.4592
全国	1.3414	0.9457	0.9818	0.9259	1.4669
长江上游地区	1.3314	1.1279	0.9454	1.0531	1.2655

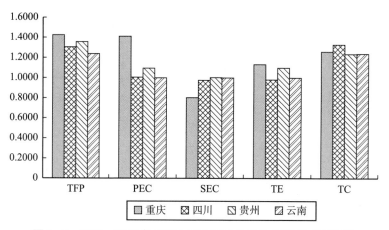

图 4-3　2003~2019 年长江上游地区工业绿色 TFP 的增长源泉

第一，长江上游地区工业绿色 TFP 总体上得到了提升，但改善程度低于全国平均水平，而且省际差异也低于全国水平。2003~2019 年，长江上游地区累积的绿色 TFP 变化值及其变异系数分别为 1.3314 和 0.0519，而全国累积的绿色 TFP 变化值及其变异系数分别为 1.3414 和 0.1688，这意味着长江上游地区工业绿色TFP提升程度略低于全国平均水平，但是省际差异远低于全国水平。其中，整个分析期内长江上游地区绿色TFP提升程度由大到小的省份依次为重庆、贵州、四川和云南，它们分别提高了42.62%、35.68%、30.46%和23.80%。就具体年份而言，长江上游地区工业绿色TFP变化由2004年的1.0119波动性提升至2019年的1.0201，峰值为2009年的1.0220，多数年份都低于同期全国平均水平；标准差由2004年的0.0084波动性提升至2019年的0.0116，多数年份都低于同期全国平均水平。显然，长江上游地区工业绿色TFP总体上得到了提升，但是增幅略低于全国，不过省际差异也小于全国水平。

第二，长江上游地区工业绿色TFP提升的主要源泉是绿色技术进步，其次是绿色技术效率改善。在2003～2019年，长江上游地区工业绿色技术进步和绿色技术效率变化的累积值分别为1.2655和1.0531。这说明分析期间内绿色技术进步比绿色技术效率改善更大地促进了长江上游地区的工业绿色TFP提升。其中，四川的绿色技术进步幅度最大，提高了32.95%，重庆、云南和贵州的绿色技术进步相差不大，分别为1.2588、1.2380和1.2355；仅四川在分析期间内经历了绿色技术效率恶化，降幅为1.87%，重庆和贵州分别提高了13.30%和9.82%，而云南总体来说没什么变化。就具体年份而言，长江上游地区2003～2019年绿色技术进步幅度最大的年份为2014年，比2013年提升了12.02%，而2009年却经历了绿色技术倒退，降幅为6.74%；绿色技术效率改善幅度最大的年份为2018年，增幅达17.71%，超过一半年份经历了绿色技术效率恶化，恶化程度最大的年份为2014年，降幅达7.87%。

第三，长江上游地区工业绿色技术效率改善的主要原因在于绿色纯技术效率变化，而绿色规模效率变化总体来说在其中具有阻碍作用，但是它们都存在明显的省际差异。2003～2019年，长江上游地区工业绿色纯技术效率变化、绿色规模效率变化的累积值分别为1.1279和0.9454，这意味着总体来说前者促进了绿色技术效率改善，而后者却起到了阻碍作用。在整个分析期间内，除云南的绿色纯技术效率没有什么变化外，其他3个省份都得到了改善，它们都是绿色技术效率改善的主要源泉，其中重庆的增幅最大，提高了41.09%，增幅最小的四川仅提高了0.54%，而贵州提高了9.54%。贵州的绿色规模效率提高了0.26%，也促进了绿色技术效率改善，云南几乎无变化，而重庆和四川的绿色规模效率都恶化了，分别降低了2.40%和19.70%。

就不同年份来看，不同省份绿色纯技术效率变化、绿色规模效率变化都经历了波动性变化甚至在部分年份恶化了，而且也存在一定的省际差异。

二、工业绿色 TFP 的增长贡献与提升潜力

（一）增长贡献分析

2003～2019 年我国各省份工业绿色经济增长核算结果见表 4 – 19。其中，工业经济增长仍以劳动生产率变化来衡量，其增长源泉包括投入要素和绿色 TFP，后者进一步分解为绿色技术进步和绿色技术效率变化（包括绿色纯技术效率变化和绿色规模效率变化）。

表 4 – 19　　　　　各省份工业绿色增长的源泉分解　　　　单位：%

区域	劳动生产率变化	绿色全要素生产率	绿色纯技术效率	绿色规模效率	绿色技术效率	绿色技术进步	投入要素
北京	5.01	43.31	0.00	5.76	5.76	37.55	56.69
天津	4.46	23.46	0.00	-21.83	-21.83	45.29	76.54
河北	2.41	8.11	-25.67	-1.55	-27.22	35.32	91.89
山西	3.46	13.79	-10.16	0.30	-9.86	23.65	86.21
内蒙古	4.04	19.70	-0.22	-1.90	-2.12	21.82	80.30
辽宁	2.70	19.46	-21.50	-0.06	-21.56	41.03	80.54
吉林	3.37	19.87	-10.48	-2.21	-12.69	32.57	80.13
黑龙江	1.28	-33.51	-248.53	-12.06	-260.59	227.08	133.51
上海	3.77	46.14	0.00	0.00	0.00	46.14	53.86
江苏	3.52	21.11	0.00	-15.07	-15.07	36.17	78.89
浙江	3.06	31.77	0.00	-9.30	-9.30	41.07	68.23
安徽	3.21	14.91	-11.74	0.76	-10.98	25.90	85.09
福建	3.54	41.84	0.00	0.00	0.00	41.84	58.16
江西	2.56	18.29	-9.31	0.85	-8.46	26.75	81.71
山东	3.19	9.80	-16.21	-9.28	-25.49	35.30	90.20

续表

区域	劳动生产率变化	绿色全要素生产率	绿色纯技术效率	绿色规模效率	绿色技术效率	绿色技术进步	投入要素
河南	2.48	18.38	−11.87	−4.02	−15.88	34.26	81.62
湖北	3.05	27.49	−7.76	−0.30	−8.06	35.56	72.51
湖南	2.73	22.18	−1.23	−1.97	−3.20	25.38	77.82
广东	2.92	50.72	0.00	0.00	0.00	50.72	49.28
广西	2.63	11.40	−9.84	−1.22	−11.06	22.46	88.60
海南	5.87	18.63	0.00	22.28	22.28	−3.64	81.37
重庆	3.97	25.74	24.96	−15.91	9.05	16.69	74.26
四川	3.64	20.59	0.42	−1.88	−1.46	22.05	79.41
贵州	5.47	17.95	5.36	0.15	5.51	12.44	82.05
云南	3.68	16.38	0.00	0.00	0.00	16.38	83.62
陕西	4.75	22.50	−3.87	0.76	−3.11	25.61	77.50
甘肃	5.03	19.71	−0.40	−4.14	−4.54	24.25	80.29
青海	3.73	28.13	0.00	−10.12	−10.12	38.25	71.87
宁夏	4.18	19.32	−6.27	3.28	−3.00	22.32	80.68
新疆	1.84	22.94	−41.89	2.97	−38.92	61.86	77.06
全国	3.52	21.34	−13.54	−2.52	−16.06	37.40	78.66
长江上游地区	4.19	20.17	7.69	−4.41	3.28	16.89	79.84

注：表中"劳动生产率变化"为2003～2019年工业劳动生产率的总变化；平均值为算术平均值。

第一，长江上游地区工业劳动生产率得到了大幅提高，增幅高于全国平均水平，但是省际差异也高于全国总体水平。2003～2019年长江上游地区工业劳动生产率提高了3.19倍，高于全国的2.52倍，但是长江上游地区的标准差也高于全国水平。其中，整个期间内工业劳动生产率增幅由大到小依次为贵州、重庆、云南和四川，它们分别提高了4.47倍、2.97倍、2.68倍和2.64倍，都高于全国省份的平均增幅。

第二，长江上游地区工业增长的粗放型特征十分明显，尚处于投入要素驱动阶段。在2003～2019年长江上游地区工业劳动生产率增长中，绿色TFP

的相对贡献仅 20.17%，投入要素的相对贡献则高达 79.84%，后者接近前者的 4 倍，粗放型增长特征十分明显；其中 4 个省份的工业发展都处于投入要素驱动阶段，而且投入要素在经济增长中的相对贡献的省际差异不大，相对贡献最大的省份为云南，最小的省份为重庆，它们的相对贡献分别为 83.62% 和 74.26%，而且只有重庆和四川低于全国平均水平。从全国来看，分析期间内绿色 TFP 和投入要素的相对贡献分别为 21.34% 和 78.66%，也处于投入要素驱动阶段。其中，仅上海的工业绿色 TFP 的相对贡献超过了 50% 而处于创新驱动阶段，其他省份都处于投入要素驱动阶段，黑龙江甚至还经历了明显的绿色 TFP 倒退，它的相对贡献为 -33.51%；长江经济带最接近创新驱动阶段的省份为上海，其绿色 TFP 的相对贡献也只有 46.14%。由此可见，长江上游地区工业发展转型升级已迫在眉睫，从供给侧角度来看，必须加快实现由投入要素驱动向创新驱动转变，促进工业经济高质量发展。

第三，长江上游地区各省份的工业绿色技术进步都促进了工业劳动生产率增长，而绿色技术效率在其中的作用具有较大的省际差异。分析期间内，长江上游地区工业绿色技术进步引致的农业劳动生产率增长了 26.55%，对工业劳动生产率增长的贡献度为 16.89%，低于全国平均水平（37.40%）；绿色技术效率引致工业劳动生产率提高了 5.31%，对工业劳动生产率增长的贡献度为 3.28%，高于全国平均水平（-16.06%），其中绿色纯技术效率和绿色规模效率的贡献度分别为 7.69% 和 -4.41%。这些结果表明，绿色技术进步是引致长江上游地区工业绿色全要素生产率增长的主要原因，绿色技术效率变化虽然总体上也具有促进作用，但是其中的绿色规模效率在分析期间恶化了，它阻碍了绿色全要素生产率增长。就具体省份而言，长江上游地区各省份都经历了绿色技术进步，但是它们在工业增长中的相对贡献都小于全国平均水平。

第四，长江上游地区工业发展中绿色全要素生产率及其增长源泉的相对贡献具有较大的省际差异。一是工业绿色全要素生产率的省际差异大。其中，增长贡献最大的省份为重庆，其相对贡献为 25.74%，最小的省份为云南，其相对贡献为 16.38%，四川和贵州分别为 20.59% 和 17.95%。二是工业绿色技术进步的省际差异大。其中，贡献最大的省份为四川，它对劳动生产率的相对贡献为 22.05%；其余省份介于 12.44%（贵州）和 16.69%（重庆）之间。三是工业绿色技术效率的相对贡献具有较大的省际差异。其中，四川经历了工业绿色技术效率恶化（相对贡献为 – 1.46%）从而阻碍了劳动生产率增长，这源于绿色规模效率恶化（相对贡献为 – 1.88%）；而绿色纯技术效率有所改善（相对贡献为 0.42%），从而促进了经济增长。云南的工业绿色技术效率及其构成因子都没有发生变化，从而未对绿色全要素生产率产生影响。重庆和贵州的绿色技术效率变化都促进了劳动生产率增长，前者源于绿色规模效率改善（相对贡献为 24.96%），后者源于绿色规模效率（相对贡献为 5.36%）和绿色纯技术效率（相对贡献为 0.15%）的共同改善。这些结果同时还表明，尽管绿色技术进步是工业转型升级的重要途径，但是绿色改善技术效率也不可或缺。因此，长江上游地区在不断开发工业新技术的同时，也要进行适宜技术选择，提高工业的绿色纯技术效率和绿色规模效率。

（二）提升潜力分析

当前，长江上游地区工业绿色全要素生产率对工业经济增长的相对贡献远低于投入要素的相对贡献。这不仅表明长江上游地区工业增长尚处于投入要素驱动阶段，而且也意味着长江上游地区工业绿色全要素生产率在未来还有很大的提升空间，也即通过创新驱动工业转型升级的潜在空间还很大。这主要体现在下述两个方面：

第一，长江上游地区工业绿色全要素生产率的增长贡献远低于投入要素的增长贡献，在未来发展中还有很大的提升空间。从长江上游地区整体来看，2003～2019 年工业绿色全要素生产率增长对工业劳动生产率增长的贡献为 20.17%，比投入要素积累的贡献低了 59.67 个百分点。其中，各省份工业绿色全要素生产率的增长贡献也都远小于投入要素的贡献，它们都还停留在投入要素驱动阶段。以绿色全要素生产率增长贡献最大的重庆为例，其工业绿色全要素生产率的增长贡献也只有 25.74%，与绿色全要素生产率增长贡献最大的广东（相对贡献为 50.72%）相比，差距十分明显。就其他 3 个省份而言，它们工业发展中绿色全要素生产率的增长贡献更低，云南尤其明显，只有 16.38%。由此可见，长江上游地区工业经济增长仍然是典型的粗放型经济增长，各省份都还处于投入要素驱动阶段，它们的工业绿色全要素生产率增长都还有巨大的提升潜力。

第二，效率改善和技术进步都是长江上游地区工业绿色全要素生产率提升的潜在源泉，尤其是效率改善的空间更大，而且绿色纯技术效率和绿色规模效率都有很大的改善空间。在 2003～2019 年长江上游地区的工业增长中，绿色技术进步、绿色技术效率变化的相对贡献分别为 16.89% 和 3.28%；其中，四川绿色技术进步的相对贡献最大，为 22.05%，但是绿色技术效率的相对贡献为负，为 -1.46%；其他 3 个省份绿色技术进步的贡献差距不大，介于 12.44%～16.69% 之间，绿色技术效率的相对贡献介于 -1.46%～9.05% 之间。也就是说，长江上游地区各省份工业绿色技术进步和绿色技术效率改善的空间基本上都很大，尤其是绿色技术效率的改善空间更大。就绿色技术效率变化的源泉来看，分析期间内长江上游地区绿色纯技术效率和绿色规模效率对工业绿色增长的相对贡献分别为 7.69% 和 -4.41%，绿色规模效率变动甚至还阻碍了绿色全要素生产率提升，进而阻碍了工业增长。因此，从效率提升潜力来看，将工业置于更优的生产规模更能够提升其绿色技术效率，从而更有助于绿色全要素生产率提升。不过选用更适宜的绿色技术，也能够较大程度地促进绿色全要素生产率提升。

总体来看，推动长江上游地区工业发展从投入要素驱动阶段向效率驱动阶段和创新驱动阶段转变中，不仅要大力推进科技创新，而且要不断改善技术效率。其中，科技创新是实现技术进步的重要手段，也是终极手段，它有别于技术转移和技术模仿，有助于解决技术进步的"最后一公里"问题，从而实现技术超越。因此，长江上游地区工业转型升级中应通过创新链激活产业链，不断打通科技成果转换渠道，放大技术创新对产业发展的溢出效应和乘数效应。同时，我们也应注意到重庆绿色技术进步对劳动生产率的贡献度不如四川，但是重庆的绿色全要素生产率对劳动生产率的贡献位居长江上游地区 4 个省份之首。这表明绿色技术效率的改善也同样不可或缺，在释放工业发展的创新红利的同时，也应不断促进要素结构升级和规模优化调整，以提升纯技术效率和规模效率。

三、工业绿色全要素生产率的影响因素分析

（一）变量和数据选取

1. 相关文献综述

前面的工业动力转换分析表明，提高绿色全要素生产率是推动工业转型

升级和高质量发展的关键所在。为探究如何提高工业绿色全要素生产率,对其进行影响因素分析具有重要的理论和现实意义。迄今为止,一些研究对绿色全要素生产率的影响因素进行了较丰富的探讨,并得出了一些可资借鉴的结论,代表性研究结论如下:

一是认为区域发展水平与绿色全要素生产率之间存在一定的数量关系。一般来说,一个地区经济发展水平的高低,决定了当地工业企业生产技术和污染处理技术的先进与否,也决定了当地保护环境力度和制定环境规制政策强度的高低。张榉榉等(2021)、吴传清等(2018)研究发现,地区经济发展水平与环境全要素生产率的水平呈正相关。但是也有部分学者认为,中国的工业化是以牺牲环境为代价的粗放型增长模式,并且地区工业化发展阶段和区域资源禀赋不同,两者并不是单纯的线性关系。例如,周五七(2019)对2006~2015年长三角15个城市进行实证研究表明,工业绿色全要素生产率指数与人均GDP呈U形变化关系,这在一定程度上说明我国工业污染排放与经济增长可能存在"环境库兹涅茨曲线"效应,庞瑞芝(2011)也得到类似的结论。

二是认为技术水平会影响绿色全要素生产率,但是结论不一。根据内生经济增长理论,经济持续增长的源泉在于全要素生产率提高,这主要取决于技术进步。郭等(Guo et al.,2019)通过计算2001~2015年中国西部的工业绿色全要素生产率,认为技术发展水平是工业环境效率的关键决定因素。国外较多文献发现科技投入会引发技术的新一轮变革,从而推动经济增长。随着国内外对工业污染排放限制越来越高,工业企业也开始运用部分资金进行节能减排的研发投入,这有利于提高污染治理效率,从而增加工业企业"好产出"并减少"坏产出"(庞瑞芝,2016;陈超凡,2016)。不过也有学者认为,受经济发展阶段和产业结构分布影响,技术进步表现出较低效率,不利于整个企业发展从而抑制全要素生产率提高(王兵,2010),并且有可能加剧环境污染(Marx,1992)。基于2004~2016年两位数工业行业面板数据,不同技术来源对工业绿色全要素生产率的影响效应估计结果表明,国外技术引进和企业自主研发促进工业绿色全要素生产率提升,而国内技术购买却在一定程度上抑制了工业绿色全要素生产率的增长,而且工业企业将外部技术引进与自主创新相结合能够在最大程度上发挥技术优势(刘淑茹和贾箫扬,2020)。

三是认为环境规制会影响绿色全要素生产率。"遵循成本效应"的支持者认为，环境规制会导致企业的污染治理成本和环境服从成本增加，这挤出了企业在生产活动、创新活动和组织管理方面的投资，进而会阻碍绿色全要素生产率提升（Walley and Whitehead，1994；尹礼汇和吴传清，2021）。"波特假说"的支持者认为，绿色技术创新有利于倒逼企业节能减排，促使企业优化生产方式和管理方式，减少环境规制成本，进而增加利润（Cheng et al.，2019；吕康娟等，2017）。不过，一些学者指出，"波特假说"的成立存在门槛效应（殷宝庆，2012；李斌等，2013；王杰和刘斌，2014），而且正式环境规制和非正式环境规制对绿色全要素生产率的影响不同（申晨等，2017）。利用 2012～2020 年长江经济带沿线 11 省（市）数据研究发现，命令控制型和市场激励型环境规制都能够显著提升长江经济带制造业绿色全要素生产率，但是具有区域异质性和时间异质性；命令控制型环境规制随着规制强度增加而具有更强的正向促进作用，市场激励型环境规制需要达到一定强度后才能起到规制作用，而公众参与型环境规制的作用不明显（尹礼汇等，2022）。

四是认为对外经济发展水平会影响绿色全要素生产率，但是研究结论差异大。在对外开放成为经济发展必然趋势的大背景下，外资利用水平成为影响当地经济发展的重要因素之一，但是它对环境的影响还未形成统一结论。对长三角地区的工业研究发现，外商直接投资与贸易依存度不利于工业绿色全要素生产率提升，其中出口贸易有负向影响，进口贸易有正向影响（周五七，2019）。一些学者还认为外商直接投资会加剧东道国的环境污染，即由于发达国家环境政策严格以及东道国具有生产要素的价格优势，发展中国家的外商直接投资往往是一些污染型、劳动密集型产业，从而存在"污染避难所效应"（张海洋，2005；杨文举和龙睿赟，2012；李斌等，2013）。也有研究认为对外开放存在着"污染光环效应"，因为国际贸易和外商直接投资作为国际技术溢出的重要渠道，在获取东道国的先进绿色技术上具有明显的针对性和主动性优势，故而通过技术溢出、产业结构优化对母国环境质量提升和绿色工业经济发展产生一定的影响（Kugler，2006；申晨等，2022）。在外商直接投资对工业企业生产效率的影响途径中，溢出效应大于挤出效应（王志鹏等，2003；龚新蜀和李梦洁，2019）。

五是认为基础设施水平会影响绿色全要素生产率。一些研究发现，无论是经济基础设施还是社会基础设施，它们对绿色全要素生产率都有正向的促进作用，但是两者的交互项却表现为负向的抑制作用（黄永明和陈宏，2018）。基于中国省际面板数据的研究表明，交通基础设施对绿色全要素生产率的影响存在单门槛效应和区域异质性，即中西部地区存在门槛效应而东部地区不存在，其中资本存量低于门槛值时具有促进作用，反之则具有抑制作用（徐海成等，2020）。同样以中国省际面板数据为分析样本的研究表明，高速公路和铁路建设对于绿色全要素生产率增长具有显著的促进作用，而且空间溢出效应明显（梁喜和李思遥，2018）。

六是认为政府调控会影响绿色全要素生产率。政府作为市场培育者与管理者，政策措施和发展决策直接影响着经济社会活动运行，但是政策效应通常具有时滞性，因此政府规制对绿色全要素生产率的影响难以直接体现，还可能造成扭曲。一方面，政府通过财政支出、税收政策和产业政策有助于完善社会各生产要素的配置，进而推动绿色全要素生产率提升（戴魁早，2022；程文先和钱学锋，2021）。另一方面，如果政府的宏观调控政策强度较大，则会导致其不能很好地释放企业的经济活力，进而导致资源配置效率低下，阻碍绿色全要素生产率提升（徐晶晶，2015）。基于中国制造业22个细分行业2001~2019年的省级面板数据分析表明，区域市场分割对中国制造业全要素生产率有明显的负向作用（余世勇等，2022；申广军和王雅琦，2015）。

七是认为要素禀赋结构会影响绿色全要素生产率。要素禀赋结构指标一般用资本–劳动比进行衡量，其中资本–劳动比较低意味着工业属于偏向劳动密集型，反之则属于资本密集型。一般而言，资本–劳动比较高的工业有较快的"干中学"速度，资本–劳动比提升意味着带来更多技术创新和管理创新（惠树鹏等，2017；卢福财等，2021）。但是，一些学者认为资本–劳动比的持续攀升主要依靠粗放的工业规模扩张，尤其是重化工业发展加速了资本密度的提升，而工业重型化的特征将带来更多环境污染和能源消耗，进而导致企业污染治理懈怠和工业环境全要素生产率下降（陈超凡，2016；周五七，2019）。

当然，工业经济活动本身是一个复杂的行为集合，工业绿色全要素生产率无疑也会受到多种因素影响。例如，人力资本拥有量越多，对先进技术的使用效率就越高，从而会引致全要素生产率提升（吴传清和黄磊，2018）。又如，金融集聚会带来人才、技术、信息等高级要素的流入和聚集，它们改变了经济增长方式，有助于生产源头中的要素节约、生产过程中的资源配置效率提升以及生产末端的环境污染治理，从而提升整体绿色效率（李瑞雪等，2022）。另外，工业产权结构、能源消费强度、工业企业规模结构、人口密度、公众环保意识、信息发展水平、城镇化水平等也会影响工业绿色全要素生产率（陈超凡，2016；卢福财等，2021）。

2. 变量选取

前面回顾的这些研究表明，影响绿色全要素生产率的因素涉及"经济－社会－资源－环境"复合系统的各个方面，它们会对能源和资源利用效率、生产力发展水平、产出效率以及生态环境状况等产生影响。结合这些研究结论和数据的可获得性，此部分将工业绿色全要素生产率的潜在影响因素分为结构因素、技术因素、环境规制因素、经济因素、社会因素、制度因素六大类，详见表4－20。

表4－20　　　　　　　　　工业绿色全要素生产率的潜在影响因素

类别	变量	测度指标
结构因素	产权结构（cqjg）	国有及国有控股企业主营业务收入/工业主营业务收入
	能源结构（nyjg）	工业煤炭消费量/工业能源消费总量
	规模结构（gmjg）	规模以上大中型企业主营业务收入/规模以上工业主营业务收入
	产业结构（cyjg）	高技术产业产值/工业产值
	要素结构（ysjg）	资本－劳动比
技术因素	内部技术创新（nbyf）	规模以上工业企业研发经费内部支出/全部工业总产值
	外部技术引进（wbyj）	规模以上工业行业外商直接投资/全部工业总产值
规制因素	行政型环境规制（xzgz）	工业污染治理投资/工业增加值
	市场型环境规制（scgz）	单位工业增加值排污费
经济因素	经济发展水平（pgdp）	人均GDP
	金融发展水平（jrsp）	金融结构存贷款余额/GDP
	贸易开放度（mykf）	进出口贸易总额/全部工业总产值
社会因素	基础设施建设（infr）	公路密度
	信息化程度（inte）	互联网普及率
	城市化水平（urba）	城镇人口/总人口

类别	变量	测度指标
制度因素	市场化程度（inzs）	王小鲁等（2018）研制的市场化程度指标
	政府调控能力（zftk）	财政支出/GDP

（1）结构因素。不同的产权结构可能引起企业激励机制不同以及市场竞争机制变化，进而对资源配置、技术革新和绿色全要素生产率产生影响。不同的能源结构会引起企业环境污染治理成本和利润率不同，进而影响工业企业绿色全要素生产率。不同的企业规模结构所具备的技术创新和管理创新能力、节能降耗成本不同，进而会对工业绿色全要素生产率产生不同影响。工业技术含量的高低和作为工业生产过程中的投入要素结构对工业绿色全要素生产率也会产生直接影响。因此，本书将结构要素分为产权结构（cqjg）、能源结构（nyjg）、规模结构（gmjg）、产业结构（cyjg）和要素结构（ysjg）五个维度；同时，采用国有及国有控股企业主营业务收入与工业主营业务收入比重衡量产权结构，采用工业原煤消费量与工业能源消费总量之比衡量能源结构，采用大中型工业企业主营业务收入占全部规模以上工业主营业务收入之比衡量规模结构，采用高技术产业主营业务收入占规模以上工业主营业务收入之比衡量工业产业结构，采用资本与劳动力之比衡量要素结构。

（2）技术因素。技术进步的主要途径包括自主创新、技术引进（技术扩散或技术溢出）等渠道，而且技术效率与技术引进方的吸收能力高度相关，它们都是全要素生产率的构成部分。通常来说，技术水平受到企业内部研发创新和外部技术引进两方面因素的影响。因此，本书将技术因素分为内部研发创新（nbyf）和外部技术引进（wbyj）两个维度。其中，内部研发创新采用工业企业研发支出占全部工业总产值的比重来衡量；外部技术引进采用规模以上工业行业外商直接投资占全部工业总产值的比重来衡量。

（3）环境规制因素。环境规制作为工业活动的外部制约因素，会对工业的收益、交易成本以及管理效率产生直接影响，进而影响绿色全要素生产率。制定和执行适宜的行政型、市场型等环境规制来推动绿色全要素生产率提升，已成为当前中国经济绿色高质量发展的关键途径（程中华和刘军，2019）。基于此，本书将环境规制分成行政型环境规制（xzgz）和市场型环境规制

（scgz）两个维度，并采用工业污染治理投资占工业增加值的比重来衡量行政型环境规制，采用工业缴纳的排污费占工业增加值的比重来衡量市场型环境规制。

（4）经济因素。全要素生产率是经济发展的重要源泉，它同时也受经济发展水平的影响。一般来说，经济发展水平越高，有更多的投入用于研发活动，因此经济活动不再过度依赖自然资源，而是更倾向于通过技术进步和效率改善来促进经济增长。另外，宏观经济的稳定性对于研发活动的顺利开展也存在一定影响，这也可能会影响到绿色全要素生产率的变化。为此，我们主要从区域经济发展水平（pgdp）、金融发展水平（jrsp）和贸易开放度（mykf）三个方面来探寻经济发展水平对绿色全要素生产率的影响。其中，用人均 GDP 度量区域经济发展水平；用规模以上工业行业贷款占全部工业总产值的比重度量金融发展水平；用规模以上工业进出口贸易总额占全部工业总产值的比重衡量贸易开放程度。

（5）社会因素。基础设施主要通过空间溢出效应对绿色全要素生产率产生影响，它可以降低工业交易成本和研发成本，促使企业不断重组和优化生产要素、生产工艺及生产流程，提高绿色技术水平、能源使用效率及排污处理水平，进而促进工业绿色全要素生产率提升。另外，城市化水平的提升能够促使资本、劳动力等生产要素聚集，有利于共享成本降低和投资需求增长，产生规模效益，从而带动工业绿色全要素生产率的提升。因此，本书选取基础设施建设（infr）、信息化程度（info）和城市化水平（urban）作为社会层面的影响因素。其中，采用公路密度来衡量基础设施水平；采用互联网普及率来衡量信息化程度；采用城镇人口数占总人口数的比重来反映城市化水平。

（6）制度因素。国内外众多研究表明，制度质量与经济发展之间高度正相关，好的制度不仅有利于生产性活动的顺利开展，还有助于资源的有效配置。本书选取市场化程度（inzs）和政府调控能力（zftk）来测度制度质量。其中，市场化指数采用王小鲁等（2018）测算的市场化程度指数，政府调控能力用地方财政支出占 GDP 的比重来衡量。

3. 数据说明

此部分选用的数据主要是根据《中国工业统计年鉴》《中国统计年鉴》《中国环境统计年鉴》《中国能源统计年鉴》《中国科技统计年鉴》的相关数据整理得出，部分数据根据相关研究结果整理得出。市场化指数的偶数年数据源自《中国分省份市场化指数报告（2018）》，其中奇数年数据为相邻两年的算数平均值，2004～2007年和2017年的数据采用数据填充的方式获取。所有变量的相关数据均为省际面板数据，样本的时间跨度为2004～2019年，相关变量的一般统计描述见表4-21。

表4-21 　　　　　　　　**工业绿色TFP潜在影响因素的一般统计描述**

变量	观测值	平均值	中位数	标准差	最小值	最大值
$cqjg$	480	0.40	0.40	0.19	0.10	0.86
$nyjg$	480	0.48	0.49	0.16	0.02	0.84
$gmjg$	480	0.68	0.69	0.09	0.45	0.88
$cyjg$	480	0.09	0.07	0.07	0.00	0.33
$ysjg$	480	4.67	3.77	2.91	1.34	20.47
$nbyf$	466	22.56	20.85	11.49	1.38	56.79
$wbyj$	472	3.45	2.08	4.56	0.05	45.55
$xzgz$	480	3.98	3.06	3.43	0.17	28.55
$scgz$	480	1.19	0.95	0.96	0.09	9.15
$pgdp$	480	4.09	3.59	2.72	0.43	16.42
$jrsp$	480	2.91	2.72	1.11	1.40	7.90
$mykf$	480	0.31	0.14	0.37	0.01	1.72
$infr$	480	0.82	0.80	0.49	0.04	2.12
$inte$	480	0.36	0.39	0.20	0.03	0.78
$urba$	480	0.53	0.52	0.14	0.26	0.90
$inzs$	480	6.58	6.36	1.93	2.33	11.71
$4sik$	480	0.22	0.20	0.10	0.08	0.63

（二）实证模型设定

在基准回归分析中，我们采用处理面板数据时最常用的固定效应模型和随机效应模型。在具体的分析中，沿袭相关研究做法，根据豪斯曼检验（Hausman test）的结果来选择具体的估计方法。具体如公式（4-11）所示。

（三）模型估计结果分析

考虑到模型可能存在自相关、异方差等问题，本书运用可行广义最小二乘法（FGLS）进行估计，结果见表4－22。

表4－22　　　　　工业绿色 TFP 及其构成的影响因素估计结果

影响因素		绿色全要素生产率		绿色技术效率		绿色技术进步	
类别	变量	系数	标准误	系数	标准误	系数	标准误
结构因素	cqjg	0.135	0.085	− 0.500 ***	0.144	0.767 ***	0.143
	nyjg	− 0.157 ***	0.056	− 0.168 *	0.096	0.038	0.095
	gmjg	− 0.028	0.081	0.201	0.138	− 0.541 ***	0.137
	cyjg	0.591 ***	0.168	− 0.073	0.285	0.433	0.284
	ysjg	− 0.004	0.004	− 0.009	0.007	− 0.002	0.007
技术因素	nbyf	− 6.967 ***	0.84	− 4.353 ***	1.429	− 2.233	1.423
	wbyj	2.052 *	1.19	0.89	2.024	1.402	2.015
规制因素	xzgz	− 0.001	0.002	0	0.003	0.001	0.003
	scgz	− 0.005	0.008	− 0.073 ***	0.014	0.061 ***	0.014
经济因素	pgdp	0.034 ***	0.009	0.006	0.015	0.044 ***	0.015
	jrsp	− 0.098 ***	0.013	− 0.059 ***	0.023	− 0.002	0.023
	mykf	− 0.299 ***	0.041	− 0.282 ***	0.069	0.03	0.069
社会因素	infr	0.03	0.023	0.003	0.039	− 0.019	0.038
	inte	− 0.156	0.1	0.383 **	0.171	− 0.805 ***	0.17
	urba	− 0.657 ***	0.183	− 0.199	0.312	− 0.425	0.31
制度因素	inzs	0.024 ***	0.008	0.011	0.013	0.009	0.013
	zftk	0.384 **	0.151	0.418	0.257	0.181	0.256
常数项	− cons	2.410 ***	0.206	2.223 ***	0.35	1.102 ***	0.349
年份固定		控制		控制		控制	
省份固定		控制		控制		控制	
观测值		464		464		464	
R^2		0.876		0.755		0.845	

注：＊、＊＊、＊＊＊分别表示在10%、5%和1%的显著性水平下显著。

从表 4-22 可以看出，前面列出的这些潜在影响因素多数都对绿色全要素生产率或其源泉具有显著影响，具体如下：

（1）产权结构。产权结构对工业绿色全要素生产率的影响不显著，不过对绿色技术进步有显著的正向影响，而且对绿色技术效率有显著的负向影响。这表明，国有企业在技术革新方面具有优势，从而有助于绿色技术进步；但是它们在资源配置效率方面却具有劣势，从而会抑制绿色技术效率改善；总体来看，两者共同作用下并未对绿色全要素生产率产生显著影响。随着国有企业改革进程的不断推进，资源环境约束与传统增长动力减弱"倒逼"国有企业转型，国有企业的活力和市场竞争力得以释放。一方面，国有企业充分发挥规模经济的优势提升生产效率，另一方面，凭借其技术革新成本较低、空间较大的优势，进一步增强创新研发和污染治理的投资力度。因此，从长期来看，国有企业改革在一定程度上能够对改善绿色全要素生产率起到促进作用。

（2）能源结构。能源结构对工业的绿色全要素生产率和绿色技术效率有负向影响，但对绿色技术进步的影响不显著。这与理论分析结论一致，即化石能源使用越多，碳排放等非期望产出也越多，从而不利于绿色全要素生产率提升。从能耗的具体数据来看，2019 年我国能源消费总量 48.6 亿吨标准煤，同比增速 3.3%，其中工业能耗占总能耗的 66% 以上，而在工业能源消费总量中，煤炭消费占能源消费总量的 58% 以上。不合理的能源结构不仅消耗大量传统化石能源，而且将向环境系统排放大量有害物质，这将对工业绿色全要素生产率的提升产生严重不利影响。

（3）规模结构。估计结果表明，规模结构对绿色全要素生产率和绿色技术效率的影响都不显著，但是对绿色技术进步有显著的负向影响。这说明，并非工业规模越大，工业绿色全要素生产率就会越高，越有利于工业绿色增长。出现这种情况的可能原因是，尽管大中型工业企业投入更多的资源用于研究相关的绿色环保技术，但是技术创新的规模经济性会随着企业规模的扩大而逐渐消失，企业也未必处于最优经济规模。总体而言，由于大中型工业企业比重增加所带来的生产率的提升效应小于其负向影响，从而抑制了本地区工业绿色全要素生产率的提升。

（4）产业结构。产业结构对绿色全要素生产率有正向的促进作用，但对绿色技术进步和绿色技术效率的影响比较模糊。本书选取高新技术产业产值与工业增加值的比值来衡量工业产业结构水平，回归结果中该变量的影响系数为正，这意味着工业产业结构高级化对工业绿色全要素生产率有着显著的促进作用，同时也暗示着经济发展过程中的产业结构调整红利仍然存在。

（5）要素结构。要素结构对绿色全要素生产率、绿色技术效率和绿色技术进步的回归系数为负，而且影响效果都不明显。伴随着工业化的快速推进，我国的资本–劳动比逐渐提升，这往往是以直接投资为主的工业资本快速累积所致。资本–劳动比的持续攀升主要依靠粗放的工业规模扩张来实现，尤其是近年来我国重化工业发展趋势明显，加速了资本密度的提升，而工业重型化的特征会导致环境质量的进一步恶化。同时，资本深化使得经济结构逐渐由劳动密集型向资本密集型转换，资本密集型企业的技术水平往往较高，技术水平的提升在很大程度上抵消了其对资源和环境的负向影响。因此，在这两股对立力量的作用下，资本深化对工业绿色全要素生产率及其增长源泉的影响并不明显。

（6）内部技术创新。内部技术创新对工业的绿色全要素生产率、绿色技术效率具有显著的负向影响，但是对绿色技术进步的负向影响不显著。这与前面的理论分析结论不一致，其可能的原因在于：我国工业发展尚处于快速发展阶段，绿色发展水平不高，企业自主创新更多地专注于提高期望产出而忽视由此增大的生态环境压力和能源高消耗，从而恶化了绿色全要素生产率。

（7）外部技术引进。外部技术引进对工业绿色全要素生产率有较显著的正向影响，但是对绿色技术效率和绿色技术进步的影响即使在10%的显著性水平上也不显著。其原因可能在于：一方面，技术引进具有研发成本小、时间周期短等优势，已成为提升技术水平和优化资源配置的重要方式，从而有助于绿色全要素生产率提升；另一方面，技术引进也可能存在"污染避难所"效应，从而会在一定程度上抵消它对绿色全要素生产率的正向促进作用。

（8）环境规制。市场型环境规制和行政型环境规制对工业绿色全要素生产率的影响都不显著。其中，市场型环境规制有助于绿色技术进步，但是显著抑制绿色技术效率改善；而行政型环境规制对绿色技术进步和绿色技术效率的影响都不显著。理论分析表明，环境规制对工业绿色全要素生产率产生成本效应和创新效应。这里的总体影响不显著，其原因可能在于环境规制降低了工业企业的经营利润，挤占了部分用于技术积累的资金，从而在一定程度上阻碍了工业绿色全要素生产率的提升，即环境规制的成本效应冲抵了其创新效应（这从市场型环境规制的估计结果可见一斑）。

（9）经济发展水平。经济发展水平对工业绿色全要素生产率和绿色技术进步都具有显著的正向影响，但是对绿色技术效率的影响不显著，这与预期一致。这意味着我国经济增长在提高生产效率的同时并未对环境造成过大压力，从而有助于绿色技术进步进而促进绿色全要素生产率提升。

（10）金融发展水平。金融发展水平对绿色技术进步和绿色技术效率的影响是相反的，而对绿色全要素生产率具有显著的负向影响。一般而言，金融规模的提高能够缓解工业融资约束，从而为技术研发提供有利条件，并且金融业本身作为资本密集型行业，在一定程度上可以吸引高新技术产业聚集，从而也对绿色技术进步产生促进作用。但是，金融规模扩大会阻碍技术效率改善，这是由于我国长期以来的信贷歧视，导致了金融发展对生产效率的双重拖累（陈刚和李树，2009；徐思远，2016）。另外，金融业发展水平越高，越可能刺激当地工业发展中更多地依赖资本投入而轻视创新驱动，从而对工业绿色全要素生产率提升产生负面影响。

（11）贸易开放度。回归结果显示，贸易开放度对工业的绿色全要素生产率和绿色技术效率的影响都显著为负，而对绿色技术进步的影响不显著。贸易开放度对工业绿色全要素生产率具有两种效应，即正向的技术溢出效应和负向的"污染避难所"效应，总体影响取决于这两种效应相对程度的大小，这里的回归结果表明对外贸易开放所带来的"污染避难所"效应超过了技术溢出效应。其原因可能在于，长江上游地区地处内陆地区，劳动力价格低廉，自然资源相对丰富，技术水平相对不高，在开放经济中更倾向于布局劳动密集型、资源密集型的低技术含量产业，从而引致了较大的污染转嫁效应。

（12）基础设施。估计结果表明，基础设施对工业绿色全要素生产率及其增长源泉的影响都不显著。这背后的原因可能在于：一方面，完善的交通基础设施有利于产业集聚，这为规模效率提升提供了空间，而且交通基础设施带来的集聚效应和扩散效应会带动其他信息、技术、人才等资源在不同区域间的传播和扩散，进而提升工业绿色全要素生产率；另一方面，完善的交通基础设施会助推粗放型经济增长模式的深化，因为这大大地增加了对相对廉价的物质投入的需求，例如，化石能源而非替代品，结果会引致形成高投入、高产出和高污染共存的局面。

（13）信息化水平。信息化程度对工业绿色全要素生产率的影响不显著，但是会显著地抑制绿色技术进步和促进绿色技术效率改善。从理论分析来看，互联网能够通过减少资源错配、降低交易成本和促进企业创新来提高生产率（黄群慧等，2019），但是回归结果却与此不完全一致。其可能的原因在于，信息化的深入推进使得部分中间投入品的价值降低，并替代了生产部门低技能劳动力的部分生产活动，促使互联网的替代效应大于创新效应，造成生产部门出现暂时性要素冗余，降低了要素转换为产出的效率，进而对制造业绿色全要素生产率产生了非适应性冲击，出现了所谓的"索洛悖论"（余东华和韦丹琳，2021）。

（14）城镇化水平。城镇化对工业绿色全要素生产率的影响系数为负，其可能原因在于当前城镇化发展质量不高。人口城镇化过度向大城市集聚，使得经济要素流动不均衡的同时，加大了对城市生态环境的压力（郑垂勇等，2018）。我国目前尚处于粗放式经济发展阶段，更倾向于从数量上而非质量上来寻求城镇化的产业支撑，这进而抑制了工业绿色全要素生产率提升。

（15）市场化水平。市场化水平对绿色全要素生产率的影响显著为正，这与相关研究结论一致。市场化有助于要素优化配置和降低产能过剩，从而降低过度投资、结构失衡和生产能力累积性闲置的经济现象发生概率，进而提高工业绿色全要素生产率水平（谢贤君等，2021）。

（16）政府调控能力。估计结果表明，政府调控能力（政府干预程度）对工业绿色全要素生产率的影响显著为正，但是对工业绿色技术效率、绿色技术进步的影响不明显。政府通过财政补贴、税收优惠为主的财政支出对经济活动的干预，一定程度上弥补了市场无效，可以有效降低工业能源消耗、减少工业污染物排放和提高工业产品技术含量，这会促进工业绿色全要素生产率提升。虽然政府干预对工业绿色全要素生产率产业有正向促进作用，但是政府支持很有可能对企业研发产生"挤出效应"，而且工业企业为了争取政府科技支持，将产生效率低下的创新行为，引致低质量的策略性创新，这种情况下政府干预有可能对绿色技术进步的正向影响产生冲抵效应。

（四）稳健性检验

为验证上面分析结论的稳健性，下面采用面板校正标准误方法（panel corrected standard errors，PCSE）从三个方面进行稳健性检验，具体结果见表

4 – 23。

表 4 – 23 　　　　　　　　**工业绿色 TFP 影响因素的稳健性检验**

影响因素		替换被解释变量		替换解释变量		增加解释变量	
类别	变量	系数	标准误	系数	标准误	系数	标准误
结构因素	cqjg	0.068	0.092	0.149 *	0.082	0.123	0.085
	nyjg	− 0.238 ***	0.061	− 0.157 ***	0.056	− 0.151 ***	0.057
	gmjg	− 0.037	0.088	− 0.035	0.083	− 0.026	0.081
	cyjg	0.817 ***	0.182	0.609 ***	0.166	0.631 ***	0.171
	ysjg	0.004	0.004	− 0.004	0.004	− 0.004	0.004
	hc					0.000	0.000
技术因素	nbyf	− 7.101 ***	0.909	− 7.116 ***	0.808	− 6.869 ***	0.844
	wbyj	1.12	1.288	2.071 *	1.191	2.102 *	1.19
规制因素	xzgz	− 0.002	0.002	− 0.001	0.001	− 0.001	0.002
	scgz	− 0.013	0.009		0	− 0.003	0.008
	er			− 0.001	0.016		
经济因素	pgdp	0.042 ***	0.009	0.032 ***	0.008	0.033 ***	0.009
	jrsp	− 0.096 ***	0.014	− 0.099 ***	0.013	− 0.098 ***	0.013
	mykf	− 0.297 ***	0.044	− 0.298 ***	0.041	− 0.318 ***	0.044
社会因素	infr	0.029	0.025	0.032	0.023	0.033	0.023
	inte	0.029	0.109	− 0.148	0.1	− 0.134	0.102
	urba	− 0.658 ***	0.198	− 0.643 ***	0.182	− 0.579 ***	0.196
制度因素	inzs	0.027 ***	0.008	0.024 ***	0.008	0.024 ***	0.008
	zftk	0.342 **	0.164	0.376 **	0.151	0.359 **	0.153
常数项	− cons	2.410 ***	0.206	2.223 ***	0.35	1.102 ***	0.349
年份固定		控制		控制		控制	
省份固定		控制		控制		控制	
观测值		464		464		464	
R^2		0.904		0.876		0.876	

注：* 、** 、*** 分别表示在 10% 、5% 和 1% 的显著性水平下显著。

（1）替换被解释变量。前面实证模型中的被解释变量为基于 SBM 模型的全局 ML 生产率指数，其中非期望产出中同时考虑了工业废气中的二氧化硫（SO_2）、废水中的化学需氧量（COD）、工业二氧化碳排放量（CO_2）。下面仅将二氧化硫、二氧化碳作为非期望产出来进行相应分析。

（2）替换解释变量，即采用工业废水、工业二氧化硫和工业烟尘排放量 3 个指标来构建综合指标，据此衡量市场型环境规制。

（3）增加解释变量。一些研究认为，人力资本作为环保的实践者、绿色"硬技术"的创造者和绿色"软技术"的主导者，它对绿色全要素生产率具有不可忽视的影响（谭政和王学义，2016；韩海彬等，2014）。为此，将人力资本（hc）也纳入实证分析。

表 4-23 的估计结果表明，在这三种稳健性检验结果中，各影响因素的估计结论与基准模型估计结果一致，也就是说，前面的基准回归结论是稳健的。

四、主要结论

本部分以我国 30 个省份在 2003～2019 年的发展经历为分析样本，对长江上游地区工业绿色全要素生产率及其分解因子进行了测度，据此探讨了工业绿色增长的动力演进和提升潜力，并实证分析了工业绿色全要素生产率的影响因素，主要结论如下：

第一，长江上游地区工业发展中广泛地存在着绿色技术无效率现象，其效率值总体上低于全国同期平均水平，但是在分析期间内有所改善。中国工业绿色技术效率的地区分布格局在分析期间没有发生显著变化，较大的绿色技术效率差异在波动中有所扩大，其中长江上游地区工业绿色技术效率的省际差异在波动中略有降低。

第二，工业绿色技术效率与工业发展水平没有必然的联系，长江上游地区表现得尤为突出。根据绿色技术效率的含义，它的取值高低取决于是否使用了与其经济发展条件相适应的最佳实践技术。例如，工业发展水平相对落后的福建，就一直处于生产前沿上，云南也在多数年份处于生产前沿上；而工业发展水平相对较高的河北、重庆和四川，它们的工业绿色技术效率却低于全国平均水平。

第三，长江上游地区工业绿色 TFP 总体上得到了提升，但改善程度低于全国平均水平，而且省际差异低于全国水平。其中，长江上游地区工业绿色 TFP 提升的主要源泉是绿色技术进步，其次是绿色技术效率改善；长江上游地区工业绿色技术效率改善的主要原因在于绿色纯技术效率变化，而绿色规模效率变化总体来说在其中具有阻碍作用，但是存在明显的省际差异。

第四，长江上游地区工业劳动生产率得到了大幅提高，增幅高于全国平均水平，但是省际差异也高于全国总体水平。其中，该地区工业增长的粗放型特征十分明显，尚处于投入要素驱动阶段；工业绿色技术进步促进了各省份工业劳动生产率增长，但是绿色技术效率在其中的作用具有较大的省际差异，而且工业绿色全要素生产率的增长贡献也具有较大的省际差异。在未来发展中，长江上游地区工业绿色全要素生产率还有很大的提升空间，这可以通过绿色技术进步得以实现，更可以通过改善绿色技术效率来实现，其中绿色纯技术效率和绿色规模效率都有很大的改善空间。

第五，工业绿色全要素生产率的潜在影响因素涉及结构因素、技术因素、环境规制因素、经济因素、社会因素、制度因素六个方面。其中，产业结构、经济发展水平、市场化程度和政府调控水平对工业绿色 TFP 具有促进作用；能源结构、内部技术创新、金融发展水平、贸易开放度、城市化水平对工业绿色 TFP 具有抑制作用；产权结构、规模结构、要素结构、外部技术引进、行政型和市场型环境规制、基础设施、信息化水平对工业绿色 TFP 的影响是模糊的。

第五节 长江上游地区服务业转型升级的动力转换

近年来，随着全球经济步入"服务经济"时代，长江上游地区服务业也得到了快速发展，正由高速增长阶段转向高质量发展阶段。提高服务业全要素生产率，实现服务业高质量发展，更好发挥其对实体经济的支撑作用和对民生福祉的改善功能，是新时代服务业发展的重中之重。值得注意的是，服务业在快速增长的同时，其生产经营活动对环境也带来了一定程度的压力。为此，此部分也将环境约束纳入服务业转型升级分析，借助绿色经济增长核算分析模型，从供给侧视角剖析长江上游地区服务业转型升级的动力转换历程和未来方向，并从提升绿色全要素生产率入手，剖析创新驱动服务业转型升级的影响因素。

一、服务业绿色全要素生产率的时空演化分析

（一）变量选取

为探讨长江上游地区服务业绿色全要素生产率及其增长来源，需要一组与经济活动相关的投入、产出和环境压力指标。本书综合数据的可得性和指标选取的合理性，以服务业增加值作为期望产出，以废水中的化学需氧量（COD）、生活二氧化硫（SO_2）排放量和二氧化碳（CO_2）排放量作为非期望产出，以劳动力、物质资本作为投入要素。各变量的选取方式及数据来源具体如下。

1. "期望"产出

参照刘兴凯和张诚（2010）、王恕立和胡宗彪（2012）等相关研究的做法，我们利用各省份服务业的增加值（gdp）测度服务业的期望产出，并选择2003年为基期进行平减，相关数据来自历年《中国统计年鉴》。

2. "非期望"产出

参考钟等（Chung et al.，1997）、陈诗一（2010）、王恕立等（2015）的研究，将污染排放作为服务业生产活动的非期望产出。考虑到中国各省份服务业的污染排放数据难以获得，依据庞瑞芝和邓中奇（2014）的方法，把化学需氧量（COD）、生活二氧化硫（SO_2）、二氧化碳（CO_2）作为本书研究中服务业的非期望产出来源，并采用服务业就业人员数占各地区年末地区常住人口的比例乘以各地区当年生活污染物的排放总量，近似得到各省份服务业的污染物排放量。其中生活二氧化硫与化学需氧量的数据来源于历年《中国环境统计年鉴》，服务业就业人员数和各地区年末地区常住人口的数据来自《中国统计年鉴》。

3. 资本投入

资本投入运用的是永续盘存法估算得到资本存量（K），计算见公式（4-12）。各工业行业固定资本存量以2003年为基期，使用该年规模以上工业行业固定资产原价作为基期存量。I_t采用岳鸿飞（2018）的方法，以相邻

两年的固定资产净增加值为投资额，并用固定资产投资价格指数进行平减处理。折旧率的设定参考陈诗一（2012）的结果。相关数据来自对应年份的《中国固定资产投资统计年鉴》《中国统计年鉴》《中国工业统计年鉴》。参照王恕立和胡宗彪（2012）的研究，运用哈伯格（Harberger，1978）提出的稳态方法对基期资本存量进行计算，见公式（4-14）。

$$K_{i,t-1} = \frac{I_{i,t}}{g_{i,t} + \delta_{i,t}} \qquad\qquad (4-14)$$

为了减小短期产出波动和经济周期波动对测算结果造成的误差，应该使用一段时期的平均增长率表示 $g_{i,t}$（Harberger，1978），本书利用服务业 2003 ~ 2019 年的增加值年平均增长率表示。参照李和洪（Lee and Hong，2012）、王恕立等（2015）等的研究成果，中国各地区服务业折旧率 $\delta_{i,t}$ 统一设定为 4%。在计算中选择 2003 年为基期，并按固定资产投资价格指数进行平减，数据来源于各省份历年统计年鉴。

4. 劳动力投入

从理论上来说，劳动力投入应从数量和质量两个方面进行综合考虑。考虑数据的可得性，本书采用第三产业年末就业人数与人均受教育年限的乘积来衡量服务业劳动力投入（H）。相关数据来自《中国第三产业统计年鉴》《中国统计年鉴》和历年各省份统计年鉴。

（二）数据说明

与农业、工业的分析情况一致，本书研究范围包括我国 30 个省份（不包含港澳台地区，另外，鉴于西藏缺失数据较多，因此进行了剔除）为分析样本，相关数据的一般统计描述见表 4-24。

表 4-24　　　2003 ~ 2019 年服务业投入、产出指标的统计描述

变量	地区	观测值	平均值	中位数	标准差	最小值	最大值
gdp	全国	510	4696.94	3220.56	4583.55	137.84	25578.1
	长江上游地区	68	2946.74	2395	2111.04	478.43	10014
k	全国	510	26103.53	16710.85	26739.68	611.14	143359.78
	长江上游地区	68	24047.77	15187.1	22666.4	1666.02	96441.4

续表

变量	地区	观测值	平均值	中位数	标准差	最小值	最大值
H	全国	510	7941.96	6971.37	5115.62	567.23	32567.41
	长江上游地区	68	6724.63	5280.89	3904.17	2137.15	16111.14
SO_2	全国	510	1.48	1.12	1.35	0.00	7.60
	长江上游地区	68	2.06	1.38	1.68	0.15	7.60
COD	全国	510	9.76	7.16	8.36	0.48	42.84
	长江上游地区	68	7.11	4.48	6.31	1.32	24.73
CO_2	全国	510	8568.94	6549.12	7107.23	196.24	37957.45
	长江上游地区	68	4534.88	4329.21	1756.17	1350.8	8303.14

从表 4-24 中可见，总体而言，长江上游地区服务业在样本期间的发展差异较大。从投入的角度来看，资本投入要素的最大最小值之比超过 57.87，劳动力投入的最大最小值比较小，接近 7.53。从产出的角度来看，非期望产出生活二氧化硫（SO_2）、废水中的化学需氧量（COD）的变异系数比较接近，分别为 0.81 和 0.88，二氧化碳排放量（CO_2）的变异系数最小，为 0.38，这说明长江上游地区服务业不仅在总量和增速方面有较大差异，而且它们面临的环境污染压力也很大。相比而言，长江上游地区投入和期望产出平均值均小于全国地区，这意味着长江上游地区服务业总体发展不如全国；但是，非期望产出中的生活二氧化硫（SO_2）却高于全国，这表明长江地区服务业的污染较重。因此，在各省份服务业的 TFP 的测算中宜考虑能源投入和污染排放等非期望产出，否则将可能导致分析结果出现偏误。

（三）生产前沿与技术效率

以 2003～2019 年我国 30 个省份服务业发展中的投入、产出数据为样本，得到各省份的绿色技术效率及相应年份的生产前沿构成，见表 4-25。

表 4 - 25   2003～2019 年各省份服务业绿色技术效率

区域	2003 年	2004 年	2005 年	2006 年	2007 年	2008 年	2009 年	2010 年	2011 年
北京	1.0000	1.0000	1.0000	1.0000	1.0000	1.0000	1.0000	1.0000	1.0000
天津	1.0000	0.7825	0.7803	0.7842	0.7861	0.7803	0.7616	0.7738	0.7781
河北	0.6807	0.6821	0.6958	0.6932	0.6961	0.7135	0.7024	0.6982	0.6641
山西	0.6148	0.6223	0.6313	0.6197	0.6242	0.6258	0.6178	0.6097	0.5760
内蒙古	0.6278	0.6410	0.6583	0.6571	0.6689	0.6602	0.6503	0.6395	0.5527
辽宁	0.6632	0.6670	0.6612	0.6629	0.6594	0.6707	0.6684	0.6622	0.6320
吉林	0.6292	0.6350	0.6426	0.6502	0.6603	0.6710	0.6821	0.6759	0.6396
黑龙江	0.6748	0.6669	0.6702	0.6724	0.6744	0.6791	0.6838	0.6671	0.6164
上海	1.0000	1.0000	1.0000	1.0000	1.0000	1.0000	1.0000	1.0000	1.0000
江苏	0.7531	0.7537	0.7647	0.7794	0.8240	1.0000	1.0000	1.0000	1.0000
浙江	0.8468	1.0000	1.0000	1.0000	1.0000	1.0000	1.0000	1.0000	1.0000
安徽	0.6708	0.6817	0.6833	0.6714	0.6660	0.6657	0.6633	0.6525	0.6246
福建	1.0000	1.0000	1.0000	1.0000	1.0000	1.0000	1.0000	0.9118	0.7749
江西	0.6631	0.6515	0.6631	0.6598	0.6558	0.6646	0.6693	0.6640	0.6777
山东	0.7011	0.7063	0.7201	0.7284	1.0000	1.0000	0.7871	0.7416	0.6586
河南	1.0000	1.0000	0.6992	0.6917	0.6908	0.6948	0.6940	0.6813	0.6394
湖北	0.6553	0.6645	0.6805	0.6780	0.6920	0.7226	0.7042	0.6904	0.6747
湖南	1.0000	1.0000	0.6681	0.6616	1.0000	0.7117	0.6779	0.6748	0.6838
广东	1.0000	1.0000	1.0000	1.0000	1.0000	1.0000	1.0000	1.0000	1.0000
广西	0.6612	0.6490	0.6470	0.6472	0.6601	0.6707	0.6924	0.6818	0.6934
海南	1.0000	1.0000	1.0000	1.0000	1.0000	1.0000	1.0000	1.0000	0.7969
重庆	0.6811	0.6813	0.6841	0.6919	0.6950	0.7003	0.6981	0.6911	0.6699
四川	0.6500	0.6537	0.6795	0.6732	0.6831	0.6814	0.6798	0.6844	0.6891
贵州	0.6385	0.6348	0.6488	0.6449	0.6761	0.6628	0.6527	0.6470	0.6235
云南	0.7102	0.6969	0.7120	0.6960	0.6907	0.6903	0.6909	0.6826	0.6479

续表

区域	2003 年	2004 年	2005 年	2006 年	2007 年	2008 年	2009 年	2010 年	2011 年
陕西	0.6514	0.6341	0.6369	0.6331	0.6369	0.6384	0.6615	0.6555	0.6015
甘肃	0.6427	0.6489	0.6776	0.6792	0.6758	0.6795	0.6786	0.6682	0.6076
青海	0.6920	0.6735	0.6378	0.6333	0.6258	0.6357	0.6416	0.6343	0.5966
宁夏	0.5438	0.5591	0.5319	0.5210	0.5242	0.5392	0.5310	0.5235	0.4914
新疆	0.6726	0.6587	0.6691	0.6608	0.6640	0.6633	0.6578	0.6498	0.6185
全国	0.7575	0.7548	0.7381	0.7363	0.7610	0.7607	0.7516	0.7420	0.7076
长江上游地区	0.6699	0.6667	0.6811	0.6765	0.6862	0.6837	0.6804	0.6763	0.6576

区域	2012 年	2013 年	2014 年	2015 年	2016 年	2017 年	2018 年	2019 年	—
北京	1.0000	1.0000	1.0000	1.0000	1.0000	1.0000	1.0000	1.0000	—
天津	0.7680	0.7704	0.7344	0.7232	0.7121	0.6904	0.6836	0.6914	—
河北	0.6553	0.6481	0.6452	0.6236	0.6399	0.6259	0.6304	0.6441	—
山西	0.5612	0.5483	0.5395	0.5130	0.4973	0.5005	0.4988	0.5015	—
内蒙古	0.5471	0.5335	0.5442	0.5351	0.5553	0.5773	0.5923	0.5936	—
辽宁	0.6218	0.6244	0.6152	0.6216	0.6455	0.6304	0.6310	0.6255	—
吉林	0.6349	0.6368	0.6267	0.6245	0.6356	0.6210	0.6069	0.6073	—
黑龙江	0.6020	0.5976	0.6065	0.6074	0.6049	0.6084	0.5994	0.5989	—
上海	1.0000	1.0000	1.0000	1.0000	1.0000	1.0000	1.0000	1.0000	—
江苏	1.0000	1.0000	0.8982	0.8403	0.7105	1.0000	0.6820	1.0000	—
浙江	1.0000	1.0000	1.0000	1.0000	0.7756	0.7380	0.7410	0.7613	—
安徽	0.6114	0.6039	0.5967	0.5892	0.5310	0.5233	0.5151	0.5386	—
福建	0.7607	0.7714	0.7384	0.7278	0.6909	0.6689	0.6524	0.6486	—
江西	0.6720	0.6708	0.6567	0.6667	0.5856	0.5782	0.5655	0.5733	—
山东	0.6544	0.6665	0.6591	0.6432	0.6588	0.6504	0.6588	0.6705	—
河南	0.6387	0.6439	0.6457	0.6225	0.6345	0.6164	0.6098	0.6331	—

续表

区域	2012 年	2013 年	2014 年	2015 年	2016 年	2017 年	2018 年	2019 年	—
湖北	0.6720	0.6840	0.6785	0.6824	0.6578	0.6382	0.6407	0.6407	—
湖南	0.6851	0.6930	0.6899	0.6945	0.6649	0.6472	0.6444	0.6490	—
广东	1.0000	1.0000	1.0000	1.0000	1.0000	0.8024	0.7162	0.6896	—
广西	0.6926	0.6956	0.6883	0.6861	0.7595	0.6577	0.7010	1.0000	—
海南	1.0000	1.0000	1.0000	1.0000	0.6808	0.6279	0.6090	0.6395	—
重庆	0.6712	0.6918	0.6942	0.7015	0.7193	0.7044	0.7107	0.7065	—
四川	0.6851	0.6855	0.6798	0.6950	0.6891	0.6862	0.6671	0.6534	—
贵州	0.6057	0.5968	0.6292	0.6174	0.6014	0.5931	0.5881	0.5887	—
云南	0.6317	0.6400	0.6324	0.6416	0.6094	0.6035	0.5803	0.5809	—
陕西	0.6576	0.6616	0.6607	0.6206	0.6264	0.6057	0.5880	0.5601	—
甘肃	0.6000	0.5961	0.5961	0.5827	0.5879	0.5779	0.5676	0.5760	—
青海	0.5698	0.5531	0.5643	0.5692	0.5575	0.5676	0.5440	0.5518	—
宁夏	0.4759	0.4588	0.4705	0.4493	0.4324	0.4307	0.4231	0.4242	—
新疆	0.6106	0.6007	0.5911	0.5730	0.5511	0.5359	0.5187	0.5176	—
全国	0.7095	0.7091	0.7027	0.6950	0.6672	0.6569	0.6389	0.6622	—
长江上游地区	0.6484	0.6535	0.6589	0.6639	0.6548	0.6468	0.6366	0.6324	—

第一，长江上游地区服务业发展过程中广泛地存在着绿色技术无效率现象，其效率值低于全国同期平均水平，而且分析期内有所降低。在 2003 ~ 2019 年，全国服务业的绿色技术效率都普遍低下，曾处于生产前沿上的省份只有北京、天津、上海、江苏、浙江、福建、山东、河南、湖南、广东和海南 11 个省份，其中仅北京和上海一直处于生产前沿上。长江上游地区服务业绿色技术效率总体上下降了，平均值由 2003 年的 0.6700 降低至 2019 年的 0.6324，这与全国平均水平的演变趋势一致（由 0.7547 降至 0.6575）。其中，长江上游地区各省份服务业的绿色技术效率变化趋势不一致，重庆和四川在分析期内波动性提升了，而贵州和云南则在波动中下降了，不过总体来

看长江上游地区与全国平均水平之间的差距在缩小。由此可知，一旦各省份都有效地使用那些适宜的最佳实践技术从事生产，则在产出水平不变的情况下，长江上游地区服务业可降低近 40% 的投入数量，而且绿色技术效率越低的省份其生产活动的改进潜力越大。

第二，中国服务业绿色技术效率的地区分布格局在分析期内没有发生显著变化，省际差异在波动中有所扩大；其中长江上游地区的省际差异低于全国总体水平，但是扩大的趋势更为明显。就 2003 ~ 2019 年的省际差异而言，长江上游地区服务业绿色技术效率的最大最小值比由 1.1123 增至 1.2162，变异系数由 0.0482 波动性扩大至 0.0935，峰值为 0.0991（2018 年）；全国服务业绿色技术效率的最大最小值比由 1.8389 增至 2.3574，变异系数由 0.2046 增至 0.2280，峰值为 0.2261（2013 年）。这不仅表明服务业绿色技术效率具有较大的省际差异，而且还表明这种差异在分析期间波动性增加了，不过长江上游地区的省际差异低于全国的整体水平。就各省份绿色技术效率的地区分布动态来说，最初绿色技术效率较低（较高）的省份最后基本上还是处于相对较低（较高）的水平，相邻年份的相关系数多数都在 0.90 左右，其中长江上游地区的绿色技术效率也一直处于相对偏低位置。

第三，服务业绿色技术效率与服务业发展水平之间没有必然的相关关系。例如，服务业发展水平相对落后的海南，它在样本期间的服务业增加值排名为第 28 位，但是它的服务业绿色发展情况在多数年份都位于生产前沿上；而服务业发展水平相对较高的四川和河北，它们的服务业绿色技术效率却低于全国平均值；就全国所有省份而言，服务业增加值与服务业绿色技术效率之间的相关系数也不高。

（四）服务业绿色全要素生产率及其构成

我国各省份 2003 ~ 2019 年服务业绿色全要素生产率及其构成因子的测度结果见表 4-26 和表 4-27，以及图 4-4。其中，表 4-26 为年度分解结果，因空间所限，仅列出了 2003 ~ 2004 年、2011 ~ 2012 年和 2018 ~ 2019 年这 3 个代表性年份的测度结果；表 4-27 和图 4-4 是整个分析期间的累积变化分解结果。

表 4 - 26   各省份服务业绿色全要素生产率的增长源泉：年度分解

时期	区域	绿色全要素生产率变化	绿色纯技术效率变化	绿色规模效率变化	绿色技术效率变化	绿色技术进步
2003～2004年	北京	0.9740	1.0000	1.0000	1.0000	0.9740
	天津	0.9786	1.0000	0.7825	0.7825	1.2505
	河北	0.9849	1.0019	1.0002	1.0021	0.9829
	山西	1.0032	1.6093	0.6291	1.0123	0.9910
	内蒙古	0.9983	1.0315	0.9898	1.0210	0.9777
	辽宁	0.9839	1.0113	0.9946	1.0058	0.9782
	吉林	0.9953	1.0176	0.9918	1.0093	0.9861
	黑龙江	0.9819	0.9923	0.9959	0.9882	0.9936
	上海	0.9983	1.0000	1.0000	1.0000	0.9983
	江苏	0.9670	1.0000	1.0008	1.0008	0.9663
	浙江	0.9971	1.1234	1.0512	1.1810	0.8443
	安徽	0.9818	1.0197	0.9967	1.0163	0.9660
	福建	0.8649	1.0000	1.0000	1.0000	0.8649
	江西	0.9813	0.9869	0.9955	0.9825	0.9988
	山东	0.9830	1.0000	1.0074	1.0074	0.9757
	河南	0.6776	1.0000	1.0000	1.0000	0.6776
	湖北	0.9838	1.0149	0.9991	1.0140	0.9703
	湖南	0.6627	1.0000	1.0000	1.0000	0.6627
	广东	0.9249	1.0000	1.0000	1.0000	0.9249
	广西	0.9626	0.9810	1.0005	0.9815	0.9807
	海南	0.8819	1.0000	1.0000	1.0000	0.8819
	重庆	0.9859	1.0073	0.9932	1.0004	0.9855
	四川	0.9837	1.0079	0.9979	1.0057	0.9781
	贵州	0.9862	1.0026	0.9917	0.9943	0.9919
	云南	0.9662	0.9953	0.9858	0.9812	0.9847
	陕西	0.9765	0.9784	0.9948	0.9733	1.0033
	甘肃	0.9931	1.0330	0.9774	1.0097	0.9836

时期	区域	绿色全要素生产率变化	绿色纯技术效率变化	绿色规模效率变化	绿色技术效率变化	绿色技术进步
2003～2004年	青海	0.9944	1.0000	0.9733	0.9733	1.0217
	宁夏	0.9851	0.6827	1.5059	1.0280	0.9582
	新疆	0.9937	0.9910	0.9882	0.9794	1.0147
	全国	0.9544	1.0163	0.9948	0.9983	0.9589
	长江上游地区	0.9805	1.0033	0.9921	0.9954	0.9850
2011～2012年	北京	1.0031	1.0000	1.0000	1.0000	1.0031
	天津	0.9954	1.0005	0.9866	0.9871	1.0084
	河北	0.9850	0.9871	0.9996	0.9867	0.9982
	山西	0.9747	0.9750	0.9994	0.9744	1.0003
	内蒙古	0.9865	0.9909	0.9990	0.9899	0.9966
	辽宁	0.9810	0.9829	1.0009	0.9838	0.9971
	吉林	0.9932	0.9935	0.9991	0.9926	1.0006
	黑龙江	0.9871	0.9780	0.9986	0.9766	1.0107
	上海	1.0214	1.0000	1.0000	1.0000	1.0214
	江苏	1.0008	1.0000	1.0000	1.0000	1.0008
	浙江	1.0131	1.0000	1.0000	1.0000	1.0131
	安徽	0.9803	0.9698	1.0092	0.9788	1.0016
	福建	0.9967	0.9833	0.9984	0.9818	1.0153
	江西	0.9968	0.9937	0.9979	0.9916	1.0053
	山东	0.9897	0.9911	1.0026	0.9937	0.9960
	河南	0.9950	1.0034	0.9956	0.9990	0.9960
	湖北	0.9941	0.9958	1.0001	0.9960	0.9981
	湖南	1.0032	1.0039	0.9980	1.0019	1.0013
	广东	1.0104	1.0000	1.0000	1.0000	1.0104
	广西	0.9955	1.0070	0.9919	0.9989	0.9966
	海南	0.9814	1.0000	1.2549	1.2549	0.7821
	重庆	1.0032	1.0060	0.9959	1.0019	1.0013

续表

时期	区域	绿色全要素生产率变化	绿色纯技术效率变化	绿色规模效率变化	绿色技术效率变化	绿色技术进步
2011~2012年	四川	0.9927	1.0001	0.9942	0.9943	0.9985
	贵州	0.9681	0.9745	0.9970	0.9715	0.9964
	云南	0.9797	0.9722	1.0029	0.9750	1.0049
	陕西	1.0653	1.1286	0.9686	1.0932	0.9744
	甘肃	0.9905	1.0047	0.9829	0.9874	1.0031
	青海	0.9673	1.0000	0.9551	0.9551	1.0128
	宁夏	0.9724	1.4328	0.6759	0.9684	1.0041
	新疆	0.9939	1.0000	0.9874	0.9874	1.0066
	全国	0.9939	1.0125	0.9931	1.0007	0.9952
	长江上游地区	0.9859	0.9882	0.9975	0.9857	1.0003
2018~2019年	北京	1.1239	1.0000	1.0000	1.0000	1.1239
	天津	1.0189	1.0132	0.9983	1.0115	1.0074
	河北	1.0293	1.0147	1.0070	1.0218	1.0073
	山西	1.0196	1.0113	0.9940	1.0053	1.0143
	内蒙古	1.0121	1.0013	1.0008	1.0021	1.0100
	辽宁	0.9998	0.9934	0.9979	0.9913	1.0086
	吉林	1.0069	0.9986	1.0020	1.0006	1.0063
	黑龙江	1.0063	0.9954	1.0038	0.9992	1.0071
	上海	1.0000	1.0000	1.0000	1.0000	1.0000
	江苏	1.4681	1.0000	1.4663	1.4663	1.0013
	浙江	1.0327	1.0000	1.0273	1.0273	1.0053
	安徽	1.0461	1.0202	1.0250	1.0458	1.0003
	福建	0.9949	0.9937	1.0004	0.9941	1.0009
	江西	1.0158	1.0146	0.9993	1.0139	1.0019
	山东	1.0268	1.0000	1.0178	1.0178	1.0088
	河南	1.0440	1.0162	1.0217	1.0382	1.0055
	湖北	1.0154	1.0003	0.9998	1.0001	1.0152

时期	区域	绿色全要素生产率变化	绿色纯技术效率变化	绿色规模效率变化	绿色技术效率变化	绿色技术进步
2018~2019 年	湖南	1.0166	1.0050	1.0020	1.0070	1.0095
	广东	0.9640	1.0000	0.9628	0.9628	1.0012
	广西	1.4265	1.0000	1.4265	1.4265	1.0000
	海南	1.0501	1.0000	1.0501	1.0501	1.0000
	重庆	1.0161	0.9668	1.0282	0.9940	1.0223
	四川	1.0087	0.9856	0.9938	0.9794	1.0299
	贵州	1.0056	0.9948	1.0062	1.0009	1.0047
	云南	1.0083	1.0015	0.9996	1.0011	1.0072
	陕西	0.9610	0.9396	1.0139	0.9526	1.0088
	甘肃	1.0212	1.0104	1.0044	1.0149	1.0062
	青海	1.0177	1.0000	1.0144	1.0144	1.0032
	宁夏	1.0019	0.6269	1.5991	1.0025	0.9994
	新疆	1.0023	0.9666	1.0322	0.9977	1.0046
	全国	1.0454	0.9857	1.0565	1.0346	1.0107
	长江上游地区	1.0097	0.9871	1.0069	0.9939	1.0160

表 4-27　各省份服务业绿色全要素生产率的增长源泉：累积分解

区域	绿色全要素生产率变化	绿色技术进步	绿色技术效率变化	绿色纯技术效率变化	绿色规模效率变化
北京	1.6280	1.6280	1.0000	1.0000	1.0000
天津	1.1142	1.6116	0.6914	0.7782	0.8884
河北	0.9693	1.0243	0.9463	0.9517	0.9943
山西	0.8214	1.0070	0.8157	0.8436	0.9670
内蒙古	1.0254	1.0845	0.9455	0.9756	0.9691
辽宁	1.0229	1.0845	0.9432	0.9458	0.9972
吉林	1.0266	1.0635	0.9653	1.0104	0.9554
黑龙江	0.9779	1.1019	0.8875	0.8920	0.9950

续表

区域	绿色全要素生产率变化	绿色技术进步	绿色技术效率变化	绿色纯技术效率变化	绿色规模效率变化
上海	1.5493	1.5493	1.0000	1.0000	1.0000
江苏	1.4223	1.0711	1.3279	1.0000	1.3279
浙江	1.2235	1.3609	0.8991	1.1234	0.8003
安徽	0.8087	1.0071	0.8030	0.8477	0.9472
福建	0.6486	1.0000	0.6486	0.6492	0.9990
江西	0.9544	1.1039	0.8646	0.8724	0.9911
山东	0.9938	1.0391	0.9564	1.0000	0.9564
河南	0.6331	1.0000	0.6331	0.6450	0.9815
湖北	0.9784	1.0007	0.9777	0.9853	0.9923
湖南	0.6490	1.0000	0.6490	0.6537	0.9928
广东	0.8470	1.2282	0.6896	1.0000	0.6896
广西	1.5372	1.0164	1.5123	1.5058	1.0043
海南	0.8490	1.3277	0.6395	1.0000	0.6395
重庆	1.1714	1.1293	1.0373	1.1294	0.9184
四川	1.0651	1.0595	1.0053	1.0112	0.9942
贵州	1.0124	1.0980	0.9220	0.9591	0.9613
云南	0.9302	1.1373	0.8179	0.8156	1.0028
陕西	0.9464	1.1006	0.8598	0.8705	0.9878
甘肃	0.9768	1.0898	0.8963	0.9653	0.9285
青海	0.9387	1.1771	0.7974	1.0000	0.7974
宁夏	0.8056	1.0329	0.7800	0.6269	1.2442
新疆	0.8819	1.1460	0.7695	0.7806	0.9858
全国	1.0136	1.1427	0.8894	0.9279	0.9636
长江上游地区	1.0448	1.1060	0.9456	0.9788	0.9692

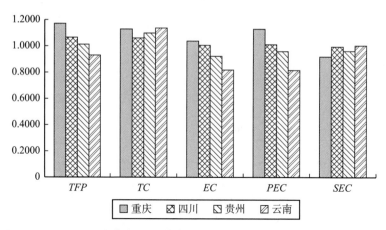

图 4 - 4　2003～2019 年长江上游地区服务业绿色全要素生产率的增长源泉

第一，长江上游地区服务业的绿色全要素生产率总体上提升了，增幅高于全国平均水平，而且省际差异远低于全国总体水平。2003～2019 年长江上游地区服务业绿色全要素生产率的累积变化及其变异系数分别为 1.0448 和 0.0967，而全国累积的绿色全要素生产率变化及其变异系数分别为 1.0136 和 0.2471，这意味着长江上游地区服务业绿色全要素生产率的提升程度高于全国平均增幅，而省际差异却低于全国平均水平。就具体省份而言，除云南经历了绿色全要素生产率降低外，其他 3 个省份的绿色全要素生产率都有所提高，其中重庆、四川和贵州分别提高了 17.14%、6.51% 和 1.24%；全国服务业绿色全要素生产率增幅最高的是北京，提高了 62.80%，其次是上海，提高了 54.93%。就具体年份而言，部分年份长江上游地区服务业绿色全要素生产率的年度变化却小于 1，例如，2003～2004 年、2011～2012 年等，这表明分析期间内长江上游地区服务业绿色全要素生产率变化的年际差异大，这与全国平均水平的变动趋势基本一致，而且这些年份的增幅略高于全国平均水平；长江上游地区的变异系数由 0.0098 波动性降至 0.0045，这意味着省际差距在波动中缩小了，这与全国平均水平的变动趋势相反。

第二，长江上游地区服务业绿色全要素生产率增长的主要来源在于绿色技术进步，而恶化的根源在于绿色技术效率恶化。在 2003～2019 年长江上游地区服务业绿色技术进步和绿色技术效率的累积变化分别为 1.1060 和 0.9456，它们在绿色全要素生产率变动中分别起到了显著的促进作用和抑制作用。各省份的情况也与此一致，其中，服务业绿色技术进步幅度最大的为云南，提高了 13.73%，其次是重庆，提高了 12.93%，贵州和四川的增幅分别为 9.80% 和 5.95%。但是，绿色技术效率变化却存在明显的两极分化，其中，重庆和四川都经历了绿色技术效率改善，增幅分别为 3.73% 和 0.53%；而贵州和云南却经历了绿色技术效率恶化，分别降低了 0.78% 和 18.21%。就全国来看，绿色技术进步增幅前三的省份分别为北京（62.80%）、天津（61.16%）和上海（54.93%）；绿色技术效率在广西、江苏、重庆和四川有所改善，分别提高了 51.23%、32.79%、3.73% 和 0.53%，北京和上海因一直处于生产前沿而没有发生相对变化。

第三，长江上游地区服务业绿色技术效率恶化是绿色纯技术效率和绿色规模效率共同作用的结果，两者所起的作用相差不大但是有明显的省际差异，这与全国的总体情况一致。2003～2019 年，长江上游地区绿色纯技术效率变化和绿色规模效率变化的累积值分别为 0.9788 和 0.9692，分别降低了 2.12% 和 3.08%；全国的绿色纯技术效率和绿色规模效率分别降低了 7.21% 和 3.64%。就具体省份而言，长江上游地区存在明显的两极分化，整个期间内绿色纯技术效率有所改善的省份有重庆和四川，分别提高了 12.94% 和 1.12%，而贵州和云南分别降低了 4.09% 和 18.44%；绿色规模效率仅云南得到了改善，增幅为 0.28%，重庆、四川和贵州则分别降低了 8.16%、0.581% 和 3.87%。

二、服务业绿色全要素生产率的增长贡献与提升潜力

（一）增长贡献分析

根据前面的绿色经济增长核算多重分解模型，对长江上游地区和其余省份在 2003～2019 年的服务业劳动生产率变化进行多重分解，得到分析期间内绿色纯技术效率变化、绿色规模效率变化、绿色技术效率变化、绿色技术进步、绿色全要素生产率变化和投入要素积累的增长贡献，结果见表 4－28。

表 4 - 28　　　　　　　各省份服务业绿色增长的源泉分解　　　　单位：%

区域	劳动生产率变化	绿色全要素生产率	绿色纯技术效率	绿色规模效率	绿色技术效率	绿色技术进步	投入要素
北京	1.68	93.67	0.00	0.00	0.00	93.67	6.33
天津	2.03	15.32	-35.51	-16.76	-52.26	67.58	84.68
河北	3.18	-2.70	-4.28	-0.49	-4.78	2.08	102.70
山西	2.30	-23.67	-20.48	-4.04	-24.52	0.84	123.67
内蒙古	3.05	2.25	-2.22	-2.81	-5.03	7.28	97.75
辽宁	2.63	2.34	-5.75	-0.29	-6.04	8.38	97.66
吉林	2.91	2.46	0.97	-4.27	-3.31	5.77	97.54
黑龙江	2.49	-2.45	-12.51	-0.55	-13.06	10.61	102.45
上海	2.04	61.46	0.00	0.00	0.00	61.46	38.54
江苏	3.74	26.68	0.00	21.48	21.48	5.20	73.32
浙江	2.83	19.40	11.20	-21.43	-10.23	29.64	80.60
安徽	2.73	-21.16	-16.46	-5.40	-21.86	0.70	121.16
福建	2.06	-59.82	-59.68	-0.14	-59.82	0.00	159.82
江西	3.07	-4.16	-12.17	-0.80	-12.96	8.81	104.16
山东	3.69	-0.48	0.00	-3.41	-3.41	2.94	100.48
河南	2.42	-51.65	-49.54	-2.11	-51.65	0.00	151.65
湖北	3.94	-1.59	-1.08	-0.57	-1.64	0.05	101.59
湖南	3.64	-33.47	-32.91	-0.56	-33.47	0.00	133.47
广东	1.70	-31.14	0.00	-69.68	-69.68	38.54	131.14
广西	3.86	31.82	30.29	0.32	30.61	1.21	68.18
海南	2.13	-21.62	0.00	-59.06	-59.06	37.44	121.62
重庆	3.20	13.61	10.47	-7.32	3.15	10.46	86.39
四川	3.42	5.13	0.90	-0.47	0.43	4.70	94.87
贵州	3.78	0.92	-3.14	-2.97	-6.11	7.03	99.08
云南	1.86	-11.63	-32.75	0.45	-32.29	20.67	111.63
陕西	3.00	-5.02	-12.63	-1.12	-13.76	8.74	105.02
甘肃	3.35	-1.94	-2.92	-6.13	-9.05	7.11	101.94

区域	劳动生产率变化	绿色全要素生产率	绿色纯技术效率	绿色规模效率	绿色技术效率	绿色技术进步	投入要素
青海	2.36	−7.37	0.00	−26.37	−26.37	18.99	107.37
宁夏	1.74	−38.94	−84.14	39.37	−44.77	5.83	138.94
新疆	1.79	−21.67	−42.68	−2.46	−45.14	23.48	121.67
全国	2.75	−2.18	−12.57	−5.92	−18.49	16.31	102.18
长江上游地区	3.07	2.01	−6.13	−2.58	−8.71	10.71	97.99

第一，长江上游地区服务业劳动生产率得到了提高，增幅高于全国平均水平，而且省际差异略高于全国总体水平。2003～2019 年长江上游地区劳动生产率变化及其变异系数分别为 3.0650 和 0.2735，而全国所有省份的劳动生产率变化平均值及其变异系数分别为 2.7540 和 0.2634，这表明长江上游地区服务业劳动生产率增幅高于全国平均水平，而且省际差异也略大于全国的省际差异。其中，整个期间内长江上游地区劳动生产率增幅由大到小依次为贵州、四川、重庆和云南，分别提高了 2.78 倍、2.42 倍、2.20 倍和 0.86 倍，其中仅云南的增幅低于全国平均水平。

第二，长江上游地区服务业增长的粗放型特征十分明显，尚处于投入要素驱动阶段。在 2003～2019 年推动长江上游地区服务业劳动生产率增长的源泉中，绿色全要素生产率的相对贡献仅为 2.01%，投入要素的相对贡献高达 97.99%，后者接近前者的 50 倍，粗放型增长特征十分明显；其中 4 个省份的服务业发展都处于投入要素驱动阶段，投入要素贡献最大的省份为云南，高达 111.63%，最小的省份为重庆，相对贡献也有 86.39%，不过仅云南高于全国平均水平。从全国来看，分析期间内绿色全要素生产率和投入要素的相对贡献分别为 −2.18% 和 102.18%，处于典型的投入要素驱动阶段，而且绿色全要素生产率还恶化了。其中，仅北京和上海的服务业绿色全要素生产率的相对贡献超过了 50% 而处于创新驱动阶段，它们分别为 93.67% 和 61.46%，其他省份都处于投入要素驱动阶段，而且有 18 个省份绿色全要素生产率的贡献小于 0。由此可见，长江上游地区服务业必须加快转换发展动力，将增长的源泉由投入要素转换到全要素生产率上来，实现由投入要素驱动向创新驱动转变。

第三，长江上游地区各省份的服务业绿色技术进步都促进了其劳动生产率增长，而绿色技术效率在其中总体来说具有抑制作用。分析期间内，长江上游地区服务业绿色技术进步对其劳动生产率增长的相对贡献为 10.72%，低于全国平均水平（16.31%）；绿色技术效率变化抑制了服务业劳动生产率增长，其相对贡献为 -8.71%，不过这种抑制作用低于全国平均水平（-18.49%），其中绿色纯技术效率和绿色规模效率都抑制了劳动生产率增长。这些结果表明，绿色技术进步是引致长江上游地区服务业绿色全要素生产率增长的主要原因，绿色技术效率及其构成因子总体上都在分析期间阻碍了劳动生产率增长。

第四，长江上游地区服务业发展中绿色全要素生产率及其增长源泉的相对贡献具有较大的省际差异。一是服务业绿色全要素生产率的省际差异大。其中，增长贡献最大的省份为重庆，其相对贡献为 13.61%，最小的省份为云南，其相对贡献为 -11.63%，四川和贵州的相对贡献分别为 5.13% 和 0.92%。二是服务业绿色技术进步的省际差异大。其中，绿色技术进步对劳动生产率增长相对贡献最大的省份为云南，它的相对贡献为 20.67%；其余省份介于 4.70%（四川）和 10.46%（重庆）之间。三是服务业绿色技术效率具有较大的省际差异。其中，重庆和四川都经历了服务业绿色技术效率改善从而促进了劳动生产率增长，它们的相对贡献分别为 3.15% 和 0.43%，而贵州和云南的相对贡献为负，分别为 -6.11% 和 -32.29%。四是绿色技术效率的构成因子的变化具有较大的省际差异。其中，重庆和四川都经历了绿色纯技术效率改善，贵州和云南的绿色纯技术效率却恶化了；云南经历了绿色规模效率变化，而其他 3 个省份都经历了绿色规模效率恶化。这些结果同时还表明，尽管绿色技术进步是服务业转型升级的重要途径，但是改善绿色技术效率也具有重要作用，它们都是推动长江上游地区服务业由要素驱动向创新驱动转变的重要途径。

(二) 提升潜力分析

前面的经济增长核算分析结果表明，2003 年以来，长江上游地区服务业劳动生产率增长中绿色全要素生产率的贡献很低，各省份的服务业发展都还处于典型的投入要素驱动阶段。在新发展阶段，我们必须加快推动服务业发展动力向效率驱动和创新驱动转换。我们认为，长江上游地区服务业转型升级的动力转换空间很大，这不仅体现在绿色技术进步方面有较大空间，而且也体现在绿色技术效率的改善方面有较大空间。

第一，长江上游地区服务业绿色全要素生产率的增长贡献远低于投入要素的增长贡献，在未来发展中的提升空间很大。从长江上游地区整体来看，2003～2019 年，服务业绿色全要素生产率增长对其劳动生产率增长的贡献仅为 2.01%，远低于投入要素积累的贡献。其中，各省份服务业绿色全要素生产率的增长贡献也都远小于投入要素的贡献，它们都还停留在投入要素驱动阶段。以绿色全要素生产率增长贡献最大的重庆为例，其对劳动生产率的增长贡献也只有 13.61%，与绿色全要素生产率增长贡献最大的北京（93.67%）相比，差距十分明显。就其他 3 个省份而言，它们的服务业发展中绿色全要素生产率的增长贡献更低甚至为负，如云南就只有 −11.63%。由此可见，长江上游地区服务业经济增长仍然是典型的粗放型经济增长，所有省份向创新驱动转型都任重道远，这同时也意味着它们通过发展动力转换来实现转型升级的潜在空间都很大。

第二，长江上游地区服务业绿色技术效率改善和绿色技术进步的潜在空间都很大，尤其是绿色技术效率的改善空间更大，这不仅体现在生产规模具有较大的调整优化空间，也体现在对最佳实践技术更有效地使用的潜力较大。在 2003～2019 年长江上游地区服务业劳动生产率增长中，绿色技术进步、绿色技术效率变化的相对贡献分别为 10.71% 和 −8.71%，都还具有较大的提升潜力。其中，绿色技术进步幅度最大的省份为云南，其增长贡献也只有 20.67%，与北京（93.67%）相比，它的提升空间巨大；绿色技术效率改善幅度最大的是重庆，其增长贡献也只有 3.15%，这与江苏（21.48%）相比差距明显。由此可见，长江上游地区各省份的服务业都具有较大的绿色技术进步空间和绿色技术效率改善空间，尤其是绿色技术效率的改善空间更大。另外，就绿色技术效率变化的源泉来看，分析期间内该区域服务业绿色纯技术效率和绿色规模效率的增长贡献分别为 −6.13% 和 −2.58%，这表明总体来看，该区域服务业发展中还没有实现最优生产规模，也没有对最佳实践技术进行充分使用。因此，长江上游地区在未来的发展中，通过调整其服务业的生产规模和更有效地使用经济中的最佳实践技术，都能够促进它们的服务业效率提升，进而促进其发展动力向创新驱动转变。

三、服务业绿色全要素生产率的影响因素分析

只有在可持续发展框架下正确考虑了能源、环境因素后的生产率度量才是可靠的，否则生产率可能被高估或低估（Nanere et al.，2007）。前面在资源环境约束下，对长江上游地区服务业进行了绿色增长核算，刻画了服务业发展的动力演变，结果表明长江上游地区未来经济可持续发展的根本动力在于绿色全要素生产率水平的提升。为推进服务业绿色全要素生产率提升，需要厘清它的影响因素，以便在经济发展中有的放矢。为此，此部分在现有相关研究基础上，结合中国省份面板数据，分析服务业绿色全要素生产率的影响因素。

（一）相关研究综述

相较于工业而言，学术界对服务业绿色全要素生产率的关注度相对有限。近年来，一些研究对服务业绿色全要素生产率进行了测度，并据此探讨其影响因素，结果发现服务业绿色全要素生产率的影响因素涉及服务业内部结构、经济发展水平、服务业能源消费结构、城镇化水平、环境规制水平、信息化程度、经济开放度、人力资本和要素禀赋等多个方面。相关研究主要体现在下述三组文献中：

一是对服务业 TFP 与绿色全要素生产率进行测度和比较分析，发现两者具有较大差异。通过构建 Bootstrap 两阶段分析法模型，基于我国省际面板数据的服务业绿色全要素生产率测算分析表明，我国各省份的服务业绿色全要素生产率普遍偏低，绿色化转型任重道远（庞瑞芝和王亮，2016）。基于方向距离函数和 Malmquist-Luenberger 指数，对我国 1998～2012 年的工业与服务业的全要素生产率进行比较分析后发现，工业绿色全要素生产率在数量上普遍低于服务业绿色全要素生产率，但是前者的增长速率略微更高（庞瑞芝和邓忠奇，2014）。采用 SBM 模型和序列 ML 指数，分别基于省际和行业面板数据对 2000～2012 年我国服务业传统 TFP 和绿色全要素生产率进行测算后发现，传统 TFP 明显高于绿色全要素生产率，其中行业视角下传统 TFP 和绿色全要素生产率的年均增长率分别为 4.9% 和 1.9%，省际视角下它们分别为 4.7% 和 3.2%（王恕立等，2015）。

二是对服务业绿色全要素生产率的影响因素进行经验分析。以 2012～2014 年我国省际面板数据为基础的经验分析表明，服务业外商直接投资显著抑制了全国和中西部地区的服务业绿色全要素生产率增长，但是对东部地区服务业绿色全要素生产率的影响不显著，而且服务业发展水平、资本劳动比、服务业内部结构、服务业能源结构、环境规制、信息化水平等对服务业绿色全要素生产率都有不同程度的影响（王恕立和王许亮，2017）。我国服务业绿色全要素生产率增长的空间差异及影响因素分析表明，经济发展水平、服务业发展水平以及人力资本水平的提高都会显著抑制服务业绿色全要素生产率增长，而服务业外商直接投资、城镇化水平和财政支出则有利于服务业绿色全要素生产率的提升（陈景华和王素素，2020）。服务业绿色全要素生产率空间分异的驱动力分析表明，在规模报酬可变条件下，能源消费强度的单独驱动作用最大，而在规模报酬不变条件下，环境规制水平的单独驱动作用最大（滕泽伟，2020）。不同类型的环境规制对服务业绿色全要素生产率的影响不同，其中正式环境规制对服务业绿色全要素生产率的影响呈 U 形结构，而且在这种关系中服务业发展水平的提升有助于提高服务业绿色全要素生产率，非正式环境规制虽然也有助于服务业绿色全要素生产率提升，但是提高服务业发展水平会抑制这种促进效应（彭敏，2020）。

三是对服务业绿色全要素生产率的构成因子进行影响因素分析。经验分析表明，服务业绿色技术进步的影响因素主要包括能源结构、行业结构、人力资本积累和资本深化（曾彩琳，2019）。另外，经济发展水平与服务业绿色技术效率呈 U 形关系，产业融合、能源结构和劳动者素质则有助于服务业绿色技术效率的提升（孟辉，2021）。

（二）变量和数据选取

1. 变量选择

从服务业绿色全要素生产率的测度模型可以推论，期望产出、非期望产出和投入要素的影响因素都可能会影响其大小，这至少涉及制度、经济、资源和环境等多个方面。前面回顾的相关研究亦表明，服务业发展中的能源和资源利用效率、生产力发展水平、产出效率以及生态环境状况等都会对服务业绿色全要素生产率有或多或少的影响。借鉴杨文举（2022）对我国各省份绿色全要素生产率的影响分析思路，本书将服务业绿色全要素生产率的潜在

影响因素分为结构因素、环境规制因素、经济因素、社会因素、制度因素等
五大类，具体如表4-29所示。

表4-29 服务业绿色全要素生产率的潜在影响因素

类别	变量	测度指标
结构因素	服务业内部结构（nbjg）	"住宿和餐饮业""批发和零售业""交通运输、仓储和邮政业"3个部门增加值占服务业增加值比重
	能源结构（nyjg）	工业煤炭能源消费量与工业能源消费总量比重
	要素结构（ysjg）	资本劳动比
规制因素	行政型环境规制（es）	污染治理投资占GDP的比重
	市场型环境规制（er）	排污费收入占GDP比重
经济因素	服务业发展水平（savl）	服务业增加值占GDP比重
	经济发展水平（lnpgdp）	人均GDP的自然对数
社会因素	信息化程度（ict）	互联网普及率
制度因素	政府调控能力（govp）	财政支出占GDP比重

在经验分析中，结合数据的可获得性，就各个大类的具体测度指标进行
筛选，具体的变量选择如下：

（1）结构因素。

一方面，不同的服务业行业结构所具有的绿色发展水平不同，进而会对
资源配置、技术革新和绿色全要素生产率产生影响。另一方面，不同的能源
结构会导致企业的环境污染治理成本和利润率不同，进而影响服务业绿色全
要素生产率。此外，服务业生产过程中的投入要素比还会对服务业绿色全要
素生产率产生直接影响。因此，本书将结构要素分为服务业内部结构（nb-
jg）、能源结构（nyjg）和要素结构（ysjg）三个维度。

一是服务业内部结构。从中国能源消费终端消费量来看，"交通运输、
仓储和邮政业""批发和零售业""住宿和餐饮业"占据了服务业70%以上
的能源消耗。一般而言，高附加值、高效率、高知识密集度的产业比重提升
会提高服务业绿色发展水平，而高耗能服务业比重提升会降低服务业绿色有
效程度。为此，我们选用"交通运输、仓储和邮政业""批发和零售业"和

"住宿和餐饮业"这三个高耗能传统流通服务业增加值占第三产业增加值的比重作为服务业内部结构的指标，用 *nbjg* 表示。

二是能源结构。我国煤炭在所有能源消费中占比最大，而以煤炭为主的能源消费结构并不利于经济可持续发展，对环境污染严重。近几年我国服务业能源消费占比逐步提高、工业能源消费占比逐步下降。相关研究发现，服务业煤炭消费比例的下降有助于提高中国服务业绿色全要素生产率（庞瑞芝和王亮，2016），这与王恕立和王许亮（2017）的研究结论一致。为此，本书用各省份服务业煤炭消费量占服务业能源消费总量的比重来衡量服务业能源消费结构，用 *nyjg* 表示。

三是要素结构。资本－劳动比反映了服务业的要素禀赋水平，资本－劳动比较低表示偏向劳动密集型，反之则属于资本密集型。本书采用各省份服务业资本存量与就业人数的比重来衡量资本－劳动比（*ysjg*）。

（2）环境规制因素。

绿色全要素生产率是资源环境约束下的全要素生产率，环境状况的好坏无疑会直接影响它的测度结果。现有研究也表明，经济发展中的环境规制可能存在"遵循成本效应"和"创新效应"。环境规制作为服务业行为外部制约因素，会对服务业的收益、交易成本以及管理效率等产生直接影响，进而影响绿色全要素生产率。为此，我们在分析模型中也将环境规制变量纳入。

一般而言，环境规制强度是企业治污成本的反映，环境规制强度越大，企业的治污成本就越高。目前，中国没有专门的指标来衡量环境规制强度，学术界采用的相关度量指标也并不统一，测度指标主要包括环境污染治理投资总额占 GDP 的比重（彭敏等，2020）、环境污染治理投资总额占 GDP 的比重（藤泽伟，2020）、排污费收入占 GDP 的比重（庞瑞芝，2016）等。本书选取环境污染治理投资总额占 GDP 的比重（*es*，即行政型环境规制）来衡量环境规制强度，并选取排污费收入占 GDP 的比重（*er*，即市场型环境规制）进行稳健性检验。

（3）经济因素。

全要素生产率是经济发展的重要源泉，它同时也受经济发展水平的影响。一般来说，经济发展水平越高，有更多的投入用于研发活动，进而推动技术进步和技术效率改善，这反过来又会促进经济增长。另外，宏观经济的稳定性对于研发活动的顺利开展也存在一定影响，这也可能会影响到绿色全要素生产率的变化。为此，我们主要从区域服务业发展水平（*savl*）和区域经济发展水平（*pgdp*）两个方面来探寻经济发展水平对服务业绿色全要素生产率的影响。

一是区域服务业发展水平（*sval*）。服务业增加值占比越高，意味着地区的服务业经济越发达。但是，关于服务业发展水平对服务业绿色全要素生产率的影响结论并不一致。例如，王恕立和王许亮（2017）认为服务业发展水平对服务业绿色全要素生产率提高不但不具有促进作用，反而会产生显著的抑制作用，陈景华和王素素（2020）等也得出了同样的结论。为对此进行分析，我们用各省份服务业增加值占地区生产总值的比例来衡量服务业发展水平。

二是区域经济发展水平（*pgdp*）。2010～2013年我国30个省份的面板数据分析表明，服务业环境全要素生产率与经济发展水平呈现U形关系（庞瑞芝，2016）。其他研究也发现两者之间存在明显的数量关系，即人均GDP的提高会显著抑制服务业绿色全要素生产率的增长（陈景华和王素素，2020）。为此，我们用人均GDP来衡量经济发展水平，并在经验分析模型中加入人均GDP的二次项，以此来检验经济发展水平对服务业全要素生产率是否存在非线性的影响。在经验分析中，为消除可能存在的异方差的影响，对人均GDP取自然对数，记为ln*pgdp*。

（4）社会因素。

基础设施的发展完善有利于产业集聚，这为规模效率提升提供了空间。不仅如此，基础设施带来的集聚效应和扩散效应，可带动信息、技术、人才等资源在不同区域（行业）间的传播和扩散，进而提升服务业绿色全要素生产率，而且也可以使服务业污染治理成本得以分摊或者污染范围进一步扩大，进而影响服务业绿色全要素生产率。在数字经济大背景下，信息技术的推广和普及至关重要，它在经济发展中具有缓解信息不对称、降低物流成本等交易成本、激发网络经济效应等作用，这可能会影响到技术进步的水平和方向，进而会影响服务业绿色全要素生产率水平。为此，本书选取互联网普及率来衡量信息化程度（*ict*）。

（5）制度因素。

国内外众多研究表明，制度质量与经济发展之间高度正相关，好的制度不仅有利于生产性活动的顺利开展，还有助于资源的有效配置。市场失灵是经济发展中不可避免的现实问题之一，而合理的政府调控恰好能够对此进行较好的弥补。但是，政策效应通常具有时滞性，因此政府调控对绿色全要素生产率的影响不仅难以快速显现，还可能造成扭曲。政府通过财政支出、税收政策和产业政策可以完善社会各生产要素的配置，进而推动绿色全要素生产率的增长（戴魁早和骆莙函，2022）。但是，如果政府的宏观调控政策强度过大，则会导致其不能很好地释放企业的经济活力，进而引致资源配置效率低下，阻碍绿色全要素生产率增长（徐晶晶，2015）。为此，本书选取政府调控能力（$govp$）作为衡量制度的指标，具体采用地方财政支出占 GDP 的比重来测度。

另外，绿色技术进步（GTC）和绿色技术效率变化（GEC）都是绿色全要素生产率（GTFP）的分解因子。因此，此部分的被解释变量是前文所测算的服务业绿色全要素生产率指数（GTFP）及其分解因子。各影响因素与绿色全要素生产率及其构成因子之间的影响关系见图 4-5。

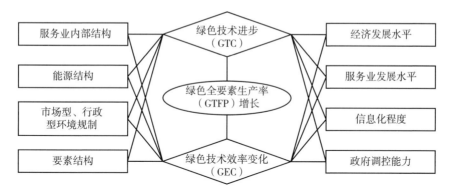

图 4-5　服务业绿色全要素生产率的影响因素

2. 数据说明

此部分的相关数据主要根据《中国统计年鉴》《中国环境统计年鉴》《中国能源统计年鉴》《中国科技统计年鉴》的相关数据整理得出，部分数据根据相关研究结果整理得出。相关数据均为省际面板数据，时间跨度为 2004~2019 年，相关变量的一般统计描述见表 4-30。

表 4 – 30　　　　　服务业绿色全要素生产率影响因素的统计描述

变量	观测值	平均值	中位数	标准差	最小值	最大值
$nbjg$	480	0.45	0.46	0.09	0.21	0.77
$\ln pgdp$	480	10.09	10.10	0.67	8.29	11.86
es	480	0.02	0.01	0.05	0.00	0.41
er	480	0.51	0.23	0.05	0.01	0.48
$ysjg$	480	5.50	4.57	3.96	0.70	26.46
$sval$	480	0.44	0.41	0.10	0.27	0.84
$nyjg$	480	0.10	0.06	0.12	0.00	0.58
ict	480	0.36	0.39	0.20	0.03	0.78
$govp$	480	0.22	0.20	0.10	0.08	0.63

　　为避免经验分析中存在多重共线性问题，我们使用了 VIF 方差膨胀因子检验，结果如表 4 – 31 所示。从检验的结果来看，VIF 值最大为 7.02，小于临界值 10，这说明本书研究选用的变量不存在多重共线性问题。

表 4 – 31　　服务业绿色全要素生产率影响因素的多重共线性检验结果

变量名	VIF	1/VIF
ict	6.55	0.1527
$\ln pgdp$	7.02	0.1425
$sval$	2.17	0.4618
$ysjg$	1.64	0.6116
es	1.20	0.8332
$nyjg$	1.20	0.8332
$govp$	1.98	0.5062
$nbjg$	1.60	0.6265
VIF 平均值	2.91	

（三）模型估计结果分析

1. 模型选择

在基准回归中，我们首先采用处理面板数据时最为常用的固定效应模型和随机效应模型进行回归。具体结果如表 4 - 32 所示。

表 4 - 32   豪斯曼检验结果

项目	tfp	tc	te
检验值	25. 68	82. 39	46. 65
Prob > chi2	0. 0023	0. 0000	0. 0000

注：Test：Ho：difference in coefficients not systematic。chi2(8) = (b - B)'[(V_b - V_B)^(-1)](b - B)。表中 tfp、tc 和 te 分别表征绿色全要素生产率、绿色技术进步和绿色技术效率。

2. 基准模型估计结果

基准模型估计结果见表 4 - 33。

表 4 - 33   服务业绿色全要素生产率及其构成的影响因素估计结果

变量	绿色全要素生产率	绿色技术进步	绿色技术效率
nbjg	- 0. 115 (- 1. 51)	0. 104 (1. 37)	- 0. 284 *** (- 3. 33)
lnpgdp	- 1. 502 *** (- 8. 46)	- 1. 593 *** (- 9. 05)	- 0. 011 (- 0. 05)
lnpgdp²	0. 065 *** (6. 64)	0. 073 *** (7. 54)	- 0. 003 (- 0. 26)
es	0. 294 (1. 47)	0. 407 ** (2. 05)	- 0. 052 (- 0. 23)
ysjg	0. 002 (0. 78)	- 0. 002 (- 1. 06)	0. 004 (1. 50)
sval	- 0. 265 *** (- 2. 82)	- 0. 174 * (- 1. 87)	- 0. 045 (- 0. 43)

续表

变量	绿色全要素生产率	绿色技术进步	绿色技术效率
nyjg	0.056 (1.15)	0.142 *** (2.96)	-0.068 (-1.26)
ict	-0.664 *** (-6.20)	-0.638 *** (-6.00)	-0.105 (-0.88)
govp	-0.340 *** (-2.62)	0.086 (0.67)	-0.340 ** (-2.36)
常数项	9.999 *** (10.79)	9.374 *** (10.22)	2.187 ** (2.16)
年份固定	控制	控制	控制
省份固定	控制	控制	控制
样本数	480	480	480
F	14.9827	17.7058	4.8223
R²	0.817	0.823	0.747

注：*、**、*** 分别表示显著性水平为10%、5%和1%；括号中的数字为标准误。

从表4-3中至少可以得出下述几点结论：

（1）传统服务业占比下降有助于服务业绿色技术效率改善，但是对绿色技术进步和绿色全要素生产率的影响不显著。其中，服务业内部结构对服务业绿色技术效率的影响显著为负，这说明服务业内部结构的改善，即服务业中传统高能耗、高排放的流通服务业占比下降显著提升了服务业的绿色技术效率。服务业内部结构变动对绿色全要素生产率和绿色技术进步的提升作用都不显著，其中绿色技术进步的系数估计值为正，而且绿色全要素生产率的系数估计值为负。这背后的可能原因在于，虽然能耗低、污染低的金融业、房地产服务业近年来高速增长，但是它们的发展存在泡沫（庞瑞芝等，2016），而且中国金融业在一定程度上偏离了实体经济情况，它们很大程度上都未有效促进服务业绿色技术进步和绿色全要素生产率提升。

（2）区域经济发展水平与服务业绿色全要素生产率存在显著的U形非线性关系。其中，在绿色全要素生产率和绿色技术进步的模型估计结果中，对数人均 GDP 的二次项系数都为正，一次项系数都为负，这表明服务业绿色全要素生产率、绿色技术进步与经济发展水平之间的关系都是非线性的，只有经济发展水平达到一定程度后才会促进服务业的绿色技术进步和绿色全要素生产率提升。其原因可能在于，服务业的发展与农业和工业一样，最初都是从门槛较低的劳动密集型行业开始发展，而它们的技术水平往往较低；但是随着经济发展水平不断提高，尤其是制造业对中高端生产性服务业的需求越来越大，这将极大地推动服务业绿色技术进步，进而促进绿色全要素生产率提升。

（3）环境规制有助于服务业绿色技术进步，但是对绿色全要素生产率的正向影响不显著。其中，行政型环境规制对服务业绿色技术进步的影响显著为正，这在一定程度上反映了政府在治污投入方面的增加，推动了服务业企业加快创新步伐，从而促进了绿色技术进步。不过，由于环境规制对绿色技术效率的影响不显著，这在一定程度上冲抵了它对绿色技术进步的正向影响，从而表现出对绿色全要素生产率的影响不显著。我们认为其原因在于，行政型环境规制在执行中难免会有"一刀切"现象，这导致现实中环境规制的资源优化配置效应被冲淡甚至会有较大的负面影响（此处系数估计值为负，但不显著），从而抑制了绿色技术效率改善和绿色全要素生产率提升。

（4）要素禀赋结构对服务业绿色全要素生产率及其增长源泉的影响都不显著。其中，资本劳动比与服务业绿色全要素生产率及其构成因子的系数估计值都没有通过显著性检验，这说明它们之间的因果关系并不明显。其可能的原因是：一方面，在经济高速增长阶段，资本深化主要依靠粗放的生产规模扩张来实现，这从前面的增长核算结果可见一斑，这会加大生态环境压力；另一方面，资本深化也会推动企业生产逐渐由劳动密集型向资本密集型转换，而资本密集型企业的技术水平往往较高，技术水平的提升又在很大程度上抵消了它对生态资源和自然环境的负面影响。因此，在这两股对立力量的作用下，资本深化对绿色全要素生产率及其构成因子的影响模糊。

（5）服务业发展水平对其绿色全要素生产率的影响显著为负。其中，3个模型的估计结果中，服务业发展水平的系数估计值都为负，而且只有绿色技术效率模型的估计结果不显著，这表明服务业发展水平的提升并没有促进其绿色全要素生产率提升。究其原因，我们认为这与近年来我国服务业粗放型增长模式相关。也就是说，在投入要素驱动阶段（前面的增长核算结果表明绿色全要素生产率的增长贡献为负数），我国服务业发展基本上都是通过加大要素的数量投入来获得快速增长，这忽视了技术进步的作用，也没有对其中的节能减排给予高度关注，结果是抑制了绿色全要素生产率及其构成因子的水平提升。这与王恕立和王许亮（2017）的研究结论一致，他们发现服务业发展水平对服务业绿色全要素生产率不但没有促进作用，反而会产生显著的抑制作用，陈景华（2020）等也得出了同样的结论。

（6）能源结构对服务业绿色全要素生产率的影响不显著。其中，能源消费结构对绿色技术进步的影响显著为正。但是，它与绿色技术效率和绿色全要素生产率的关系都不显著，而且从系数估计值的符号来看，它对绿色技术效率的改善具有抑制作用。相关研究亦发现，以煤炭为主的能源消费结构对服务业绿色全要素生产率有着抑制作用（庞瑞芝和王亮，2016；王恕立和王许亮，2017）。

（7）信息化程度对服务业绿色全要素生产率和绿色技术进步都有显著的负向影响，对绿色技术效率的抑制作用不显著。这可能的解释是，在 IT 技术大规模应用的同时，要发挥其网络化技术优势、提升运行效率就需要与之配套的管理创新、模式创新和制度创新，以及人力资本提升、业务重组和组织变革等与之相适应的体制机制变化，这就要求中国服务业发展突破传统模式，向现代服务业发展模式转型，否则会助长一些低端服务业发展，从而恶化绿色全要素生产率。在这方面，中国服务业总体上做得还远远不够，提升空间还较大（王恕立和王许亮，2017；庞瑞芝和王亮，2016）。

（8）政府干预抑制了服务业绿色全要素生产率和绿色技术效率提升，而且对绿色技术进步的影响不显著。其中，绿色全要素生产率和绿色技术效率模型的估计结果中，政府干预力度（财政支出的 GDP 占比）的系数估计值为负，而且都在1%的显著性水平显著，这表明政府干预抑制了服务业绿色全要素生产率和绿色技术效率提升。政府通过财政补贴、税收优惠为主的财政支出政策对经济活动的干预一定程度上弥补了市场无效，但是生产资源的人为再分配也扰乱了市场价格机制和竞争机制，它们造成了效率损失，进而恶化了服务业绿色全要素生产率和绿色技术效率。

（四）稳健性检验

为了进一步验证实证结果的可靠性，下面分别采用考虑替换变量法对基准模型估计结果进行稳健性分析，结果见表4－34。其中，模型（1）～模型（3）通过调整非期望产出变量重新测算绿色全要素生产率，据此替换被解释变量；模型（4）～模型（6）替换了环境规制变量，用排污费收入占GDP的比重（*er*）代替。这些不同模型的估计结果基本上都与前述基准模型估计结果一致，这表明本书的研究结论具有较好的稳健性。

表4－34　　　　　服务业绿色全要素生产率影响因素的稳健性检验

变量	（1） 绿色全要素生产率	（2） 绿色技术进步	（3） 绿色技术效率	（4） 绿色全要素生产率	（5） 绿色技术进步	（6） 绿色技术效率
nbjg	－0.061 （－0.85）	0.224*** （3.18）	－0.345*** （－3.51）	－0.114 （－1.51）	0.116 （1.54）	－0.294*** （－3.48）
ln*pgdp*	－1.462*** （－8.75）	－1.103*** （－6.75）	－0.314 （－1.37）	－1.264*** （－6.54）	－1.503*** （－7.76）	0.169 （0.78）
ln*pgdp*^{2}	0.063*** （6.82）	0.059*** （6.53）	－0.002 （－0.13）	0.051*** （4.80）	0.068*** （6.35）	－0.013 （－1.10）
es	0.385** （2.05）	0.343* （1.86）	0.058 （0.22）			
er				39.900*** （2.75）	11.582 （0.80）	33.251** （2.05）
ysjg	0.001 （0.63）	－0.005** （－2.42）	0.007** （2.32）	0.002 （0.70）	－0.002 （－0.95）	0.003 （1.33）
sval	－0.275*** （－3.12）	－0.141 （－1.63）	－0.108 （－0.89）	－0.237** （－2.54）	－0.155* （－1.66）	－0.033 （－0.31）
nyjg	0.066 （1.44）	0.065 （1.45）	0.011 （0.17）	0.049 （1.02）	0.136*** （2.83）	－0.070 （－1.30）
ict	－0.576*** （－5.72）	－0.372*** （－3.78）	－0.200 （－1.45）	－0.608*** （－5.61）	－0.620*** （－5.71）	－0.060 （－0.50）
govp	－0.460*** （－3.77）	0.091 （0.77）	－0.601*** （－3.61）	－0.415*** （－3.14）	0.075 （0.56）	－0.413*** （－2.80）

续表

变量	(1) 绿色全要素生产率	(2) 绿色技术进步	(3) 绿色技术效率	(4) 绿色全要素生产率	(5) 绿色技术进步	(6) 绿色技术效率
常数项	9.695 *** (11.17)	6.153 *** (7.24)	4.677 *** (3.94)	8.852 *** (9.05)	9.397 *** (9.59)	0.821 (0.75)
年份固定	控制	控制	控制	控制	控制	控制
省份固定	控制	控制	控制	控制	控制	控制
样本数	480	480	480	480	480	480
F	17.4893	10.7067	4.4783	15.7665	15.7669	2.884
R^2	0.820	0.710	0.733	0.820	0.821	0.750

注：* 、** 、*** 分别表示显著性水平为10%、5%和1%；括号中的数字为标准误。

四、主要结论

此部分以我国31个省份的面板数据为基础，运用绿色经济增长核算分析模型，对长江上游地区服务业的绿色增长源泉进行了分解分析，据此探讨了其发展动力转换的方向和潜力。同时，在现有研究基础上，就服务业绿色全要素生产率及其构成因子的影响因素进行了实证分析。此部分的主要结论如下：

第一，长江上游地区服务业发展中的绿色技术效率水平低下，不足全国的平均水平并存在下降趋势，而且各省份的绿色技术效率差距扩大明显。这种技术无效率现象与服务业发展水平之间没有必然的相关关系。由此可见，长江上游地区服务业的适宜技术选择（包括通过提高技术吸收能力来扩大适宜技术选择空间，以及在现有技术吸收能力前提下选择更适宜的生产技术）和规模优化调整都还具有较大空间。

第二，长江上游地区服务业绿色全要素生产率总体上在提升，增幅高于全国平均水平、省际差异远低于全国总体水平；其增长动力在于绿色技术进步，增长的障碍在于绿色纯技术效率和绿色规模效率共同恶化所导致的绿色技术效率恶化，这与全国的总体情况一致。

第三，长江上游地区服务业劳动生产率得到了较大幅度提高，增幅高于全国平均水平，而且省际差异略高于全国总体水平。不过，长江上游地区服务业的大幅增长都是以高投入为代价的，绿色全要素生产率及其构成因子的增长贡献都很低，其中绿色技术效率变化还在其中起着抑制作用，各省份都还处于投入要素驱动阶段。然而，全国的标杆省份北京和上海，它们的服务业都已进入创新驱动阶段，绿色全要素生产率的增长贡献都在50%以上，北京甚至高达93.67%。不仅如此，长江上游地区内部绿色全要素生产率及其构成因子的省际差异也较大。由此可见，长江上游地区服务业亟须转换发展动力，由投入要素驱动向创新驱动转变，而且这种动力转换的潜在空间很大。

第四，服务业绿色全要素生产率的影响因素是多方面的，主要涉及结构因素、环境规制因素、经济因素、社会因素和制度因素等方面。其中，区域经济发展水平与绿色全要素生产率之间呈现出显著的U形关系；服务业发展水平、互联网普及率和政府财政支出水平对服务业绿色全要素生产率有显著的抑制作用；而服务业行业结构、要素禀赋结构、能源消费结构、环境规制强度等对绿色全要素生产率的影响不显著，但是基本上都对其中的部分构成因子有显著影响。

第六节　本 章 小 结

本章在梳理经济发展的阶段性和动力转换经验基础上，结合绿色经济增长核算模型，对近年来长江上游地区（以全国省份为样本进行了相应分析）的农业、工业和服务业的增长源泉进行了分解分析，据此探讨了它们的发展动力转变的历程和方向，以及向创新驱动转变（以提升绿色全要素生产率为落脚点推动服务业转型升级）的影响因素。主要分析结论如下：

第一，经济发展的阶段性是经济发展的内在特征之一，不同发展阶段的发展动力构成不同。其中，从需求侧来看，经济发展动力主要包括投资需求、消费需求和净出口需求"三驾马车"，随着经济发展水平不断提升，需求动力将不断地由投资需求为主向净出口需求和消费需求为主转变。从供给侧来看，投入要素积累和全要素生产率提升都是经济发展的动力，而且随着经济发展水平不断提高，经济发展动力将由投入要素驱动为主，向效率驱动和创新驱动即全要素生产率提升为主转变。在新发展阶段，必须完整准确全面贯彻新发展理念，加快培育发展新动能。理论和实践都表明，创新不仅是推动产业发展方式转变和产业结构升级的关键手段，也是推动经济可持续发展的持久动力。由此，创新驱动将是新发展阶段长江上游地区乃至全国产业转型升级的动力转换方向。

第二，近二十年来，长江上游地区各省份农业、工业和服务业都取得了长足发展，它们的劳动生产率得到了大幅提升，增幅基本上都高于全国平均水平。不过，这种快速增长都是以高投入为代价的，绿色全要素生产率的相对贡献都不大，远低于投入要素积累的贡献，都还处于投入要素驱动阶段，其中云南的服务业绿色全要素生产率还降低了。就绿色全要素生产率的增长源泉来看，长江上游地区各省份三大产业的绿色技术进步都有所提升，但是多数省份的绿色技术效率都恶化了，其根源在于绿色纯技术效率恶化或绿色规模效率恶化。与国内相关行业发展的标杆省份相比，长江上游地区三大产业的绿色全要素生产率水平都非常低下，而且区域内部的省际差异比较明显。由此可见，长江上游地区产业转型升级的动力向效率驱动、创新驱动转换还任重道远。这同时也意味着，长江上游地区产业发展中绿色全要素生产率提升尤其是绿色技术效率提升的空间较大，发展动力向效率驱动和创新驱动转换具有较大提升潜力。

第三，无论是农业、工业，还是服务业，它们的绿色全要素生产率都受多种因素影响，主要涉及经济结构、经济发展水平、社会发展水平、政府调控力度、环境规制强度和制度质量等方面。这些因素多数都与供给侧紧密相关，其中部分因素还属于供给侧的结构性领域，它们或通过影响绿色技术进步因子，或通过影响绿色技术效率因子及其构成因子（包括绿色规模效率和绿色纯技术效率），或通过对两者的共同作用来影响绿色全要素生产率的变化。

供给侧结构性改革的主要目的在于矫正要素配置扭曲，扩大有效供给，提高供给结构的适应性和灵活性，提高全要素生产率，进而推动经济发展。当前，长江上游地区产业发展总体来说仍然是以高投入、高产出、以污染为主要特征的粗放型增长。其中，绿色技术效率普遍低下，部分省份、部分产业的绿色技术效率甚至还具有明显的恶化趋势，亟须进行资源优化调整；绿色技术进步的幅度也不大，同样需要从供给侧入手来不断提升，如升级要素禀赋结构、推动制度创新、加强新型基础设施建设等。

综上所述，这些研究结论表明，从深化供给侧结构性改革入手，推动长江上游地区产业转型升级不仅必要，而且可行。

| 第五章 |

长江上游地区产业转型
升级的路径选择

前面章节的理论分析和实证研究结论表明，推动长江上游地区产业转型升级的任务艰巨，不过也具有较大的潜在空间。同时，要推动产业转型升级，必须实现产业发展动力由投入要素驱动向效率驱动和创新驱动转变，但是这会受到诸多因素影响。因此，深入探讨长江上游地区产业转型升级的实现路径具有重要意义。鉴于此，本章拟从两大视角对此进行专门分析：一是从宏观层面出发，厘清长江上游地区产业转型升级的总体框架，主要包括总体思路、基本原则、发展模式和主要任务；二是从中观层面出发，分别对长江上游地区农业、工业和服务业转型升级的方向和路径进行具体分析。

第一节　长江上游地区产业转型
升级的总体框架

一、总体思路

长江上游地区属于国家战略腹地，既是长江

经济带的"龙尾",也是"一带一路"的内陆关键节点,对于促进西部大开发、落实长江流域生态涵养、推动脱贫攻坚、促进区域协调发展和巩固民族团结都具有重要意义(蔡建娜等,2019)。受国家梯度发展的区域经济改革和自身发展基础的影响,长江上游地区正处于现代化前期阶段,区域竞争力明显不足,这不仅制约着其高质量发展,而且也影响着整个国家的高质量发展(张可云,2018;刘鸿渊等,2020)。随着新型工业化、新型城镇化、信息化、农业现代化以及"双碳"目标的加快推进,"一带一路"倡议和长江经济带发展战略的深入实施,长江上游地区产业转型升级面临一系列新形势和新挑战。长江上游地区要始终以"在发展中谋转型、在转型中求升级"的基本思路,推动产业发展方式转型和结构优化升级,实现经济高质量发展。遵循"十四五"规划及长江经济带高质量发展战略等相关要求,长江上游地区在产业转型升级中应牢固树立"创新、协调、绿色、开放、共享"的新发展理念,深化供给侧结构性改革,推动绿色低碳、创新驱动为核心的发展方式转变,促进产业结构的合理化和高级化,助推现代化产业体系建设和经济高质量发展。

二、基本原则

(一)市场主导,政府引领发展

长江上游地区在积极推动产业转型升级的过程中,要坚持市场为主、政府引领的基本原则,充分发挥市场在配置资源中的决定性作用,而政府要通过体制机制创新及时放活市场、放活主体,通过环境营造、制度设计、平台搭建等方式,培育创新内生动力。正确处理好市场与政府的关系,使两者协同发力,双管齐下,加快推动产业发展方式的阶梯式转型和产业结构动态优化升级。

(二)以点带面,集聚集群发展

长江上游地区应该先对部分支柱产业、战略性新兴行业,或代表性产品和技术实行"点政策",随着企业联盟、产业集聚和市场平台的逐步集成,逐步健全面向企业全生命周期,产业链、创新链、供应链和价值链的各环节,以及集成化平台化的"面政策"体系。通过点面结合，逐步丰富和完善产业政策体系，为各个行业的转型升级提供一个相对成熟和稳定的政策环境，鼓励并引导产品、企业及链网间的集群式发展。

（三）系统协调，联动统筹发展

长江上游地区是一个复合的自然经济社会大系统。长江上游地区产业转型升级应坚持系统协调观念，一体化推进"四水一岸"保护修复；依托长江黄金水道、西部陆海新通道等，加强多种运输方式有机衔接，建设高效的综合交通运输体系；充分发挥各个地区的比较优势，促进各类要素合理流动和高效集聚，推动协同联动发展；统筹沿江沿边和内陆开放，构筑高水平开放新高地。

（四）生态优先，绿色低碳发展

长江上游地区是我国重点生态功能区、矿藏资源和水资源集中分布区，也是长江经济带"生态优先、绿色发展"战略的重点和关键区域（孔芳霞和刘新智，2021）。长江上游地区产业转型升级中，要始终把修复长江生态环境、筑牢长江上游生态屏障、保障长江全流域生态安全作为长江上游地区经济社会发展的前提条件和首要任务。按照"共抓大保护、不搞大开发"的总体要求，坚持生态优先、绿色发展的基本原则，构建资源节约和环境保护的空间格局，形成绿色的产业结构和生产生活方式，把"绿色＋"融入经济社会发展的各方面，推动实现长江上游地区绿色低碳发展。

（五）五新三主，高质量发展

长江上游地区产业政策应紧紧围绕"五新三主"战略部署要求，谱写生态优先绿色发展新篇章、打造区域协调发展新样板、构筑高水平对外开放新高地、塑造创新驱动发展新优势、绘就山水人城和谐相融新画卷，成为我国生态优先绿色发展主战场、畅通国内国际双循环主动脉、引领经济高质量发展主力军，切实推动长江上游地区高质量发展。

三、发展模式

在新发展阶段，全国经济呈现出增长速度普遍降缓，经济结构调整转型和优化升级，经济增长动力由要素驱动、投资驱动转向创新驱动这三大特点，长江上游地区也不例外。在这个大背景下，为激发经济增长活力、保证经济持续健康发展，长江上游地区在产业发展中也进行了系列体制机制改革，发展模式也在不断转换。结合学术界对发展模式的相关探讨和长江上游地区的实际情况，我们认为下述几种典型的发展模式都有一定的借鉴价值。

（一）自主创新发展模式

自主创新发展模式是美国经济学家克鲁格曼（Krugman）在总结发展中国家成功发展经验的基础上，提出的一个基于后发优势的技术发展引发的后发国家赶超的"蛙跳型"发展模式。由于发达国家存在技术"锁定"，后发国家更可能利用新技术的潜在优势显现，这种模式是一条创新驱动型发展道路，该模式要求各个产业充分利用资源禀赋优势、产业基础优势、创新资源集中优势和创新制度环境优势，通过产业的技术创新、产品创新、商业模式创新、业态创新、品牌创新和管理创新等手段，推动产业向高技术领域迈进，同时，新技术新业态也可以全面改造传统产业，从而加快各个产业向合理化和高级化转型，提升整体效益和综合竞争力（曾宪奎，2018）。长江上游地区应结合本地区的实际情况，着重培育一批拥有自主研发技术、发展速度快、极具前瞻性的战略性新兴产业。为壮大新兴产业发展规模及产业竞争力，长江上游地区应该加大投资力度，坚持创新驱动，统筹协调，集群发展。与此同时，长江上游地区应积极营造创新环境，鼓励科技创新，优化供给结构，将传统产业与高新技术相融合，从而推动传统产业的动力转型，培育产业增长新动力。

（二）产业承接发展模式

后发地区通过承接产业转移或引进先进技术，能够以较短的时间缩短与发达国家的技术差距，实现先进产业快速布局，这正是我国中西部地区产业发展的"后发优势"所在。产业承接发展模式通过承接国内外先进产品或先进技术，帮助本地在更大范围、更高程度上参与国际国内资源的优化配置，从而加快传统产业的改造升级，有效促进高新技术产业和战略性新兴产业的跨越式发展。该模式通常包括两种方式：一是引进、购买先进技术的使用权，进行消化、吸收，进而模仿制造新产品；二是通过引进、消化、吸收来搞自主研发，不仅达到被模仿产品的水平还要超越原有技术。一般而言，前者投入少、收益快、风险低、市场适应力强，但产品生命周期短，后者需要高强度研发和人才充盈，投入较多，能够形成较强的市场竞争力和竞争优势（林风霞和刘庆仁，2017）。与发达国家或东部沿海地区相比，长江上游地区在技术研发水平和科研成果产业化方面都存在劣势，技术创新风险的承担能力不足，单纯依靠自主创新来发展本地区先进产业还很困难。因此，产业承接发展模式将成为长江上游地区培育先进产业增量的主要模式。

（三）绿色低碳发展模式

绿色低碳发展模式强调在市场机制的基础上，通过制度创新、技术创新以及财政补贴等手段，提倡低能耗、低污染、低排放、高效能、高效率、高效益的经济发展模式。该模式通过支持企业对低碳能源的开发和利用，改变现有的能源结构，减少高碳带来的环境污染；鼓励企业自主研发绿色环保的技术手段，提高能源利用效率，或减少对化石能源的依赖程度；引导大众对绿色产品的消费需求，为低碳产业带来强劲的发展动力和广阔的发展前景（张坤民，2009）。为深入推进长江经济带发展战略，长江上游地区要始终坚持"生态优先、绿色发展"的顶层设计和实施路径，摒弃传统的粗放型经济增长方式，倡导绿色低碳型发展模式，追求经济可持续发展。通过制度创新全面推广"绿色＋"模式，为产业发展模式的转变指明了方向，也提供了有利的宏观环境，要按照供给侧结构性改革的目标，以生态为底色，重点打造清洁能源、节能减排、低碳消耗、绿色创意等实体经济，加速培育引进绿色生态产业项目，大力发展绿色园区、开发绿色设计产品、打造绿色供应链、培育绿色服务平台，深入推行绿色循环低碳经济。

（四）结构优化发展模式

结构优化式发展模式就是通过行业内部各产业结构调整，构建起以高效率优势主导产业为核心的各产业相互协调的产业体系，形成"优势互补、专业化分工协作"的产业发展格局，以实现产业结构的合理化、高级化。长江上游地区产业结构演进过程主要表现为传统产业比重不断下降，新能源、新材料等高新技术产业的比重不断上升；劳动密集型产业比重不断下降，资本、技术、知识密集型产业比重不断上升；产业结构不断从低水平、低附加值向高水平、高附加值状态优化升级。随着经济社会的不断发展，长江上游地区要把握产业整体发展趋势，进一步巩固劳动密集型产业的比较优势，不断提升资本密集型产业的竞争优势，加快培育技术密集型产业的后发优势，通过市场机制和宏观调控，努力打造新的发展优势和核心竞争能力，实现结构最优和经济效益最大化。

（五）产业集群发展模式

产业集群发展模式主要包括以价值链分工为主导的产业集群模式和以竞争互补为主导的产业集群发展模式两种。其中，以价值链分工为主导的产业集群模式指集群内企业有明确的专业生产分工，并由此分化出直接配套企业、二级以下配套企业、服务企业和配套客户，三者通过产业链和价值链形成密切的上下游连接关系。以竞争互补为主导的产业集群发展模式指制造企业之间往往不是"供应商－用户"关系，而表现为"竞争－合作"关系，各制造企业生产的产品相似，相互之间形成一定程度竞争，同时各企业均有自己的优势产品和技术专长，存在优势互补的可能性和内在动力；企业之间的技术能力差异主要体现在处于价值链同一环节上的企业之间的技术能力差异。产业集群发展模式有利于加强国有企业、民营企业和外资企业之间的交流，各企业可充分利用集群内部的产业和相关配套服务，获得协同经济效应，加快自身的转型升级。

（六）产业协调发展模式

产业协调式发展模式是基于库兹涅茨工业化发展阶段理论提出来的，该模式要求各产业部门在不同的工业发展阶段下，根据不同的要素禀赋条件，按照适当的比例关系协调发展，来促进工业结构的升级。要特别注重第二、第三产业之间的协调发展，大力发展以生产性服务业为代表的现代服务业，将人力资本、知识等高级生产要素嵌入到生产过程中，以降低生产成本，推动产业结构动态升级（张军等，2009）。在产业协调发展模式下，长江上游地区要重点推动第一、第二、第三产业的协调发展，同时兼顾对农业的反哺力度，加大对农业的财政补贴力度，引导社会资金投入到第一产业，避免畸形发展。同时，应鼓励服务业企业与制造业企业之间建立供应链联盟，积极探索与制造业紧密相连、能突出制造技术与品牌的衍生性服务业的发展，通过制造业生产链条上的创新环节和服务环节来推进生产性服务业与制造业的联动发展。再就是要加大政策扶持力度，引导和推动制造业企业通过管理创新和业务流程再造，将一些非核心的生产性服务环节外包给专业服务企业，提高生产性服务业的市场化程度。另外，要积极引进外资服务业，吸引海外研发公司、商务服务机构等生产性服务机构与本地优势企业的合作联盟，在调整第二产业结构的基础上，引进吸收高端服务业及海外先进外包服务流程，推动本地服务业的发展壮大。

以上六种发展模式是站在不同的维度对产业发展模式进行的梳理总结，其中，前三种发展模式是在不同发展战略的角度对各行业提供的可供选择的发展模式，结构优化式发展模式是提出的产业结构优化升级模式，产业集群发展模式是在结构优化的基础上，有针对性地对支柱产业、主导产业及战略性新兴产业实施重点的发展模式，而产业协调发展模式是基于三次产业层面协调好第一、第二、第三产业发展的相关要求。这六种模式的发展特点、特征、核心内容及侧重点均有所不同，但是各发展模式之间是相互联系、相互包容的，在探寻转型升级之路时，要审时度势，在发展的不同阶段或面对不同环境时应灵活运用各种发展模式（见表5-1）。

表5-1　　　　　　　　产业转型升级主要模式比较

发展模式	主要驱动力	核心内容	发展特征
自主创新发展模式	创新驱动发展	引领科技创新	发展潜力大、核心竞争力强、经济效益好
产业承接发展模式	承接技术转移	技术引进和吸收、承接先进设备或产业	投资风险小、具备模仿超越潜力
绿色低碳发展模式	绿色低碳发展	推行绿色经济、倡导可持续发展	环境保护力度大
结构优化发展模式	结构优化	推动产业结构合理化、高级化发展	形成合理的产业发展格局
产业集群发展模式	集群发展	通过产业聚集区或产业园区引导产业集聚	产业规模大、集群效应强

发展模式	主要驱动力	核心内容	发展特征
产业协调发展模式	协调发展	以第一、第二、第三产业的协调发展，促进产业结构升级	发挥产业间的双向促进机制

资料来源：笔者收集整理。

四、主要任务

当前，长江上游地区产业发展总体上还处于投入要素驱动阶段，存在总体水平不高、区域差距大、行业不协调、供需不均衡等多重问题，而且各省份产业转型升级的方向、速度和总体质量都不高，在全国所有省份中基本上都只是处于中低水平甚至是低水平。在新的发展阶段，国内外宏观经济形势加速演变，新一轮科技革命快速推进，它们为长江上游地区的产业转型升级带来了重大挑战，同时也带来了弯道超车的宝贵机遇。为此，长江上游地区应紧密结合新时代新趋势，加快推动产业发展方式向创新驱动、绿色低碳为核心的发展方式转变，促进产业结构向产业链、创新链、供应链和价值链不断攀升的高级化升级，并促进产业结构向供需均衡、行业协同、区际协调的合理化转变，不断提升各产业的绿色全要素生产率，在产业转型升级中助推实现经济效益、社会效益和生态效益共赢。

（一）推动发展方式转变

创新发展是产业发展方式转型的必然要求。产业的技术结构直接决定着该产业的供给水平和能力，产业结构越倾向于技术部门，该产业的劳动生产率越高，发展速度也就越快。因此，技术结构的升级是长江上游地区结构优化升级的关键因素，要把技术创新作为产业技术结构升级的主攻方向，以发展与长江上游地区要素禀赋结构特征一致的技术为目标，重点培育高新技术产业，大力提升产业自主创新能力，推动长江上游地区从劳动密集型产业向技术、知识密集型产业转型升级。长江上游地区要加快产业从要素驱动向创新驱动转变，利用科技创新改造优化传统动能、培育发展新动能，同时，加强产业与科技的深度对接，进一步完善以企业为主体、市场为导向、产学研资用相结合的产业创新体系，推动发展方式向创新驱动转型。

同时，长江上游地区要始终以"生态优先、绿色发展"为产业转型升级的战略目标和基本原则，依靠新一代信息技术改造传统行业生产模式、研发节能环保技术和工艺设备，加大节能和减排力度，推动绿色低碳转型，形成低耗能、低排放、高资源利用效率的发展模式，着力构建清洁环保、绿色低碳的产业发展体系。

（二）推动产业结构合理化

产业结构合理化的一个重要支撑就是合理的产业组织结构。合理的产业组织结构不仅表现在同产业下的协调运作模式和良性竞争格局，还要协调好该产业链上下游之间的纵向联合，从而构建产业内部、产业之间开放创新、协同融合的产业组织形态。长江上游地区的组织结构总体呈现出产品低水平同质化严重、企业竞争力不强、产业间组织结构不尽合理、专业化协作程度不高等问题。因此，要加快产业组织变革，培育产业组织新生态。

产业结构合理化的另一个重要支撑就是合理的产业布局。产业布局是指一个地区在一定生产力水平下的空间分布、组合结构和产业规划，其合理程度对该地区经济优势的发挥和经济的发展速度起到了至关重要的作用。在合理的空间布局下，产业可充分利用区域内资源环境优势，依托产业园区，按照"错位竞争、优势互补、融合互动"的原则，以集聚模式快速发展，逐步形成"点链片"相结合的生产力布局体系，从而实现资源的合理配置、区域间的良性互动以及强大的产业集聚区。在整体空间布局上，长江上游地区要以中央制定的长江经济带区域发展战略为目标，提高产业生产要素空间上的配置效率，拓展产业发展空间，协调各区域的生产要素配置，承接好东部转移过来的产业并积极推动相关产业转出，促进生产要素的跨区域流动。要以产业链条为纽带，重视经济技术开发区、高新技术产业开发区、现代农业示范区、自贸区等园区对产业的载体功能，着力培育特色鲜明、品牌形象突出、服务平台完善的现代产业集群，推动产业集群从传统的空间聚集向生产要素整合和价值链提升转变，实现产业集约集聚化发展。

（三）推动产业结构高级化

产业结构高级化包括行业内结构升级和行业间结构升级。产业内部各行业的规模结构、资源集约方式及发展模式直接影响和决定着该产业的经济效应水平以及未来的发展趋势。因此，对行业结构的优化升级要顺应产业的总体发展方向，以企业组织结构的优化为基础，按照各行业的发展特征及发展潜力，调节各产业及企业间的构成及相互之间的联结关系，进而实现行业内结构和行业间结构的全面升级。在行业间结构升级方面，长江上游地区要结合供给侧结构性改革的大背景，按照"退出低端产业、改造传统产业、转型服务型制造、做大新兴产业"的基本思路，对各行业制定不同的发展路径。就行业内结构升级而言，各企业要主动结合新一代信息技术，引进高新技术人才，创造新技术、新工艺、新产品，运用"互联网＋"思维，创新企业运营模式、营销模式，以企业整体素质水平的提升带动该行业的演化升级。

在数字化、智能化与相关行业逐步走向深度融合的趋势下，长江上游地区要将数智化作为主攻方向，加快发展和推广先进产业发展模式，坚持走新型工业化、农业现代化、服务业现代化的高质量发展道路，提升我国产业在全球价值链和产业链中的地位。全面提升企业数智化水平，完善智能制造支撑体系，重点培育具备先进生产能力和战略性新兴行业的企业；行业间组成战略联盟，协同提升数智化程度。加快互联网基础设施建设，搭建智能制造网络系统平台，深化各大行业与互联网融合，实现各环节的互联互通，信息共享。推动传统行业重点领域基本实现数字化、智能化改造，在数智化高水平行业或科技型中小企业中重点培育企业发展新模式，全面提升企业信息化智能化水平。

农业、工业与现代服务业之间的产业边界逐渐融合，三者之间更多地表现为相互促进、相互渗透的融合发展关系。各个产业在调整转型的过程中，要相互主动融合，发挥产业的补强机制，产业融合发展下催生出的新产业也为传统行业的发展提供了强大的支撑。长江上游地区要全面推动农业、工业与服务业融合发展，积极培育产业发展的新业态、新模式；打造产业链的融合发展模式，引导企业延伸服务链条，开展个性化定制服务，网络精准营销和在线支持服务等，使产业发展模式从提供单一产品向提供一体化的产品服务品牌组合转变，推动企业由封闭型、以产品为中心向开放型、以客户为中心转变。完善大数据、公共信息服务等相应的服务平台，提升金融市场、现代物流市场、融资租赁市场等基础服务能力，增强电子商务、售后服务及品牌建设等新兴服务业的带动效应，从而全面提升产业发展的支撑能力。

第二节 长江上游地区农业转型升级路径选择

一、推动农业绿色化发展

农业绿色发展的总体目标是"绿色"与"发展"的协调，实现长江上游地区农业从高资源消耗、高环境成本到高资源利用效率、低环境风险的可持续集约化发展转型。一般而言，农业发展主要涉及三个系统，即自然系统、粮食系统和人类社会系统（Vitousek and Naylor，2009）。其中，自然系统提供了支持生物系统、植物和动物（包括人类）生长和进化所需的所有基本材料和能量。粮食系统包括基于作物和动物的粮食生产，以及涉及粮食收获、储存、运输、加工和人类消费的相关过程。人类社会系统受到自然系统和环境的影响，但对这两个系统也有很强的反馈作用。已有研究发现，"经济"和"环境"之间的关系可以用环境库兹涅茨曲线描述，即一个国家或地区在经济收入增加的初期，环境状况会随着经济增长而不断恶化；但是在经济发展到一定程度后，环境问题会积累到顶峰，整个社会不得不重视环境问题，环境状况会发生转折，之后随着经济水平上升，环境会日趋好转（Everett and Ishwaran，2015）。环境库兹涅茨曲线描绘的这种发展转型，可以看作是经济的阶段性发展，其转型动力主要依赖于环境保护技术的进步和相关政策法规带来的环境保护行为的转变。由此，农业绿色发展中"绿色"和"发展"的关系也应该符合这个趋势。在该思路下，结合长江上游地区的农业发展现状，提出"转绿、促发和协同"三条农业绿色发展实现路径及七种具体措施。其基本思路是：一是通过发展绿色农作物、绿色畜牧业和绿色农产品加工业，遏制资源与生态环境的恶化，实现转绿；二是在保持资源与生态环境绿色的同时，通过农村环境与生态系统服务、推广全产业链绿色技术、建立绿色环境政策约束与激励，促进发展；三是通过创新全产业链协调绿色与发展的产业模式，进而实现绿色和发展的协同共进。

（一）推动绿色农业发展多元化

1. 发展绿色粮食作物

长江上游地区是我国重要的粮食生产基地，在"十三五"全国主体功能区规划中明确被划分为"七区二十三带"农业战略格局的重要组成部分，水稻、小麦、玉米、油茶、烟叶、甘蔗等农作物历来在全国占据重要地位。但是，过度使用化肥、农药是当前农业生产的一大顽疾，大量的氮、钾等渗入水体，留在土壤中，或者通过氨挥发或硝化反硝化作用流失到大气中，形成了一个不稳定的恶性循环，从而损害了环境可持续发展。长江上游大部分地区生态环境脆弱，实现绿色粮食作物生产对于确保粮食安全和应对环境保护的挑战至关重要。

绿色投入和绿色管理是绿色作物生产系统的先决条件。这包括开发新作物品种、新肥料和绿色农药，建立综合土壤－作物系统管理，设计轮作和间作种植系统，以实现粮食生产的可持续集约化，实现高产、高资源利用效率和环境复原力。必须实施绿色作物生产，以促进农业生产从高资源消耗和高环境成本的传统模式向高生产率、高资源利用效率和低环境影响的根本转变，从而实现农业发展从单纯的集约化粮食生产向可持续发展体系的根本转变。例如，重新设计种植制度，提高土壤肥力和保持土壤健康。在保持粮食生产的同时，尽量种植优质农作物产品，维持生物多样性。

2. 发展绿色畜牧业

长江上游地区多山地丘陵，畜牧业是当地农业的重要组成部分。然而，畜牧业也是造成长江上游地区农业污染的重要因素。长江上游地区有很多生态脆弱地区，进行放牧可能会造成草地退化、水土流失。此外，由于缺乏适当的动物排泄物管理技术和措施，大量牛羊的排泄物中含有促进气候变化的温室效应气体，畜牧业和作物生产脱钩是这一地区农业绿色发展的障碍之一。

与粮食作物生产类似，面向绿色产品的畜牧业发展也需要在整个生产过程中进行绿色管理，包括绿色饲养和清洁住房。目前，大型集约化农场在长江上游地区的畜牧生产系统中逐渐占据主导地位。鉴于其在环境污染（现场污染物排放源）中的重要诱导作用，需要在该系统中解决集约化农场排泄物的绿色处置问题。在区域范围内，作物系统和牲畜系统对当地居民的生活和幸福至关重要，因为它们为日常生活提供了必要的材料，并贡献了农村人口的大部分收入。此外，由于它们是为工业提供原材料的主要生产者，这些系统被视为地区稳定和可持续发展的基础。因此，这两个生产系统应该协调发展，以便粮食作物系统提供喂养牲畜的材料，并接收和使用牲畜的排泄物，作为粮食作物营养供应的一部分。如果粮食作物生产和畜牧业生产不协调，可能会增加牲畜业污染物排放，进而增大环境污染风险。

3. 发展绿色农产品加工业

近年来，长江上游地区绿色农产品加工业在经济、生态和社会各方面以及品牌影响力方面取得了快速进展。如榨菜、柑橘等产业在全国产业布局中都具有重要地位。然而，长江上游地区的绿色食品的生产供给与人们对高质量、营养丰富的绿色食品需求增加之间不匹配，而且产品结构不平衡，市场推广投入也比较缺乏。为此，长江上游地区整个粮食供应系统应该以市场为导向。针对绿色产品和绿色工业的发展，应该推行基于目标的逆向铸造设计。具体而言，该行业上下游生产的产品应符合作物生产中的绿色投入要求和市场食品体系中的质量标准。同时，通过构建基于绿色产业的电子商务和大数据平台，实施绿色产业与市场对接模式，促进绿色产业和市场发展。生产、加工和营销的重点，向绿色、生态和高附加值食品产业转变，并加强技术创新、知识转移和精准管理，例如，通过互联网等手段实现农业的深度整合。

（二）促进绿色技术和政策落地

1. 推广全产业链绿色技术

在遏制资源与环境恶化的同时，进一步推动农业经济发展是农业绿色发展的重要目标。当前，长江上游地区农产品生产与加工、消费各个环节之间存在脱节现象。此外，农业绿色发展中的利益分配不合理，真正进行绿色生产的农民的增收并不明显，这在某种程度上制约了绿色生产技术的应用。已有研究表明，在小麦生产、加工和消费链条中，资源环境代价主要发生在生产端，而主要的经济收入却被销售端获得，生产端获利很少，农民也就失去采用绿色生产技术的动力（马文奇和毛达如，2001）。因此，应通过农产品的全产业链融合，创新全产业链以协调绿色与发展的模式，以绿色产品消费倒逼绿色生产，促进绿色与发展共赢。例如，建立和完善绿色食品全产业链系统认证、标准与监管机制，保障绿色食品产业的健康发展。在全产业链实施绿色生产技术，在降低资源环境影响的同时，促进绿色优质高产高效生产。

2. 建立绿色环境政策约束和激励机制

近年来，长江上游地区农业发展所带来的资源环境代价一直处于比较高的水平。建立绿色环境政策约束和激励机制，遏制资源、环境、生态指标的进一步恶化就成为长江上游地区农业绿色发展的关键步骤。例如，根据本地区的资源和生态环境现状，以星球界限理论、资源与生态环境的发展目标等为依据，设定长江上游各个区域的农业绿色发展的资源环境目标值和调控阈值，并以此为卡口，进行区域农业和食物系统结构的优化设计，进而推进本区域农业向绿色方向发展。同时，完善绿色生态环境监测与评估体制。绿色资源和生态环境阈值的设定和管控，都离不开相关指标的监测和评估。将调控阈值与奖惩措施挂钩，是实现农业绿色发展的重要保障。

（三）创新农业绿色全产业链

1. 完善农村环境和生态系统服务

随着人口和生活水平的迅速提高，长江上游地区不得不生产更多的动植物产品来满足粮食需求，但是环境资源面临着巨大压力。据统计，在当前的高氮施肥农作物生产模式下，四川70%以上的作物施氮流失到环境中（田水松，2001）。农业生产已超过工业成为长江流域水污染的主要来源，其贡献了水体中44%的化学需氧量、57%的氮和67%的磷酸盐，大大导致了长江水质的恶化（马广文等，2009）。由于水体中积累的营养物质的遗留效应，即使使用创新技术，也无法在短时间内清洁受污染的水体。在这种背景下，长江上游地区农业发展迫切需要一个平衡人类需求和环境可持续性的绿色生态环境框架。这需要建立和完善农村环境和生态系统服务，主要包括四项措施：一是建立绿色生态环境指标体系；二是建立监测和预警网络；三是设定关键污染物的排放标准和环境阈值；四是制定新的排放控制措施和标准并创新环境修复技术。

2. 健全绿色与发展相协调的全产业链

长期以来，在高经济价值农产品生产过程中，往往为了追求高产而大量投入农业生产资料，付出了巨大的资源环境代价。因此，长江上游地区农业要实现绿色化转型，就要协调绿色和发展的关系，解决好经济与环境的矛盾，这需要进行全产业链创新，实现绿色与发展协调推进。其中，在前端投入环节，要严格控制污染源引入，因地制宜推广高产良种使用；在中端生产环节，不断提高农业生物化学技术和农业机械化技术，提高农业生产效率的同时保护好农业生态环境，尤其要严格控制污染严重的农药、化肥使用，并采用循环农业等方式促进物资循环利用；在终端消费环节，积极倡导绿色消费，同时推广废物回收再利用。

二、推动农业数字化发展

数字化，或应用数字创新的社会技术变迁过程，是现代生活各个方面日益普遍的趋势。数字农业是指"使用数字技术、创新和数据来改变农业价值链中的商业模式和实践"（Tsan et al.，2021）。当前，农业也在向数字化转型，人工智能、机器人、大数据、物联网、基因编辑和无人机等新兴技术都已被用于解决与食品生产相关的挑战领域。粮食系统中数字技术的出现给农民带来了许多好处，例如，土壤数据形成了数字地图，帮助农民更有针对性地应用农用化学品。在其他应用中，传感器已被用于检测植物和地块水平的土壤湿度、肥料投入、杂草、土壤湿度、土壤湿度和疾病。大数据方法被用于提供对农业运营的预测性见解，推动实时运营决策等。

在国外，农业数字技术的应用范围正在迅速扩大。2015 年，数字技术被用于管理荷兰 65% 的耕地，而 2007 年只有 15%（Carolan and Wright，2017）。同年，美国 20% 的农业服务提供商使用远程信息处理，而两年前为13%（Erickson and Widmar，2021）。麦肯锡的最新报告还指出，如果计划中的农业互联成功实现，到 2030 年，该行业将为全球 GDP 增加 5000 亿美元的附加值（Goedde et al.，2020）。

作为发展中国家，中国对数字农业的投资低于发达国家；尽管如此，我国还是为数字技术和经济发展奠定了坚实的基础。据统计，我国的网络宽带接入水平比较高，以长江上游地区为例，截至 2020 年底，约 90% 的行政村已接入光纤网络（Li et al.，2021），这为该地区农业的数字化转型打下了良好的基础。

结合长江上游地区农业发展现状，我们提出了三条基本的数字化转型路径，其中的基本思路如下：一是农业配套服务数字化，即从产前、产中、产后的全产业链视角实现配套服务数字化转型；二是农业生产过程数字化，即从要素投入过程、生产加工过程、流通与消费过程三个领域，实现农业生产以及农产品消费的数字化转型；三是农业价值链延伸数字化（产业融合数字化），即结合长江上游地区农业发展禀赋和市场需求，实现农业价值链延伸产业数字化。

（一）农业配套服务数字化

农业配套服务数字化为农业生产经营全过程数字化转型提供了重要的动力机制，它为农业生产各环节提供数字化设施、信息与服务支撑，农业配套的数字化转型包括产前、产中和产后三大环节的配套服务数字化。

一是产前配套服务数字化。农业生产产前服务数字化主要是为农业生产的选址、培育、选种等提供数字化的农资服务。为此，可以借助卫星遥感技术，对长江上游地区的生态环境进行全方位监测和判断，为农业生产选址提供指导意见。同时，搭建农业物联网信息系统，打通农资供给和市场需求闭环，畅通农资物流、信息流和商流。农业数字金融服务方面，可积极开通线上业务办理、移动支付、远程认证，降低农业贷款难度等。

二是产中配套服务数字化。长江上游地区地势复杂，可以借助无人机等数字装备，提供农业大数据，同时，基于农业大数据，提供高精度的定位技术服务、技术应用协助服务和智慧农业问题解决方案等，并实现对农产品生产加工过程的数字化、智能化监测服务。另外，加工环节农业配套服务上要提供精准加工设备，并协助完成农产品智能筛选和品类定级，指导农户基于市场需求和产品品质进行精准化分析与市场定位。

三是产后配套服务数字化。产后农产品流通与消费阶段的数字化配套服务包括物流网络规划与基于大数据的农产品数字化营销。例如，长江上游地区的柑橘、中药材是龙头产品，可以进行农产品电子商务、数字化展览与贸易和大数据营销管理。农产品营销服务是以海量的农业大数据和消费大数据来贯通销售坏节与生产、加工环节的割裂状态，对需求变动及时反应，帮助发展品牌化农业，提高消费者的信任和市场认可。

（二）农业生产过程数字化

农业生产经营全过程的数字化转型是农业数字化转型的核心。从农业产业链的上下游环节来看，它包括产前、产中和产后的要素投入，农业生产与农产品加工，以及农产品流通与消费三个具体环节。

一是产前要素投入的数字化转型。农业生产资料研发数字化包括生猪、禽类与种子等研发和农业机械研发等。农业生产资料流通数字化是利用互联网电子商务和消费大数据实现农业生产资料流通由传统渠道和方式转变为O2O协同电商模式和互联网数字化销售服务平台，实现供给端销售渠道更扁平化，降低交易成本，增强产前要素投入管理的科学性。

二是产中生产标准的数字化转型。利用信息化手段构建数字化决策平台和系统，实现对农业生产过程的精准化管理。同时，积极利用农业物联网设备、大数据、云计算和5G等数字化技术，整合形成农业大数据，进行标准化土壤检测、智慧种植和养殖指导、病虫害防治管理、长势监测等。此外，在农产品加工生产中利用自动化机械对农产品进行清洁、筛选与预处理，运用物联网、大数据等数字技术和人工智能机器人系统对农产品加工过程进行监督，对加工的农产品所含有的防腐剂、保鲜剂等安全性指标进行预警与反馈等。

三是产后流通与消费数字化。主要包括需求洞察与分析数字化、农产品流通数字化、商业模式与营销数字化三个方面。要利用大数据工具"捕捉－收集－分析"农业产业链海量需求数据，使农产品的营销定位和价值诉求更精准地符合消费需求。同时，农产品流通数字化主要包括流通渠道数字化、物流管理数字化、交易与金融服务数字化等，如要借助互联网和区块链技术实现数字金融普惠服务，通过数字支付、掌上银行、数字投资与借贷服务提升农产品交易速率。

（三）农业价值链延伸数字化

农业价值链延伸的数字化，主要体现在农业与文化创新产业、健康养老产业、精深加工产业的深度融合等方面，它们是提升农业价值链的重要手段。

一是农业与文化创意产业的数字化融合。长江上游地区历史文化底蕴深厚，可以利用数字技术将现代化和传统的文化创意元素融入农业开发中。例如，开展"互联网＋"认养农业、3D景观农业、休闲农业、乡村旅游及田园综合体等项目。

二是农业与健康养老产业数字化融合。健康、养老是当前中国主要的社会需求，而长江上游地区拥有独特的健康、养老资源。一方面，农业与高科技生物医药产业融合，推动保健品、绿色食品等健康食品和特种食品医药研发，例如，云南的三七系列、灯盏花系列产品；重庆的黄连、大麻、贝母等中药材生产等。另一方面，农业与健康服务业融合，面向老年群体和亚健康人群的养生养老需求，开发数字化框架下的有机农业养生、精准科学养生等新模式，如贵州、云南等地，是我国著名的旅游休养之处，有丰富的资源支撑农村康养产业发展。

三是农业精深加工产业的数字化融合。农业精深加工产业的数字化融合是将新一代的数字信息技术向农产品加工业渗透，同时将农业中的种植业、牧业、渔业和养殖业等有机结合，将农业从输出初级农产品转变为输出高质量食品。例如，"跑步鸡"电商项目，在农村散养的鸡腿上安装数字化定位仪，记录散养鸡的运动、进食、日期等数据，通过云端监控确保散养鸡的品质，再将高品质、高价格的鸡肉产品通过网络平台出售给消费者。

三、推动农业融合化发展

（一）存在的主要问题

中国始终把关系国计民生的"三农"问题作为工作重点，从 2004～2021 年，连续 18 年发布以"三农问题"为主题的"一号文件"。特别是，2018 年中央一号文件提出实施以产业繁荣为重点的乡村振兴战略。而农村三产融合是实现乡村振兴的有效途径。近年来，长江上游地区农业产业融合虽然呈上升趋势，但是仍然存在诸多问题。

一是农村产业融合层次低。当前长江上游地区农村"三产融合"发展处于早期阶段，融合程度低、层次浅，主要表现为融合方式单一。当前，据统计长江上游地区农村的"三产融合"相当一部分表现为订单农业、农民经营农家乐等简单方式。很少有农民真正采取股份合作的方式，将农民利益与融合机制紧密联系起来。虽然订单农业等方式减少了农民常见的市场风险，可以保障农产品收益稳定，但这并不是"三产融合"的最终目标，"三产融合"追求的是提高农业在价值链中的地位。

二是人才要素支撑能力弱。长江上游地区农村"三产融合"离不开人才、资金、技术、土地等关键要素的支撑。无论是何种融合都需要农业经营主体的参与，而人才是"三产融合"发展的首要支撑要素。但是，长江上游地区各省份是我国农民工外出务工的人口流出大省，目前很多地区的农业经营以老人和妇女为主，多数新生代农民选择到城镇里打工，留在乡村的并不多，亟须培育新型职业农民，为"三产融合"发展奠定人才要素基础。

三是农村基础设施建设难以满足高水平融合的现实需求。农村基础设施是满足农村居民生产和生活需要的公共服务设施，是农村"三产融合"重要的条件保障。长江上游地区的农村普遍存在信息化设施建设滞后的问题，这比交通、电力等设施不足更为突出，而且维修和养护不到位。另外，相较于基础设施建设而言，更为令人担忧的是农村基础设施的维护，如乡村道路无人维修和养护，灌溉、水库等水利设施损坏后得不到及时修缮，等等。农村基础设施落后导致农村内部、农村与城镇之间的互联互通水平低下，制约了农村"三产融合"发展。

（二）实现路径

第一，加大对"三产融合"的政策支持力度。对长江上游地区农村"三产融合"的政策支持最终目标应该是促进要素，特别是优质要素向"三产融合"发展集聚。例如，出台鼓励和吸引农村青年才俊回乡创业的政策；在财政、税收、金融、保险等方面出台支持产业融合发展的政策；同时，要加强对技术创新和技术扩散的支持力度，最重要的是要完善土地流转的相关政策法规，促进土地合理有序流转。

第二，加强农村地区基础设施建设。加大对农村基础设施尤其是交通、水利、信息设施的投入力度。同时应建立多元化的融资渠道，借助社会资金来建设农村基础设施，建立长效可持续的融资渠道，有效改善农村的交通、电力、水利、信息、仓储物流等基础设施，为乡村旅游、农产品储运等经济活动提供便利。

第三，大力培育新型产业融合发展主体。加强对新型农业经营主体技术、市场等方面的知识培训，同时，投资发展农村的服务业，发展"互联网＋农业"等新业态。充分发挥成渝地区双城经济圈的带动作用，鼓励引导工商企业或社会资本进行多种形式的产业融合探索。努力提高融合主体的创新能力和竞争意识，促进产业融合向深层次转化，提高融合的质量和效益。

四、优化布局主导产业

根据罗斯托（Rostow）的观点，主导产业是指能够依靠科技进步或创新获得新的生产函数，能够通过快于其他产品的"不合比例增长"的作用有效地带动其他相关产业快速发展的产业或产业群。作为主导产业，它应同时具备如下三个特征：一是能够依托科技进步或创新，引入新的生产函数；二是能够形成持续高速的增长率；三是具有较强的扩放效应，对其他产业乃至所有产业的增长起着决定性的影响。主导产业的这三个特征是一个有机整体，缺一不可。这类产业往往既对其他产业起着引导作用，又对国民经济起着支撑作用。长江上游地区各省份的农业发展禀赋存在很大差异，其农业主导产业的发展路径也各有不同，我们重点分析川渝和云贵两个地区的农业主导产业的发展路径。

（一）川渝地区

2020 年，川渝地区年均粮食产量稳定在 4500 万吨以上，约占全国粮食总产量的 7%。油料产量达 400 万吨以上，约占全国的 13%。生猪出栏量常年保持 8000 万头以上，猪肉产量长期保持在 600 万吨以上。[①] 同时，川渝两地境内多山地丘陵，柑橘、茶叶、道地中药材、生态畜牧、特色经济林、渔业等特色产业具有较大的区位优势。此外，川渝地区拥有较为完善的农业基础设施和良好的农业科技支撑推广体系。例如，四川是我国最大的杂交水稻制种基地，重庆的转基因蚕桑和转基因棉花研究都处于国内第一方阵。结合川渝地区农业发展现状和资源禀赋，我们认为川渝地区应该重点发展以下农业主导产业。

一是重点发展优质粮油产业。保障粮食安全是农业生产的首要任务，因此，应该加快推进农业现代化示范区建设，布局发展一批现代粮油园区。例如，重庆市打造"百亿油菜产业链"，四川省推进"优质粮食工程"，深化

---

① 四川省人民政府办公厅，重庆市人民政府办公厅. 成渝现代高效特色农业带建设规划目录［EB/OL］. http：//wap. cq. gov. cn/zwgk/zfxxgkml/szfwj/qtgw/202112/t20211228_10245747. html，2021 – 11 –23.

"天府菜油"行动，都是发展优质粮油作为主导产业。

二是推动优质蔬菜和生猪产业集群建设。以青菜头、芥菜、莲藕、魔芋、萝卜、食用菌、青花椒等优势蔬菜特色产业为基础，建设时令蔬菜、外销加工蔬菜、高山蔬菜生产加工产业。同时，加快生猪等畜禽养殖产业转型升级，高标准推进生猪标准化规模化养殖。

三是打造优质道地中药材和柑橘、柠檬等特色农产品产业带。实施中医药大健康产业发展工程，开展从规范化种植、提取物到药品生产及其衍生品的全产业链开发，推动川渝道地中药材与"菜""酒""茶""花""旅"等产业深度融合。同时，按照"大基地、大品牌、大流通、大服务"的发展思路，推动柑橘等特色水果产业向优势产区和优势基地进一步集中，共同培育知名品牌，组建果业集团。

四是打造全球泡（榨）菜出口及川菜产业、茶产业、竹产业基地。巩固提升四川泡菜、涪陵榨菜、郫县豆瓣、南充和大足冬菜、宜宾芽菜等加工业发展水平。优化调整茶叶品种结构和茶产业布局。同时，推动竹产业高质量发展，支持打造西部竹（笋）产业集群。

五是发展长江上游淡水特色养殖业。大力发展鲟鱼、冷水鱼、小龙虾，以及长江上游优势特色品种等附加值高的水产养殖，构建资源节约、环境友好、质效双增的现代渔业。

（二）云贵地区

云贵地区有丰富的自然资源、优越的环境气候以及种类繁多的野生动植物，其中云南省以三七、天麻、玛卡等珍贵药材而出名，贵州省是我国四大中药材产区之一，全省有野生药材资源 3900 余种，占全国中草药品种的 80%，部分珍稀名贵植物在国内外都享有很高的声誉。[①] 但是，这一地区山脉较多，交通不便，基础设施较差，传统农业发展困难。因此，因地制宜地发展高效生态农业是这一地区农业主导产业的必然选择。

一是发展绿色外向型农业。云贵地区地处我国西南边陲，是改革开放的前沿，其中云南省是中国通往东南亚、南亚的窗口和门户，与缅甸、老挝、

---

① 中央政府门户网站·贵州［EB/OL］. https：//www.gov.cn/govweb/test/2012 - 04 - 09/content_2109062. htm，2012 - 04 - 09.

越南交界的国境线长达 4060 千米, 有国家一类口岸 13 个、二类口岸 7 个, 拥有发展外向型农业的优质区位优势。[①] 此外, 大山中还蕴藏了大量名、优、特、珍、稀农产品, 例如, 三七系列、灯盏花系列、天麻系列产品, 绞股蓝、花粉、魔芋、松茸、蛇、蜜蜂、蚂蚁等保健营养食品, 茶叶、干果和热带水果, 以及冬春早熟蔬菜等特色农产品, 它们在全国乃至世界农产品市场都占据着重要的地位。

二是发展观光型农业。云贵地区旅游资源丰富, 适合发展观光农业。以云南为例, 全省有景区、景点 200 多个, 国家级 A 级以上景区有 134 个。[②] 如此众多的风景名胜, 使其成为著名旅游大省, 从而有助于发展观光农业。

三是发展香稻、烤烟等优质产业。云贵山区独特的亚热带气候, 孕育了一批名、特、优粮食品种, 如香软米粳稻品种 "云粳 37 号" "云粳 46 号" 等高端大米, 在全国有着较高的知名度。应该以高端粮食产业为切入点, 推动深加工、精细加工, 促进全产业链升级。同时, 烤烟产业也是云贵地区的支柱农业, 在国家对烤烟实行 "双控" 后, 应该积极优化烟叶生产布局, 提高质量, 增强市场竞争力, 同时, 要组织安排其他替代农产品, 以保证农民收入增长。

四是发展具有山区特色的种、养业和各种林产品。把牛、羊等草食动物养殖作为山区绿色经济的主要方向, 积极发展特色养殖、高原湖泊养鱼, 建设商品基地和基础设施, 推进科学养殖, 提高畜产品质量, 增强市场竞争力。同时, 要充分发挥山区气候带多、物种资源多样的优势, 加快生物资源开发创新, 重点发展生物制药、花卉、香料、咖啡、干果、无公害蔬菜、热带水果、魔芋、土豆、葡萄等产品, 逐步形成优势产业。

第三节　长江上游地区工业转型升级路径选择

工业在国民经济中占据主导地位, 是国民经济中尤为重要的物资生产部门。它一方面为社会提供产品、创造财富, 满足民众的物质生活需求, 另一

---

①② 中央政府门户网站·云南［EB/OL］. https：//www.gov.cn/test/2013 - 03/28/content_ 2364754. htm, 2013 - 03 - 28.

方面消耗资源，排放废弃物，给环境形成压力。为加快建成工业强国，中国在实施《中国制造 2025》的同时，还启动实施了"1＋X"规划体系，其中绿色制造、智能制造就是"1＋X"规划体系的重要组成部分。长江上游地区的四川、重庆是全国重要的工业基地，工业在国民经济中占有举足轻重的地位，而且近年来云南、贵州在高质量推进新型工业化方面也取得了一定成效。当前，长江上游地区应立足新发展阶段、贯彻新发展理念，在"五新三主"背景指引和"双碳"目标约束下，着力打造富有区域特色、契合时代特征的产业生态，加快建立起科技含量高、资源能源消耗少、污染物排放小的绿色工业体系，实现工业发展的绿色化、数智化转型和链网升级。

一、推动工业绿色化发展

党的十九大报告指出，必须树立和践行绿水青山就是金山银山的理念，坚持节约资源和保护环境的基本国策，形成绿色发展方式。在生态文明建设上升为国家战略的背景下，建立健全工业绿色发展长效机制，走绿色、循环、低碳发展道路，推动工业文明与生态文明和谐共融，是新时期工业发展的必然趋势。同时，工业绿色发展更是工业经济转型发展过程中存在的新经济增长点。《关于加快推进生态文明建设的意见》提出，必须加快推动生产方式绿色化，构建科技含量高、资源消耗低、环境污染少的产业结构和生产方式，大幅提高经济绿色化程度，加快发展绿色产业，形成经济社会发展新的增长点。

绿色发展最初的产业指向是工业领域，其理论基础来源于庇古税和科斯定理。英国经济学家庇古（Pigou）在 1920 年出版的《福利经济学》中提出了"污染税（庇古税或排污收费）"。根据此理论，经合组织环境委员会于1972 年首次提出了"污染者付费原则"。科斯（Coase）认为，在资源环境的产权有保障和交易成本为零等前提下，应当由排污者和污染受害者进行谈判，通过讨价还价解决污染问题，从而达到帕累托最优（科斯定理）。1976 年，美国开始实施可交易许可证制度，这是美国第一个排污交易制度。而在 1987年的《布伦特兰报告》和 1992 年的里约会议上，美国呼吁采用资源和环境成本总计定价政策，发挥价格、市场和政府（政策法规）的作用，把生态环境费用纳入生产和消费过程中。

长江上游地区原有的工业结构与产业发展模式，具有明显的粗放型、低水平、高能耗、高污染等特征，这是不可持续的产业发展路径。现阶段，长江上游地区要突破传统路径的依赖效应，改变以生产原材料、初级产品过分依赖资源和能源为主，实现由单纯的以物质文明为中心到物质文明与生态文明并重的转变就成为时代的诉求。而这种以绿色经济为核心的发展需求正好与我国产业转型需求不谋而合。提高长江上游地区的绿色生产效率，建设资源节约型、环境友好型的增长范式，就必然要对现有经济生产方式进行改造与重建，就离不开对长江上游地区工业进行绿色化、环境友好化的升级改造。结合长江上游地区工业发展现状，我们提出工业绿色化转型发展的五大路径。

（一）优化调整工业结构

一是推动传统工业转型升级。长江上游地区要运用先进适用技术和新一代信息技术，推动重点行业技术升级、设备更新和绿色低碳改造，提升产业基础高级化和产业链现代化水平。着力构建科技含量高、资源消耗低、环境污染少的绿色产业结构。着力增强制造业核心竞争力，强化科技创新支撑，支持国有企业做大做强，大力发展制造业中小企业。推动传统产业强链、补链、延链，实现产业基础再造。利用绿色能源优势引领特色制造业发展，重塑支柱产业新优势。

二是壮大绿色发展新动能。长江上游地区应依托工业绿色发展、生态环境保护、长江经济带环境治理、绿色"一带一路"建设等重大战略契机，同时发挥后发优势、比较优势，推动钢铁、有色金属、石化、建材、轻工、化工等重点行业节能环保技术装备改造升级，实现区域和流域节能环保产业的协同发展。加快发展新能源产业，提高新能源装备制造水平。围绕新能源汽车电动化、智能化、网联化，建立整车制造、关键零部件及相关配套产业链，壮大新能源汽车产业，抢占先进装备制造业发展制高点。

三是推动工业集聚高效发展。长江上游地区应抓紧布局战略性新兴产业、未来产业，加快构建现代化产业体系，抓好产业发展"留白留绿"空间，推动产业规模化集群化发展，构建新型绿色工业发展格局。同时要引导产业园区特色化、差异化和协同化发展。加快培育园区产业集群，以产业链延伸、大力推进产业园区绿色化改造升级，引导产业园区构建绿色发展生态，不断完善园区配套功能，强化环境综合管理和污染集中治理，实现能源、资源的优化调配和高效循环利用。

（二）推动工业低碳发展

一是实施重点行业碳达峰管理。围绕国家 2030 年碳排放达峰目标，长江上游地区应结合各自特点，强化工业碳排放控制和管理，制定碳排放达峰路径和行动方案，积极推进重点领域率先达峰。综合利用原料替代、过程消减和末端处理等手段，大力推进钢铁、水泥、有色、建材、化工等重点行业生产过程减少碳排放。积极开展工业产品和产业园碳足迹管理，提高绿色低碳产品供给能力。参与全国碳排放交易市场建设，提升企业积极参与碳排放权交易的意识和能力，提高企业碳资产管理意识。

二是推广应用先进低碳技术。长江上游地区应积极推广低碳新工艺、新技术，推进低碳技术沟通渠道建设，鼓励高碳产业之间的技术转移，提升全行业低碳发展水平。长江上游地区钢铁、水泥、有色、化工等碳排放重点企业较多，规模较大，应积极制定低碳技术推广实施方案，促进先进适用低碳新技术、新工艺、新设备和新材料的推广应用。着力培育工业低碳技术服务第三方机构，开展低碳生产设备的技术改造，为重点行业的低碳转型提供技术支撑。

三是推进低碳发展试点示范。长江上游地区各个省市应开展绿色低碳产业园试点示范，结合新型工业化产业示范基地建设，加大低碳产业园建设力度。开展低碳企业试点示范，引导工业企业实施低碳发展战略，开展低碳企业评价，建立激励约束机制，增强企业低碳竞争力。实施低碳标杆引领计划，推动重点行业企业开展碳排放对标活动。鼓励有条件企业和产业园开展碳中和试点示范。依托绿色能源和长江上游地区丰富的森林碳汇资源，积极探索碳中和方案。

（三）推进工业资源综合利用

一是加强工业固废综合利用。长江上游地区应坚持减量化、资源化、无害化的原则，以高值化、规模化、集约化利用为重点，推广一批先进适用技术装备，引导企业主动开展工业固体废物资源综合利用，打造工业固体废物综合利用产业链，促进固废资源回收利用。持续扩大资源综合利用基地建设覆盖范围，鼓励有条件的地区因地制宜建设资源综合利用基地。探索建立工业固体废物信息化管理体系，加强工业固体废物资源综合利用第三方评价机构管理，持续完善工业固体废物资源综合利用评价机制。

二是壮大再生资源利用规模。长江上游地区应培育再生资源循环利用企业，解决好钢铁、有色金属、塑料、纸张、橡胶、电子产品、机动车、纺织品等废弃物资的循环利用研发和推广应用。建设一批再生资源产业集聚区，推进再生资源跨区域协同利用，完善区域再生资源回收利用体系。促进行业秩序逐步规范，积极营造有利于行业发展的政策环境，在推进资源综合利用产品增值税、所得税等优惠政策的落地兑现上下功夫，确保符合行业规范条件的企业充分享受税收优惠。建立新能源汽车动力蓄电池回收利用体系，探索技术经济性强、资源环境友好的动力蓄电池回收利用模式。

（四）稳步推进清洁生产

一是提升重点行业清洁生产水平。长江上游地区有色、化工、印染等行业企业较多，应以此类行业为重点，加大清洁生产扶持力度，鼓励重点行业企业开展清洁生产审核，支持企业开展自愿性清洁生产试点。将清洁生产工作与节能降耗、污染防治工作相结合，强化清洁生产审核在重点行业节能减排和产业升级改造中的支撑作用。持续完善清洁生产制度和标准体系，修订完善长江上游各省市清洁生产审核有关规章，明确开展清洁生产审核的标准和要求，积极推进有色、化工等重点行业清洁生产评价指标体系及标准修订工作。

二是加快推进清洁生产技术改造。加快传统制造业清洁生产工艺升级改造，引导钢铁、有色、化工等重点行业企业针对主要污染物开展清洁生产工艺或技术推广应用，降低工业污染排放强度，提升全行业清洁生产水平。推进典型行业企业非常规污染物清洁生产新工艺新技术应用示范，选择有色和化工等行业开展挥发性有机物、重金属等非常规污染物的清洁生产工艺应用示范。引导和鼓励钢铁、有色、水泥等重点行业龙头企业投资开发清洁生产技术，推动产学研用结合，提高清洁生产技术水平。

（五）深化绿色制造体系建设

一是全面建设绿色制造体系。长江上游地区可以结合各自资源禀赋，发挥比较优势，强化对现有绿色工厂、绿色园区和绿色供应链管理企业的动态监管，持续提升绿色制造水平，积极创建培育绿色制造企业和园区，扩大其建设覆盖范围。同时，引导行业龙头企业成为绿色工厂后，协同供应链上下游企业，充分运用互联网信息技术，建立包括原材料采购、生产、物流、销售、回收等环节的绿色供应链管理体系，打造有国际影响力的绿色制造标杆，引领行业绿色发展。

二是推进工业产品绿色设计。长江上游地区应全面提升工业产品的绿色设计能力，加强绿色设计关键技术研发和应用，强化产品全生命周期管理，推行产品绿色设计，支持企业开发绿色产品。围绕化工产品、机械装备、电子电器、汽车及配件、特色食品等典型产品，突破轻量化设计、节能降噪技术、可拆解与回收技术等核心技术。聚焦生态环境影响大、消费需求旺盛、国际贸易量大的工业产品领域，遴选一批工业产品绿色设计示范企业。扩大绿色产品种类覆盖范围，促进绿色设计产品供给的扩大和升级，带动绿色消费。

三是提高绿色技术创新能力。其中，四川、重庆应充分发挥自身科研优势，围绕工业绿色发展需求，加强核心关键共性技术研发，推进"产学研金介"深度融合，强化对重点领域绿色技术创新的支持，培育绿色技术创新主体，打造覆盖工业节水、资源综合利用、清洁生产、节能降碳等领域的绿色制造创新中心。云南、贵州矿产资源丰富，将技术引进与自主研发相结合，在稀贵金属、绿色能源、环保装备、资源综合利用、生物资源开发与可持续利用等领域，突破一批具有自主知识产权、达到国际先进水平的关键核心绿色技术。

二、推动工业数智化发展

当前，新科技革命的核心是数字化、网络化、智能化。物联网、云计算、大数据等新技术构建了"人—网—物"的互联体系和泛在的智能信息网络，推动人工智能向自主学习、人机协同增强智能和基于网络的群体智能等方向发展，也将推动产业发展模式和产业生态发生革命性变革（王一鸣，2022）。工业数字化、智能化（简称数智化）发展水平直接决定了工业强国的建设进程，它们与工业绿色发展一样，都是中国制造业未来发展的必然选择。

近年来，数智化转型正在由消费领域向生产领域扩展。工业的智能化、数字化转型将不断加速，形成人机共融的智能制造模式，信息技术在工业的研发设计、生产制造、经营管理、运营维护等关键环节的应用日益广泛。目前，我国工业企业关键工序的数控化率已达到52%左右，经营管理智能化、数字化的普及率达到68%。"十四五"时期，在经济增速放缓和要素成本提高的背景下，智能化、数字化转型将激活创新生态，减缓资源环境压力，为高质量发展注入新动能。结合长江上游地区工业发展现状，我们提出了长江上游地区工业数智化转型发展的三条路径。

（一）实施数字新基建提升计划

一是加快内外网升级改造。长江上游地区可以凭借后发优势，积极支持工业企业综合运用5G、时间敏感网络（TSN）、边缘计算以及未来网络等技术，对工业现场"哑设备"进行网络互联能力改造，支撑多元工业数据采集，提升生产各环节网络化水平。推动基础电信企业为工业企业、工业互联网平台、标识解析节点、安全设施等提供网络服务，支持建设工业互联网园区网络，推动重点区域、重点行业探索建设工业互联网交换中心。

二是深化"5G＋工业互联网"。制定相关政策，支持工业企业与基础电信企业深度合作，建设5G全连接工厂，推动5G应用从外围辅助环节向核心生产环节渗透，拓展典型应用场景，在电子信息、装备制造、钢铁钒钛等长江上游地区主导产业重点领域打造"5G＋工业互联网"样板工程，探索5G专网建设及运营模式，执行国家规划5G工业互联网专用频率要求，开展工业5G专网试点。建设公共服务平台，提供5G网络化改造、应用孵化、测试验证等服务。

（二）实施数字产业提升计划

一是实施软件和信息技术服务业成长工程。加强产学研用合作，加大研发和应用创新，大力推动软件和信息技术服务与长江上游地区特色优势产业深度融合。依托云南数字经济开发区、贵州科学数据中心、西部（成都）科学城、西部（重庆）科学城，实施大数据战略行动，着力推进数字产业化、产业数字化。支持数字技术企业面向能源、化工、有色、冶金、建筑等重点领域，建设一批软件技术服务平台，形成一批具有自主知识产权的行业软件创新产品。

二是实施新一代信息技术产业提升工程。发挥先行先试优势，着力推进区块链技术研究与应用落地，加速培育区块链技术龙头企业和研究机构，打造区块链技术的试验场、集聚区。完善提升长江上游地区区块链平台功能，为"区块链＋"应用提供承载平台，构建区块链产业生态。依托北航云南创新研究院云南区块链应用技术重点实验室，推进（贵州）国家大数据综合试验区，川渝两省市联合打造国家级区块链发展先行示范区建设，开展核心技术和应用创新研究，促进区块链技术在产品溯源、数据共享、政务服务、供应链管理、电子证照、版权保护、司法存证、财税票据等领域的广泛应用，形成一批可复制推广的典型解决方案。

（三）实施融合应用推广计划

一是加快创新应用水平提升。构建长江上游地区跨区域、跨行业的工业大数据共享、应用基础。推动工业数据全面采集，工业设备互联互通，深化数据全过程应用。推广《数据管理能力成熟度评估模型》（DCMM）国家标准，引导企业提升数据规范管理和开发利用水平。支持领先制造企业与特色中小企业开展平台化设计、智能化制造、网络化协同、个性化定制、服务化延伸、数字化管理等新模式探索与推广，形成一批可复制可推广的典型模式和应用场景，建立一批线上线下结合的新模式应用体验中心。

二是引导优势产业分类施策。围绕钢铁、机械、建材、石化等传统产业提质增效，推动企业大力实施设备和生产线数字化升级、工艺仿真优化、产品质量追溯、网络互联基础设施建设为主要内容的技术改造，鼓励企业结合实际分步推进、逐步提升。围绕电子信息、汽车制造、新材料、生物医药等产业，加大对信息系统与控制系统互联互通、供应链上下游实时互动协作、产品全生命周期信息贯通共享等更高层次的集成突破和创新探索。

三、推动工业"链网"升级

党的十九大报告明确提出，建设现代化经济体系，需要促进中国产业迈向全球价值链中高端。而在迈向全球价值链中高端的过程中，中国工业面临核心技术外部依赖、产品中低端制造、供给与需求不平衡、不协调等竞争压力。根据全球价值链治理理论，工业转型升级的本质来源于价值链增值（曾繁华等，2016）。西方发达国家凭借自身科技创新优势，从而嵌入价值链的高附加值环节，提高了进入市场的壁垒，使得嵌入该价值链的工业企业具备垄断特征，在全球产业利益分配过程中取得了较强话语权。所以，嵌入全球价值链将成为消除影响我国工业转型升级障碍，实现我国工业强国目标的重要举措。

根据"微笑曲线"理论，研发、生产和营销分别位于产业价值链的上游、中游、下游三个环节，其中附加值更多地体现在研发与营销环节，而中间的生产制造环节的价值低。基于价值链分工视角的一组研究，分析了企业如何从全球价值链低端向中高端攀升的过程，并对产业嵌入全球价值链转型升级案例进行了分析（Gereffi，1999；Gereffi and Lee，2016）。就全球价值链对产业升级的影响而言，凭借知识扩散效应是有利于产业升级的，这使得价值链上各企业知识扩散和传播更快（刘仕国，2015），而且技术创新是中国工业实现转型升级，迈向全球价值链高端的重要举措。从微笑曲线理论可以看出，制造业嵌入全球价值链可以获得发达国家的技术溢出。关于微笑曲线与价值链理论，以施新平（2014）为代表的研究指出，企业基础业务带来的附加值低，只有在转型升级过程中不断发展高附加值业务，才能提升企业在价值链中的地位。

当前，长江上游地区工业面临自主创新能力不强，主要以劳动密集型、低附加值生产为主，在全球价值链中没有取得优势地位。结合长江上游地区工业发展的现状，我们提出长江上游地区工业价值链、产业链升级路径。

（一）做好顶层设计引领"链网"升级

一是加快转变政府职能。制定并实施好产业发展规划，出台主导产业、特色产业发展政策，争取国家差别化政策，推动长江上游地区自然资源优势向经济地理优势转变。同时，长江上游地区各省市政府部门要从顶层设计上发力，确保制造业发展质量和效益更加协调，高水平融入全球产业链、创新链、供应链、价值链，实现制造业现代化，让具备条件的省市建成全国有重要影响力的先进制造强省。

二是深化科技体制改革。政府部门要加大科技体制改革力度，充分认识到企业是创新的主体，人才是创新的根基，建立以企业为主体、市场为导向、产学研用深度融合的技术创新体系。

三是做好以市场为基础的定价体制改革。充分发挥市场在资源配置中的决定性作用，建立健全工业市场定价机制，适度减少政府定价干预，发挥微观价格调节作用，实现资源优化配置。

（二）促进生产转型与管理模式创新

一是推进工业供给侧结构性改革。长江上游地区要立足自身实际，化解过剩产能、扩大有效供给，推动工业产品及技术升级，促进工业市场供求均衡，提升循环经济新水平，开创工业发展新动力。

二是注重管理创新。长江上游地区各省市要抢抓科技革命和产业变革、成渝地区双城经济圈建设以及全球产业链价值链重构等重大历史机遇，创新工业企业经营管理模式，实施高端制造、智能制造、绿色制造。要强化人才支撑，积极打造一支具有创新意识、管理水平和合作精神的企业家队伍。要推动长江上游地区高校优化学科设置，增加创新型人才供给。

三是大力发展服务型制造。紧跟先进制造业和现代服务业融合发展大趋势，推动工业向高端化、集约化发展，推动产业链向"微笑曲线"两端延伸，加速产业向价值链高端跃升。聚焦高水平发展工业设计、供应链管理、总集成总承包等生产性服务业，推动制造业向服务业延伸，提升产业链整体效益。

（三）实施创新驱动工业转型升级

创新是新发展阶段我国工业转型升级的决定性因素，对工业发展有着举足轻重的作用。通过创新驱动长江上游地区工业转型升级，促进工业向智能化、绿色化和服务化转型，从而实现工业由全球价值链低端锁定向高端创新跃迁。

一是大力推动产业链协同创新。完善协同创新体制机制，引导企业与高校、科研院所等深化研发合作，开展联合创新攻关，切实解决产品开发、工艺更新、成果转化等技术需求，增强产业创新发展的技术供给。

二是加强自主品牌建设。深入开展产品价值提升行动，推动原料产品向终端消费品转变，低端产品向高端产品转变，初加工产品向深加工精加工产品转变，推动产品向价值链高端延伸。以创新为抓手，鼓励长江上游地区各省市积极培育具有区域特色的行业品牌和出口自主品牌。鉴于长江上游地区中小企业多，应积极引导中小企业专注细分市场，充分利用本省市自然资源，培育出一批"小而精、小而优、小而特"的产品品牌。

四、推动工业服务化发展

推动工业（制造业）和服务业融合发展是促进全球经济增长和现代产业发展的重要趋势，也是新技术革命和产业结构升级的重要体现。从国际经验来看，先进制造业和现代服务业融合发展是制造业转型升级的重要方向，更是实现高质量发展的内在要求。党的十九大报告明确指出，要加快建设制造强国，加快发展现代服务业，推动我国产业迈向全球价值链中高端。当前，我国已经进入新发展阶段，推动工业（制造业）和服务业深度融合，加快建设制造强国、加快高质量发展，是我国主动应对新一轮科技革命和产业变革的战略选择，是实现"两个一百年"奋斗目标和中华民族伟大复兴中国梦的战略支撑。

"制造业服务化"的概念最早是由范德默韦（Vandermerwe）等根据"服务化"的概念衍生提出的。他们认为制造业服务化是以顾客为中心，为顾客提供更完整的"包"，包括物品、服务、支持、自我服务和知识等内容。在此后的研究中，国外学者对制造业服务化的内涵界定主要包括：一是认为制造业服务化是卖产品的功能或服务，而不是卖产品本身；二是认为制造业服务化的实质是以实现企业价值获取和竞争优势为最终目标，将价值链向以服务为中心转变的动态过程。国内关于制造业服务化的研究最早起源于1999年郭跃进在《中国工业经济》期刊上发表《论制造业的服务化经营趋势》一文。2019年国家发展和改革委员会等部委联合印发的《关于推动先进制造业和现代服务业深度融合发展的实施意见》首次在国家层面提出了"两业融合"的概念，强调先进制造业与现代服务业融合发展是顺应新一轮科技革命和产业变革、增强制造业核心竞争力、培育现代产业体系、实现高质量发展的重要途径。因此，在遵循产业发展规律的基础上，更好地畅通国内国际双循环，继而壮大实体经济，需要我们高度重视并调整相关政策以促进两业融合。结合长江上游地区工业发展现状，我们提出了三条工业（制造业）服务化发展转型路径。

（一）培育融合发展新业态新模式

一是推进建设智能工厂，加快工业互联网运用。长江上游地区可以结合自身优势，大力发展智能化解决方案服务，深化新一代信息技术、人工智能等应用，实现数据跨系统采集、传输、分析、应用，优化生产流程，提高效率和质量。以建设网络基础设施、发展应用平台体系、提升安全保障能力为支撑，推动制造业全要素、全产业链连接，完善协同应用生态，建设数字化、网络化、智能化制造和服务体系。

二是推广柔性化定制，发展共享生产平台。通过体验互动、在线设计等方式，增强定制设计能力，加强零件标准化、配件精细化、部件模块化管理，实现以用户为中心的定制和按需灵活生产。鼓励资源富集企业面向社会开放产品开发、制造、物流配送等资源，提供研发设计、优化控制、设备管理、质量监控等服务，实现资源高效利用和价值共享。

三是加强全生命周期管理，优化供应链流程。引导企业通过建立监测系统、应答中心、追溯体系等方式，提供远程运维、状态预警、故障诊断等在线服务，发展产品再制造、再利用，实现经济、社会生态价值最大化。提升信息、物料、资金、产品等配置流通效率，推动设计、采购、制造、销售、消费信息交互和流程再造，形成高效协同、弹性安全、绿色可持续的智慧供应链网络。

四是发展服务衍生制造业，培育其他新业态新模式。鼓励电商、研发设计、文化旅游等服务企业，发挥大数据、技术、渠道、创意等要素优势，向制造环节拓展。深化研发、生产、流通、消费等环节，加快业态模式创新升级，有效防范数据安全、道德风险，实现制造先进精准、服务丰富优质、流程灵活高效、模式互惠多元，提升全产业链价值。

（二）探索重点行业重点领域融合发展新路径

一是加快原材料工业和服务业融合，推动工业消费品和服务业深度融合。加快原材料企业向产品和专业服务解决方案提供商转型。加强早期研发介入合作，提供定向开发服务，缩短产品研发周期。鼓励有条件的企业提供社会化能源管理、安全环保、信息化等服务。例如，云南省可以推动钢铁、水泥等企业发展废弃物协同处置、资源循环利用、污水处理、热力供应等服务。

二是提升装备制造业和服务业融合发展水平，深化制造业服务业和互联网融合发展。长江上游地区各省份可以推动装备制造企业向系统集成和整体解决方案提供商转型。支持市场化兼并重组，培育具有总承包能力的大型综合性装备企业。例如，贵州省可以发展辅助设计、系统仿真、智能控制等高端工业软件，建设铸造、锻造、表面处理、热处理等基础工艺中心。川渝地区可应用好国内市场资源，加快重大技术装备创新，突破关键核心技术，带动配套、专业服务等产业协同发展。另外，要大力发展"互联网＋"，激发发展活力和潜力，营造融合发展新生态。例如，贵州可以基于"大数据"优势，推动重点行业数字化转型，推广一批行业系统解决方案，推动企业内外网升级改造。加快人工智能、5G等新一代信息技术在制造、服务企业的创新应用，逐步实现深度优化和智能决策。

三是加强新能源生产使用和制造业绿色融合，提高金融服务制造业转型升级质效。例如，云南可在推进新能源生产服务与设备制造协同发展上发力，推广智能发电、智慧用能设备系统，推动能源高效管理和交易；还应加强氢能产业创新、集聚发展，完善氢能制备、储运、加注等设施和服务。

（三）发挥多元化融合发展主体作用

一是强化产业链龙头企业引领作用。长江上游地区应结合自身产业优势，发挥其产业链推动者作用，在技术、产品、服务等领域持续创新突破，深化与配套服务企业协同，引领产业链深度融合和高端跃升。

二是发挥行业骨干企业示范效应。长江上游地区可以充分发挥"大数据"、智能制造、数字经济、绿色能源等产业优势，培育一批创新能力和品牌影响力突出的行业领军企业。鼓励其先行探索，发展专业化服务，提供行业系统解决方案。引导业内企业积极借鉴、优化创新，形成差异化的融合发展模式路径。

三是激发专精特新中小微企业融合发展活力。发挥中小微企业贴近市场、机制灵活等优势，引导其加快业态模式创新，在细分领域培育一批专精特新"小巨人"和"单项冠军"企业。以重庆两江新区、四川天府新区、云南滇中新区、贵州黄安新区等国家级新区为重点，完善服务体系，提升服务效能，推动产业集群融合发展。

四是提升平台型企业和机构综合服务效能。坚持包容审慎和规范监管，构建若干以平台型企业为主导的产业生态圈，发挥其整合资源、集聚企业的优势，促进产销精准连接、高效畅通。鼓励建立新型研发机构，适应技术攻关、成果转化等需求。加快培育高水平质量技术服务企业和机构，提供优质计量、标准、检验检测、认证认可等服务。

五是释放其他各类主体融合发展潜力。川渝地区高校、科研院所众多，实力比较雄厚，应充分发挥高等院校、职业学校以及科研、咨询、金融、投资、知识产权等机构人才、资本、技术、数据的优势，积极创业创新，发展新产业新业态。

五、优化布局主导产业

对于主导产业选择，主要是依据区域在经济发展的特定阶段，确定产业发展的序列，从而实现产业结构的合理化和高级化（邬义钧和邱钧，1996），并促进经济、社会、环境良性循环。国际上对区域主导产业选择依据的研究较多，比较典型的有"筱原两方法"、产业关联度方法等。国内对主导产业的遴选方法也多种多样，主要包括指标体系法、传统偏离－份额分析法、非线性功效系数法、灰色定权聚类评估法、改进的层次分析法等。而在同一个国家或地区，在不同的发展阶段，主导产业选择往往和这个国家或地区的资源禀赋（包括自然资源和人力资源）、发展起点、科技水平、科技发展路径、所处的发展阶段、地理位置、国际产业分工密切相关。

（一）四川

四川是西部工业大省。2022 年，四川经济总量达到 5.67 万亿元，是西部地区经济总量最大的省份；全年工业增加值 1.64 万亿元，规模以上工业企业实现营业收入 5.49 万亿元。[①] 当前，四川省深入实施成渝地区双城经济圈建设这一重大战略，聚焦打造带动全国高质量发展的重要增长极和新的动力源的总体目标，突出区域经济板块协同发展，推动现代产业协作共兴，加快

---

① 四川省统计局，国家统计局四川调查总队 . 2022 年四川省国民经济和社会发展统计公报 ［EB/OL］. http：//tjj. sc. gov. cn/scstjj/c111701/2023/3/22/fe161b0109d64d588d62f3e0947b389d. shtml，2023 － 03 － 22.

协同互补的双城产业链，全面提速成渝地区双城经济圈建设。四川省有"大院大所大学"优势，科研实力比较雄厚，矿产等资源禀赋丰富，制造业比较优势明显，市场占有率高，基于此，四川确立的主导产业主要包括先进制造业、数字经济、新能源产业等。

一是大力发展先进制造业。开展"强工业"十二大行动和稳链强链行动，培育发展制造业优质企业。在培育、引进国家级专精特新"小巨人"企业、制造业单项冠军上下功夫，推动实现支柱产业营业收入大幅增加，规模以上工业增加值连续增长。

二是注重发展数字经济。建设国家数字经济创新发展试验区，大规模建成5G基站，认定省级数字化转型促进中心，培育一系列省级工业互联网平台，积极推动企业上云，推动数字经济核心产业增加值持续增加、连续大幅度增长。

三是加快发展绿色低碳优势产业。加快"水风光气氢"多能互补一体化发展，积极推进水电、风电、光伏发电基地建设，打造国家天然气（页岩气）产能基地，大力发展清洁能源产业。大力发展高端能源装备产业集群，推动晶硅光伏、能源装备、多元储能等产业重大项目落地，加快推进特高压交流输电工程。促进动力电池产业发展壮大，推动新能源汽车产业提档升级，发展氢燃料电池汽车，着力构建成渝氢走廊。

（二）重庆

重庆是我国西南工业重镇，制造业产业体系健全，拥有全部31个制造业大类行业，基本建成门类齐全、产品多样的制造业体系，产业基础雄厚，综合配套能力强。从市场潜力、技术水平、规模水平、有序竞争、市场化进程等方面综合考虑，重庆应形成以汽车、电子、装备制造、材料工业、能源等重点产业为主导的产业体系，基本完成由国家重要老工业基地向国家重要现代制造业基地的转型。

一是推动制造业高质量发展。抓住智能新能源汽车发展机遇，加快高端新能源整车项目建设生产，增强动力电池、汽车电子等关键核心零部件配套能力，构建智能新能源汽车产业新生态。以发展集成电路、电子核心元器件为重点，进一步做优做强电子产业集群。以"智能+"为方向，以"整机+零部件"为路径，做大做强数控机床、轨道交通装备等高端装备制造业，提升通机等优势产品竞争力。

二是大力发展数字经济。加速软件产业发展，突出工业软件、基础软件、信息安全软件、行业应用软件等重点方向，实施"千家软件企业培育工程"。深化智能制造实施，加快生产设备、关键环节智能化改造，完善工业互联网产业生态，实施制造业"一链一网一平台"试点示范。推进产品智能升级，扩大智能家居、超高清视频终端等市场份额，导入智能监测、智能安防等新产品，推动智能产品向中高端迭代升级。

（三）云南

云南是我国面向南亚东南亚和环印度洋地区开放的大通道和桥头堡，是"一带一路"倡议、长江经济带发展两大国家发展战略的重要交会点。云南发展经济应立足区位优势，走开放发展之路，以大开放促进大发展，打造强大国内市场与南亚东南亚市场之间的战略纽带，不断提升对周边国家及地区的辐射力、影响力、吸引力。同时，云南省多样化的地理气候条件造就了极为丰饶的资源和物产，绿色能源、有色金属等资源丰富，它们为云南省后发赶超提供了基础。

一是推进绿色能源和绿色制造深度融合。加快"风光水火储"多能互补基地建设，加强数字电网建设，构建以新能源为主体的新型电力系统。安全高效地释放煤炭产能，促进原油加工和页岩气增产增效。引进一批绿色铝硅引领性精深加工企业，加快打造中国绿色铝谷、光伏之都。同时，全产业链打造新能源电池产业。

二是培育壮大新兴产业。加快打造锡、钛、锗、铟和液态金属等新材料产业集群。健全电力装备、高端智能装备和汽车关键零部件制造产业链。实施"云药"品牌培育行动，加大疫苗研发和产业化力度，推动中医药产业集约发展，打造在全国有重要影响力的生物医药产业集聚区。

三是大力发展数字经济。大力发展半导体、光电子等材料及智能终端制造，支持区块链产业发展，加快建设数字经济产业园。实施普惠性"上云用数赋智"，加快工业互联网应用示范平台建设，打造一批智能制造标杆企业。

（四）贵州

近年来，贵州省牢牢抓住中央构建新发展格局、推进新时代西部大开发的重大机遇，在特色产业、基础设施、资源能源、生态环境等方面具有较好的基础。例如，在资源方面，贵州省拥有水、煤、电多种能源，而且矿产资源丰富，门类众多；在交通方面，贵州省已成为连接西南和华南两大区域的交通枢纽。

一是巩固提升特色优势产业。实施煤电扩能增容提质行动，推进大中型煤矿建设，促进煤炭产业高效发展。推动中小酒企转型升级，建设以茅台酒为引领的贵州酱香白酒品牌舰队。优化卷烟产品结构，提升贵烟系列产品的市场占有率。

二是加快壮大新兴产业。大力发展新能源电池及材料产业，依托龙头企业，结合资源禀赋，统筹产业布局，实现产值不断增长。大力发展新能源汽车，培育以整车为牵引、以动力电池和汽车零部件为支撑的产业集群。实施数字产业大突破行动，加快培育数据中心、智能终端、数据应用三个主导产业集群，实施"万企融合"大赋能行动，加快工业互联网平台建设应用，带动实体经济企业和大数据深度融合。

三是改造提升传统产业。大力发展精细磷煤化工，延长产业链，提高附加值，促进化工行业增加值增长。加快提升锰产业集中度，积极发展铝及铝加工，推进基础材料产业转型发展。加快军民融合发展，推动与中航工业、中国航发、航天科工、中国电子等军工央企战略合作，大力发展无人机、航空发动机、工业基础件等先进装备制造。加快民族药、化学药、生物药和生态特色食品、新型建材等产业发展。

第四节　长江上游地区服务业转型升级路径选择

一、推动服务业数字化转型

结合长江上游地区服务业发展现状，长江上游地区的服务业数字化转型可从推动新型基础设施建设、完善数字服务产业生态系统和促进产业空间虚拟集聚等方面入手。

（1）推动新型基础设施建设，加强服务要素模块化和专业分工，提升服务质量和智能化转型升级的便利性。信息化和网络化促进了一些生产环节和服务要素模块化，并剥离出部分独立业务，深化了专业化分工。长江上游地区很多农村的数字化基础设施建设依然薄弱，不仅直接制约了农村服务业的发展，而且也阻碍了城市服务业向农村延伸。因此，要加大新基建在长江上游地区各个县城、农村的延伸，解决好乡村数字化"最后一公里"等问题。

（2）完善数字服务产业生态系统，推动服务方式和内容多样化。新一代信息技术的融合应用，有助于现代服务组织创新服务内容和服务模式。长江上游地区人口众多，耕地面积少且破碎，拥有大量的农村闲散劳动力，应借助数字化技术，创新服务产业生态系统，将大量服务工作线上化、远程化，在这一过程中催生新形态，如远程医疗、在线教育、线上金融服务等，推动长江上游地区经济可持续发展。

（3）供给端和需求端共同发力，推动产业集聚从原来的地理空间集聚模式，向网络虚拟集聚模式转变。从供给端而言，服务型企业、政府部门应依据本地发展实际情况，制定有竞争力的数字化服务业发展标准，并借助物联网、大数据计算等，使服务业发展从原来的地理空间集聚模式，变为网络虚拟集聚模式。从需求端而言，可以通过财政补贴、减税降费等方式增强居民对线上服务的消费意愿，促进服务业数字化转型。

二、推动服务业价值链升级

旅游、运输等商业服务和其他资源、劳动密集型传统服务业一直是长江上游地区经济发展的重要组成部分，在全球价值链深入发展、国际贸易规则重构的背景下，推动服务业开放发展是我国新一轮对外开放的重点，是推动我国服务业迈向价值链中高端的重要动力。长江上游地区要深度融入全球服务业分工体系，推动服务业双向开放，以高水平开放推动服务业转型升级。

（1）改造升级传统服务业。长江上游地区发展服务业要从本地的区位优势出发，供给端和需求端共同发力，提升技术能力，挖掘传统服务业的新价值。以人口众多的四川为例，传统的劳动密集型服务业占据较大比重，可通过物联网、大数据、云计算、人工智能等新技术进行行业改造，促进低端服务业向中高端服务业转变升级。

（2）培育新型服务业。选定重点行业，加速培育和孵化现代高价值服务业，如金融、材料、医疗和智能制造等领域的新型服务企业，促进长江上游地区服务业可持续发展。例如，贵州可依托软件园、大数据中心、电商中心等建设一批大数据服务产业集聚区，形成贵阳－贵安－遵义为核心，其他地区错位协同的新型服务业发展格局。

（3）发展生产性服务业助推产业融合发展。加快研发、物流、金融等生产性服务业发展，促进制造业、农业和服务业融合发展，推动产业价值链升级。例如，贵州以"贵州制造＋贵州服务"组合策略为基础，打造服务型制造业示范工程，推动"研发＋""物流＋""金融＋""旅游＋""康养＋"等跨领域融合发展，促进消费和产业转型升级。

（4）深化产学研合作，加强人才培育。提升服务业价值链攀升，离不开高素质人才的支撑。长江上游地区四个省市要更加注重调动人才的积极性和创造性，以人才为核心要素，不断发展壮大服务业专业人才队伍，为服务业转型升级做好人才支撑。其中，人才培育应紧密对接市场需求，充分利用域内外高校院所资源，深化产学研合作、跨学科学习、人才交流轮岗等方式，培育一批为社会所需的复合型人才，为服务业价值链升级奠定坚实的人力资本基础。

（5）优化现代服务业生态系统。服务业的良性发展，离不开一个可持续发展的服务业生态系统。长江上游地区各省份经济发展差异较大，互补性较强，应充分发挥各地的比较优势，推动服务业错位发展，打造功能齐全的现代服务业集群，提升服务业综合竞争力。

三、大力发展生产性服务业

根据《生产性服务业统计分类（2021）》，生产性服务业包括为生产活动提供的研发设计与其他技术服务、货物运输仓储和邮政快递服务、信息服务、金融服务、节能与环保服务、生产性租赁服务、商务服务、人力资源管理与培训服务、批发经纪代理服务、生产性支持服务。大力发展生产性服务业，是提高制造业创新能力的有效手段。当前，长江上游地区各省份的生产性服务业基本上还处于起步阶段，应加快制造业与服务业的协同发展，大力发展与制造业紧密相关的生产性服务业，开展商业模式创新和业态创新，推动制造业整体向价值链中高端迈进，促进长江上游地区产业转型升级。

（1）提升生产性服务业的集聚水平。长江上游地区多数地区经济基础薄弱，在发展现代生产性服务业时应更加注重专业化经营，深化专业化分工。根据地区拥有的特色资源、产业现状和发展定位，引导生产性服务业的行业结构调整和空间布局，建立优质的多样化集聚区，增强高关联性产业的协同效应，满足制造业产业链延展衍生的市场需求。例如，贵州省传统制造业发展较为滞后，但是全省地处亚热带，低纬度高海拔，冬无严寒夏无酷暑。大数据中心耗电量非常大，而贵州的特殊气候是发展大数据产业的"天然良港"。又如，四川省可依托现有工业基础，加强现代物流园区、金融功能区、信息产业园、科技创业园、创意设计产业园、新型专业市场等集聚区建设，推进生产性服务业集聚发展，打造服务业新的增长极。

（2）采用信息技术及时响应市场需求。一是强化制造业企业采用现代信息技术，推广产品定制化服务。推动制造流程柔性化改造，形成动态感知市场需求变化的服务型制造新模式，实现批量定制服务，适应市场多元化需求。二是建设物联网基础设施帮助企业开展远程监测、维护、故障处理和产品回收再制造等在线智能服务，全面提高企业的市场反应速度。三是发展制造业金融服务。支持制造业企业依法合规设立和参股财务公司，发挥业内产业融合信息优势，联合金融机构开展供应链金融供需精准对接。对"互联网＋"领域内"轻资产"类项目或企业，引导金融机构探索拓宽抵、质押品等金融服务的相关渠道。

（3）选择有潜力的行业和企业重点突破。实施服务型制造行动计划，开展试点工作，引导和支持有条件的企业由提供设备向提供系统集成总承包服务转变、由提供产品向提供整体解决方案转变。从实际情况看，装备制造业、白色家电、电子信息制造业等行业的客户对产品购买后的服务需求较大，可作为重点行业。一是大力发展融资租赁服务，依托企业的品牌优势、渠道优势，联合金融服务机构，共同为客户提供专业化的工程机械融资、租赁等服务。二是发展整体解决方案，除了为客户提供主体设备，还可提供设备的维修、检修、改造，并向客户提供专业化远程设备状态管理服务，对客户装置实施全过程、全方位、全天候的状态管理。三是发展供应链管理服务，为客户量身定制个性化解决方案。

第五节　本章小结

　　本章在前文对产业转型升级水平、动力和影响因素的基础上，主要从两大方面较系统地探讨了长江上游地区产业转型升级的路径选择：一是结合"双碳"目标约束和市场需求导向，剖析了长江上游地区产业转型升级的总体目标、基本原则、发展模式和主要任务；二是分别从农业、工业和服务业出发，探讨了长江上游地区各省份的产业布局，并立足供给侧结构性改革，系统分析农业、工业和服务业向绿色化、数字化、网络化、智能化、融合化等方向转型升级的具体路径。

　　总体而言，长江上游地区产业发展还处于投入要素驱动阶段，存在总体水平不高、区域差距大、行业不协调、供需不均衡等多重问题，而且各省份产业转型升级的方向、速度和总体水平都不高，在全国所有省份中基本上都只是处于中低水平甚至是低水平层次。在新的发展阶段，国内外宏观经济形势加速演变，新一轮科技革命快速推进，它们为长江上游地区的产业转型升级形成了重大挑战，同时也带来了弯道超车的宝贵机遇。为此，长江上游地区应紧密结合新时代新趋势新要求，加快推动产业发展方式向创新驱动、绿色低碳、高附加值为核心的发展方式转变，促进产业结构向产业链、创新链、供应链和价值链不断攀升的高级化转变，并促进产业结构向供需均衡、行业协同、区际协调的合理化转变。通过推动农业、工业和服务业的发展动力从投入要素驱动向效率驱动和创新驱动转变，不断提升各产业的绿色全要素生产率及其构成因子，实现在产业转型升级中助推经济效益、社会效益和生态效益共赢。

第六章

长江上游地区产业转型
升级的支撑体系

前面就长江上游地区产业转型升级的总体框架，以及农业、工业和服务业转型升级的具体路径进行了探索。而产业转型升级是一项系统工程，它们的顺利推进至少还需要配套的制度设计、基础设施、资源要素和科技创新支撑，也需要在共享发展理念的指导下，逐步缩小区域发展差距。为此，此部分从健全制度设计、夯实基础设施、强化要素保障、筑牢创新根基、协调区域发展等五个方面，就长江上游地区产业转型升级的支撑体系建设进行专门探讨。

第一节　健全制度设计

一、坚持规划引领

凡事预则立，只有事先做好产业发展规划，才能"一张蓝图绘到底"。从长江上游地区的发展大局出发，立足于各省份的实际发展情况，认真做好长江上游地区产业转型升级规划。统一的区域规划是长江上游地区转型升级的基础，重庆、四川、贵州、云南四地市场分割比较明显，产业发展也存在同构化的现象，因此要立足全局，站在全国的高度上建设长江上游地区，努力跨越行政界线，积极推进产业发展的各项工作。

（1）立足于各省市的发展现状，提出各自的产业发展目标。重庆要进一步围绕新一代信息技术、新能源及智能网联汽车、高端装备、新材料、生物技术、节能环保6大重点领域，集中优势资源培育一批产值规模超千亿元的产业集群和基地，带动全市战略性新兴产业规模迈上万亿元级。深入实施智能制造和绿色制造，加快发展服务型制造，推动电子、汽车摩托车、装备制造、消费品、材料等产业高端化、智能化、绿色化转型。四川进一步聚焦"5＋1"现代工业体系、"4＋6"现代服务业体系、"10＋3"现代农业体系，引导资源要素向优势产业集中集聚，推动产业创新融合发展，延伸产业链稳定供应链，提升制造业比重，构建实体经济、科技创新、现代金融、人力资源协同发展的现代产业体系。贵州围绕十大工业行业，开展制造业强链补链行动，锻造产业链供应链长板，补齐产业链供应链短板，推进产业链供应链现代化，加快形成具有更强创新力、更高附加值、更安全可靠的产业链供应链体系。云南则以供给侧结构性改革为主线，按照"两型三化"方向，推动八大重点行业高质量发展，持续打造世界一流"三张牌"。

（2）要始终坚持和推动实体经济发展，促进产业发展迈向全球价值链的中高端。兼顾传统产业和新兴产业共同发展，一方面要紧抓传统产业的转型升级，朝着高效化、数字化、绿色化的方向发展，另一方面要紧抓战略性新兴产业的孵化、培育，踩准时代的步伐，始终走在发展的前端。在产业链条上，要更加注重补齐短板和发挥长板优势，加快"卡脖子"技术的研发和新兴技术的弯道超车，不断推进产业发展的高级化，产业链条的现代化。

二、加强组织协调

（1）坚持党对产业转型升级的领导。充分发挥各级党委总揽全局、协调各方的领导核心作用，充分贯彻党把方向、谋大局、定政策、促改革的要求，增强"四个意识"，坚定"四个自信"，做到"两个维护"，把党的领导落实到产业转型升级全过程各方面。坚持党对长江上游地区产业转型升级的领导，成立领导小组统筹长江上游地区产业转型升级，指导制定发布重大战略规划、重点产业规划和重大政策措施，协调解决重大问题和困难。聚焦重点行业、重点领域、重点企业等，加强省际统筹布局，打破行政壁垒，促进各省、市协调配合，推动形成长江上游地区一盘棋的工作格局。鼓励支持各省市人民政府、科研院所、龙头企业、专业机构等加强协作，共同推动长江上游地区产业转型升级。

（2）健全协商交流机制。2016 年 12 月，推动长江经济带发展领导小组办公室会议暨省际协商合作机制第一次会议在北京召开，标志着长江经济带省际协商合作机制正式建立。会上，重庆、四川、云南、贵州 4 个省市签署了《关于建立长江上游地区省际协商合作机制的协议》。2017 年 6 月，长江上游地区 4 个省市参与的"首届长江上游地区省际协商合作联席会议"在重庆召开，与会各方主要围绕生态保护、绿色发展和基础设施互联互通三个方面进行了深入交流和探讨。2018 年 7 月，第二届长江上游地区省际协商合作联席会议在成都举行，主要探讨如何筑牢长江上游生态屏障，继续走好绿色创新可持续发展的道路。2019 年 8 月，第三届长江上游地区省际协商合作联席会议在昆明召开，会议关键内容还是围绕着共抓大保护，共建对外开放大平台进行。然而，新冠疫情期间省际的联席会议却暂时性地搁置了。通过这几次的联席会议，可以明显发现长江上游地区省际协商主要集中在生态环保领域和交通基础设施方面，对于省际的产业协同发展则涉及得很少，基本上都是各自为政，依托于各自的发展规划，这样不利于全国"一盘棋"的统一部署，为低质量的重复建设留下了空间。为此，一定要将长江上游地区省际协商合作联席会议工作常态化开展下去，建立正式和非正式的协商交流机制，共同为长江上游地区产业转型升级添砖加瓦。

三、完善产业政策

产业转型升级与高质量发展需要科学的产业政策进行引导和扶持。产业发展扶持政策是我国主导产业、高新技术产业、战略性产业等快速发展、优先发展的"催化剂"，也是产业结构合理化和高级化的"加速器"。

（1）加强财税政策支持。产业转型升级离不开政府的支持和帮扶，也不能没有资金支持。长江上游地区应加大对产业转型升级过程中重点行业、重点项目、重点企业、重点产业链等领域的扶持力度，落实国家、省市支持地区产业转型升级的各项政策措施，优化财政支持资金的支持方式，提高政策资金的有效性和精准性。同时，组织企业积极申报各项国家级、省级专项支持资金，引导企业用好各种政策资源的支持。

（2）完善金融扶持政策。鼓励各金融机构创新金融产品，强化对科技创新、转型升级和科技型制造业中小企业的金融支持，提高制造业贷款占全部贷款的比重。进一步规范企业融资过程中的担保、评估、保险等中介机构服务，减少融资收费；支持金融机构运用循环贷款、分期还款等方式，降低制造业融资成本。另外，还可以通过政府投资的方式进行扶持，例如，重庆设立的战略性新兴产业投资基金，就通过政府资金撬动和股权投资的方式来促进新兴产业和重大项目建设。

（3）加大招商力度，开展政策宣讲会和专题培训会。精准做好产业谋划和项目策划，引进一批适合当地发展的大企业和好项目。紧扣各省、市和产业园区的发展定位、比较优势，细化优先承接产业转移目录，明确招商目标，创新招商模式，有选择、有针对性地开展定向招商、精准招商工作。积极开展以商招商，不断完善产业链，打造产业集聚区。依托本地资源条件、产业优势，充分发挥现有项目和企业的示范效应，积极引进上下游配套项目。利用报纸、网络等宣传方式，对产业发展扶持政策进行宣传与报道，加大宣传力度。同时，增强与企业之间的沟通与互动，对于政策中不清楚、不了解的地方，及时进行沟通和解释，让广大企业都能享受到各省市产业政策带来的政策福利。坚持以市场为导向，建立健全产业发展扶持政策的跟踪反馈机制，做到精准发力，供需适配。

四、健全环境规制

自从 2016 年召开推动长江经济带发展座谈会以来，长江沿线的各省市大力狠抓修复长江生态环境。实施环境规制政策是实现我国绿色发展的重要一环，对实现我国高质量发展起着至关重要的作用。环境保护是实现可持续发展的重要途径，是考虑了子孙后代发展的时代思考，是实现绿水青山和金山银山的本质要求，要一直把生态优先、绿色低碳发展融入产业转型升级当中去。我国作为世界上最大的发展中国家和最大的碳排放国，在构建新发展格局的背景下，加快绿色转型发展，是完成碳达峰、碳中和的必由之路。

（1）统筹全局，合理制定环境规制目标。依据各省市的自然禀赋、地理区位、经济基础和环境现状的不同，提出科学、适宜的环境规制目标。保护生态环境和促进产业发展不是相互对立的关系，而是人类活动中相互影响又需要统筹兼顾的两个方面。保护生态环境的要求逼迫企业进行技术改进和升级，而反过来，产业转型升级又有助于改善生态环境。加快长江上游地区自然资源的统一确权登记，这是构建自然资源产权体系的基本要求。长江上游地区应完善自然资源的统一清查、监测制度，探索自然资源生态价值的测算，建立健全市场化的生态市场交易制度。

（2）健全环境规制体系。一是健全排污收费制度，提高排污费征收标准的灵活度，大力推进排污费交易的实施，充分发挥市场激励型环境规制对绿色技术效率的积极作用。二是实行差异化的环境规制政策，综合不同地区经济发展水平、生态环境状况和市场化程度等，因地制宜采取差异化的环境规制工具，充分发挥环境规制政策的有效性。三是优化环境规制工具组合方式，结合长江上游地区的实际情况，加快环境规制的创新和优化组合，促进命令控制型规制工具与其他类型规制工具的有效组合，充分发挥政府和市场对环境治理的作用。四是完善环境规制相关环保法律法规，加大环境规制力度。

（3）发展环境友好型产业。长江上游地区是我国重要的生态安全屏障，保护好长江上游地区的生态环境是习近平总书记的殷切嘱托，也是实现云贵川渝四省市高质量发展的内在要求。长江上游地区产业发展要考虑到生态环境的要求，不能以环境换发展、以生态谋增长。长江上游地区在推进产业转型升级过程中，应充分利用好环境资源，以产业转型发展为重要抓手，淘汰落后产能、污染严重产能，大力发展环境友好型产业。

第二节　夯实基础设施

一、构建立体综合交通体系

交通体系是以陆路交通为基本形式并包含水运、空运等各种交通方式的综合系统，它构成了城市和区域发展的基本前提。交通体系的发展决定了未来区域发展的道路和方向，它既是区域发展的限制条件，决定了区域发展的广度和边界，也是区域发展的支撑条件，为未来的区际交流和发展提供了基础和保障。目前，世界正在经历百年未有之大变局，新冠疫情持续冲击着全球的产业链和供应链，我国的产业发展和运输体系正发生着与以往不同的深刻变化，交通运输综合体系逐步完善，不但要"走得了"，更要"走得好"。

（1）做好长江上游地区陆路交通建设，打造陆路交通枢纽。陆路交通的发展极大地影响到企业的生产成本和运输成本，并可以通过影响实际成本来影响产业结构，从而倒逼产业结构升级。发达的交通体系可以影响经济活动的活跃范围，提高资源的配置效率，加快产业升级，吸引人力资本流入，加快产业发展。从全国范围看，东中部地区交通基础设施密集，交通网络发达，运输效率高，而反观西部地区，交通网络则不尽如人意，交通基础设施覆盖不广，建设难度较大，运输效率不高。改善长江上游地区陆路交通设施，主要从以下两个方面着手：其一，完善城市交通体系。便利的交通设施有利于人口的自由流动，扩大城市的规模，增加城市的容量，为产业的合理布局扩大空间，使产业的转型升级更加顺畅。因此，应加强城市间交通基础设施建设，推动城市间交通设施互联互通，促进长江上游地区产业转型升级。其二，完善农村基础设施建设。在推进乡村振兴、促进农业现代化的关键时期，农村公路建设具有重要作用。完善的交通设施能够降低农村劳动力转移成本，促进劳动力的自由流动，提高劳动生产效率。针对不同区域、不同发展阶段的农村地区，因地制宜地制定科学高效的农村公路建设计划，扩大铁路覆盖的广度、延长线路通道的深度。

（2）加强综合运输体系，大力发展水运交通和航空交通。推动水运、航空、空铁联运、铁水联运等多式联运体系建设，以及港口、机场等配套设施建设，是降低物流运输成本、提高运输效率的重要方式，可以极大地提高产业发展活力。充分发挥长江航道优势，发展水运经济是推动长江上游地区高质量发展的重要支撑，要畅通长江上游地区的信息交流与沟通，建设水运智能化平台，实现各省市、各部门之间的信息畅通、水运联通。水运交通受到地理环境的制约因素较多，内河航运发展受到了一定程度的掣肘，为实现水路运输通达，4个省市要联合起来，共同推动长江上游航道治理，打通长江干支流连接区域，逐步提高航道的可通行能力，增强水运对长江上游地区经济发展的促进作用。在航空交通方面，积极打造面向国际的航空门户枢纽，发挥好成都双流机场、重庆江北机场、昆明长水机场、贵阳龙洞堡机场等机场的集散功能，把各省市的航空运输优势引导成为长江上游地区产业转型升级的重要推动力，形成以民用枢纽机场为主干，支线机场为辅助节点的机场网络体系。

二、加快通信基础设施建设

通信基础设施是指向社会大众提供通信服务的基础设备，它与其他基础设施一样，具有明显的正外部性特征。新经济增长理论认为，经济增长主要是靠知识积累和科技进步，而通信技术的发展则被认为是目前最高效地获取和传播知识的途径。加强长江上游地区通信基础设施建设，有助于缓解经济活动中的信息不对称，降低交易成本，从而推动产业转型升级中的相关知识、信息、技术的传播和使用，提高经济效率。

（1）提高通信基础设施使用效率和覆盖范围。通信基础设施建设对长江上游地区生产率的提高有促进作用，但是该区域通信基础设施发展不平衡，相关设施主要集中在大型城市及其周围地区，其他地区则有效供给不足。对此，应该逐步加大对通信基础设施的投资力度，完善区域信息网络的构建，建立重庆、四川、贵州、云南4个省市之间的信息高速公路，为长江上游地区产业协同发展提供便利。首先，要提高通信基础设施的使用效率，基于西南地区的环境特点，提高移动宽带以及智能终端设备的普及率，开展提速降费活动，发挥其网络效应。其次，要扩大通信基础设施的覆盖范围，特别是涉及农村地区，坚决减小城市与农村信息发展的差距，防止"数字鸿沟"的出现。通过扩大覆盖范围，加强通信基础设施与农业、制造业、新兴产业等产业的融合，促进转型升级。

（2）完善通信基础设施之间的互联互通。通信基础设施之间的互联互通避免了信息孤岛的出现，有助于集聚效应的形成。要深刻认识到长江上游地区各省市之间高度一致的利益诉求，深刻做好5G网络和其他电信企业网络之间的互联互通工作，这对激发市场活力、促进上游地区产业升级具有重要意义。积极引入东部地区企业，强化各企业间工作联动，借助东部发达地区企业技术管理方法，推动长江上游地区的通信基础设施建设，合力做好网络互联互通工作。

（3）加强通信基础设施建设安全监督管理。信息网络是经济社会运行的中枢系统，基础网络信息安全是信息安全的重中之重。通信基础设施既是网络通信的关键设施，又为其他行业的关键核心提供网络服务，如果受到非法攻击和破坏，将会给社会带来巨大的危害。要加强行业的安全监督管理，有关部门严格按照数据安全法、网络安全法等相关法律法规切实履行工作职责，做好监督检查工作，落实安全主体责任。另外，做好优先保障以及重点保障工作，加大资金投入、人才培养、技术升级，重点保障通信基础设施行业关键设施运行安全，对于网络安全隐患要立即整改。

三、推动新型基础设施建设

新型基础设施不同于传统基础设施建设所说的"铁公机"，它主要涵盖了5G、特高压、城市轨道交通和城际高速公路、充电桩、大数据中心、人工智能、工业互联网等七大领域，是我国实现经济高质量发展的新引擎，为产业的转型升级提供了更先进、更智能的公共服务支持。近年来，通过抓住新一轮科技革命机遇，我国5G技术、新能源汽车、智能家居等新一代产品广受市场好评，这也进一步要求大力发展新型基础设施，实现数字技术与实体经济的深度融合。

（1）引导各方共绘"一张图"。新型基础设施建设是当前我国为了支撑国内大循环、促进经济高质量发展、加速产业转型升级而采取的一项长期性战略举措。作为一项长期性战略任务，推进长江上游地区新型基础设施建设需要立足于当前的发展阶段和现实情况，借鉴国内外建设新型基础设施的先进经验，引导各方共同谋划、统一布局，按照长江上游地区的总体规划要求，服务于长江上游地区的整体发展。加快研究出台促进长江上游地区新型基础设施建设的指导意见和发展纲要，以促进产业布局合理化和高级化为手段，以经济高质量发展为目标，制定远近期相结合的新型基础设施建设专项规划，保证新型基础设施建设过程中的专业化、持续化、长效化。

（2）布局前沿基础研究，突破"卡脖子"技术难题。发挥社会主义集中力量办大事的制度优势，聚焦于新型基础设施建设的重点领域、"卡脖子"领域，持续加大研发投入。整合西部地区重点高校、科研院所、创新企业以及科技人才优势，联合攻坚克难，建立一批前沿基础研究平台、产业发展研究院，不断探索高新技术产业、战略性新兴产业发展所需要的关键技术，打牢产业创新基础，提高产业创新能力。例如，加快 5G 通信领域高端芯片的研发，推进新能源汽车电池模块的研发，加强大数据中心核心运算设备的基础创新，提升工业互联网领域高端工业机器人等智能设备创新。

（3）促进"新基建"与制造业融合发展，加快发展现代产业体系。基础设施只有投入使用才能实现经济价值和社会价值，新型基础设施建设也只有与制造业融合发展才能发挥其支撑引领作用。加快新型基础设施的发展推动制造业企业进行技术升级，引导传统工业企业进行数字化、智能化转型升级，通过建设智能化工厂、数字化车间，大规模使用工业机器人、工业云平台，大幅提高企业生产效率、生产品质和市场竞争力，加快构建现代化产业体系。另外，以制造业创新发展倒逼新型基础设施建设，例如，制造业的发展要求数字化转型，公路、铁路等基础设施要求智能化改造，导航系统要求进一步高速率、低延迟，这些都使得制造业与新型基础设施之间要融合发展。

第三节　强化要素保障

一、强化资金保障

财政资金具有引领作用和放大效应，通过各地政府财政资金配置，可以引导和撬动社会资本进入欠发达地区和小微企业，提高市场主体的投资热情，引导更多社会资本进入高新技术领域和扶持产业领域，推进产学研进一步深度融合。由于地区间经济发展不平衡，国家并未统一制定各地区的政府引导资金指导文件，所以各地可以依据现实情况，充分发挥财政资金的放大效应，通过政府财政带动大量社会资本，吸引更多人才、更多项目在长江上游地区生根发芽，加快产业转型升级。

（1）加大财税政策的倾斜力度。立足长江上游地区产业转型升级的整体规划，以"十四五"规划中重点扶持的新兴产业、主导产业为侧重点，建立相应的财税倾斜政策，引导国内外资本及先进企业向长江上游地区集聚，带动整个地区的产业转型升级。同时，要充分发挥地方产业基金、创投基金的作用，吸引带动各类符合国家战略、有先进技术、有发展潜力的中小微企业发展，立足地方发展建设，带动产业转型升级。

（2）减税降费，降低中小微企业运行成本。面对国外的紧张局势，新冠疫情的冲击，预期转弱的压力，各地中小微企业的发展都面临着巨大的经营压力，要全力稳住经济的基本盘。保就业就是保产业，稳就业就要稳市场主体、稳就业岗位。在这个特殊的时期，要积极落实减税降费相关政策，帮助企业缓解资金周转问题，确保中小微企业能够继续开展日常经营活动，对于特定行业可以阶段性实施缓缴失业保险、养老保险，延期缴纳税金等政策，让中小微企业可以先渡过难关，然后再进行补缴欠款。

（3）健全财政转移支付制度，做好农村地区的产业振兴。长江上游地区作为重要的生态保护屏障，要坚定不移地贯彻"共抓大保护、不搞大开发"方针，对于产业衰退地区、农村贫困地区实施生态保护和环境治理专项资金支持，推进长江上游地区重点流域的污水防治和河流环境综合治理，进一步建立健全生态补偿机制和财政转移支付制度，通过生态补偿来促进长江上游地区的绿色发展。针对农村地区的产业振兴，要设立专项保障资金，在绿色发展的基础上，针对符合环境发展要求的企业给予相应的政策支持和资金补贴，对生态移民、脱贫搬迁等实施专项转移支付。

二、强化人才支撑

发展是第一要务，人才是第一资源。在经济发展的背后，人是最重要的因素，没有人的行动力和创造力，就没有经济发展。产业的发展离不开各种层次的人才，包括高新技术研发人员、管理人员、财务人员、企业家、后勤人员等，这些人才是社会发展中最具有活力的因素，产业转型升级的核心也在于高素质、高技能人才的引进与培养。

（1）实施人才培育计划。完善人才的培养制度，建立多层次人才培养体系，引导科技人才向关键行业、关键领域聚集。首先，加强校企合作，支持地方高校与大型企业对接，鼓励高校、企业、科研院所联合培养人才，根据学校优势科目和企业人才需求类别，规范化建立专业培训项目，建立相应的实训课程和实习计划，聘请企业人员来校讲座，为产业升级输送更多复合型人才。其次，促进人才的合理流通，例如，聘请高校教师去企业任职工作。一方面，为企业攻坚克难提供技术支持；另一方面，也促进高校教师更能理解市场上的人才需求，据此针对性地培养相关人才，就不会出现学校与企业之间脱节的情况。最后，鼓励开展职业教育培训，提高从业人员自身素质，积极组织先进人才进修、培训，加强人才之间的交流与合作。

（2）完善产业人才引进政策。拓宽人才引进渠道，聚天下英才而用之，除了传统的提供住房、迁移户口、购房补贴等措施外，还可以通过举办高峰论坛、科技大赛、技能比拼等方式来精准定位所需人才。搭建引进高层次产业人才的平台和渠道，提供具有吸引力的激励性政策和保障性政策，针对各地区的发展情况，针对性地引进相应的管理型人才、技术型人才、战略型人才等。同时，建立规范的产业人才管理机制，最大程度激发人才的创造活力，最大限度地满足各层次人才创新创业需要，对产业转型升级作出突出贡献的人才给予合理回报和表彰奖励。要在全社会营造尊重人才的良好氛围，保障人才的合法权益，为人才发展奠定良好基础。

（3）健全人才保障机制。一是对人才的生活起居有所照顾，要为他们提供基本的生活保障。例如，对于青年人才的住房问题，随着大城市物价、房价的上涨，大部分青年人买不起房子，使得金融、地产等高薪行业变成了他们的第一选择，而高新技术产业高端人才却极度匮乏，所以对于青年人才租房要有一定的补贴。二是减少对人才的成长束缚。要积极发挥人才的主观能动性，打破用人单位潜规则行为，让人才人尽其用，在全社会形成尊重人才、尊重知识的良好风尚。三是监督各项政策落实到位。落实各主体责任，加强各部门的联合检查，确保各项人才保障政策落实到位，营造良好的生活环境和工作环境，让各类人才住得舒心，留得安心。

第四节　筑牢创新根基

一、搭建创新驱动平台

建设创新驱动平台是提高长江上游地区自主创新能力建设的重要途径，

是推动产业转型升级的重要手段，是集聚创新要素、充分激活创新资源、有效促进创新成果转化的重要载体，搭建创新驱动平台，能为产业转型升级和可持续发展提供物质支撑和有力保障。长江上游地区要充分发挥域内高校、科研院所的科研优势，通过创新驱动平台，推动各创新要素的有机结合，提高企业的科技创新能力，推动长江上游地区的高质量发展。

（1）搭建产业集群创新平台。产业集群是在某一特定领域内相互联系的企业及机构在同一地理区间上所构成的集合体。在产业发展与创新的过程中，不同产业会形成自己的产业链条，并在一定程度上呈现出空间集聚的特点，通过搭建产业集群创新平台，使得各产业内部相关主体能够相互联系，提升各要素资源的使用效率，为各创新主体提供信息沟通渠道。例如，政府主导建立的高科技园区和高新技术产业园区等，它们能为资金、人才、信息、技术等多种生产要素提供良好的空间载体和基地，这使得企业能够更加顺利地解决所遇到的问题，也为产业转型升级创造了良好的手段和条件。长江上游地区要充分发挥园区在产业集聚中的作用，不断完善市场竞争制度，建立清晰的产权制度、科学的产学研合作制度，通过产业集群创新平台为各类参与主体提供良好的创新环境，产生"1＋1＞2"的创新效果。

（2）打造科技创新平台。科技创新平台是国家创新体系中的重要组成部分，目前全球科学技术研究已经进入了大跨度、有组织的研究阶段，重大的科学技术创新需要各个部门的通力合作。一项技术的创新本身对经济的影响和社会生产力的提高是有限的，只有通过扩散才能发挥其潜在的经济效益，保证技术信息的流动有利于产业中的企业尤其是中小企业以低价获取共性技术，从而更好地促进企业的发展，而通过创新平台的建设，可以满足大量企业对共性知识的需求，让其不受地域限制释放创新活力。良好的科技创新平台可以为长江上游地区的产业发展提供强劲动力，针对新兴产业、新兴业态、新型模式，长江上游地区需要布局更多的支撑产业高质量发展的科技创新平台。为此，要指导推动创新平台建设，坚持以需求为导向，以政策保障为支撑，以资源共享为手段，打造长江上游地区具有全国影响力的区域创新高地。

二、培育创新发展动能

创新是历史进步的动力、时代发展的关键。在经济发展进入新常态后，要继续健康发展，就必须进行转型升级，其本质就是发展动能的转换，从旧动能向新动能转变。基于长江上游地区的发展现状，要想进一步推动上游地区的创新发展，培育经济发展新引擎，就必须打破当前发展桎梏，巩固提高现有发展成果，找准制约经济发展的关键因素，才能推动经济发展从量变到质变的过程，培育经济发展新的动能。

（1）优化创新制度环境。制度对于形成良好的创新发展氛围起着十分重要的作用，主要包括以下三个方面。一是制度可以保护个人的自主权利不受侵犯，通过形成制度法规，可以有效避免外界不恰当的干预，例如，完善产权制度，可以鼓励创新，激发各类市场主体活力。二是制度可以防范化解冲突，对于部分企业在发展过程中遇到的很多不规范、不合理的问题，可以通过制度来加以约束。三是制度可以降低生产和交易成本，通过体系化的成套的制度法规，可以最大限度地规避逆向选择和道德风险所带来的问题。优化创新制度环境，就是破除创新过程中出现的各种歧视和各种障碍，激励企业家进行创新活动。好的制度环境也可以降低政府对市场不合理的干预，激发企业自身的创新能力，从而实现转换动能的最终目标。

（2）激发微观主体活力，促进创新创业。作为新经济发展的核心部分，各类微观主体的发展才能带来新经济的发展壮大。针对目前中小企业融资难、融资贵的问题，要在融资层面加以改革，不能因为中小企业面临的风险大就拒绝给其贷款，可以采用股权、债权等多种方式来进行融资，为中小企业发展减轻负担。当前，大众创业、万众创新的理念正日益深入人心，各种新产业、新模式、新业态不断涌现，有效激发了社会活力，释放了巨大的创造力，成为经济发展的一大亮点。因此，长江上游地区各省市政府应支持双创示范基地建设，加大对创业创新基地服务能力的支持力度，集聚创业创新资源要素，提高对小微企业创业创新的全方位服务支撑能力。

（3）促进数字经济与实体经济融合发展。发展数字经济是世界各国实现经济高质量发展、提高国际竞争力和抢占全球发展主动权的关键。从全球发展格局来看，中国、美国和欧盟分别占据了重要位置，成为引领国际数字经济与贸易发展的中流砥柱。数字经济是以数字资源作为关键要素，以现代信息网络作为主要载体的新的经济形态。数字经济的快速发展已经深刻推动了当前我国生活方式、生产方式的巨大变革，影响了我们生活中的方方面面，而通过数字经济赋能实体经济发展，重新组合实体经济要素资源，会给我国经济发展带来质的飞跃。要把握好当前的数字化机遇，促进数字经济与实体经济融合，助力长江上游地区高质量发展。

三、融合产业链创新链

推动创新链与产业链融合发展，是实现科学技术与产业发展良性互动的坚实基础，也是实现向全球价值链中高端迈进的必然要求。习近平总书记强调，"要围绕产业链部署创新链、围绕创新链布局产业链，推动经济高质量发展迈出更大步伐"[1]，深刻阐释了产业链和创新链密不可分、相辅相成的紧密联系，产业链的升级离不开科学技术的进步，科学技术的进步又推动着产业升级。虽然我国是世界第一制造业大国，但是并不是世界第一制造业强国，距离发达国家的产业发展水平还有一定的距离，这也反映出目前我国产业链和创新链之间联系并不紧密，科学技术没有很好地应用到产业发展当中，产业附加值偏低，急需通过双链融合发展增强产业综合竞争力。

（1）优化产业链布局。针对长江上游地区产业转型升级，不能一味求全、比规模大小，而是要做精做强。一是要保证产业链安全稳定。随着全球地缘政治的冲突加深和重大传染病的多发，全球产业链供应链开始出现不稳定因素，极大地影响了我国的产业安全，所以首先就是要保证产业链的安全稳定。二是要突出优势，提质增效。例如，贵州的矿产资源和数字技术产业、重庆的汽车产业等，应不断向微笑曲线两端移动，加快实现价值链攀升。三是要适度淘汰落后产能。对于粗放型企业、低附加值企业可以关停一批，转型升级一批，努力发展绿色低碳企业、科技智能企业和高附加值企业，最终实现腾笼换鸟，为高质量发展腾出发展空间。

（2）加强基础性科学研究。近些年国外不断对我国"卡脖子"技术进行制裁，恶意限制我国科学技术发展，针对我国存在的科学技术短板，不断发起攻击，影响了生产生活中的方方面面，例如，对于芯片的制裁，使得我国本土高科技企业不断面临缺芯难题。要加强基础性科学研究，加快突破我国产业链痛点和短板，基础研究是推动原始创新的基石所在，发挥举国体制的优势，建立一支高水平人才队伍，对关键核心技术展开攻关。创新链的发展

---

① 人民日报评论员. 推动经济高质量发展迈出更大步伐 [N]. 人民日报，2020 – 04 – 27.

还离不开经费的支持，建立合理的经费使用制度，增加基础性科学研究投入，激励引导科研人员投入到基础研究中去。最后，协同各类主体，深化学科融合，从多学科、复杂科学的角度去促进创新链发展。

（3）加强科技创新与产业升级的良性互动。科技创新是产业升级的必要前提，没有科学技术的进步，产业升级也就无从谈起。产业升级又反过来倒逼科技创新，在动态发展过程中，产业升级一直持续需要科技进行创新。目前，以人工智能、物联网、大数据、云计算等为代表的新一轮科技革命，大力推动了产业转型发展。科技创新是从无到有的过程，而产业升级则是从有到精的过程。科技创新在产业升级中发挥了巨大的乘数效应，为产业升级提供了巨大助力。产业发展又进一步为科技创新积蓄了能量，持续推动我国经济发展由要素驱动转向创新驱动，实现经济高质量发展的质量变革、效率变革、动力变革。

第五节　协调区域发展

一、强化政府沟通协调

改革开放 40 余年来，在以 GDP 为导向的竞争中，各个地方政府各尽其能，充分利用一切资源，大力发展地方经济，极大地促进了国民经济发展。然而，这种各自为政、以邻为壑的发展模式，对当今中国经济发展已经显得力不从心，仅仅依靠一隅之地的各种要素资源，发展始终沉浸于当地的禀赋优势，已经对地方经济增长形成了一种束缚。在经济发展新常态的背景下，各地方政府要摒弃"重复博弈"的低效竞争，加强区域间的通力合作，促进区域协调发展，不断深化政府间的沟通交流渠道，积极开展地方政府间的沟通与对话，助力产业转型升级。

（1）打破行政壁垒，助力产业融合。行政壁垒是指地方政府为了保护地方利益，采用行政手段对经济市场进行不合理的干预行为，也就是地方保护主义。行政壁垒的存在是一种只顾眼前、不顾长远的短视行为，只基于自身利益进行考量，不考虑区域的整体利益和整体发展，导致重复建设时有发生，市场竞争失灵，资源配置错位，严重影响经济发展效率。为此，应构建区域协调发展体系，打破行政边界。一是要摆正地方政府的位置，从产业发展的干预者和决策者变成市场秩序的维护者和监督者，创造良好的市场竞争环境，让市场自发地进行选择和决策。二是要做好权、责、利的分配，各地方政府之间的合作之所以难并且局限于部分基础建设领域的重要原因就是权、责、利的不对等，占据优势地位的省市自然会提出符合本省市自身发展的合作方式，但这种合作方式可能是地位处于弱势的省市所无法承受的。各个城市发展的阶段性目标可能不同，但是发展经济、促进民生的大方向是相同的，区域协同发展不是零和博弈，明晰权责利的分配，更能增加各省市促进协同发展的动力。三是积极开展地方政府之间的交流合作，建立常态化协商机制，进行充分的沟通和理解，长江上游地区各省市应勠力同心，共同为打破区域行政壁垒添砖加瓦。

（2）加强要素流动，提升经济活力。要素自由流动是指自然资源、劳动力、资本、数字技术等在中心城市、次中心城市和其他区域自由地流动和配置。要素流动遵循价值增值的规律，会不断向利润大、回报高的地区转移，从收益率低的地区向收益率高的地区转移，从收益率低的行业向收益率高的行业流动。从长江上游地区和中下游地区的角度来看，长江上游地区的矿产资源、自然资源较为丰富，而长江中下游地区科学技术和人力资源较为丰富，可以互相取长补短，加快要素资源的横向流动，促进长江经济带的整体发展。从长江上游地区各省市来看，重庆、四川的工业体系较为完善，而云南、贵州的旅游产业和自然资源优势显著，可以进行产业梯度转移，促进云南、贵州发展，同时云南、贵州也为四川、重庆的发展提供了重要的生产资料。要促进生产要素的自由流动，不仅要遵循市场规律，发挥市场主体的作用，而且要发挥政府的保障作用，确保各市场主体在获取生产要素时的公平地位，还要建立起区域发展战略统筹机制，不能因为行政区划而限制要素的自由流动，而是要以要素的充分流动带动长江上游地区的协调发展。

（3）把握整体布局，聚焦优势产业。不谋全局者，不足谋一域，长江上游地区产业发展要转型升级，就必须政府牵头，从总体上先进行考量。在长江上游地区各省市发展过程中，出现了发展规划不衔接、发展理念不统一、发展阶段不同步等影响地区整体发展的问题，而解决这些问题的根本方法就是从更宏观、更统一的视角去总体把握，整体解决。从发展过程上来说，中心城市发展总是优于周边城市，发展竞争力也大于周边城市，但是面对产业升级、营商环境、绿色发展、健康防护等问题时，不是一个城市就能解决的，更应该加强地区联动，共同治理防范。同时，各省市要聚焦当地优势产业，通过发挥比较优势，使自身的优势进一步得到突出和发展。例如，重庆的汽车产业、四川的高新科技产业、贵州的新能源产业以及云南的旅游产业，以推进产业合理化和高级化为导向，促进优势产业集群进一步发展壮大，不断提高产业竞争力。

二、打造有序市场环境

良好的市场环境对优化区域资源配置、带动经济结构调整、促进区域创新等均具有显著的推动作用。经济发展的核心在于生产力的发展，在于区域创新能力的不断提升。要加快区域发展，调整产业结构，就需要各类经济主体积极参与经济建设，从而带动区域整体发展水平的提高。长江上游地区的各级政府部门要继续深入推进简政放权、放管结合、优化服务改革，为企业发展提供一个良好的生态空间，做好企业的售后服务，让企业专注于发展。同时，要深化"证照分离"改革，大力激发市场主体活力，提高市场主体办事的便捷度，从"审批型"政府向"服务型"政府转变。另外，要做好知识产权保护，为市场主体保驾护航。

（1）加快"一站式办理"，推动"一网通办"。营造公平、开放、自由的市场环境，离不开破除地方保护主义，离不开打破行政垄断，全国市场上资源的自由流动，也离不开完善的市场准入制度，减少地方政府的行政审批事项，真正做好有效市场和有为政府的有效结合。让每一个市场主体，不分内外资本，不分国企还是私企，都能享有平等的、充分的经济地位，让公平、公正、公开的氛围深入人心。加快"一站式办理"，减少市场主体的经营成本，充分激发市场活力和大众创造力。全面推动"一网通办"，提升企业的数字化水平，采用线上线下相结合的方式，提供更加便捷的企业注册服务，进一步提高网上办理政务服务的深度，促进网上政务的发展。

（2）营造风清气正的法治环境。法制是最好的营商环境，与政府出台的各种惠企政策相比，市场主体更加重视的是一个地区的法治环境，这是一个企业在当地落地生根最基本的需求和最朴素的要求。目前，长江上游地区法治环境建设仍是优化地区发展生态最急迫、最突出的问题之一。地方保护主义严重，行政审批权虽然规范着市场的无序发展，但也降低了资源配置效率和市场活力，必须要进一步加强监管，把权力关进制度的笼子。常态化开展"双随机、一公开"监管，组织多部门联合监管，检查次数做"减法"，检查效果做"加法"，确保"不走过场"，做好记录。

（3）加强知识产权保护。尊重知识就是尊重创造，保护产权就是保护创造。知识产权保护是营造有序市场环境的重要方面，是助力企业高质量发展的重要手段。无恒产者无恒心，只有保护好知识产权，才能解放科研人员的创造力，让他们没有后顾之忧。一是加大对知识产权的宣传力度。通过对企业的知识产权讲解，提高企业管理人员对于知识产权的认识，提高企业构建知识产权护城河的积极性。通过对社会大众的宣讲，在全社会形成尊重知识、尊重创造的良好风气，提高全民对知识产权保护的意识。二是健全知识产权保护的法律制度。随着社会的不断发展，各种新生事物不断出现，相关法律制度也需要不断完善。同时，对于知识产权案件的维权难、索赔难等问题要不断加以改善，用法律制度为知识产权保驾护航。三是提高知识产权违法的惩处力度。由于违法成本和违法收益之间的失衡，知识产权违法事件时有发生，只有提高违法成本，让违法人员无利可图，才能遏制住知识产权违法行为的发生。

三、深化拓宽交流合作

区域交流合作为区域间协调发展和共同进步提供了可能，没有地区间的交流合作，无异于"闭门造车"，限制了各地的经济发展空间。在经济形势变化日益复杂，社会发展问题日益严峻的今天，我们要更加重视长江上游地区的交流合作，充分发挥各省市的区位优势和发展优势，加大各级政府之间的交流访问，拓宽经贸、科技、文化等领域的交流合作。

（1）完善区域对话机制。目前，长江上游地区有稳定的省际协商合作联席会议制度，但是合作联席会议作为一项长期性的政府间协商合作制度，近几年也没有很好地开展下去，主要问题是对话机制还不够完善，运行动力不够充足。区域对话机制为长江上游地区各省市的发展提供了对话和合作协商的契机，有利于在全球经济衰退的背景下增强各方的互信合作，加强各省市在经济、文化、环境等方面的紧密联系，实现各方形成高层次、宽领域的深度合作。同时，各省市政府应发挥积极的牵头协调作用，紧密联合周边地区的政府部门、教育科研机构、高新技术企业及民间技术协会组织，通过科技成果博览会、高校科技创新大赛、文化艺术交流节等活动加强区域间联系与沟通。

（2）推进高校与区域企业融合发展。校企合作在区域协同发展中发挥着重要的作用，政府应该大力推动高校与区域企业同频共振，将高校作为企业发展的动力源泉，以高校和科研院所为依托，实现区域产业的升级进步。一是进一步加强高校科技成果转化。现实中高校的科技成果与产业发展之间存在严重脱节，高校大批科研成果得不到市场性的转化，主要原因在于高校的研发成果与市场需求不匹配，成果转化试错成本太高，缺乏专业的成果转化团队，从而不能为产业发展提供动力。为改善这一现状，就必须重视起高校的科研成果转化，通过科学的操作流程和规范的转化途径为区域产业发展注入活力。二是不断调整优化高校专业结构，部分面向市场和就业的专业化课程，就要以市场化需求为导向，通过与企业对接等方式加强校企合作。

（3）积极搭建网上交流合作平台。信息不对称问题一直以来都是制约产学研合作中遇到的最大问题之一。作为高校和科研院所，产出的高新技术无法被市场所发现，失去了转化为生产力的契机，而作为企业一方，很多想要实现的功能限于自身技术不达标无法得到解决。产学研网上交流合作平台的建立，使得各种生产要素都可以及时地被看见和被使用，既为学校提供了帮助，也为企业解决了困难，同时还给区域创新和经济发展带来活力。不仅如此，网上交流平台还可为区域协调发展提供人才交流、经验分享、文化沟通的渠道，它们都有助于加强区域合作。

参考文献

[1] 安同信，范跃进，刘祥霞．日本战后产业政策促进产业转型升级的经验及启示研究 [J]．东岳论丛，2014（10）：132-136．

[2] 巴曙松，郑军．中国产业转型的动力与方向：基于新结构主义的视角 [J]．中央财经大学学报，2012（12）：45-52．

[3] 白婧，冯晓阳．人力资本对产业结构高级化发展的实证检验 [J]．统计与决策，2020（4）：67-71．

[4] 蔡昉．二元经济作为一个发展阶段的形成过程 [J]．经济研究，2015（7）：4-15．

[5] 蔡昉．理解中国经济发展的过去、现在和将来：基于一个贯通的增长理论框架 [J]．经济研究，2013（11）：4-16．

[6] 蔡海亚，徐盈之．贸易开放是否影响了中国产业结构升级？[J]．数量经济技术经济研究，2017（10）：3-22．

[7] 蔡建娜，徐徐，林俐．长江经济带上游区域经济发展演进与结构分析 [J]．上海经济研究，2019（7）：36-44．

[8] 曹冬艳，曹艳秋，孙志强．基于经济发展阶段差异的经济增长动力演变研究 [J]．市场周刊，2018（10）：140-141．

[9] 陈超凡．中国工业绿色全要素生产率及其影响因素：基于ML生产率指数及动态面板模型的实证研究 [J]．统计研究，2016（3）：53-62．

[10] 陈刚，李树．金融发展与增长源泉：要素积累、技术进步与效率改善 [J]．南方经济，2009（5）：24-35．

[11] 陈国华. 台湾产业转型升级的经验及对广东的启示 [J]. 林业经济, 2012 (6)：45 -47.

[12] 陈继勇, 余道先. 知识经济时代世界服务贸易发展的新趋势及中国的对策 [J]. 世界经济研究, 2009 (4)：3 -8, 87.

[13] 陈景华, 王素素. 中国服务业绿色全要素生产率增长的空间差异及影响因素研究 [J]. 南京财经大学学报, 2020 (2)：27 -38.

[14] 陈景华, 徐金. 中国现代服务业高质量发展的空间分异及趋势演进 [J]. 华东经济管理, 2021 (11)：61 -76.

[15] 陈凯. 中国服务业内部结构变动的影响因素分析 [J]. 财贸经济, 2006 (10)：53 -58.

[16] 陈诗一. 能源消耗、二氧化碳排放与中国工业的可持续发展 [J]. 经济研究, 2009 (4)：41 -55.

[17] 陈诗一. 中国的绿色服务业革命：基于环境全要素生产率视角的解释 [J]. 经济研究, 2010 (11)：21 -34, 58.

[18] 陈诗一. 中国各地区低碳经济转型进程评估 [J]. 经济研究, 2012 (8)：32 -44.

[19] 陈万灵, 杨永聪. 全球进口需求结构变化与中国产业结构的调整 [J]. 国际经贸探索, 2014 (9)：13 -23, 48.

[20] 陈钊, 陆铭, 金煜. 中国人力资本和教育发展的区域差异：对于面板数据的估算 [J]. 世界经济, 2004 (12)：25 -31, 77.

[21] 程中华, 李廉水, 刘军. 环境规制与产业结构升级：基于中国城市动态空间面板模型的分析 [J]. 中国科技论坛, 2017 (2)：66 -72.

[22] 程中华, 刘军. 信息化对工业绿色增长的影响效应 [J]. 中国科技论坛, 2019 (6)：95 -101, 108.

[23] 楚尔鸣, 曹策. 城镇化、房价与产业结构升级 [J]. 经济问题探索, 2018 (3)：83 -89.

[24] 楚永生, 于贞, 王云云. 人口老龄化"倒逼"产业结构升级的动态效应：基于中国30个省级制造业面板数据的空间计量分析 [J]. 产经评论, 2017 (6)：22 -33.

[25] 褚敏, 靳涛. 政府悖论、国有企业垄断与收入差距：基于中国转型特征的一个实证检验 [J]. 中国工业经济, 2013 (2)：18 -30.

[26] 代毓芳，张向前. 中国产业转型升级之人力资源支持体系研究：基于互联互通与经济中高速增长背景 [J]. 企业经济，2020 (12)：87-96.

[27] 戴丹. 产业转型升级的影响因素研究 [D]. 广州：广东省社会科学院，2014.

[28] 戴魁早，李晓莉，骆著函. 人力资本结构高级化、要素市场发展与服务业结构升级 [J]. 财贸经济，2020，41 (10)：129-146.

[29] 戴魁早，骆著函. 环境规制、政府科技支持与工业绿色全要素生产率 [J]. 统计研究，2022 (4)：49-63.

[30] 邓晶，管月. 内生技术变迁视角下金融发展与产业结构升级 [J]. 科技进步与对策，2019，36 (19)：66-73.

[31] 邓于君. 生产性服务业对产业集群竞争优势提升的重要效应分析：兼析珠三角的相应对策 [J]. 广东行政学院学报，2010 (3)：78-83.

[32] 杜朝晖. 发达国家传统产业转型升级的经验及启示 [J]. 宏观经济管理，2017 (6)：87-92.

[33] 段华平，张悦，赵建波，等. 中国农田生态系统的碳足迹分析 [J]. 水土保持学报，2011 (5)：203-208.

[34] 段瑞君. 技术进步、技术效率与产业结构升级：基于中国285个城市的空间计量检验 [J]. 研究与发展管理，2018 (6)：106-116.

[35] 多淑杰. 城镇化对产业转型升级的作用机理及实证分析：基于我国283个地级市横截面数据的分析 [J]. 企业经济，2013 (6)：131-134.

[36] 方福前. 寻找供给侧结构性改革的理论源头 [J]. 中国社会科学，2017 (7)：49-69，205.

[37] 费越，张勇，丁仙，等. 数字经济促进我国全球价值链地位升级：来自中国制造业的理论与证据 [J]. 中国软科学，2021 (12)：68-75.

[38] 冯亮，陆小莉. 产业转型升级效果的多维测度：以京津冀城市群为例 [J]. 统计与决策，2021，37 (19)：64-67.

[39] 冯志峰. 供给侧结构性改革的理论逻辑与实践路径 [J]. 经济问题，2016 (2)：12-17.

[40] 傅耀. 产业升级、贸易政策与经济转型 [J]. 当代财经，2008 (4)：73-79.

[41] 干春晖，郑若谷，余典范. 中国产业结构变迁对经济增长和波动

的影响 [J]. 经济研究, 2011 (5): 4 - 16, 31.

[42] 甘行琼, 李玉姣, 蒋炳蔚. 财政分权、地方政府行为与产业结构转型升级 [J]. 改革, 2020 (10): 86 - 103.

[43] 高长武. 推进供给侧结构性改革需要厘清的四个认识问题 [J]. 红旗文稿, 2016 (4): 17 - 19.

[44] 高帆. 我国区域农业全要素生产率的演变趋势与影响因素: 基于省际面板数据的实证分析 [J]. 数量经济技术经济研究, 2015 (5): 3 - 19, 53.

[45] 高红贵, 肖甜. 异质性环境规制能否倒逼产业结构优化: 基于工业企业绿色技术创新效率的中介与门槛效应 [J]. 江汉论坛, 2022 (3): 13 - 21.

[46] 高燕. 产业升级的测定及制约因素分析 [J]. 统计研究, 2006 (4): 47 - 49.

[47] 工信部. 工业和信息化部关于贯彻落实《工业转型升级规划 (2011—2015 年)》的实施意见 [Z]. 2012.

[48]《供给侧结构性改革研究的基本理论与政策框架》课题组. 推进供给侧结构性改革的基本理论与政策框架 [J]. 宏观经济研究, 2017 (3): 3 - 15, 157.

[49] 龚刚. 论新常态下的供给侧改革 [J]. 南开学报 (哲学社会科学版), 2016 (2): 13 - 20.

[50] 龚新蜀, 李梦洁. OFDI、环境规制与中国工业绿色全要素生产率 [J]. 国际商务研究, 2019 (1): 86 - 96.

[51] 顾晓燕, 朱玮玮, 符斌. 空间视角下知识产权保护、技术创新与产业结构升级 [J]. 经济问题, 2020 (11): 68 - 75.

[52] 郭爱君, 雷中豪. 加强知识产权保护能否促进我国产业结构转型升级 [J]. 中国地质大学学报 (社会科学版), 2021 (6): 104 - 118.

[53] 郭海红. 中国农业绿色全要素生产率时空分异与增长路径研究 [D]. 青岛: 中国石油大学 (华东), 2019.

[54] 郭浩淼, 王鑫. 新常态下我国产业结构转型与升级研究 [J]. 商业经济研究, 2019 (1): 183 - 186.

[55] 郭凯明, 杭静, 颜色. 中国改革开放以来产业结构转型的影响因

素［J］. 经济研究，2017（3）：32-46.

［56］郭凯明，潘珊，颜色. 新型基础设施投资与产业结构转型升级［J］. 中国工业经济，2020（3）：63-80.

［57］郭克莎，田潇潇. 加快构建新发展格局与制造业转型升级路径［J］. 中国工业经济，2021（11）：44-58.

［58］郭克莎. 外商直接投资对我国产业结构的影响研究［J］. 管理世界，2000（2）：34-45，63.

［59］郭熙保. 发展经济学［M］. 北京：高等教育出版社，2011.

［60］郭旭，孙晓华，翟钰. 地区产业结构升级速度的测算及时空演变分析［J］. 数量经济技术经济研究，2021（9）：98-116.

［61］国务院关于印发工业转型升级规划（2011—2015年）的通知［Z］. 2012.

［62］韩英，马立平. 京津冀产业结构转型升级的效果测度［J］. 首都经济贸易大学学报，2020（2）：45-55.

［63］韩海彬，张莉. 农业信息化对农业全要素生产率增长的门槛效应分析［J］. 中国农村经济，2015（8）：11-21.

［64］韩海彬，赵丽芬，张莉. 异质型人力资本对农业环境全要素生产率的影响：基于中国农村面板数据的实证研究［J］. 中央财经大学学报，2014（5）：105-112.

［65］韩美琳. 新工业革命浪潮下我国产业转型升级的日德经验借鉴［J］. 当代经济研究，2021（8）：70-78.

［66］韩永辉，黄亮雄，王贤彬. 产业政策推动地方产业结构升级了吗：基于发展型地方政府的理论解释与实证检验［J］. 经济研究，2017（8）：33-48.

［67］何刚，周燕妃，朱艳娜. 京津冀产业转型升级测度及其经济效应研究［J］. 统计与决策，2020（1）：86-90.

［68］何德旭，姚战琪，程蛟. 中国服务业就业影响因素的实证分析［J］. 财贸经济，2009（8）：99-107.

［69］何宜庆，李菁昭，汤文静，等. 互联网金融、技术进步与产业结构升级［J］. 金融与经济，2020（4）：34-40，90.

［70］何玉梅，赵欣灏. 新型数字基础设施能够推动产业结构升级吗：

来自中国 272 个地级市的经验证据 [J]. 科技进步与对策，2021（17）：79 -
86.

　　[71] 洪银兴. 准确认识供给侧结构性改革的目标和任务 [J]. 中国工业
经济，2016（6）：14 - 21.

　　[72] 侯茂章，廖婷婷. 人口老龄化、创新驱动与产业结构转型升级：
基于空间杜宾模型的研究 [J]. 哈尔滨商业大学学报（社会科学版），2021
（1）：72 - 84.

　　[73] 胡大立，于锦荣. 政府工业转型升级政策有效性研究 [J]. 经济问
题，2019（11）：46 - 52.

　　[74] 胡建辉. 高强度环境规制能促进产业结构升级吗?：基于环境规制
分类视角的研究 [J]. 环境经济研究，2016（2）：76 - 92.

　　[75] 胡立和，商勇，王欢芳. 工业绿色全要素生产率变化的实证分析：
基于长江经济带 11 个省市的面板数据 [J]. 湖南社会科学，2019（4）：108 -
114.

　　[76] 胡晓鹏. 嵌入互联网的现代服务业结构升级研究 [J]. 企业经济，
2020（11）：2，5 - 12.

　　[77] 黄琼，李光龙. 财政分权是否促进中国产业结构升级? [J]. 经济
体制改革，2019（5）：129 - 135.

　　[78] 黄群慧，余泳泽，张松林. 互联网发展与制造业生产率提升：内
在机制与中国经验 [J]. 中国工业经济，2019（8）：5 - 23.

　　[79] 黄群慧. 论中国工业的供给侧结构性改革 [J]. 中国工业经济，
2016（9）：5 - 23.

　　[80] 黄天能，许进龙，谢凌凌. 资源枯竭城市产业结构转型升级水平
测度及其影响因素：基于 24 座地级市的面板数据 [J]. 自然资源学报，2021
（8）：2065 - 2080.

　　[81] 黄永明，陈宏. 基础设施结构、空间溢出与绿色全要素生产率：
中国的经验证据 [J]. 华东理工大学学报（社会科学版），2018（3）：56 -
64.

　　[82] 惠宁，周晓唯. 互联网驱动产业结构高级化效应分析 [J]. 统计与
信息论坛，2016（10）：54 - 60.

　　[83] 惠树鹏，张威振，边珺. 工业绿色全要素生产率增长的动力体系

及驱动效应研究［J］. 统计与信息论坛，2017（12）：78 – 85.

［84］贾康. 供给侧改革与中国经济发展［J］. 求是学刊，2016（6）：41 – 52.

［85］贾康，苏京春. 论供给侧改革［J］. 管理世界，2016（3）：1 – 24.

［86］简新华，叶林. 改革开放以来中国产业结构演进和优化的实证分析［J］. 当代财经，2011（1）：93 – 102.

［87］江小涓，李辉. 服务业与中国经济：相关性和加快增长的潜力［J］. 经济研究，2004（1）：4 – 15.

［88］姜长云. 关于构建新型农业经营体系的思考：如何实现中国农业产业链、价值链的转型升级［J］. 人民论坛·学术前沿，2014（1）：70 – 78.

［89］金碚. 基于价值论与供求论范式的供给侧结构性改革研析［J］. 中国工业经济，2017（3）：5 – 16.

［90］靖学青. 上海产业升级测度及评析［J］. 上海经济研究，2008（6）：53 – 59.

［91］孔芳霞，刘新智. 长江上游地区新型城镇化与工业集聚质量协调发展［J］. 城市问题，2021（1）：19 – 27.

［92］匡小明. 要素升级是中国高质量发展的动力源泉［J］. 中国井冈山干部学院学报，2019（1）：126 – 132.

［93］李斌，彭星，欧阳铭珂. 环境规制、绿色全要素生产率与中国工业发展方式转变：基于 36 个工业行业数据的实证研究［J］. 中国工业经济，2013（4）：56 – 68.

［94］李翀. 论供给侧改革的理论依据和政策选择［J］. 经济社会体较，2016（1）：9 – 18.

［95］李春生. 城镇化对产业结构升级的作用机制与实证分析［J］. 经济问题探索，2018（1）：47 – 54.

［96］李虹含，贺宁，汪存华，等. 产业结构升级的创新驱动效应研究：基于中国省际面板数据的实证分析［J］. 科技进步与对策，2020（15）：54 – 61.

［97］李丽. 中国服务贸易国际竞争力分析［J］. 商业经济与管理，2007（11）：63 – 67.

［98］李瑞雪，司孟慧，张汉飞. 金融集聚对工业绿色全要素生产率的

影响研究：基于长三角地区的实证 [J]. 华东经济管理, 2022 (5): 34 – 47.

[99] 李尚骜, 龚六堂. 非一致性偏好、内生偏好结构与经济结构变迁 [J]. 经济研究, 2012 (7): 35 – 47.

[100] 李士梅, 尹希文. 知识产权保护强度对产业结构升级的影响及对策 [J]. 福建师范大学学报 (哲学社会科学版), 2018 (2): 1 – 9.

[101] 李首涵, 杨萍, 卢德成. 农业高质量发展评价指标体系研究：基于鲁苏浙三省的比较分析 [J]. 中国农业资源与区划, 2023 (1): 66 – 74.

[102] 李思琪. 绿色制造：国内外创新探索与经验启示 [J]. 国家治理, 2017 (47): 36 – 48.

[103] 李晓华. 中国工业的发展差距与转型升级路径 [J]. 经济研究参考, 2013 (51): 15 – 30, 51.

[104] 李晓阳, 代柳阳, 牟士群, 等. 生产性服务业集聚与制造业绿色转型升级：信息通信技术的调节作用 [J]. 西南大学学报 (社会科学版), 2022 (1): 83 – 96.

[105] 李月, 邓露. 有效经济增长与中国经济发展阶段再判断：从日本与我国台湾地区的经验谈起 [J]. 南开经济研究, 2011 (2): 100 – 117.

[106] 李跃, 王艺臻, 孙瑞琦, 等. 煤炭产能空间集聚有利于区域产业转型升级吗?：基于中国 30 个省份的实证研究 [J]. 资源开发与市场, 2022 (7): 784 – 791.

[107] 李中翘, 刘耀阳, 陈汉臻. 金融发展与产业结构升级：基于技术进步的中介效应检验 [J]. 调研世界, 2022 (2): 71 – 77.

[108] 李佐军. 供给侧结构性改革的着力点 [J]. 前线, 2016 (10): 43 – 45.

[109] 梁俊, 龙少波. 农业绿色全要素生产率增长及其影响因素 [J]. 华南农业大学学报 (社会科学版), 2015 (3): 1 – 12.

[110] 梁喜, 李思遥. 交通基础设施对绿色全要素生产率增长的空间溢出效应研究 [J]. 西部论坛, 2018 (3): 33 – 41.

[111] 廖红伟, 张莉. 新消费促进产业结构转型升级 [J]. 人民论坛, 2019 (26): 86 – 87.

[112] 林春艳, 孔凡超, 孟祥艳. 人力资本对产业结构转型升级的空间效应研究：基于动态空间 Durbin 模型 [J]. 经济与管理评论, 2017 (6):

122 – 129.

[113] 林宏山. 金融要素与工业转型升级关系研究: 基于金融发展与融资结构视角 [J]. 上海金融, 2018 (6): 36 – 43.

[114] 林弋筌. 环境规制、技术投入与工业转型升级: 基于中国地级及以上城市面板数据的经验分析 [J]. 海南大学学报 (人文社会科学版), 2020 (1): 79 – 88.

[115] 林毅夫. 新结构经济学: 重构发展经济学的框架 [J]. 经济学 (季刊), 2011 (1): 1 – 32.

[116] 刘成坤, 赵昕东. 人口老龄化对产业结构升级的溢出效应研究: 基于空间动态杜宾模型 [J]. 数理统计与管理, 2019 (6): 1062 – 1079.

[117] 刘成坤, 赵昕东. 人口老龄化对中国产业结构升级的影响研究 [J]. 区域经济评论, 2018 (4): 69 – 80.

[118] 刘鸿渊, 蒲萧亦, 刘菁儿. 长江上游城市群高质量发展: 现实困境与策略选择 [J]. 重庆社会科学, 2020 (9): 2, 56 – 67.

[119] 刘建江, 易香园, 王莹. 新时代的产业转型升级: 内涵、困难及推进思路 [J]. 湖南社会科学, 2021 (5): 67 – 76.

[120] 刘朋虎, 仇秀丽, 翁伯琦, 等. 推动传统生态农业转型升级与跨越发展的对策研究 [J]. 中国人口·资源与环境, 2016 (2): 178 – 182.

[121] 刘世锦. 全面深刻理解供给侧结构性改革 [N]. 新华日报, 2016 – 04 – 26.

[122] 刘淑茹, 贾萧扬. 技术来源对工业绿色全要素生产率的影响研究 [J]. 生态经济, 2020 (10): 55 – 62.

[123] 刘松涛, 张彦旸, 王林萍. 日本农业六次产业化及对推动中国农业转型升级的启示 [J]. 世界农业, 2017 (12): 70 – 78, 259.

[124] 刘涛, 杜思梦. 基于新发展理念的农业高质量发展评价指标体系构建 [J]. 中国农业资源与区划, 2021 (4): 1 – 9.

[125] 刘兴凯, 张诚. 中国服务业全要素生产率增长及其收敛分析 [J]. 数量经济技术经济研究, 2010 (3): 55 – 68.

[126] 刘勇. 新时代传统产业转型升级: 动力、路径与政策 [J]. 学习与探索, 2018 (11): 102 – 109.

[127] 刘在洲, 汪发元. 绿色科技创新、财政投入对产业结构升级的影

响：基于长江经济带 2003 - 2019 年数据的实证分析 [J]. 科技进步与对策，2021 (4)：53 - 61.

[128] 刘战伟. 新型城镇化提升了中国农业绿色全要素生产率吗?：基于空间溢出效应及门槛特征 [J]. 科技管理研究，2021 (12)：201 - 208.

[129] 刘志彪，陈柳. 政策标准、路径与措施：经济转型升级的进一步思考 [J]. 南京大学学报（哲学·人文科学·社会科学），2014 (5)：48 - 56，158.

[130] 刘志彪. 产业升级的发展效应及其动因分析 [J]. 南京师大学报（社会科学版），2000 (2)：3 - 10.

[131] 刘钻扩，辛丽. "一带一路"建设对沿线中国重点省域绿色全要素生产率的影响 [J]. 中国人口·资源与环境，2018 (12)：87 - 97.

[132] 柳志娣，张骁. 互联网发展、市场化水平与中国产业结构转型升级 [J]. 经济与管理研究，2021 (12)：22 - 34.

[133] 龙云安，张健，冯果. 区域发展视角下金融深化、金融集聚与产业结构升级研究：以成渝城市群为例 [J]. 金融理论与实践，2019 (11)：46 - 53.

[134] 卢福财，刘林英，徐远彬. 互联网发展对工业绿色全要素生产率的影响研究 [J]. 江西社会科学，2021 (1)：39 - 50，254 - 255.

[135] 卢强，吴清华，周永章，等. 广东省工业绿色转型升级评价的研究 [J]. 中国人口·资源与环境，2013 (7)：34 - 41.

[136] 陆小莉，刘强，徐生霞. 中国产业转型升级的空间分异与影响机制研究 [J]. 经济问题探索，2021 (2)：135 - 144.

[137] 吕康娟，程余，范冰洁. 环境规制对中国制造业绿色全要素生产率的影响分析 [J]. 生态经济，2017 (4)：49 - 52.

[138] 罗序斌，黄亮. 中国制造业高质量转型升级水平测度与省际比较：基于"四化"并进视角 [J]. 经济问题，2020 (12)：43 - 52.

[139] 骆著函. 人力资本结构高级化对服务业结构升级的影响研究：基于中国城市面板数据 [J]. 广东财经大学学报，2021 (2)：39 - 53.

[140] 马广文，香宝，李双权，等. 三峡库区农业区非点源氮的平衡变化及其污染防治 [J]. 安全与环境学报，2009 (2)：93 - 97.

[141] 马洪福，郝寿义. 产业转型升级水平测度及其对劳动生产率的影

响：以长江中游城市群 26 个城市为例 [J]. 经济地理，2017（10）：116 – 125.

[142] 马静，闫超栋. 中国工业转型升级效果评价、地区差距及其动态演化 [J]. 现代经济探讨，2020（8）：78 – 89.

[143] 马克思. 马克思恩格斯全集（第 44 卷）[M]. 北京：人民出版社，2001.

[144] 马克思. 马克思恩格斯全集（第 47 卷）[M]. 北京：人民出版社，1979.

[145] 马文奇，毛达如，张福锁. 种植结构调整对化肥消费的影响 [J]. 磷肥与复肥，2001（4）：1 – 3.

[146] 毛蕴诗，陈嘉殷，李田. 农业转型升级：产业链整合与延伸：基于台湾美浓镇的实地调研与启示 [J]. 产经评论，2014（4）：96 – 104.

[147] 孟辉，李琳，萧小芬. 中国服务业绿色发展的结构性差异及影响因素研究：基于 Bootstrap-DEA 模型的绿色技术效率测度 [J]. 经济纵横，2021（6）：100 – 110.

[148] 诺思. 制度、制度变迁与经济绩效 [M]. 杭行，译. 上海：格致出版社，2014.

[149] 庞瑞芝. 中国省际工业增长模式与提升路径分析：基于工业部门全要素能源效率视角 [J]. 中国地质大学学报（社会科学版），2011（4）：28 – 33.

[150] 庞瑞芝，邓忠奇. 服务业生产率真的低吗？[J]. 经济研究，2014（12）：86 – 99.

[151] 庞瑞芝，李鹏，路永刚. 转型期间我国新型工业化增长绩效及其影响因素研究：基于"新型工业化"生产力视角 [J]. 中国工业经济，2011（4）：64 – 73.

[152] 庞瑞芝，王亮. 服务业发展是绿色的吗？：基于服务业环境全要素效率分析 [J]. 产业经济研究，2016（4）：18 – 28.

[153] 彭敏. 异质性环境规制对服务业绿色全要素生产率的影响研究 [D]. 长沙：湖南大学，2020.

[154] 彭山桂，张苗，王健. 土地要素价格对城市产业转型升级的影响及其溢出效应：基于长江三角洲城市群的实证研究 [J]. 中国土地科学，

2021（12）：44 - 53.

　　[155] 朴敍希. 传统产业战略转型问题研究 [J]. 沈阳工业大学学报（社会科学版），2017（1）：43 - 49.

　　[156] 蒲晓晔，赵守国. 经济增长动力变迁的国际比较及对中国的启示 [J]. 经济问题，2011（1）：46 - 50.

　　[157] 钱纳里，塞尔昆. 发展的型式：1950—1970 [M]. 李新华，译. 北京：经济科学出版社，1988.

　　[158] 秦宣. 正确认识新发展阶段的新特征新要求 [N]. 经济日报，2020 - 12 - 25.

　　[159] 青木昌彦. 比较制度分析 [M]. 周黎安，译. 上海：上海远东出版社，2001.

　　[160] 邱士雷，王子龙，刘帅，等. 非期望产出约束下环境规制对环境绩效的异质性效应研究 [J]. 中国人口·资源与环境，2018（12）：40 - 51.

　　[161] 邱洋冬. 网络基础设施建设驱动属地企业数字化转型：基于"宽带中国"试点政策的准自然实验 [J]. 经济与管理，2022（4）：57 - 67.

　　[162] 冉茂盛，毛战宾. 人力资本对经济增长的作用机理分析 [J]. 重庆大学学报（社会科学版），2008（1）：56 - 59.

　　[163] 申晨，贾妮莎，李炫榆. 环境规制与工业绿色全要素生产率：基于命令 - 控制型与市场激励型规制工具的实证分析 [J]. 研究与发展管理，2017（2）：144 - 154.

　　[164] 申晨，辛雅儒，贾妮莎，等. OFDI 对工业绿色全要素生产率的影响机制：基于两阶段 Super-SBM-Malmquist 指数模型的分析 [J/OL]. 中国管理科学，2022 - 06 - 30.

　　[165] 申广军，王雅琦. 市场分割与制造业企业全要素生产率 [J]. 南方经济，2015（4）：27 - 42.

　　[166] 申明浩，谭伟杰，杨永聪. 科技金融试点政策赋能实体企业数字化转型了吗？[J]. 中南大学学报（社会科学版），2022（3）：110 - 123.

　　[167] 沈坤荣，孙占. 新型基础设施建设与我国产业转型升级 [J]. 中国特色社会主义研究，2021（1）：52 - 57.

　　[168] 沈琼，王少朋. 技术创新、制度创新与中部地区产业转型升级效率分析 [J]. 中国软科学，2019（4）：176 - 183.

［169］盛斌，陈帅．全球价值链如何改变了贸易政策：对产业升级的影响和启示［J］．国际经济评论，2015（1）：6，85－97．

［170］盛洪．供给侧结构性改革应该改什么？［EB/OL］．https：//www. hnzk. gov. cn/gaigegongjian/2626. html，2016－03－11．

［171］施新平．基于价值链与微笑曲线理论的中小物流企业转型策略思考［J］．物流技术，2014（19）：53－55，64．

［172］宋丽敏．城镇化会促进产业结构升级吗？：基于1998—2014年30省份面板数据实证分析［J］．经济问题探索，2017（8）：70－78．

［173］宋林，王博，张永旺．环境规制、资源重置与工业行业转型升级［J］．大连理工大学学报（社会科学版），2021（1）：16－26．

［174］宋凌云，王贤彬．政府补贴与产业结构变动［J］．中国工业经济，2013（4）：94－106．

［175］宋伟．"互联网＋"促进中部地区产业转型升级的思考［J］．中州学刊，2016（11）：35－38．

［176］宋晓莹，罗淳，赵春燕．人口老龄化对服务业优化升级的影响：基于结构与效率的双重视角［J］．中国人口科学，2021（2）：101－113，128．

［177］孙伟增，牛冬晓，万广华．交通基础设施建设与产业结构升级：以高铁建设为例的实证分析［J］．管理世界，2022（3）：19－34，35－41，58．

［178］孙晓华，刘小玲，翟钰．地区产业结构优度的测算及应用［J］．统计研究，2017（12）：48－62．

［179］孙早，席建成．中国式产业政策的实施效果：产业升级还是短期经济增长［J］．中国工业经济，2015（7）：52－67．

［180］覃波，高安刚．知识产权示范城市建设对产业结构优化升级的影响：基于双重差分法的经验证据［J］．产业经济研究，2020（5）：45－57．

［181］谭崇台．发展经济学概论［M］．武汉：武汉大学出版社，2008．

［182］谭晶荣，颜敏霞，邓强，等．产业转型升级水平测度及劳动生产效率影响因素估测：以长三角地区16个城市为例［J］．商业经济与管理，2012（5）：72－81．

［183］谭政，王学义．绿色全要素生产率省际空间学习效应实证［J］．

中国人口·资源与环境，2016（10）：17-24.

［184］汤长安.高技术产业发展水平对区域产业结构升级影响的空间计量分析［J］.湖南师范大学社会科学学报，2018（2）：102-111.

［185］滕泽伟.中国服务业绿色全要素生产率的空间分异及驱动因素研究［J］.数量经济技术经济研究，2020（11）：23-41.

［186］田水松.加强年度计划管理 实现土地计划利用［J］.国土经济，2002（1）：36-37.

［187］田学斌，柳天恩，周彬.新形势下我国产业转型升级认识纠偏和政策调适［J］.当代经济管理，2019（7）：1-7.

［188］田延华.习近平谈供给侧结构性改革［EB/OL］.https：//news.12371.cn/2017/12/19/ARTI1513642515489574.shtml，2017-12-19.

［189］汪伟，刘玉飞，彭冬冬.人口老龄化的产业结构升级效应研究［J］.中国工业经济，2015（11）：47-61.

［190］王兵，王丽.环境规制下中国区域工业技术效率与生产率及其影响因素实证研究［J］.南方经济，2010（11）：3-19.

［191］王兵，吴延瑞，颜鹏飞.中国区域环境效率与绿色全要素生产率增长［J］.经济研究，2010（5）：95-109.

［192］王昌林，付保宗，郭丽岩，等.供给侧结构性改革的基本理论：内涵和逻辑体系［J］.宏观经济管理，2017（9）：14-18.

［193］王华.更严厉的知识产权保护制度有利于技术创新吗？［J］.经济研究，2011（S2）：124-135.

［194］王杰，刘斌.环境规制与企业全要素生产率：基于中国工业企业数据的经验分析［J］.中国工业经济，2014（3）：44-56.

［195］王琨，闫伟.从贫困到富裕的跨越：经济发展阶段理论的研究进展［J］.当代经济管理，2017（12）：8-15.

［196］王兰平，王昱，刘思钰，等.金融发展促进产业结构升级的非线性影响［J］.科学学研究，2020（2）：239-251.

［197］王青，张广柱.城乡居民消费升级对产业结构转型升级的影响比较：基于SDA分析技术［J］.商业经济研究，2017（20）：176-179.

［198］王姝楠.数字经济背景下中国制造业转型升级研究［D］.北京：中央党校（国家行政学院），2020.

［199］王恕立，胡宗彪．中国服务业分行业生产率变迁及异质性考察［J］．经济研究，2012（4）：15-27．

［200］王恕立，滕泽伟，刘军．中国服务业生产率变动的差异分析：基于区域及行业视角［J］．经济研究，2015（8）：73-84．

［201］王恕立，王许亮．服务业 FDI 提高了绿色全要素生产率吗：基于中国省际面板数据的实证研究［J］．国际贸易问题，2017（12）：83-93．

［202］王思雨，曹瑾．德国制造业产业政策对我国制造业产业政策转型升级的启示［J］．纳税，2017（14）：137．

［203］王维．全球视角下的中国工业转型升级制约因素分析［J］．亚太经济，2012（4）：66-70．

［204］王小鲁，樊纲，胡李鹏．中国分省份市场化指数报告（2018）［M］．北京：社会科学文献出版社，2019．

［205］王欣亮，杜壮壮，刘飞．人口老龄化、需求结构变动与产业转型升级［J］．华东经济管理，2020（7）：61-72．

［206］王一鸣．中国数字化转型的战略重点和路径［J］．金融论坛，2022（2）：3-5，9．

［207］王玉燕，林汉川．全球价值链嵌入能提升工业转型升级效果吗：基于中国工业面板数据的实证检验［J］．国际贸易问题，2015（11）：51-61．

［208］王昀，孙晓华．政府补贴驱动工业转型升级的作用机理［J］．中国工业经济，2017（10）：99-117．

［209］王志鹏，李子奈．外资对中国工业企业生产效率的影响研究［J］．管理世界，2003（4）：17-25．

［210］卫平，余奕杉．环境规制对制造业产业结构升级的影响：基于省级动态面板数据的系统 GMM 分析［J］．经济问题探索，2017（9）：144-152．

［211］魏后凯．中国农业发展的结构性矛盾及其政策转型［J］．中国农村经济，2017（5）：2-17．

［212］魏敏，徐杰．珠三角城市群旅游产业转型升级的测度研究：基于PROMETHEE-GAIA 法［J］．经济问题探索，2020（6）：143-154．

［213］魏文江，钟春平．金融结构优化、产业结构升级与经济高质量发

展 [J]. 甘肃社会科学, 2021 (5): 205 -212.

[214] 魏修建, 杨镒泽, 吴刚. 中国省际高质量发展的测度与评价 [J]. 统计与决策, 2020 (13): 15 -20.

[215] 邬德林, 张平, 孙伟仁. 黑龙江省碳排放现状与产业结构低碳转型策略 [J]. 科技进步与对策, 2013 (24): 55 -58.

[216] 吴崇伯. 论东盟国家的产业升级 [J]. 亚太经济, 1988 (1): 26 -30.

[217] 吴传清, 黄磊. 长江经济带工业绿色发展效率及其影响因素研究 [J]. 江西师范大学学报 (哲学社会科学版), 2018 (3): 91 -99.

[218] 吴敬琏. 不能把 "供给侧结构性改革" 和 "调结构" 混为一谈 [J]. 中国经贸导刊, 2016 (10): 33 -34.

[219] 吴义根. 低碳约束下的中国农业生产率研究 [D]. 北京: 中国农业大学, 2019.

[220] 伍芬琳, 李琳, 张海林, 等. 保护性耕作对农田生态系统净碳释放量的影响 [J]. 生态学杂志, 2007 (12): 2035 -2039.

[221] 习近平. 把握新发展阶段, 贯彻新发展理念, 构建新发展格局 [J]. 求是, 2021 (9): 4 -18.

[222] 向晓梅, 吴伟萍. 改革开放40 年持续性产业升级的动力机制与路径: 广东迈向高质量发展之路 [J]. 南方经济, 2018 (7): 1 -18.

[223] 肖国安, 张志彬. 生产性服务业发展对我国工业转型升级的影响: 基于城市面板数据的实证分析 [J]. 中国科技论坛, 2012 (9): 123 -128.

[224] 肖宏伟, 王庆华. 我国全要素生产率驱动因素及提升对策 [J]. 宏观经济管理, 2017 (3): 49 -53.

[225] 肖锐, 陈池波. 财政支持能提升农业绿色生产率吗?: 基于农业化学品投入的实证分析 [J]. 中南财经政法大学学报, 2017 (1): 18 -24, 158.

[226] 谢贤君, 王晓芳, 任晓刚. 市场化对绿色全要素生产率的影响 [J]. 北京理工大学学报 (社会科学版), 2021 (1): 67 -78.

[227] 辛岭, 安晓宁. 我国农业高质量发展评价体系构建与测度分析 [J]. 经济纵横, 2019 (5): 109 -118.

[228] 辛娜. 技术创新对产业升级的作用机理分析：基于空间计量经济模型 [J]. 企业经济，2014（2）：41-44.

[229] 徐芳萍，庄倩，褚淑贞. 我国医药产业转型升级水平与优化路径探析 [J]. 中国新药杂志，2019（14）：1670-1674.

[230] 徐海成，徐思，张蓓齐. 交通基础设施对绿色全要素生产率的影响研究：基于门槛效应的视角 [J]. 生态经济，2020（1）：69-73，85.

[231] 徐晶晶. 沿海地区绿色全要素生产率测度、收敛及影响因素研究 [D]. 杭州：浙江理工大学，2015.

[232] 徐思远，洪占卿. 信贷歧视下的金融发展与效率拖累 [J]. 金融研究，2016（5）：51-64.

[233] 徐伟呈，范爱军. "互联网+"驱动下的中国产业结构优化升级 [J]. 财经科学，2018（3）：119-132.

[234] 徐晓光，寇佳丽，郑尊信. 基础设施投资如何影响产业结构升级：理论框架与经验证据 [J]. 深圳大学学报（人文社会科学版），2021（4）：67-78.

[235] 许小年. 供给侧的源头："萨伊定律" [EB/OL]. http://news.efnchina.com/show-123-68731-1.html.

[236] 薛风雷. 对于优化农业产业链的思考 [J]. 农村经济与科技，2010（2）：37-39.

[237] 闫超栋，马静，李俊鹏. 信息化是否促进了中国工业转型升级?：基于省际和门限特征的实证分析 [J]. 南京财经大学学报，2022（3）：98-108.

[238] 杨继国，朱东波. 马克思结构均衡理论与中国供给侧结构性改革 [J]. 上海经济研究，2018（1）：5-16，26.

[239] 杨钧，李建明，罗能生. 农村基础设施、人力资本投资与农业全要素生产率：基于空间杜宾模型的实证研究 [J]. 河南师范大学学报（哲学社会科学版），2019（4）：46-52.

[240] 杨俊峰. 新常态下我国产业结构转型的动力与优化路径 [J]. 商业经济研究，2016（9）：172-174.

[241] 杨天宇，刘贺贺. 产业结构变迁与中印两国的劳动生产率增长差异 [J]. 世界经济，2012（5）：62-80.

［242］杨文举. 基于 DEA 的绿色经济增长核算: 以中国地区工业为例［J］. 数量经济技术经济研究, 2011, 28（1）: 19－34.

［243］杨文举. 技术效率、技术进步、资本深化与经济增长: 基于 DEA 的经验分析［J］. 世界经济, 2006（5）: 73－83, 96.

［244］杨文举. 提升绿色全要素生产率的供给侧结构性改革研究［M］. 北京: 经济科学出版社, 2022.

［245］杨文举. 引入人力资本的绿色经济增长核算: 以中国省份经济为例［J］. 财贸研究, 2015（2）: 1－8, 84.

［246］杨文举, 龙睿赟. 中国地区工业绿色全要素生产率增长: 基于方向性距离函数的经验分析［J］. 上海经济研究, 2012（7）: 3－13, 21.

［247］杨文举, 张亚云. 中国地区工业的劳动生产率差距演变: 基于 DEA 的经验分析［J］. 经济与管理研究, 2010（10）: 115－121.

［248］杨志安, 李梦涵. 财政支出政策影响产业结构升级的作用机制和效应分析: 基于中国省级面板数据的系统 GMM 实证检验［J］. 辽宁大学学报（哲学社会科学版）, 2019（6）: 45－54.

［249］叶初升, 惠利. 农业财政支出对中国农业绿色生产率的影响［J］. 武汉大学学报（哲学社会科学版）, 2016（3）: 48－55.

［250］殷宝庆. 环境规制与我国制造业绿色全要素生产率: 基于国际垂直专业化视角的实证［J］. 中国人口·资源与环境, 2012（12）: 60－66.

［251］殷宇飞, 杨雪锋. 环境规制、技术创新与城市产业结构升级: 基于 113 个城市样本数据［J］. 江汉论坛, 2020（4）: 48－55.

［252］银西阳, 贾小娟, 李冬梅. 农业产业集聚对农业绿色全要素生产率的影响: 基于空间溢出效应视角［J］. 中国农业资源与区划, 2022（10）: 110－119.

［253］尹礼汇, 孟晓倩, 吴传清. 环境规制对长江经济带制造业绿色全要素生产率的影响［J］. 改革, 2022（3）: 101－113.

［254］尹礼汇, 吴传清. 环境规制与长江经济带污染密集型产业生态效率［J］. 中国软科学, 2021（8）: 181－192.

［255］余斌, 吴振宇. 供需失衡与供给侧结构性改革［J］. 管理世界, 2017（8）: 1－7.

［256］余东华, 韦丹琳. 互联网应用、技能溢价与制造业全要素生产

率：兼论如何有效化解"索洛悖论"［J］．财经问题研究，2021（10）：40 – 48.

［257］余世勇，朱咸永，张琦雯．区域市场分割对中国制造业全要素生产率的影响［J］．西南大学学报（社会科学版），2022（4）：109 – 120.

［258］余泳泽．改革开放以来中国经济增长动力转换的时空特征［J］．数量经济技术经济研究，2015（2）：19 – 34.

［259］袁冬梅，李恒辉，龙瑞．人力资本结构高级化何以推动产业转型升级？［J］．广西师范大学学报（哲学社会科学版），2022（2）：94 – 106.

［260］袁航．创新驱动对中国产业结构转型升级的影响研究［D］．北京：北京邮电大学，2019.

［261］约瑟夫·熊彼特．经济发展理论［M］．北京：商务印书馆，1990.

［262］岳鸿飞，徐颖，周静．中国工业绿色全要素生产率及技术创新贡献测评［J］．上海经济研究，2018（4）：52 – 61.

［263］曾彩琳．中国服务业绿色全要素生产率研究［D］．武汉：中南财经政法大学，2019.

［264］曾繁华，杨馥华，侯晓东．创新驱动制造业转型升级演化路径研究：基于全球价值链治理视角［J］．贵州社会科学，2016（11）：113 – 120.

［265］曾宪奎．我国经济发展核心竞争力导向问题研究［J］．福建论坛（人文社会科学版），2018（7）：27 – 35.

［266］张广柱．居民消费结构升级引导产业结构转型路径［J］．商业经济研究，2019（5）：49 – 51.

［267］张海洋．R&D两面性、外资活动与中国工业生产率增长［J］．经济研究，2005（5）：107 – 117.

［268］张弘滢，耿成轩．绿色创新环境与工业转型升级耦合的区域差异及收敛性分析［J］．科技进步与对策，2021（10）：36 – 45.

［269］张红霞，王悦．经济制度变迁、产业结构演变与中国经济高质量发展［J］．经济体制改革，2020（2）：31 – 37.

［270］张军，陈诗一，Gary H. Jefferson．结构改革与中国工业增长［J］．经济研究，2009（7）：4 – 20.

［271］张可云．新时代的中国区域经济新常态与区域协调发展［J］．国

家行政学院学报，2018（3）：102-108，156.

[272] 张坤民. 发展低碳经济要有紧迫感 [J]. 求是，2009（23）：50-52.

[273] 张丽丽. 税收增减对工业转型升级影响实证研究 [J]. 上海经济研究，2018（3）：61-71.

[274] 张梦琳. 产业转型升级：供给要素生产率的苏、浙、粤比较研究 [D]. 西宁：青海师范大学，2017.

[275] 张鹏飞. 产业结构持续变迁的根本动力：来自供给侧的反思 [J]. 浙江学刊，2016（6）：184-188.

[276] 张少军，刘志彪. 国际贸易与内资企业的产业升级：来自全球价值链的组织和治理力量 [J]. 财贸经济，2013（2）：68-79.

[277] 张少军，刘志彪. 全球价值链模式的产业转移：动力、影响与对中国产业升级和区域协调发展的启示 [J]. 中国工业经济，2009（11）：5-15.

[278] 张樨樨，曹正旭，徐士元. 长江经济带工业绿色全要素生产率动态演变及影响机理研究 [J]. 中国地质大学学报（社会科学版），2021（5）：137-148.

[279] 张贤，张志伟. 基于产业结构升级的城市转型：国际经验与启示 [J]. 现代城市研究，2008（8）：81-85.

[280] 张晓涛. 全球价值链背景下产业转型升级路径：新加坡半导体产业的发展经验 [J]. 国家治理，2018（40）：16-20.

[281] 张耀辉. 产业创新：新经济下的产业升级模式 [J]. 数量经济技术经济研究，2002（1）：14-17.

[282] 赵慧，张浓，焦捷. 地方金融发展、知识产权保护与创新型企业资本结构动态调整 [J]. 广西大学学报（哲学社会科学版），2020（5）：103-109.

[283] 赵君丽. 要素结构变动、产业区域转移与产业升级 [J]. 经济问题，2011（4）：14-16，31.

[284] 赵丽芬. 美国和日本产业转型升级的经验与启示 [J]. 产业经济评论，2015（1）：100-104.

[285] 赵诗源，王林. 居民消费结构变动对产业结构转型的影响分析

[J]. 商业经济研究，2020（3）：51－53.

［286］赵婉妤，王立国．中国产业结构转型升级与金融支持政策：基于美国和德国的经验借鉴［J］. 社会科学文摘，2016（5）：55－56.

［287］赵玉林，裴承晨．技术创新、产业融合与制造业转型升级［J］. 科技进步与对策，2019（11）：70－76.

［288］郑垂勇，朱晔华，程飞．城镇化提升了绿色全要素生产率吗?：基于长江经济带的实证检验［J］. 现代经济探讨，2018（5）：110－115.

［289］中共中央文献研究室．习近平关于社会主义经济建设论述摘编［M］. 北京：中央文献出版社，2017.

［290］仲颖佳，孙攀，高照军．基于时空数据的财政政策对产业结构升级的影响研究：来自 281 个城市的经验证据［J］. 软科学，2020（10）：56－62.

［291］周柯，周雪莹．空间视域下互联网发展、技术创新与产业结构转型升级［J］. 工业技术经济，2021（11）：28－37.

［292］周荣蓉．环境规制对安徽省产业结构优化升级的影响：基于安徽省 16 个地市的实证分析［J］. 华东经济管理，2017（10）：16－20.

［293］周叔莲，王伟光．科技创新与产业结构优化升级［J］. 管理世界，2001（5）：70－78，89.

［294］周五七．长三角工业绿色全要素生产率增长及其驱动力研究［J］. 经济与管理，2019（1）：36－42.

［295］周学．经济发展阶段理论的最新进展及其启示［J］. 经济学动态，1994（5）：46－50.

［296］周振华．现代服务业发展：基础条件及其构建［J］. 上海经济研究，2005（9）：21－29.

［297］周洲，吴馨童．数字技术应用对企业产品成本优势的影响［J］. 管理学报，2022（6）：910－918，937.

［298］朱海燕．经济发展动力结构特征及变革分析［J］. 财经界，2022（5）：17－19.

［299］朱卫平，陈林．产业升级的内涵与模式研究：以广东产业升级为例［J］. 经济学家，2011（2）：60－66.

［300］朱燕．对外贸易对中国产业结构升级影响研究［J］. 特区经济，

2010 (3): 256 – 257.

[301] 朱烨，卫玲. 产业结构与新型城市化互动关系文献综述 [J]. 西安财经学院学报，2009 (5)：113 – 117.

[302] Acemoglu D, Guerrieri V. Capital Deepening and Non-Balanced Economic Growth [J]. Journal of Political Economy, 2008, 116 (3): 467 – 498.

[303] Acemoglu D. Directed Technical Change [J]. The Review of Economic Sudies, 2002, 69 (4): 781 – 809.

[304] Ahmed E M. Biochemical Oxygen Demand Emissions Impact on Malaysia's Manufacturing Productivity Growth [J]. Global Economic Review, 2007 (36): 305 – 319.

[305] Barro R J, Lee J W. International Data on Educational Attainment: Updates and Implications [J]. Oxford Economic Papers, 2001, 53 (3): 541 – 563.

[306] Baumol W J. Macroeconomics of Unbalanced Growth: The Anatomy of Urban Crisis [J]. The American Economic Review, 1967, 57 (3): 415 – 426.

[307] Boppart T. Structural Change and the Kaldor Facts in a Growth Model with Relative Price Effects and Non-Gorman Preferences [J]. Econometrica, 2014, 82 (6): 2167 – 2196.

[308] Cao J. Measuring Green Productivity Growth for China's Manufacturing Sectors: 1991—2000 [J]. Asian Economic Journal, 2007, 21 (4): 425 – 451.

[309] Carolan M, Wright R J. Miscarriage at Advanced Maternal Age and the Search for Meaning [J]. Death Studies, 2017, 41 (3): 144 – 153.

[310] Chenery H B, Elkington H, Sims C. A Uniform Analysis of Development Pattens [R]. Cambridge, Mass: Harvard University Center for International Affairs, 1970: 3 – 34.

[311] Cheng M, Shao Z, Yang C, et al. Analysis of Coordinated Development of Energy and Environment in China's Manufacturing Industry Under Environmental Regulation: A Comparative Study of Sub-Industries [J]. Sustainability, 2019, 11 (22): 6510.

[312] Chung Y H, Fare R, Grosskopf S. Productivity and Undesirable Outputs: A Directional Distance Function Approach [J]. Journal of Environmental

Management, 1997 (3): 229 – 240.

[313] Coelli T, Rao D S P, O'Donnell C J, et al. An Introduction to Efficiency and Productivity Analysis (Second Edition) [M]. 刘大成, 译. 北京: 清华大学出版社, 2009.

[314] Comin D A, Lashkari D, Mestieri M. Structural Change with Long-Run Income and Price Effects [J]. NBE Working Paper, No. 21595, 2015.

[315] Davis L E, North D C. Institutional Change and American Economic Growth [M]. London: Cambridge University Press, 1971.

[316] Everett T, Ishwaran M, Ansaloni G P, et al. The Natural Environment and the Economy UK [R]. Czasopismo Ekonomia I Zarzadzanie, 2015.

[317] Fei J C, Ranis G. Growth and Development from an Evolutionary Perspective [M]. Malden: Blackwell Publishers Inc. , 1997.

[318] Foellmi R, Zweimüller J. Structural Change, Engel's Consumption Ccycles and Kaldor's Facts of Economic Growth [J]. Journal of Monetary Economics, 2008, 55 (7): 1317 – 1328.

[319] Foerster A T, Sarte P G, Watson M W, et al. Sectoral vs. Aggregate Shocks: A Structural Factor Analysis of Industrial Production [J]. Journal of Political Economy, 2011, 119 (1).

[320] Färe R, Grosskopf S, Weber W L. Shadow Prices and Pollution Costs in US Agriculture [J]. Ecological Economics, 2006, 56 (1): 89 – 103.

[321] Färe R, Primont D. Distance functions, Multi-Output Production and Duality [M]. Theory and Applications: Springer, 1995: 7 – 41.

[322] Fukuyama H, Webe W L. A Directional Slacks-Based Measure of Technical Inefficiency [J]. Socio-Economic Planning Sciences, 2009, 43 (43): 274 – 299.

[323] Galor O, Moav O, Vollrath D. Inequality in Landownership, the Emergence of Human Capital Promoting Institutions, and the Great Divergence [J]. Review of Economic Studies, 2009, 76 (1): 143 – 179.

[324] Galor O, Moav O. From Physical to Human Capital Accumulation: Inequality and the Process of Development [J]. Review of Economic Studies, 2004, 71 (4): 1001 – 1026.

[325] Galor O. Comparative Economic Development: Insights from Unified Ggrowth Theory [J]. International Economic Review, 2010, 51 (1): 1–44.

[326] Galor O. Unified Growth Theory [M]. Princeton: Princeton University Press, 2011.

[327] Gangopadhyay K, Mondal D. Does Stronger Protection of Intellectual Property Stimulate Innovation? [J]. Economics Letters, 2012, 116 (1): 80–82.

[328] Gereffi G, Lee J. Economic and Social Upgrading in Global Value Chains and Industrial Clusters: Why Governance Matters [J]. Journal of Business Ethics, 2016, 133 (1): 25–38.

[329] Gereffi G. International Trade and Industrial Upgrading in the Apparel Commodity Chain [J]. Journal of International Economics, 1999, 48 (1): 37–70.

[330] Goedde L, Katz J, Ménard A, et al. Agriculture's Connected Future: How Technology Can Yield New Growth [R]. McKinsey & Company Report, 2020.

[331] Guo S D, Li H, Zhao R, et al. Industrial Environmental Efficiency Assessment for China's Western Regions by Using a SBM-Based DEA [J]. Environmental Science and Pollution Research, 2019, 26 (6): 27542–27550.

[332] Hailu A, Veeman T S. Environmentally Sensitive Productivity Analysis of the Canadian Pulp and Paper Industry, 1959—1994: An Input Distance Function Approach [J]. Journal of Environmental Economics and Management, 2000, 40 (3): 251–274.

[333] Hansen G D, Prescott E C. Malthus to Solow [J]. The American Economic Review, 2002, 92 (4): 1205–1217.

[334] Henderson D J, Russell R R. Human Capital and Convergence: A Production Frontier Approach [J]. International Economic Review, 2005, 46 (4): 1167–1205.

[335] Humphrey J, Schmitz H. How Does Insertion in Global Value Chains Affect Upgrading in Industrial Clusters? [J]. Regional Studies, 2002, 36 (9): 1017–1027.

[336] IPCC. IPCC Guidelines for National Greenhouse Gas Inventories Volume 4: Agriculture, Forestry and other Land Use [R]. Geneva, Switzerland: IPCC, 2007.

[337] Kaldor N. Capital Accumulation and Economic Growth [M]//The Theory of Capital. New York: St. Martin's Press, 1961: 177 – 222.

[338] Kaldor N. The Theory of Capital [M]. London: MacMillan, 1961.

[339] Kongsamut P, Rebelo S, Xie D. Beyond Balanced Growth [J]. The Review of Economic Studies, 2001, 68 (4): 869 – 882.

[340] Krugman P. Increasing Returns and Economic Geography [J]. Journal of Political Economy, 1991 (3): 483 – 499.

[341] Kugler M. Spillovers from Foreign Direct Investment: Within or between Industries? [J]. Journal of Development Economics, 2006, 80 (2): 444 – 477.

[342] Kumar S, Russell R R. Technological Change, Technological Catch-up, and Capital Deepening: Relative Contributions to Growth and Convergence [J]. American Economic Review, 2002, 92 (3): 527 – 548.

[343] Kumar S. Environmentally Sensitive Productivity Growth: A Global Analysis Using Malmquist-Luenberger Index [J]. Ecological Economics, 2006, 56 (2): 280 – 293.

[344] Kuznets S. Modern Economic Growth: Findings and Reflections [J]. The American Economic Review, 1973, 63 (3): 247 – 258.

[345] Lee J W, Hong K. Economic Growth in Asia: Determinants and Prospects, Japan and the World Economy [J]. Article in Press, 2012 (2): 101 – 113.

[346] Lewis W A. Economic Development with Unlimited Supplies of Labour [J]. The Manchester School, 1954, 22 (2): 139 – 191.

[347] Li D, Deng H, Bayiz Y E, et al. Effects of Design and Hydrodynamic Parameters on Optimized Swimming for Simulated, Fish-Inspired Robots [J]. arXiv e-Prints, 2021.

[348] Los B, Timmer M P. The Appropriate Technology Explanation of Productivity Growth Differentials: An Empirical Approach [J]. Journal of Development Economics, 2005, 77 (2): 517 – 531.

[349] Lucas R E. Lectures on Economic Growth [M]. Cambridge: Harvard

University Press, 2002.

[350] Managi S, Kaneko S. Environmental Productivity in China [J]. Economics Bulletin, 2004, 17 (2): 1 - 10.

[351] Marx L. Environmental Degradation and the Ambiguous Social Role of Science and Technology [J]. Journal of the History of Biology, 1992, 25 (3): 449 - 468.

[352] Moschini G C, Yerokhin O. Patents, Research Exemption, and the Incentive for Sequential Innovation [J]. Journal of Economics & Management Strategy, 2008, 17 (2): 379 - 412.

[353] Murty S, Russell R. On Modeling Pollution-Generating Technologies, Department of Economics, University of California, Riverside [J]. Discussion Papers Series, 2002 (2 - 14).

[354] Nanere M, Fraser I, Quazi A, et al. Environmentally Adjusted Productivity Measurement: An Australian Case Study [J]. Journal of Environmental Management, 2007, 85 (2): 350 - 362.

[355] Ngai L R, Pissarides C A. Structural Change in a Multisector Model of Growth [J]. The American Economic Review, 2007, 97 (1): 429 - 443.

[356] Oh D H, Heshmati A. A Sequential Malmquist-Luenberger Productivity Index: Environmentally Sensitive Productivity Growth Considering the Progressive Nature of Technology [J]. Energy Economics, 2010, 32 (6): 1345 - 1355.

[357] Oh D H. A global Malmquist-Luenberger Productivity Index [J]. Journal of Productivity Analysis, 2010, 34 (3): 183 - 197.

[358] Pittman R W. Multilateral Productivity Comparisons with Undesirable Outputs [J]. The Economic Journal, 1983, 93 (372): 883 - 891.

[359] Porter M E. The Competitive Advantage of Nations [J]. Harvard Business Review, 1990, 68 (2): 73 - 93.

[360] Porter M E. The Competitive Advantage of Nations [M]. New York: The Free Press, 1998.

[361] Qi S. Efficiency, Productivity, National Accounts and Economic Growth: A Green View Theory, Methodology and Application [D]. University of Minnesota, 2005.

[362] Repetto R, Rothman D, Faeth P, et al. Has Environmental Protection Really Reduced Productivity Growth? We Need Unbiased Measures [M]. World Resources Institute, 1996.

[363] Romer P M. Increasing Returns and Long-Run Growth [J]. Journal of Political Economy, 1986, 94 (5): 1002 – 1037.

[364] Rostow W W. Theorists of Economic Growth from David H Hume to the Present [M]. Oxford: Oxford University Press, 1993.

[365] Rostow W W. The Stages of Economic Growth [M]. Cambridge: Cambridge University Press, 1991.

[366] Schwab K. The Global Competitiveness Report 2016—2017 [R]. 2016.

[367] Solow R M. Technical Change and the Aggregate Production Function [J]. Review of Economics and Statistics, 1957 (39): 312 – 320.

[368] Swiecki T. Determinants of Structural Change [J]. Review of Economic Dynamics, 2017 (24): 95 – 131.

[369] Theil H. Economics and Information Theory [R]. Economic Review, 1967, 19 (2): 185 – 188.

[370] Tone K. A Slacks-Based Measure of Efficiency in Data Envelopment Analysis [J]. European Journal of Operational Research, 2001, 130 (3): 498 – 509.

[371] Tsan M, Totapally S, Hailu M, et al. The Digitalisation of African Agriculture Report 2018—2019 [R]. CTA: Wageningen, The Netherlands, 2019.

[372] Vitousek P M, Naylor R, Crews T, et al. Nutrient Imbalances in Agricultural Development [J]. Science, 2009, 324 (5934): 1519 – 1520.

[373] Walley N, Whitehead B. It's not Easy Being Green [J]. Harvard Business Review, 1994, 72 (3): 46 – 51.

[374] Wang X B, Piesse J. The Micro-Foundations of Dual Economy Models [J]. The Manchester School, 2013, 81 (1): 80 – 101.

[375] West T O, Marland G. A Synthesis of Carbon Sequestration, Carbone Missions, and Net Carbon Flux in Agriculture: Comparing Tillage Practices in the United States [J]. Agriculture Ecosystems and Environment, 2002: 91.

[376] Zofio J L. Malmquist Productivity Index Decompositions: A Unifying Framework [J]. Applied Economics, 2007, 39 (18): 2371 – 2387.